FUSÕES VERTICAIS E CONGLOMERAIS SOB A LENTE DO ANTITRUSTE

IBRAC
INSTITUTO BRASILEIRO DE ESTUDOS DE CONCORRÊNCIA, CONSUMO E COMÉRCIO INTERNACIONAL

EDITORA SINGULAR

V+

FUSÕES VERTICAIS E CONGLOMERAIS SOB A LENTE DO ANTITRUSTE

Organizadoras
Adriana Hernandez Perez
Vivian Fraga

Comitê de Economia do IBRAC
Coordenação de Fusões Verticais

São Paulo
2023

IBRAC
INSTITUTO BRASILEIRO DE ESTUDOS DE CONCORRÊNCIA, CONSUMO E COMÉRCIO INTERNACIONAL

EDITORA SINGULAR

Dados Internacionais de Catalogação na Publicação (CIP)
(Câmara Brasileira do Livro, SP, Brasil)

23-176088 Fusões verticais e conglomerais sob a lente do antitruste / organização Adriana Hernandez Perez, Vivian Fraga. -- São Paulo: Editora Singular: IBRAC, 2023.

Vários autores.
Bibliografia.
ISBN 978-65-86352-94-8

1. Antitruste 2. Direito empresarial - Brasil 3. Empresas - Fusão e incorporação I. Hernandez Perez, Adriana. II. Fraga, Vivian.

CDU-34:338(81)

Índices para catálogo sistemático:
1. Brasil: Fusões e aquisições e empresas: Direito empresarial 34:338(81)
Aline Graziele Benitez - Bibliotecária - CRB-1/3129

Coordenador editorial	José Carlos Busto
Diagramação	Dorival Lopes Junior
Design de capa	Dorival Lopes Junior
Revisão	Autores e Comitê revisor
Formato	16 x 23 cm
Papel	Offset 75g/m²
Tipologia	Times New Roman
Imagem da capa	Istock
Número de páginas	512
Impressão	Imagem Digital

Editora Singular
Tel/WhatsApp: 55 11 3862-1242
Internet: www.editorasingular.com.br
E-mail: singular@editorasingular.com.br

SUMÁRIO

PARTE IV – AS FRONTEIRAS DO DEBATE

SOBRE OS AUTORES

Ademir Antonio Pereira Jr. Sócio da Advocacia Del Chiaro, doutor e mestre em Direito pela USP e mestre em Direito, Ciência e Tecnologia pela Stanford University.

Adriana A. Hernandez Perez. Doutora em Economia pela Université de Toulouse, na França, Mestre em Economia pela Fundação Getúlio Vargas. (FGV-RJ), formada em Economia pela Universidade Federal do Rio de Janeiro (UFRJ). Atualmente, integra o corpo técnico da Tendências e é professora no Mestrado em Economia e Finanças da Escola de Economia de São Paulo, FGV-SP.

Alexandre Barreto é Superintendente- Geral do Cade, foi Presidente do Cade de 2017 a 2021 e atuou em órgãos como Tesouro Nacional, Receita Federal, Senado Federal e Tribunal de Contas da União (TCU). Funcionário público de carreira desde 1993. Doutorando em Ciência Política pela Universidade de Lisboa, mestre em Administração Pública pela Universidade de Brasília, especialista e bacharel em Administração Pública pela Universidade de Brasília.

Alexandre Cordeiro é o atual Presidente do Cade, tendo atuado previamente como Conselheiro e Superintendente-Geral da autarquia durante dois mandatos. Possui dupla graduação em Direito e em Economia, é Doutor em Direito pela Universidade Federal de Minas Gerais, Mestre em Direito Constitucional pelo Instituto Brasiliense de Direito Público, pós-graduado em Processo Administrativo Disciplinar pela Universidade de Brasília. É professor de Direito Econômico e de Análise Econômica do Direito da Escola de Direito de Brasília/IDP.

Amanda Athayde. Professora doutora adjunta de Direito Empresarial na UnB, bem como de Concorrência, Comércio Internacional e Compliance. Consultora no Pinheiro Neto Advogados nas práticas de Concorrencial, Compliance e, a partir de 2023, Comércio Internacional. Doutora em Direito Comercial pela USP, bacharel em Direito pela UFMG e em Administração de Empresas com habilitação em Comércio Exterior pela UNA.

Anderson Damasio Pessoa da Silva. Graduando em direito pela Faculdade Direito da Universidade de São Paulo (FDUSP), monitor na disciplina Contratos Empresariais, ministrada pelo Professor Roberto Augusto Castellano Pfeiffer na FDUSP e estagiário jurídico na área de mercados financeiro e de capitais.

Anna Binotto. Bacharel em Direito e Doutoranda em Direito Comercial pela Faculdade de Direito da USP. Foi pesquisadora visitante da Ludwig-Maximilians Universität em Munique. É advogada no VMCA, em São Paulo. Integrou a coordenação do Grupo de Trabalho sobre fusões verticais do IBRAC. É membra da CECORE/OAB-SP e Gerente de Projetos na rede Women in Antitrust – WIA.

Anna Olimpia de Moura Leite. Mestre em Economia pela FEA-USP. É gerente na LCA Consultores. Há nove anos atende clientes nacionais e internacionais em casos complexos de defesa da concorrência, nos mais variados setores. Foi assessora técnica do Ministro da Educação e, posteriormente, assumiu o cargo de assessora econômica na Secretaria da Fazenda da Prefeitura de São Paulo e no Gabinete do Prefeito de São Paulo.

Bernardo Gouthier Macedo. Sócio-Diretor da LCA Consultores, responsável pela Área de Economia do Direito. Economista pela Universidade Federal de Minas Gerais (UFMG), mestre e doutor pela Unicamp (Universidade Estadual de Campinas). É diretor de Economia do IBRAC, e é Non-Governamental Advisor (NGA) da International Competition Network (ICN).

Bruno Drago. Sócio das áreas de Concorrencial e Compliance e integrante do Conselho do Demarest, Bruno de Luca Drago é doutor em Direito Comercial, com ênfase em Direito Concorrencial, pela USP e mestre em Direito Concorrencial pelo King's College of London. Trabalhou como associado ao escritório Howrey LLP, em questões concorrenciais, em Bruxelas (2005/2006), e em Washington DC (2007). É o atual Diretor-Presidente do Instituto Brasileiro de Estudos de Concorrência, Consumo e Comércio Internacional (IBRAC).

Bruno Droghetti Magalhães Santos. Mestre (LL.M) pela University of California – Berkeley, Estados Unidos. Especialista em Direito Econômico pela Fundação Getúlio Vargas (GVLaw). Conselheiro do Instituto Brasileiro de Estudos de Concorrência, Consumo e Comércio Internacional (IBRAC). Sócio da área de Antitruste & Concorrencial do escritório Figueiredo & Velloso Advogados. Foi consultor do Federal Trade Commission (FTC) em Washington D.C. e chefe de gabinete no Tribunal do Conselho Administrativo de Defesa Econômica (Cade).

Bruno Renzetti. Doutor em Direito Comercial pela USP e LL.M. pela Yale Law School. Mestre em Direito e Desenvolvimento pela FGV Direito SP e Bacharel pela UFPR. Professor da graduação e pós-graduação em Direito do Insper. Associado a Hapner Kroetz Advogados.

Camila Lisboa Martins. Pós-graduada em Direito Societário pelo Insper – Instituto de Ensino e Pesquisa. Graduada em Direito pela Universidade Presbiteriana Mackenzie. Advogada na área de antitruste do Madrona Fialho Advogados, atualmente em secondment na Auren Energia S.A., na área de M&A e Contratos Financeiros.

Carolina Furlani Adriano. Pós-graduanda em Análise Econômica do Direito no Instituto de Economia da Unicamp. Graduada em Direito pela Pontifícia Universidade Católica de São Paulo (PUC-SP). Advogada na área antitruste do Madrona Fialho Advogados.

Catarina Lobo Cordão. Associada do escritório Pinheiro Neto Advogados. Bacharel em Direito pela Universidade de São Paulo (USP). Pós-graduanda em EU Competition Law pela King's College London. Cofundadora do Comitê IBRAC Jr. Diretora de Comunidade da Associação Norte-Nordeste de Direito Econômico (ANNDE).

Danielle Kineipp de Souza. Mestre em Economia pela Universidade de Brasília (UnB). Pós-Graduada em Direito Concorrencial e Econômico (FGV). Economista pela UnB. Coordenadora de Análise Antitruste na Superintendência-Geral do Cade. Servidora pública, carreira de Especialista em Políticas Públicas e Gestão Governamental.

Dario da Silva Oliveira Neto. Director of the Latin America Competition Advocacy Program at the Global Antitrust Institute (GAI) – George Mason University. Former Head of the Technical Advisory Unit to the Office of the President of Cade. Ph.D. Candidate in the Department of Commercial Law at the University of São Paulo (USP). He holds a master's degree in Development Economics (PUCRS), a bachelor's degree in Economics Science (PUCRS), graduated with honors, and a bachelor's degree summa cum laude in Law (UFRGS).

Eduardo Pontual Ribeiro. Professor Titular, Instituto de Economia, UFRJ e Pesquisador do CNPq.

Esther Collet Janny Teixeira Biselli é advogada da área de Direito Concorrencial do escritório Mattos Filho, Veiga Filho, Marrey Jr. e Quiroga Advogados. Mestrado em Direito dos Negócios pela Fundação Getúlio Vargas (2021). Graduação em Direito pela Pontifícia Universidade Católica de São Paulo (2015).

Fabiana Tito. Sócia da Tendências Consultoria, Doutora em Teoria Econômica pela FEA /USP, Mestre em Economia da Concorrência e Regulação pelas Instituições Universitat Pompeu Fabra e Universitat Autònoma de Barcelona (Espanha). Reconhecida pelo *Who's Who Legal Thought Leaders* e integra o Conselho do IBRAC.

Fernanda Monteiro Barroso de Castro. Advogada e bacharel em Direito pela Pontifícia Universidade Católica de São Paulo.

Fernando Stival. Advogado, mestre em Direito pela Fundação Getúlio Vargas – SP e bacharel em Direito pela Universidade Federal do Paraná.

Gabriel de Aguiar Tajra. Advogado na Advocacia Del Chiaro, mestrando em Direito pela USP.

Gabriel Poveda. Mestre e Bacharel em Economia FEA-USP. Pesquisador do Centro de Pesquisa em Macroeconomia das Desigualdades (MADE-USP). Consultor Pleno da GO Associados.

Giovana Vieira Porto. Associada do escritório Pinheiro Neto Advogados. Bacharel e Mestre em Direito pela Universidade de Brasília (UnB).

Giuliana Gonçalves. É Bacharel em Direito pela Universidade Presbiteriana Mackenzie, e possui especialização em Arbitragem pela Fundação Getúlio Vargas (FGV) e mestrado (*Master of Law, LL.M*) em Direito Comercial Internacional pela *Queen Mary, University of London*. Atualmente, é sócia de Caminati Bueno Advogados e uma das Secretárias-Executivas da Comissão de Concorrência da ICC Brasil – *International Chamber of Commerce in Brazil.*

Guilherme Mendes Resende. Economista-Chefe do Conselho Administrativo de Defesa Econômica (Cade), desde junho de 2016. Professor titular do mestrado em economia do Instituto Brasileiro de Ensino, Desenvolvimento e Pesquisa (IDP). PhD em economia pela London School of Economics and Political Science (LSE).

Isabela Pannunzio. Bacharel em Direito pela Universidade de Brasília.

Isabella Oliveira Guimarães Barcelos. Estudante do 9° semestre de Direito do IDP. Já foi estagiária do DEE/Cade. Atualmente, é estagiária na Diretoria Jurídica da Confederação Nacional da Indústria (CNI).

Ivan Lago Mariotto. Bacharel em Direito pela Fundação Getúlio Vargas – FGV. Atua em direito concorrencial, antitruste, compliance e proteção de dados.

Izabella de Menezes Passos Barbosa. Mestre em Direito pela Universidade de Brasília (UnB) e Professora no Instituto Brasileiro de Ensino e Pesquisa (IDP). É associada à área de Antitrsute e Concorrencial do escritório Figueiredo & Velloso Advogados. Foi Assessora e Chefe de Gabinete no Conselho Administrativo de Defesa Econômica (Cade).

Jéssica de Araújo Silva Caieiro. Graduada em Ciências Econômicas pela FEA-USP e pós-graduada em Data Science e Decisão pelo

Insper. É economista na LCA Consultores atendendo clientes em variados casos de defesa da concorrência. É autora de artigos premiados pelo IBRAC-Tim e WIA.

Jéssica Gusman é bacharel em Direito pela Universidade Presbiteriana Mackenzie, e mestranda em Ciências Jurídico-Econômicas pela Universidade de Lisboa. Atualmente, é associada no Caminati Bueno Advogados.

João Carlos Nicolini de Morais. Doutor em Ciências Econômicas pela Universidade de Brasília (UnB). Foi Coordenador do Departamento de Estudos Econômicos do Cade (DEE) e, posteriormente, Assessor e Gerente de Contas Públicas na Secretaria de Estado da Economia de Goiás. Hoje atua como Gerente de Concorrência e Dados na área de Economia do Direito da LCA Consultores.

João Marcelo da Costa e Silva Lima. Bacharel em Direito pela Fundação Getulio Vargas. Mestre em Direito da Regulação pela Fundação Getulio Vargas. Mestre em Direito (LL.M) pela Harvard Law School. Advogado na área de Direito Concorrencial do Mattos Filho.

João Paulo Salviano. Advogado em TozziniFreire Advogados. Graduado em Direito pela Universidade de Brasília (UnB), pós-graduado em Direito Econômico pela Fundação Getulio Vargas (FGV) e Master of Laws (LL.M.) pela Columbia Law School (EUA).

João Victor Freitas. Bacharel em Direito pela Universidade Federal do Maranhão. Mestre em Direito pela Universidade de São Paulo e pela Universidade de Harvard.

José Alexandre Buaiz Neto. Sócio do escritório Pinheiro Neto Advogados. Master of Laws (LL.M.) pela Boston University e Bacharel em Direito pela Universidade de Brasília (UnB). Trabalhou como associado estrangeiro no Mayer Brown (EUA). Tem mais de 25 anos de experiência com Direito Concorrencial e litígios judiciais.

José Carlos Berardo. Advogado, sócio de Lefosse Advogados. Graduado em Direito pela USP, pós-graduado pelo *King's College London*, Mestre em Direito dos Negócios pela FGV/USP.

José Matheus Andrade. Mestre em Economia FEA-USP. Bacharel em Economia UNB. Foi Chefe do Núcleo de Pesquisa e Aperfeiçoamento (NUPEA) e Assessor de Projetos na Econsult Consultoria Econômica. Consultor Sênior da GO Associados.

Joyce Midori Honda. Sócia da área de Direito Concorrencial do Cescon, Barrieu, Flesch & Barreto Advogados. Mestre em Direito pela

London School of Economics and Political Science (LSE), pós-graduada em Direito Econômico pela Fundação Getúlio Vargas (FGV) e graduada em Direito pela Pontifícia Universidade Católica de São Paulo (PUC).

Julia Braga. Bacharel e Mestre em Direito Comercial pela Faculdade de Direito da Universidade de Brasília. Foi pesquisadora visitante na Università di Bologna, em Bologna/Itália. É advogada na área de Direito da Concorrência e integrou o Grupo de Trabalho sobre fusões verticais do IBRAC.

Letícia Ribeiro Versiani. Mestre em Regulação pela London School of Economics and Political Science (LSE). Pós-graduada em Direito Concorrencial e Econômico (FGV). Economista pela UnB. Coordenadora-Geral de Análise Antitruste na Superintendência-Geral do Cade. Servidora pública, carreira de Especialista em Políticas Públicas e Gestão Governamental.

Lucas de Carvalho Silveira Bueno atua em uma ampla gama de questões de direito societário, antitruste e da concorrência, bem como de compliance e anticorrupção e proteção de dados. Lucas é Bacharel em Direito pela Pontifícia Universidade Católica de São Paulo (PUC-SP), é pós-graduado em Direito Societário pela Fundação Getúlio Vargas (FGV-SP) e possui LL.M. em Direito da Concorrência Europeu pela Brussels School of Competition.

Lucas Longhitano. Associado da área de Direito Concorrencial do Cescon, Barrieu, Flesch & Barreto Advogados. Graduado em Direito pela Faculdade de Direito da Universidade de São Paulo (USP).

Luísa Pereira Mondeck. Pós-Graduada em Direito Econômico pela FGV (Fundação Getúlio Vargas); Graduada em Direito pela PUC-SP (Pontifícia Universidade Católica de São Paulo); Advogada de Tozzini-Freire Advogados e atua na área de Direito Concorrencial desde 2015.

Marcela Carvalho. Bacharel em Direito pela Pontifícia Universidade Católica de São Paulo (PUC/SP). Atualmente, é associada no Caminati Bueno Advogados e uma das Coordenadoras do Comitê IBRAC Jr.

Marcio Dias Soares. Bacharel em Direito e pós-graduado em Direito Privado pela Universidade Estadual do Rio de Janeiro. Mestre em Direito (LL.M) pela Columbia Law School. Sócio na área de Direito Concorrencial do Mattos Filho.

Marcos Lima. Sócio da M&A Consultoria Econômica. Mestre em Economia com ênfase em Econometria Aplicada pela UFRGS.

Mariana Llamazalez Ou. Advogada da área de Direito Concorrencial do escritório Mattos Filho, Veiga Filho, Marrey Jr. e Quiroga Advogados. Pós-graduação em Finanças e Economia da Escola de Economia de São Paulo, da Fundação Getúlio Vargas – FGV EESP (2021). Graduação em Direito pela Pontifícia Universidade Católica de São Paulo – PUC/SP (2018) e bacharel em Ciências Contábeis pelo Serviço Nacional de Aprendizagem Comercial – SENAC (2020).

Mateus Rogério Santana Baraldi. Graduando em Direito pela Faculdade Direito da Universidade de São Paulo (FDUSP); Graduado em Geografia pela Universidade Estadual Paulista "Júlio de Mesquita Filho" (Unesp); Estagiário de TozziniFreire Advogados com atuação na área de Direito Concorrencial desde 2022.

Matheus Carvalho. Advogado. Membro do Grupo de Pesquisa em Direito Econômico e Concorrencial (GPEC/IDP) e Membro da Associação Norte Nordeste de Direito Econômico (ANNDE)

Mayara Lins Ogea. Bacharel em Direito pela Fundação Getúlio Vargas (FGV-SP) e pós-graduada em Direito Concorrencial e Regulatório pela Fundação Getúlio Vargas (FGV-SP). É especialista em direito concorrencial e antitruste.

Natali de Vicente Santos Kapulskis. Mestre em Direito pela Universidade de São Paulo (2018). Especialista em Direito Tributário pela Universidade de São Paulo (2010). Bacharel em Direito pela Universidade de São Paulo (2008). Advogada em Chaves, Gelman, Machado, Gilberto e Barboza Advogados, na área de Direito Concorrencial.

Rafael Oliveira. Mestre em Economia na FEA-USP. Bacharel em Economia FGV/EESP. É Pesquisador do Instituto DataZumbi da Faculdade Zumbi dos Palmares. Gerente de Projetos e Macrossetorial da GO Associados.

Raul Cabral. Bacharel em Direito pela Universidade de São Paulo. Advogado na área de Direito Concorrencial do Mattos Filho.

Sarah Fida Carneiro. Bacharel em Direito pela Universidade de São Paulo (2020). Advogada em Chaves, Gelman, Machado, Gilberto e Barboza Advogados, com ênfase em Direito Concorrencial.

Stephanie Scandiuzzi. Advogada da área de Direito Concorrencial do escritório Mattos Filho, Veiga Filho, Marrey Jr. e Quiroga Advogados. Mestrado em Direito Internacional pela Universidade de São Paulo – USP, São Paulo (2018). Graduação em Direito pela Universidade de São Paulo – USP, São Paulo (2012).

Thales de Melo e Lemos. Associado da área de Direito Concorrencial do Cescon, Barrieu, Flesch & Barreto Advogados. Mestre em Economia pelo Instituto Brasileiro de Ensino, Desenvolvimento e Pesquisa (IDP) e graduado em Direito pela Universidade de Brasília (UnB).

Victor Oliveira Fernandes. Conselheiro do Conselho Administrativo de Defesa Econômica (Cade). Professor do Instituto Brasileiro de Ensino, Desenvolvimento e Pesquisa (IDP). Doutor em Direito da Universidade de São Paulo (USP).

Vitor Jardim Barbosa é Bacharel em Direito pela Universidade de São Paulo (USP) e Mestrando em Direito pela Universidade de Lisboa. Vitor atuou na Missão do Brasil junto à Organização Mundial do Comércio e outras Organizações Econômicas em Genebra em 2018, e desde 2021 é Non Governmental Advisor (NGA) da International Competition Network (ICN). Vitor é advogado sênior na área de direito concorrencial do Stocche Forbes Advogados (São Paulo, SP).

Vitória Ribeiro Vieira de Faria. Graduanda em direito pela Faculdade de Direito da Universidade de São Paulo (FDUSP), co-coordenadora do Grupo de Estudos em Direito Concorrencial da FDUSP e estagiária jurídica nas áreas de direito concorrencial e comércio exterior.

Vivian Fraga. Sócia de TozziniFreire Advogados; Mestre em Direito Internacional pela USP (Universidade de São Paulo); Graduada pela Faculdade de Direito da Universidade Presbiteriana Mackenzie; Especializada em Direito Econômico Regulatório pela FGV (Fundação Getúlio Vargas); Graduada em Ciências Políticas e Relações Internacionais pela Suffolk University, EUA; Membro do Comitê de Concorrência e Relações de Consumo do CESA.

Yan Villela Vieira. Advogado na Advocacia Del Chiaro, mestre em Direito pela USP e pós-graduado em Business Economics pela FGV-EESP.

PREFÁCIO

O IBRAC tem o orgulho de apresentar à comunidade antitruste a obra "*Fusões Verticais e Conglomerais sob a Lente do Antitruste*", trabalho inovador e de muito fôlego organizado por Adriana Perez e Vivian Fraga, que trata de fusões não-horizontais e a necessária interface com o Direito Antitruste. Mais do que isso, a presente obra consolida a atualidade candente do tema e sua relevância econômica e jurídica não somente no Brasil, mas dentro do contexto global.

Como diretor-presidente do IBRAC, comprometido em promover o debate e a análise aprofundada dos desafios antitruste contemporâneos, acredito que as contribuições dessa obra serão valiosas para acadêmicos, profissionais, autoridades e tomadores de decisão. Valiosas para a constante institucionalização e sinalização da política antitruste nacional, contribuindo para uma maior transparência do *enforcement* concorrencial para os administrados.

As fusões com efeitos não-horizontais têm se tornado cada vez mais frequentes, impulsionadas pela busca por sinergias e eficiências operacionais, chamando o antitruste a desempenhar sua mais fundamental função na análise dessas operações para garantir um ambiente competitivo e a proteção dos consumidores.

A natureza complexa das fusões verticais exige uma análise multidisciplinar, envolvendo aspectos econômicos, jurídicos, regulatórios e estratégicos. "Fusões Verticais e Conglomerais sob a Lente do Antitruste" conta com mais de 60 autores, renomados especialistas das áreas de economia e do direito que abordam uma diversidade impressionante de assuntos e casos relacionados à grande temática das operações com efeitos não horizontais. Com uma abordagem compreensiva, também discorrendo sobre as experiências estrangeiras, os textos são atuais, extremamente técnicos e informativos, embasados em pesquisas empíricas e oferecem uma visão panorâmica e aprofundada sobre o tema.

Esperamos que "Fusões Verticais e Conglomerais sob a Lente do Antitruste" estimule reflexões e debates relevantes sobre as fusões não-horizontais, fornecendo uma base sólida para o aprimoramento das políticas públicas, a tomada de decisões empresariais e o avanço do conhecimento acadêmico. Acreditamos que o compartilhamento de ideias e a busca pelo equilíbrio entre desenvolvimento econômico e preservação da livre concorrência são essenciais para uma sociedade justa, dinâmica e próspera.

Bruno De Luca Drago
Presidente do IBRAC

APRESENTAÇÃO TEMÁTICA: ATOS DE CONCENTRAÇÃO VERTICAIS E CONGLOMERAIS

Alexandre Cordeiro Macedo
Presidente do Cade

No dia 20 de julho de 2023, o Cade submeteu à Consulta Pública[1] versão preliminar do Guia V+, ou seja, um documento que busca sumarizar as melhores práticas e procedimentos que, em regra, são utilizados pelo Cade na análise de efeitos não-horizontais em atos de concentração. Este é um resultado dos esforços de um grupo de trabalho constituído para tal finalidade[2], bem como de consultoria do PNUD - Programa das Nações Unidas para o Desenvolvimento, contratada com este objetivo[3]. A respeito do documento, o Cade ainda está em fase de avaliação das contribuições recebidas e de reflexão da melhor forma de atuação neste sentido.

O Guia, de maneira propositiva, apresenta 5 etapas de análise deste tipo de concentração, quais sejam: (i) definição de mercados relevantes; (ii) determinação de participação de mercado e índices de concentração; (iii) análise do potencial lesivo; (iv) análise dos benefícios econômicos líquidos da operação; além (v) das discussões dos remédios antitruste, quando aplicável. Na primeira parte, a proposta de Guia prima pela simplicidade: ressalta a importância de se definir o mercado relevante na dimensão *downstream* e *upstream*. Na parte de avaliação de participações de mercado, o Guia V+ ressalta o disposto no art. 8º, inciso IV da Resolução Cade nº 33, de 14 de abril de 2022, já que é compreensão atual do Cade que são casos simples, analisáveis pelo rito sumário, aqueles em que nenhuma das partes detenha 30% em nenhum dos respectivos mercados. De outro lado, o guia considerou que pode haver exceções a esta regra, mas não adotou o VHHI – também conhecido como Índice de Gans (2007) –, possivelmente, por ser pouco

---

[1] Conforme https://www.gov.br/Cade/pt-br/assuntos/noticias/Cade-lanca-proposta-do-guia-v-sobre-atos-de-concentracao-nao-horizontais, verificado em 2 de outubro de 2023.

[2] Vide Portaria Normativa 11, de 30 de maio de 2022 (SEI nº 1069930) e Portaria Normativa 12, de 30 de maio de 2022 (SEI nº 1069931).

[3] Cade, Processo nº 08700.009168/2022-19.

conhecido e utilizado no SBDC[4]. Assim, ao mesmo tempo em que adota uma postura mais dependente de definições de mercado relevante, igualmente faz uma breve referência ao modelo vGUPPI (MORESI & SALOP, 2012) que, em tese, não necessita de uma avaliação estrita da concentração de mercado por meio de *share* ou de HHI.

O Guia possui como grande mérito a explicitação de algumas teorias de danos passíveis de serem utilizadas nas análises verticais e conglomerais, como aumento de incentivo para fechamento de mercado (total ou parcial) de rivais; elevação de custos de rivais; acesso a informações sensíveis de um rival não-integrado; entre diversas outras teorias de dano. Igualmente, o Guia colaciona uma grande quantidade de justificativas, eficiências e benefícios, passíveis de serem alegados, como eliminação de dupla-margem, diminuição de custos de transação e tantos outros. O Guia, igualmente, explicita o conceito de aritmética vertical (PITTMAN, 2017), já utilizado em análise de atos de concentração, como Itaú / Ticket Serviços (08700.006816/2018-07)[5] e J3 Operadora / Bus Serviços (08700.001434/2021-84)[6]; e Rede D'Or São Luiz S.A. / Sul América S.A. (08700.003959/2022-35)[7].

De outro lado, é importante frisar que outras jurisdições já trilharam em parte este caminho. Por exemplo, a Europa já disciplinou o tema por meio de documento específico (2008/C 265/07).[8] Os Estados Unidos, por seu turno, publicaram o "Non-Horizontal Merger Guide-

---

[4] Vide citação do artigo de Gans na nota técnica 35/2018/DEE/Cade e 30/2021/DEE/Cade, bem como menção ao VHHI no documento Procedimentos para a definição e análise antitruste de mercados relevantes de medicamentos (p.14), juntado ao 08012.000919/00-12, ao caso 08012.003855/2007-40 e em outros casos do Cade e do primeiro lugar no prêmio SEAE, de 2013, dado à Tatiana de Macedo Nogueira Lima. (2013) e o segundo lugar do prêmio em 2006 para Marcel Reis & Guilherme Horta (2006).

[5] DOCSEI 0622426.

[6] DOCSEI 0971428 e 0971439.

[7] DOCSEI 1145650.

[8] Conforme https://eur-lex.europa.eu/LexUriServ/LexUriServ.do?uri=OJ:C:2008:265:0006:0025:PT:PDF , verificado em 2 de outubro de 2023, Documento intitulado Orientações para a apreciação das concentrações não-horizontais nos termos do Regulamento do Conselho relativo ao controle das concentrações de empresas.

lines"[9], em 2020, mas voltaram atrás em setembro de 2021[10], em que pese, recentemente, em julho de 2023, tenham publicado novamente uma versão preliminar de um Guia geral sobre fusões, incluindo nele debates verticais e conglomerais.[11]

De todo modo, compreender os efeitos de atos de concentração em suas diversas dimensões, bem como apresentar uma estrutura analítica sobre como lidar com este tipo de fenômeno tem sido parte de um grande debate mundial, relativo ao trato das concentrações de caráter horizontal, vertical e conglomeral.

Do ponto de vista conceitual, segundo a OCDE (2007, p. 19), "uma fusão horizontal ocorre quando os produtos das empresas objeto de uma fusão estão no mesmo mercado antitruste, ou seja, podem exercer uma pressão competitiva significativa entre si antes da fusão. As fusões não-horizontais ocorrem quando os produtos das partes na transação estão em mercados antitruste separados". No referido documento, explica-se que uma taxonomia útil para fusões não-horizontais diz respeito à distinção entre fusões verticais e conglomerais. Assim, em uma fusão vertical, as duas empresas, antes da operação, mantêm ou existe a possibilidade de estarem em uma relação cliente-fornecedor. Portanto, em uma concentração vertical, no período antecedente à transação, as empresas estão localizadas em diferentes estágios ou elos de produção, distribuição ou venda, em que uma empresa está produzindo insumos ou fornecendo serviços à outra. Após a concentração, ambas empresas passam (ou podem passar) a atuar de forma integrada.

Em uma concentração conglomeral, no entanto, as empresas envolvidas produzem, normalmente, bens complementares, que não possuem uma relação de insumo-produto, mas permitem que o consumidor usufrua o conjunto de complementos de maneira conjunta.

Stephanie Vendemiatto Penereiro (2022, p. 78) fez uma análise de jurisprudência do Cade, buscando segmentar os tipos de atos de concentração, por meio desta taxonomia. A autora separou, para sua

---

[9] Conforme https://www.justice.gov/media/1090651/dl?inline , verificado em 2 de outubro de 2023.

[10] Conforme https://www.ftc.gov/news-events/news/press-releases/2021/09/federal-trade-commission-withdraws-vertical-merger-guidelines-commentary , verificado em 2 de outubro de 2023.

[11] Conforme https://www.justice.gov/d9/2023-07/2023-draft-merger-guidelines_0.pdf , verificado em 2 de outubro de 2023.

análise, com auxílio do sistema de busca do Cade (SEI), 947 atos de concentração dos quais, segundo sua avaliação, "609 envolveram efeitos verticais e horizontais, 298 envolveram apenas efeitos verticais, 24 envolveram efeitos verticais, conglomerais e horizontais, 13 envolveram efeitos conglomerais e horizontais, dois envolveram apenas efeitos conglomerais e apenas um envolveu efeitos verticais e conglomerais. Entre esses atos de concentração, apenas quatro foram reprovados e 29 foram aprovados com restrições. Houve perda de objeto após o parecer da Superintendência-Geral e antes da decisão do Tribunal em quatro casos. No total, portanto, 910 dos 947 atos de concentração envolvendo efeitos verticais e conglomerais foram aprovados sem restrições".

Por outra perspectiva, o Documento de Trabalho nº 006/2023 publicado pelo DEE, de autoria de Guilherme Mendes Resende, Victor Oliveira Fernandes e Isabella Oliveira Guimarães Barcelos (2023), analisou as teorias de dano referentes concentrações conglomerais. Tal estudo fez uma avaliação da jurisprudência do Conselho Administrativo de Defesa Econômica (Cade) entre 2012 e 2022, tendo encontrado 61 casos no referido período de concentrações conglomerais, podendo-se citar, por exemplo, como destaques analíticos, os casos Bayer/Monsanto[12], Essilor/Luxottica[13], IBM/Red Hat[14] e Totvs/Itaú[15].

Já no âmbito vertical, é possível identificar uma evolução teórica. De um lado, alguns autores como Posner (1976) e de Robert Bork (1978, p. 231) acreditavam, inicialmente, que fusões verticais eram necessariamente benignas.

Conforme esclareceu o voto do ex-Conselheiro Marcos Paulo Veríssimo, no voto do Processo Administrativo nº 08012.001271/2001-44, em razão deste tipo de abordagem, "*as práticas verticais passaram a ser quase que automaticamente associadas a eficiências decorrentes de economia de escopo, bem como de redução de problemas informacionais e de custos de transação, o que acabou apontando para um ambiente no qual as autoridades antitrustes deveriam "fazer prova da ilicitude da prática.*"[16]

---

[12] Bayer/Monsanto. Ato de Concentração Cade: 08700.001097/2017-49.

[13] Essilor/Luxottica. Ato de Concentração Cade: 08700.004446/2017-84.

[14] IBM/Red Hat. Ato de Concentração Cade: 08700.001908/2019-73.

[15] Totvs/Itaú. Ato de Concentração Cade: 08700.002559/2022-11.

[16] BRASIL, Cade. Processo Administrativo nº 08012.001271/2001-44 – Representante: Secretaria da Justiça e da Defesa da Cidadania/PROCON-SP; Represen-

No entanto, desenvolvimentos de modelos posteriores demonstraram que é, sim, *possível* haver situações em que concentrações verticais geram fechamento de mercado, discriminação de preços ou outros problemas, em uma indústria, em razão de concentrações verticais.[17]

De outro lado, Francine Lafontaine e Margaret Slade (2007) fizeram uma extensa revisão de literatura, encontrando que, na grande maioria dos estudos empíricos, as concentrações verticais mostraram-se eficientes, não apenas para as empresas, mas, sobretudo, para os consumidores. Segundo Lafontaine e Slade, por mais que existam estudos isolados que contradigam alguns destes achados, a vasta maioria dos estudos revisados apontam para existência de substantivos benefícios sociais derivados de concentrações verticais. No mesmo sentido James C. Cooper, Luke M.Froeb, Daniel P.O'Brien e Michael Vita (2005) apresentaram, igualmente, extensa literatura empírica demonstrando como integrações/concentrações verticais podem ser benéficas, na revenda de gasolina[18] na venda de cerveja em pubs[19] no mercado de TV a cabo[20] e em vários outros mercados referidos em tal estudo.

Inobstante este aspecto, outros autores apresentam uma visão totalmente distinta. Sustentam que estes registros empíricos não seriam válidos para apoiar a presunção de que concentrações verticais são inofensivas[21]. Pelo contrário, alegam que trabalhos empíricos recentes, que utilizam um conjunto de ferramentas empíricas mais avançado, encontram frequentemente evidências de efeitos anticoncorrenciais em concentrações verticais[22].

Enfim, não parece haver uma visão acadêmica uníssona sobre este tema, tanto no debate teórico, como empírico, havendo discussões não-triviais a respeito de quais são os efeitos reais de concentrações

---

tado: SKF do Brasil Ltda, voto proferido em 30.01.2013.

17 SALINGER, 1988; ORDOVER, SALONER, & SALOP, 1990; HART & TIROLE, 1990; BOLTON & WHINSTON, 1993; REY & TIROLE, 2007.

18 VITA, 2000; BARRON & UMBERCK, 1984; SHEPARD, 1993.

19 SLADE, 1998.

20 CHIPTY, 2001.

21 BAKER, ROSE, SALOP, & SCOTT MORTON, 2019.

22 LUCO & MARSHALL, 2018; BAKER, BUNDORF, & KESSLER, 2020; DAFNY, HO, & LEE, 2016; HOUDE, 2012; CRAWFORD, LEE, WHINSTON, & YURUKOGLU, 2015; BOEHM & SONNTAG, 2018.

verticais e conglomerais (e qual política concorrencial ótima é desejável). Igualmente, este tipo de debate se dá em um momento no qual há uma revolução digital em curso no mundo inteiro, com maximização de lucros e precificação que ocorrem via algoritmos, onde a forma de interação social e regulatória se modifica e, ao mesmo tempo, quando alguns países estão até mesmo debatendo a ampliação dos objetivos do Direito Concorrencial como um todo: o que traz uma camada adicional de imprevisibilidade a este já denso debate.

No Brasil, a defesa do bem-estar dos consumidores continua sendo a pedra de toque do Direito Concorrencial, havendo uma preocupação do Cade, com a criação dos melhores incentivos sociais, com base em regras estáveis. No que tange a aspectos técnicos, sobre a prognose dos efeitos das concentrações, o Cade, em regra, se vale de informações mercadológicas obtidas pela instrução da Superintendência Geral, tendo já debatido modelos de simulação em alguns casos, tal como o modelo de Mcafee & Hendricks (2007), referido no AC 08700.000344/2014-47, envolvendo Bromisa Industrial e Comercial Ltda. e ICL Brasil Ltda. Todavia, não há muitos casos que, de fato, aplicaram simulações verticais na jurisprudência do Cade, tal como sugerido, por exemplo, por Taragin & Sheu (2007). Também, Margaret Loudermilk, Gloria Sheu e Charles Taragin (2023) sugerem que há impactos distintos nas simulações de fusões, quando as operações possuem ao mesmo tempo características verticais e horizontais em ambos elos da cadeia vis-à-vis quando se compara a situação de simples concentração vertical. Não por outro motivo que seu artigo é intitulado como *Além do "horizontal" e do "vertical": os efeitos da integração complexa no bem-estar.* Obviamente que tais são perspectivas que ainda podem ser maturadas e exploradas, motivo pelo qual não foram ainda introduzidas no rascunho de guia proposto, ainda que não se perca de vista a necessidade de aprimoramento institucional constante nesta direção.

Neste contexto, não se pretende trazer, com um Guia V+, uma resposta pronta, estanque e acabada para todo o sempre, sobre todas as questões que envolvem o fenômeno concentracionista não-horizontal. O que se buscou, sim, foi apresentar um olhar sobre a prática da instituição, esclarecendo à Comunidade quais são as principais etapas de análise e as preocupações que o Cade, atualmente, possui ao se deparar com atos de concentração verticais e conglomerais. Há, assim, um foco na decidibilidade dos casos, por um viés pragmático. Tal não significa, de forma alguma, que não se possa melhorar ou avançar no debate de política concorrencial ou mesmo no diálogo científico. Aliás, entende-se ser muito salutar o diálogo social, sendo, inclusive, um dever do serviço público responsivo estar sempre disposto a um questionamento constante sobre melhorias de procedimentos decisórios, mesmo diante de incertezas.

Referências bibliográficas

BAKER, J. B., ROSE, N. L., SALOP, S. C., & SCOTT MORTON, F. M. (Summer de 2019). Five Principles for Vertical Merger Enforcement Policy. *Antitrust, Vol. 33, No. 3.*

BAKER, L. C., BUNDORF, M. K., & KESSLER, D. P. (Summer de 2020). Does Multispecialty Practice Enhance Physician Market Power? *Am J Health Econ.* , pp. 324-347. doi:10.1086/708942

BARRON, J. M., & UMBERCK, J. R. (1984). The Effects of Different Contractual Arrangements: The Case of Retail Gasoline Markets. *Journal of Law and Economics, 27*, pp. 313-328.

BOEHM, J., & SONNTAG, J. (Dezembro de 2018). Vertical Integration and Foreclosure: Evidence from Production Network Data. *Sciences Po Econ. Discussion Paper No. 2018-12.*

BOLTON, P., & WHINSTON, M. D. (1993). Incomplete Contracts, Vertical Integration, and Supply Assurance. *Review of Economic Studies, 60*, pp. 121-148.

BORK, R. H. (1978). *The Antitrust Paradox.* Nova Iorque: Basic Books.

CHIPTY, T. (2001). Vertical Integration, Market Foreclosure, and Consumer Welfare in the Cable Television Industry. *American Economic Review, 91*, pp. 428-453.

COOPER, J. C., FROEB, L. M., O'BRIEN, D. P., & VITA, M. (5 de Abril de 2005). Vertical Antitrust Policy as a Problem of Inference. *Vanderbilt Law and Economics Research Paper No. 05-12.*

CRAWFORD, G. S., LEE, R. S., WHINSTON, M. D., & YURUKOGLU, A. (Dezembro de 2015). The Welfare Effects of Vertical Integration in Multichannel Television Markets. *National Bureau of Economic Research Working Paper Series*. doi:10.3386/w21832

DAFNY, L., HO, K., & LEE, R. S. (Março de 2016). The Price Effects of Cross-Market Hospital Mergers. *National Bureau of Economic Research Working Paper Series*. doi:10.3386/w22106

GANS, J. S. (Novembro de 2007). Concentration - Based Merger Tests and Vertical Market Structure. *Journal of Law and Economics, Vol. 50, No. 4*, pp. 661-681.

HART, O., & TIROLE, J. (1990). Vertical integration and market foreclosure. Em M. N. BAILY, & C. WINSTON, *Brookings Papers on Economic Activity, Microeconomics* (pp. 205-276). Brookings.

HOUDE, J. F. (Agosto de 2012). Spatial Differentiation and Vertical Mergers in Retail Markets for Gasoline. *The American Economic Review, Vol. 102(5)*, pp. 2147–2182.

LAFONTAINE, F., & SLADE, M. (2007). Vertical Integration and Firm Boundaries: The Evidence. *Journal of Economic Literature, vol. 45 (3)*, pp. 629-685.

LIMA, T. d. (2013). *Integração Vertical na Saúde Suplementar: mapeamento da integração entre hospitais gerais e planos de saúde.* . Rio de Janeiro: Prêmio SEAE.

LOUDERMILK, M., SHEU, G., & TARAGIN, C. (Janeiro de 2023). eyond "Horizontal" and "Vertical": The Welfare Effects of Complex Integration. *FEDS Working Paper No. 2023-5.*

LUCO, F., & MARSHALL, G. (15 de Janeiro de 2018). Vertical Integration with Multiproduct Firms: When Eliminating Double Marginalization May Hurt Consumers. *Working Paper.*

McAFEE, P., & HENDRICKS, K. (8 de Junho de 2007). A Theory of Bilateral Oligopoly. *Economic Inquiry, , Vol. 48, Issue 2*, pp. 391-414.

MORESI, S., & SALOP, S. C. (2012). vGUPPI: Scoring Unilateral Pricing Incentives in Vertical Mergers. *Georgetown Business, Economics and Regulatory Law Research Paper No. 12-022.*

OCDE - Organização para a Cooperação e Desenvolvimento Econômico. (Fevereiro de 2007). Vertical Mergers. *Policy Roundtables*, pp. 1-354.

ORDOVER, J., SALONER, G., & SALOP, S. (1990). Equilibrium vertical foreclosure. *American Economic Review, 80*, pp. 127-142.

PENEREIRO, S. V. (2022). *Condutas anticompetitivas e a crescente concentração de mercado autorizada pelo Cade. Dissertação de Mestrado em Direito.* Brasília: UNB.

PITTMAN, R. (13 de Janeiro de 2017). Three Economist's Tools for Antitrust Analysis. *Economic Analysis Group Discussion Paper.*

POSNER, R. (1976). *Antitrust Law.* Chicago: University of Chicago Press.

REIS, M., & HORTA, G. T. (2006). *Restrições verticais: eficiências, danos e implicações à análise econômica.* Belo Horizonte: Prêmio SEAE.

RESENDE, G. M., FERNANDES, V. O., & BARCELOS, I. O. (Agosto de 2023). Fusões Conglomerais: Teorias do Dano e Jurisprudência do Cade entre 2012 e 2022. *Documento de Trabalho nº 006/2023*, pp. 1-77.

REY, P., & TIROLE, J. (2007). A Primer on Foreclosure. Em M. ARMSTRONG, & R. PORTER. Elsevier.

SALINGER, M. (1988). Vertical Mergers and Market Foreclosure. *The Quarterly Journal of Economics, vol. 103*(issue 2), pp. 345-356.

SHEPARD, A. (1993). Contractual Form, Retail Price, and Asset Characteristics in Gasoline Retailing. *Rand Journal of Economics, 24*, pp. 58-77.

SLADE, M. E. (1998). Beer and the Tie: Did Divestiture of Brewer-Owned Public Houses Lead to Higher Beer Prices? *Economic Journal, 108*, pp. 565-602.

TARAGIN, C., & SHEU, G. (Outubro de 2007). Simulating Mergers in a Vertical Supply Chain with Bargaining. *Economic Analysis Group Discussion Paper.*

VITA, M. G. (2000). Regulatory Restrictions on Vertical Integration and Control: The Competitive Impact of Gasoline Divorcement Policies. *Journal of Regulatory Economics, 18*, pp. 217-233.

APRESENTAÇÃO DO LIVRO

Vivian Fraga
Adriana Hernandez Perez
Mateus Baraldi

A publicação deste livro coroa o comprometimento do IBRAC com sua missão de "promover a realização de pesquisas, estudos e debates sobre temas relacionados à defesa da concorrência, comércio internacional e consumo". Resultado de uma agenda de pesquisa robusta e consistente liderada, desde 2020, pela Coordenação de Fusões Verticais, sob o Comitê de Economia do IBRAC, esta obra fornece uma análise abrangente das fusões verticais, abordando desde os fundamentos teóricos até estudos de casos específicos e considerações jurídicas. Destina-se a acadêmicos, profissionais do direito, economistas e políticos interessados em compreender as nuances das fusões verticais e conglomerais e suas implicações na análise antitruste.

Ao longo dos anos, a Coordenação de Fusões Verticais contou com o apoio de valiosos e comprometidos voluntários na pesquisa e produção de produtos que, através de seus esforços, apoiaram diretamente a comunidade antitruste nacional com o desenvolvimento e divulgação de pesquisa de monta. Em 2021, o grupo de pesquisa realizou um levantamento essencial sobre as melhores práticas internacionais na análise de fusões verticais a partir do estudo de guias de análise internacionais.

Em 2022, o Cade, reconhecendo a relevância e urgência do tema, criou um Grupo de Trabalho interno com o objetivo de redigir o primeiro guia nacional de fusões verticais, convidando o seu par no IBRAC para uma parceria e troca profícua de estudos e ideias. Com muito trabalho e contando com o entusiasmo e as contribuições de um número recorde de mais de sessenta voluntários – muitos deles são autores de capítulos deste Livro –, a Coordenação de Fusões Verticais atuou na compilação e desenvolvimento de pesquisas inéditas para a comunidade antitruste nacional.

Deste modo, esta grande força tarefa se comprometeu a investigar as tendências nacionais e internacionais na análise de casos de fusões verticais, e, ainda, desenvolver um banco de dados único e inédito sobre os padrões de análise do Tribunal do Cade, sob perspectiva da jurisprudência nacional e do Direito Comparado. Esta agenda de pesquisa se concretizou em inúmeras entregas ao Cade e à comunidade antitruste nacional e internacional em diferentes formatos: (i) debates virtuais ao longo de 2022 e 2023, (ii) painel exclusivo no Seminário Internacional do IBRAC em 2022 e 2023, com a participações de especialistas internacionais que são referências na área, (iii) apresentações na Workshop interna do GT do Cade, seguidas de debates, (iv) publicação de artigos em jornais especializados nacionais e internacional, (v) desenvolvimento de documentos em formato de texto e apresentações, e, *last but not least*, (vi) desenvolvimento de bases de dados única sobre a jurisprudência do Tribunal do Cade em relação a fusões verticais a ser publicada como Estudo Técnico pelo IBRAC.

Em abril de 2023, em nova iniciativa da Coordenação, foi lançada a Chamada de Artigos sobre Fusões Verticais, da qual resulta esta robusta publicação. Novamente, a efervescência do tema no País se confirmou: o presente livro recebeu número recorde de submissões de voluntários engajados e compromissados com a disseminação e fomento ao debate nacional voltado ao tema das fusões verticais.

Neste sentido, ao longo de suas atividades, a Coordenação de Fusões Verticais buscou não apenas incentivar e fornecer subsídios para a elaboração do Guia V+, mas fomentar e contribuir para o debate nacional sobre a análise destas fusões mais complexas e tornar mais transparente a prática antitruste nacional aos nossos pares internacionais.

Em julho de 2023, num movimento aguardadíssimo pela comunidade antitruste nacional, o Cade lançou a minuta do Guia V+ para consulta pública e deve lançar a versão final até o final deste ano. Novamente, a Coordenação de Fusões Verticais em colaboração afinada dentro do Comitê de Economia, compilou, organizou e fez contribuições à Consulta Pública em nome do IBRAC, a partir das valiosas contribuições do grupo de voluntários que se formou para este propósito.

Neste sentido, é importante destacar que o livro ilustra uma agenda em andamento, trazendo uma riqueza temática das quais se inclui a análise de fusões verticais sob a perspectiva de objetivos de sustentabilidade, tendências de análise em plataformas digitais de múltiplos lados e análise de casos emblemáticos e recentes. São 64 autores e 26 membros do Comitê Científico revisor. Dentre os autores e revisores envolvidos no projeto, temos advogados, economistas e autoridades do Cade. Tal composição garante a pluralidade de visões apresentada no presente trabalho e permite abordar de forma ampla os desafios e discussões neste crescente e fértil campo, garantindo uma riqueza temática raramente vista.[1]

Uma importante inovação neste livro foi encorajar os autores a declarar se teve ou não envolvimento direto ou trabalhou no tema do caso discutido em seu artigo, em particular nos artigos em que foram discutidas operações nacionais. Esta medida assegura transparência e evita possíveis conflitos de interesse ou percepções equivocadas, o que aprimora a qualidade do impacto desta obra.

O presente livro se estrutura em quatro partes principais. A 'Parte I' traz temas introdutórios, análise de guias e métodos de análise em fusão. A 'Parte II' apresenta uma série de estudos acerca da jurisprudência nacional englobando as teorias de dano e eficiências, remédios estudos setoriais e estudos de caso. A 'Parte III' oferece um panorama internacional a partir dos estudos de casos notáveis e suas implicações concorrenciais e jurisprudenciais. Finalmente, a 'Parte IV' explora as fronteiras do debate em relação às fusões não horizontais. A seguir, são detalhados os escopos de cada Parte.

A Parte I é dividida em três seções e tem o propósito de fazer um aprofundamento do estudo teórico das relações verticais e sua metodologia de análise adotada no Brasil e em outras jurisdições. São apresentados dois artigos na primeira seção, introdutória, com o primeiro e segundo artigos explorando os bastidores da formulação do Guia V a partir da perspectiva de quem atuou diretamente na sua elaboração – o primeiro, abordando a perspectiva da Superintendência-Geral do Cade e o segundo o contexto da elaboração. Em seguida, o terceiro artigo realiza uma análise histórica e jurisprudencial da atuação da Superintendência-Geral do Cade na análise de fusões verticais.

Na sequência, a segunda seção apresenta um panorama dos Guias de Análise de Fusões Verticais das principais jurisdições no mundo sobre o tema. Os artigos desta seção abordam as principais discussões, critérios de análise e referenciais teóricos e práticos adotados atualmente na análise de fusões verticais pelas autoridades da Europa, Inglaterra e Estados Unidos da América.

A terceira e última seção desta parte inicial da obra volta-se aos métodos e indicadores quantitativos utilizados na análise em fusões verticais. Em seu primeiro artigo, é apresentada a avaliação procedimental

[1] Na triagem inicial dos artigos, foi imposto um limite de 2 artigos por escritório de advocacia e consultoria econômica.

sob a perspectiva econômica e, no artigo seguinte, os indicadores quantitativos adotados na análise de efeitos sobre a pressão de elevação de preços decorrentes de uma fusão vertical.

A Parte II do livro, estruturada em três seções, inicia com uma investigação da jurisprudência nacional, por teorias de danos de destaque, e os ganhos de eficiência potenciais dessas operações. A segunda seção se dedica aos remédios sugeridos. A terceira traz estudos de casos e setores nacionais.

Na primeira seção são analisados em dois artigos as teorias de dano de fechamento do mercado consumidor e de insumos, neste último caso, trata-se do caso Microsoft/Activision como referência. Em seguida, três artigos analisam respectivamente de efeitos conglomerais, efeitos coordenados e problemas concorrenciais derivados de acesso a informações concorrencialmente sensíveis. Em todos os artigos, a teoria é descrita e confrontada com o contexto de mercado dos casos e como a autoridade antitruste avaliou seus respectivos condicionantes. O derradeiro artigo da seção convida a uma reflexão acerca da análise de eficiências em fusões verticais, questionando se a mera adaptação do arcabouço teórico usado nas concentrações horizontais seria suficiente.

A segunda seção da Parte II analisa a jurisprudência e legislação pátria em relação à adoção de remédios. O primeiro artigo traz uma análise prática dos remédios concorrenciais em fusões verticais da atuação do Cade sob a Lei de Defesa da Concorrência vigente. O artigo seguinte aborda a adoção de cláusulas arbitrais como remédio comportamental destinado a minimizar riscos relativos a possíveis condutas exclusionárias em cenários pós-integração vertical.

A terceira seção da Parte II aborda estudos de caso e setoriais nacionais. A seção é composta por três artigos que abordam, o mercado financeiro e de capitais, após setor pórtuário, adicionar setor elétrico, e a análise do caso de fusão ATT/Time Warner.

A Parte III explora como as fusões verticais são percebidas, avaliadas e controladas em diferentes jurisdições. O objetivo é entender os padrões emergentes e identificar as melhores práticas que podem ser adaptadas ou aprendidas.

O primeiro capítulo fornece *insights* valiosos sobre os desafios e oportunidades associados às fusões verticais, além de destacar as nuances regulatórias e concorrenciais que as acompanham. No segundo artigo, é realizada uma análise do caso Illumina/Grail (2022) e a crescente atenção despendida pelas autoridades norte-americana e europeia aos movimentos de verticalização em setores inovadores. Em seguida, são abordadas as novas teorias de dano em integrações verticais a partir de um estudo do caso Google/Fitbit (2020) e do Projeto de Lei n° 2.768/2022, proposta de regulamentação das plataformas digitais no Brasil. Após, a partir do estudo do caso Tesco/Booker (2017), são investigados os efeitos competitivos por trás da criação do maior grupo do setor alimentício do Reino Unido. No quinto artigo, é realizada uma análise comparativa dos limites da verticalização no setor de cervejas sob a perspectiva do caso Heineken/Punch Taverns (2017). O último artigo investiga do caso Essilor/Luxxotica (2018) e as principais teorias do dano abordadas pelo Cade.

A Parte III conclui a obra por meio de cinco artigos em que são propostas discussões relevantes sobre as fronteiras do debate e sobre aspectos jurídicos importantes para o tratamento adequado de fusões verticais e conglomerais.

Os três artigos primeiros artigos exploram temas contemporâneos e emergentes, com vistas a expandir a perspectiva das análises deste tipo de operação. O primeiro e segundo abordam questões associadas a aquisições no contexto de plataformas digitais e a relação entre a promoção da sustentabilidade num contexto de fusões verticais. O primeiro estuda o impacto das chamadas *killer acquisitions* na concorrência. O quarto artigo avalia qual seria o conceito adequado de integração vertical para o *enforcement* concorrencial. O último artigo, que também encerra o livro, traz um comentário acerca da inadequação da estrutura do Formulário Anexo I / II para a análise de fusões verticais.

Gostaríamos de expressar nossa profunda gratidão a todos os autores que contribuíram e sem os quais esta obra não teria sido possível. Também somos imensamente gratos aos dedicados revisores, que contribuíram para aprimorar a qualidade de cada artigo e, com isso, enriquecer significativamente esta obra, aqui nomeados: Fabiana Tito, Bruno Droghetti, Marcos Lima, Ana Sofia Monteiro, Anna Olímpia, Barbara Rosenberg, Daniel Andreoli, Dayane Garcia Lopes Criscuolo, Fernando Meneguin, Leonor Cordovil, Lillian Cintra, Marcel Medon Santos, Marcio de Oliveira, Marcos Drummond Malvar, Mariana Tavares de Araujo, Pedro Paulo Cristofaro, Pedro Zanotta, Renata Arcoverde, Renata Zuccolo, René Medrado, Milena Costa Gardesani, Ricardo Inglez de Souza, Sérgio Varella Bruna e Tatiana Lins.

Agradecemos ao IBRAC e, em especial, ao Comitê de Economia e ao Comitê de Publicações, pelo apoio contínuo e dedicação durante a elaboração deste livro.

Aos leitores, convidamos à exploração dos debates e reflexões propostas nesta obra. Desejamos que a leitura seja uma jornada instigante de descoberta e conhecimento sobre fusões verticais e conglomerais no Brasil e no mundo.

Uma ótima leitura!

PARTE I

PROCEDIMENTOS DE ANÁLISE

CONTEXTO INSTITUCIONAL DA SUPERINTENDÊNCIA-GERAL DO CADE

Alexandre Barreto de Souza
Superintendente-Geral do Cade

Nos últimos anos, o Instituto Brasileiro de Estudos de Concorrência, Consumo e Comércio Internacional (IBRAC) tem alcançado o seu objetivo de promover a realização de pesquisas, estudos e debates sobre temas relacionados à defesa da concorrência de forma efetiva e admirável.

Exemplo disso, pode-se citar - dentre as várias vertentes e ótimas iniciativas já conhecidas como o Seminário Internacional de Defesa da Concorrência, o IBRACAST e a Revista do IBRAC - a estruturação de relevantes Grupos de Trabalho a partir de seus Comitês, a fim fomentar o estudo de forma aprofundada de temas difíceis do cotidiano da comunidade antitruste.

Nessa linha, foi instituído Grupo de Trabalho de Fusões Verticais com o objetivo de elaborar estudos e pesquisas a partir do histórico de casos já analisados, além de examinar as tendências nacionais e internacionais do tema e revisões doutrinárias sobre Fusões Verticais e seus desdobramentos no Direito da Concorrência.

A construção do Livro de Fusões Verticais elaborada pelo Grupo de Trabalho de Fusões Verticais, muito bem pensado e executado pelo IBRAC, representa de forma ímpar esse propósito, na medida que se consegue trazer maior unicidade para o tema e organizar como este tem sido abordado pela Autoridade nas suas melhores práticas a partir de uma relevante construção entre Autoridade e aCademia.

O presente documento, que com certeza será de grande valia para a comunidade antitruste, traduz a jurisprudência do Cade, na medida em que traz análises tanto do Tribunal Administrativo, quanto da Superintendência-Geral, sendo, portanto, um espelhamento de uma importante construção conjunta realizada pela Autoridade.

Ademais, destaco a relevantíssima colaboração do IBRAC junto ao Grupo de Trabalho de Integrações Verticais proposto pelo Cade, que representou um esforço conjunto de toda comunidade para se realizar o Guia V+, que também será lançado em breve. O Grupo de Trabalho proposto pelo IBRAC teve como um de seus objetivos iniciais justamente a atuação proativa e colaborativa junto ao Cade, e posso afirmar certamente que este foi muito bem alcançado.

Nesse sentido, o livro aqui em tela com certeza será mais uma das iniciativas de sucesso promovidas pelo IBRAC, além de uma baliza essencial para o estudo e análise de casos no que tange ao tema.

Dessa forma, reitero que esta obra será de leitura obrigatória para todos aqueles que desejem explorar e se aprimorar neste tema tão desafiador, mas tão relevante; representado pelos desafios e impactos de casos não horizontais.

Desejo a todos ótimos estudos!

GUIA V+: CONTEXTO E ELABORAÇÃO

V+ GUIDE: CONTEXT AND PREPARATION

Danielle Kineipp de Souza
Letícia Ribeiro Versiani[1]

1. Introdução

Nos últimos anos, a discussão sobre o impacto de integrações verticais no ambiente concorrencial tem ganhado destaque, tanto no Brasil, que viu o número de casos analisados pelo Conselho Administrativo de Análise Econômica – Cade envolvendo integrações verticais aumentar, quanto no resto do mundo. Diversas autoridades antitruste viram a necessidade de criar guias específicos de integrações verticais ou de revisarem guias já existentes para incluir o tema.

O Cade, que já discute o tema há alguns anos, decidiu criar, em julho de 2022, um Grupo de Trabalho específico para discutir a análise de integrações não horizontais (incluindo também as análises de conglomerados). Depois de um semestre de reuniões, que incluíram apresentações sobre o tema com palestrantes nacionais e internacionais, além de debates internos, o Grupo elaborou uma primeira minuta de Guia para Análise de Atos de Concentração Não Horizontal (Guia V+).

O objetivo era criar um guia que desse transparência à análise feita pelo Cade, orientasse os técnicos da autarquia a empregar as melhores práticas de análises nas investigações de operações não horizontais e trouxesse mais previsibilidade para que os agentes de mercado pudessem entender todas as etapas, técnicas e critérios adotados pelo Cade.

O presente artigo traz um pequeno histórico de como foi a elaboração do Guia V+ pelo Cade.

2. Histórico

Conforme disposto na Lei 12.529/2011, compete ao Cade analisar os atos de concentração econômica que preencham os requisitos

[1] *Disclaimer*: as autoras trabalharam diretamente no desenvolvimento da minuta do Guia V+ no Cade.

listados nos incisos 88 e 90 da Lei. Com o intuito de orientar os seus membros a empregar as melhores práticas na análise dos atos de concentração, bem como de tornar a análise mais transparente, tanto para a própria autarquia, quanto para o público externo (empresas, advogados e sociedade em geral), o Cade já publicou diversos guias referentes à análise de atos de concentração, como o Guia para Análise de Consumação Prévia de Atos de Concentração Econômica, em maio de 2015, o Guia para Análise de Atos de Concentração Horizontal, que foi revisto e atualizado em julho de 2016 e o Guia de Remédio Antitruste, em outubro de 2018.[2]

O Guia para Análise de Atos de Concentração Horizontal, conhecido como o Guia H, apesar de ter sido publicado em 2016, se baseou em uma primeira versão elaborada em 2001, pela Portaria Conjunta Seae/SDE nº 50. Essa primeira versão do guia foi desenvolvida para nortear a análise com base na Lei 8884/94, então vigente. Com a mudança da lei de defesa da concorrência em 2012, foi necessário atualizar o guia, de forma a retratar as mudanças ocorridas com a alteração da norma.

O Guia H, contudo, trata exclusivamente da análise de atos de concentração horizontal, ou seja, "operações que envolvam a integração econômica entre empresas concorrentes ou potenciais concorrentes entre si", como explicado na introdução do referido guia. Todavia, o Cade não analisa apenas operações horizontais. Cabe à autarquia analisar também operações que resultam em relações verticais ou conglomerais entre as empresas, os chamados atos de concentração não horizontal.

Conforme levantamento feito pela área processual do Cade, desde a entrada em vigor da Lei 12.529/11, em maio de 2012, até 31 de dezembro de 2022, o Cade analisou 1599 casos que envolveram integrações verticais entre as empresas, dos quais 298 em rito ordinário. Destes, 34 foram impugnados pela Superintendência-Geral do Cade e, portanto, foram a julgamento pelo Tribunal. Após julgamento, dois atos de concentração foram reprovados enquanto outros 26 foram aprovados mediante a assinatura de um Acordo em Controle de Concentrações ou foram objeto de restrições unilaterais. Dois casos foram arquivados no Tribunal por perda do objeto.

---

[2] Ver Cade (2015) Guia para Análise de Consumação Prévia de Atos de Concentração Econômica. Ver Cade (2019) Guia para Análise de Atos de Concentração Horizontal. Ver Cade (2018) Guia de Remédio Antitruste.

O Gráfico 1 abaixo mostra a frequência dos casos ao longo dos 10 anos. Observa-se que há uma tendência de crescimento das integrações verticais identificadas nos atos de concentração notificados ao Cade.

Gráfico 1 - Proporção dos atos de concentração que envolveram a análise de integração vertical

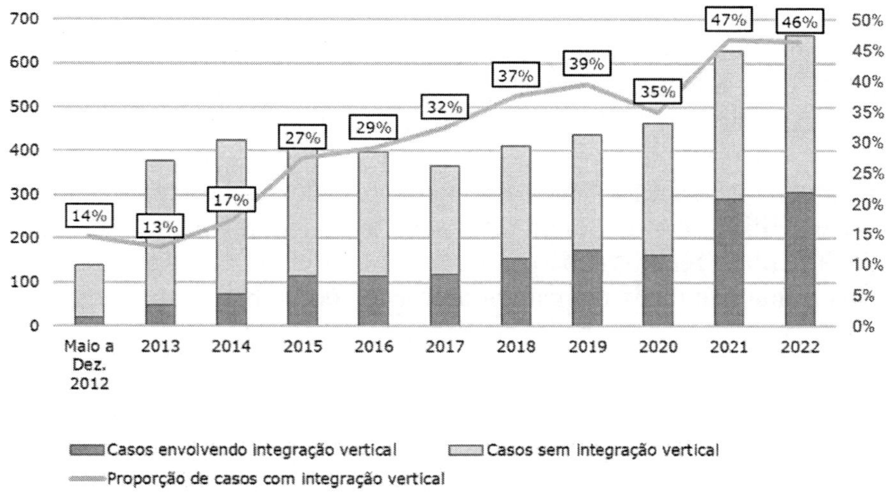

Fonte: Cade. Elaborado pelo GT Fusões Verticais do IBRAC.

Esse aumento no número de casos que envolvem a análise de integrações verticais gerou uma preocupação da autarquia em entender melhor as teorias de dano por trás das integrações verticais, bem como em sistematizar a análise dentro do órgão com o intuito de orientar os membros do Cade a empregar as melhores práticas e tornar a atuação transparente e de fácil compreensão por agentes externos. Dessa forma, em julho de 2022, foi criado um Grupo de Trabalho específico para tratar do tema.

3. Criação do GT

Com o intuito de estudar e discutir o tema das integrações verticais, foi instaurado, em 14 de julho de 2022, por meio da Portaria nº273, o Grupo de Trabalho de Integrações Verticais no Cade. A portaria definiu como competências do GT:

- Discutir doutrinas e precedentes sobre o tema, em âmbito nacional e internacional;
- Realizar *benchmark* sobre normas e guidelines em jurisdições estrangeiras que tangenciem o tema;
- Confeccionar relatório contendo conclusões sobre os estudos e discussões do grupo, inclusive recomendações para o endereçamento do tema no contexto brasileiro.

O grupo, coordenado pela Coordenação-Geral de Análise Antitruste 2, da Superintendência-Geral do Cade, era composto por membros do: Gabinete da SG, Gabinete da Presidência do Cade, Tribunal do Cade, Coordenações-Gerais de 1 a 5 e 11, Departamento de Estudos Econômicos (DEE) e Ministério Público Federal que atua perante o Cade (MPF). Ao todo, foram realizadas, ao longo do segundo semestre de 2022, oito reuniões abertas nas quais diferentes palestrantes nacionais e internacionais realizaram apresentações sobre os diferentes temas envolvidos neste tipo de análise.

Nestas reuniões, estavam incluídos não apenas os cerca de trinta servidores do Cade (número que englobava tanto os servidores relacionados na Portaria que constituiu o grupo, quanto aqueles que se voluntariaram para acompanhar os trabalhos e aprender mais sobre o tema), mas também outros voluntários que representavam o Grupo de Trabalho de Fusões Verticais no âmbito do Instituto Brasileiro de Estudos de Concorrência, Consumo e Comércio Internacional (IBRAC).

Ao final de cada encontro[3], que incluía tanto as palestras, quanto um momento de discussão aberta com todos os participantes, os servidores realizavam discussões internas sobre o tema. Com as discussões do grupo ficou nítido que a preocupação com operações não horizontais e a necessidade de sistematizar a análise da autoridade antitruste não era apenas do Cade.

De acordo com o *ICN Vertical Mergers Survey Report*[4], um estudo realizado em 2018, pela International Competition Network (ICN)

---

[3] Todo esse processo está devidamente relatado no âmbito do Processo 08700.005791/2022-01, em que constam não apenas as gravações das reuniões abertas, como também o cronograma de atividades do grupo, sua lista de participantes e os relatórios elaborados pelos servidores do Cade sobre o conteúdo de cada uma destas reuniões.

[4] Ver International Competition Network (2018) Vertical Mergers Comparison Study. ICN Report.

em parceria com a Competition Market Authority do Reino Unido (CMA), 27 das 44 autoridades que responderam o questionário afirmaram ter guias de análise de atos de concentração ou similares. Dentre essas 27 autoridades que possuem guias, 21 afirmaram trazer ao menos uma seção específica sobre concentrações verticais.

Mais recentemente, importantes autoridades antitruste também publicaram ou atualizaram guias já existentes sobre análise de integrações verticais. A CMA, do Reino Unido, atualizou o seu guia de integrações verticais em 2021[5]. A primeira versão do guia havia sido publicada em 2010.

Nos Estados Unidos, o primeiro Guia de Atos de Concentração Verticais foi publicado em 1968, tendo passado por uma atualização em 1984. Em 2020, a Federal Trade Commission (FTC) e o Department of Justice (DOJ) publicaram uma nova atualização do guia. Essa versão, contudo, foi revogada pela maioria dos comissários do FTC em setembro de 2021[6]. Mais recentemente, em julho de 2023, o FTC e o DOJ colocaram em consulta pública um novo guia[7] que trata, conjuntamente, de análises horizontais e verticais.

Na Europa, o guia de análise de integrações verticais da Comissão Europeia[8] data de 2008. Contudo, a Comissão tem mostrado, em decisões recentes[9], preocupação crescente com efeitos nocivos à concorrência decorrentes de integrações verticais.

Como foi possível depreender a partir da experiência estrangeira, a regulamentação da análise dessas concentrações e a previsão dos

---

[5] Ver Competition Market Authority (2021) Merger Assessment Guidelines.

[6] Ver Federal Trade Commission (2021) Federal Trade Commission Withdraws Vertical Merger Guidelines and Commentary.

[7] Ver Department of Justice (2023) 2023 Draft Merger Guidelines.

[8] Ver Comissão Europeia (2008) *Guidelines on the assessment of non-horizontal mergers under the Council Regulation on the control of concentrations between undertakings*

[9] Ver Aquisição de Activision Blizzard pela Microsoft aprovada com restrições pela Comissão em 2023 - https://ec.europa.eu/commission/presscorner/detail/en/ip_23_2705, Aquisição de Grail pela Illumina vetada pela Comissão em 2022 https://ec.europa.eu/commission/presscorner/detail/en/ip_22_5364. As empresas recorreram da decisão. Aquisição da Kustomer pela Meta (Facebook) aprovada com restrições em 2022 https://ec.europa.eu/commission/presscorner/detail/%20en/ip_22_652

possíveis efeitos nocivos à concorrência é geralmente apresentada por guias elaborados por agências antitrustes.

Após discutir o tema internamente, o GT entendeu que seria de suma importância a criação de um guia brasileiro que tratasse da análise de atos de concentração não horizontal (vertical e conglomeral) entre empresas, com o objetivo de estruturar a análise feita pelo Cade, torná-la mais transparente e auxiliar os agentes de mercado a entenderem as etapas, técnicas e critérios adotados pela autoridade brasileira na análise de operações envolvendo integrações verticais e conglomerais.

O Guia V+ foi elaborado em conjunto pelos membros do GT e contou com uma consultora do Programa das Nações Unidas para o Desenvolvimento (PNUD) para, além de fornecer subsídios à elaboração do guia, compilar as contribuições recebidas e colaborar na sua estruturação.

A minuta do Guia V+ passou por uma consulta interna em que todas as unidades finalísticas do Cade puderam contribuir para o aperfeiçoamento do texto final. Em 20 de julho de 2023, o texto foi colocado em consulta pública[10] por um período de 60 dias.

4. O Guia V+

Em relação a estrutura dos guias internacionais, o *ICN Vertical Mergers Survey Report*[11] mostrou que a maioria dos guias das autoridades de concorrência considera a teoria de dano de fechamento de mercado de insumos e de clientes, utiliza a estrutura "capacidade, incentivo e efeito" para analisar as integrações e leva em consideração fatores como a importância do insumo para as firmas a jusante e a existência de insumos alternativos.

De fato, ainda que não tivesse um guia específico para nortear a análise, o Cade também seguia padrão de análise similar em seus casos, especialmente nos mais recentes. Dos 242 processos ordinários analisados pelo Cade que incluíram análise de integração vertical (entre 2012 e julho de 2022), conforme levantamento da área processual do Cade,

---

[10] Ver Cade (2023) Cade lança proposta do Guia V+ sobre atos de concentração não horizontais.

[11] Ver International Competition Network (2018) Vertical Mergers Comparison Study. ICN Report.

em 74% deles a possibilidade de fechamento de mercado foi considerada. Outras teorias do dano como aumento de custo de rivais, acesso a informações concorrencialmente sensíveis, discriminação e efeitos de portfólio ou conglomerados também foram aventadas, ainda que com menor frequência.

O ponto é que, ao se analisar o risco de fechamento de mercado e demais teorias do dano, as análises nem sempre seguiam o mesmo procedimento, o que poderia dificultar a consulta a precedentes, a replicação de análises em casos futuros por técnicos da autarquia e o nível de transparência das decisões do Cade para o público em geral.

Dessa forma, o Guia V+ foi estruturado levando em conta esse *benchmark* dos guias estrangeiros sobre o tema, bem como as particularidades levantadas pelo estudo dos precedentes do Cade. Seu principal objetivo é consolidar as melhores práticas e procedimentos adotados na análise prévia de atos de concentração envolvendo empresas que atuam em diferentes elos da cadeia produtiva.

Para tal, o guia conceitua as integrações verticais como aquelas que envolvem o segmento a montante (*upstream*) e o segmento a jusante (*downstream*) de uma determinada cadeia produtiva. Uma integração vertical ocorre quando, em decorrência de uma dada operação de concentração econômica, uma organização produtiva passa a atuar interligada em níveis diferentes de uma mesma cadeia produtiva, de modo que a concorrência em um mercado pode ser diretamente afetada pelos resultados do outro.

Já uma integração conglomeral ou com efeito conglomeral, ocorre quando, em decorrência de uma dada operação de concentração econômica, uma organização produtiva passa a estar de alguma forma relacionada em sua cadeia produtiva (e.g., destinam-se aos mesmos clientes intermediários ou consumidores finais; produtos utilizados ou consumidos em conjunto; produtos de processos produtivos similares), mas que não atuam em níveis diferentes da mesma cadeia produtiva (ou seja, um segmento a montante e um segmento a jusante). Podem abarcar, ainda, situações análogas, como integrações complementares.

Tendo esses e outros conceitos estabelecidos, o guia apresenta uma sequência de procedimentos de análise para os atos de concentração não horizontal:

- Etapa 1: Definição dos mercados relevantes;
- Etapa 2: Determinação da participação no mercado e dos Índices de Concentração;
- Etapa 3: Análise do potencial lesivo à concorrência;
- Etapa 4: Análise dos benefícios econômicos líquidos decorrentes da operação;
- Etapa 5: Remédios antitruste.

Na análise de integrações não horizontais, valem os mesmos princípios básicos utilizados no Guia H para a grande maioria dessas etapas, ainda que, em certas situações, seja necessário considerar elementos peculiares a análises não horizontais. A principal diferença ocorre na terceira etapa, em que se avalia o potencial lesivo à concorrência.

Dessa forma, o Guia V+ segmenta essa etapa entre a análise de efeitos não coordenados e efeitos coordenados. São listadas diversas teorias do dano associadas a efeitos não coordenados em atos de concentração não horizontal, mas o guia aprofunda a análise das seguintes: fechamento de mercado (de insumos e de clientes), elevação de custos de rivais e acesso a informações concorrencialmente sensíveis.

A metodologia de análise dessas teorias do dano, em linha com a maioria das agências antitruste do mundo, consiste na avaliação: (i) da *capacidade* de realizar o dano anticompetitivo, (ii) dos *incentivos* em agir conforme a teoria de dano e (iii) dos *efeitos* esperados pós-concentração.

A análise da capacidade de realizar o dano anticompetitivo passa pela verificação de poder de mercado após a operação e pela avaliação da relevância dos produtos da empresa integrada. Verifica-se se esta é capaz de causar perdas significativas de vendas para empresa rival no mercado relevante, seja por meio da restrição do seu acesso a insumos, seja por meio da restrição do seu acesso a clientes ou pelo aumento de seus custos; ou de fazer com que a empresa rival saia do mercado, ou então compita de forma menos agressiva no mercado relevante.

Os incentivos em agir conforme a teoria de dano devem ser avaliados no sentido de investigar o grau de rentabilidade de tal estratégia. Isso porque, por exemplo, o fechamento de mercado pode envolver abdicar de vendas a fim de prejudicar concorrentes da empresa integrada, visando alavancar as vendas das requerentes no mercado verticalmente relacionado com a eliminação ou redução da concorrência.

Já a análise dos efeitos que a operação poderá gerar ao mercado, passa por verificar se a estratégia reduzirá significativamente a concorrência (seja no mercado a montante, seja no mercado a jusante), podendo resultar em aumentos de preços ou redução de oferta, qualidade ou inovação.

O Guia V+ também aborda a avaliação dos efeitos coordenados de atos de concentração não horizontal, que são investigados de acordo com os seguintes quesitos: (i) condições de coordenação, (ii) possibilidade de monitoramento de desvios, (iii) existência de mecanismos de dissuasão de desvios, e (iv) probabilidade da reação das empresas que não participam da coordenação poder prejudicar os resultados esperados da coordenação.

Para integrações conglomerais, também são analisados os efeitos coordenados, a teoria do dano de fechamento de mercado, além de outros efeitos ou teorias do dano unilaterais. Nestes cenários, as teorias de dano envolvem vincular as vendas de produtos pertencentes a esses mercados em detrimento dos concorrentes. Tipicamente, diferentes tipos de práticas podem gerar efeitos excludentes, tais como:

- *Bundling* puro: a entidade resultante da operação não vende produtos em outros mercados separadamente, mas apenas em conjunto a clientes em proporções fixas;
- *Bundling* misto: os produtos são oferecidos separadamente e em pacote, onde o preço do pacote é menor que a soma dos preços individuais dos produtos;
- Venda casada técnica: o produto subordinado é projetado de forma que só funcione, ou funcione melhor, com o produto subordinado, mas não com as alternativas oferecidas pelos concorrentes (e.g, por questões de interoperabilidade);
- Vinculação contratual: os clientes são contratualmente obrigados a comprar os dois produtos juntos; e
- Negociações de reciprocidade: acordo no qual um comprador oferece-se para comprar mercadorias de um vendedor sob a condição de que o vendedor compre outras mercadorias dele.

Todo do texto do Guia V+ foi elaborado com o cuidado para que suas diretrizes fossem as mais específicas e diretas possíveis, sopesando o desejo de que não se tornasse um documento datado ou de difícil aplicação quando se depara com o caso concreto e suas especificidades. Dessa forma, não há menção a precedentes analisados pelo Cade.

Todavia, as teorias de dano evoluem, assim como os métodos de análise, estando sempre em desenvolvimento. A utilização do guia não deve limitar a atividade interpretativa do Cade sobre o mérito dos atos de concentração, devendo o diálogo com a sociedade[12] estar sempre aberto a respeito do melhor ferramental analítico aplicável a esses tipos de atos de concentração.

5. Conclusão

A elaboração do Guia V+ pelo Cade representa um marco significativo na evolução das diretrizes antitruste no Brasil. À medida que a discussão sobre o impacto das operações não horizontais se intensifica tanto em nível nacional quanto internacional, o Cade tem demonstrado seu compromisso em compreender e abordar os desafios que surgem dessas operações complexas.

A criação do Grupo de Trabalho e o subsequente desenvolvimento do Guia V+ demonstram a busca contínua do Cade por aprimorar a transparência, a previsibilidade e a consistência em suas análises. O guia não apenas reflete a experiência do Cade em casos não horizontais, mas também leva em consideração as práticas adotadas por autoridades antitruste em todo o mundo. Esse esforço de benchmarking internacional, aliado ao estudo detalhado de precedentes internos, contribuiu para a construção de um guia robusto e orientador.

A estruturação cuidadosa do Guia V+, com seu foco em teorias de dano, análise de efeitos não coordenados e coordenados, bem como os procedimentos de análise com base em capacidade, incentivos e efeitos, representa um passo significativo em direção à clareza e à coesão na avaliação de atos de concentração não horizontal. Ao proporcionar uma estrutura sistemática, o guia não apenas auxilia os técnicos do Cade em suas análises, mas também oferece uma base sólida para o mercado entender o processo e os critérios utilizados pela autoridade na avaliação de tais operações.

É importante destacar que, embora o Guia V+ forneça diretrizes abrangentes, ele não deve ser visto como uma ferramenta rígida e imutável. A dinâmica do mercado e as complexidades das operações não

---

12 Razão pela qual o Cade optou por abrir um período de consulta pública para recebimento de contribuições da sociedade antes da consolidação de uma versão final do guia.

horizontais continuam a evoluir, exigindo uma abordagem ajustável ao caso concreto por parte do Cade. O guia deve ser interpretado como um roteiro que pode ser adaptado e aprimorado à medida que novas teorias de dano emergem.

LIÇÕES DO PASSADO PARA CONSTRUIR O FUTURO DAS FUSÕES VERTICAIS E CONGLOMERAIS NO BRASIL

EVOLVING ANTITRUST SCRUTINY: A COMPREHENSIVE ANALYSIS OF VERTICAL AND CONGLOMERATE MERGERS IN BRAZIL

Amanda Athayde[1]

Resumo: Historicamente, fusões verticais e conglomerais têm recebido menos escrutínio antitruste em comparação com suas contrapartes horizontais. No entanto, nos tempos recentes, tanto a comunidade acadêmica quanto algumas autoridades antitruste têm expressado crescentes preocupações em relação às implicações concorrenciais dessas fusões. Para obter uma perspectiva mais clara sobre o futuro, é imperativo investigar o passado. Este artigo busca explorar as principais teorias do dano em fusões verticais e conglomerais, conforme delineado na versão preliminar do "Guia V+" da Cade. Essas teorias abrangem fechamento de mercado de insumos e clientes, aumento do custo de rivais, acesso a informações concorrencialmente sensíveis, efeitos coordenados. Além disso, este artigo explora os desafios e considerações específicas que as fusões conglomerais apresentam, lançando luz sobre suas características distintivas e implicações para a competição. Esse quadro teórico é ainda fortalecido por exemplos concretos que ilustram como tais preocupações têm sido avaliadas no contexto do Brasil. Em conclusão, a análise desde artigo conta com uma breve evolução histórica da prática antitruste no Brasil em fusões verticais e conglomerais, mas também oferece insights sobre a perspectiva prospectiva de como abordar este tema em constante evolução.

Palavras-chave: fusão vertical, fusão conglomeral, teoria do dano, jurisprudência, Cade, Brasil.

Abstract: Historically, vertical and conglomerate mergers have received less antitrust scrutiny than their horizontal counterparts. However, in recent times, both the aCademic community and some antitrust

[1] As opiniões são pessoais e não necessariamente representam a percepção das instituições às quais esteja vinculada. A autora foi contratada, após edital público, como Consultora PNUD do Cade na elaboração do Guia V+. Processo SEI Cade: 08700.009168/2022-19. *Disclaimer:* A autora esclarece que não teve envolvimento direto ou indireto em nenhum dos casos citados neste documento.

authorities have begun to express heightened concerns regarding the potential competitive implications of such mergers. To gain a clearer perspective on the future, it is imperative to delve into the past. This article seeks to provide a framework of the predominant theories of harm surrounding the vertical and conglomerate mergers, as outlined in the preliminary version of Cade's "V+ Guidelines" These theories encompass a range of aspects, including the impact on input suppliers and customers, the potential to raise rivals' costs, and the implications for access to competitive information, along with the examination of coordinated effects. This theoretical framework is further bolstered by concrete examples illustrating how such concerns have been assessed in the context of Brazil. Moreover, this article delves into the specific challenges and considerations that conglomerate mergers pose, shedding light on their distinctive characteristics and implications for competition. In conclusion, this comprehensive analysis not only presents the historical evolution of antitrust scrutiny in Brazil but also offers valuable insights into the prospective outlook for addressing vertical and conglomerate mergers in the country's evolving regulatory landscape.

Keywords: vertical merger, conglomerate merger, theory of harm, case law, Brazilian Antitrust Authority, Cade.

1. Introdução

Em 20 de julho de 2023, a Superintendência-Geral do Conselho Administrativo de Defesa Econômica (SG/Cade) publicou versão preliminar do chamado "Guia V+", documento consolidado com melhores práticas e procedimentos usualmente adotados na análise prévia de operações de fusão, aquisição e *joint-venture* que envolvem empresas com atuação em distintos elos da cadeia produtiva.

Trata-se de Guia longamente esperado pela comunidade antitruste brasileira, já que, até então, o Brasil contava apenas com o Guia de Concentrações Horizontais (Guia H)[2] – envolvendo empresas que concorrem diretamente – e com o Manual Interno da Superintendência-Geral para atos de concentração apresentados sob o rito ordinário[3]

---

[2] As concentrações horizontais já são objeto de Guia específico do Cade. Cade. Guia de Análise de Atos de Concentração Horizontal. 2016.

[3] Manual Interno da Superintendência-Geral para atos de concentração apresentados sob o rito ordinário. 2017.

– aquelas operações que tendem a gerar impactos significativos nos mercados de atuação das empresas envolvidas nas operações de fusão, aquisição e *joint-venture*. Durante o período de consulta pública, em agosto de 2023, o DEE/Cade também publicou Documento de Trabalho sobre "Fusões conglomerais: teorias do dano e jurisprudência do Cade entre 2012 e 2022".[4]

Como evidência da atualidade do Guia V+ do Cade, vale observar que, também em julho de 2023, o Departamento de Justiça (DOJ) e a Federal Trade Commission (FTC) dos Estados Unidos publicaram o *Merger Guidelines,* que visa a consolidar os guias de análise de concentrações horizontais e de integrações verticais atualmente existentes naquele país.[5]

Relevante notar, que diferentemente do Brasil, que optou por ter dois Guias, um voltado para concentrações horizontais e outro para concentrações verticais e conglomerais, no *Merger Guidelines* dos Estados Unidos as operações não são mais apresentadas de modo segmentado. O *Merger Guidelines* norte-americano apresenta treze orientações gerais, aplicáveis a todos os tipos de operações, independentemente da forma de sua implementação. Em termos de estrutura, é dividido em quatro seções: 1) visão geral a respeito das principais preocupações concorrenciais com as fusões, 2) aplicação detalhada das treze orientações gerais, 3) ferramentas que FTC e DOJ possuem para a definição de mercados relevantes, 4) possíveis defesas passíveis de apresentação durante a instrução antitruste nestas autoridades norte-americanas.

Fusões[6] (tecnicamente mais bem denominadas como "integrações") *verticais* são aquelas que envolvem o segmento (atividade) a montante (*upstream*) e o segmento a jusante (*downstream*) de uma determinada cadeia produtiva.[7] Por sua vez, fusões *conglomerais*

---

[4] Cade. Documento de Trabalho n. 006/2023. Fusões conglomerais: teorias do dano e jurisprudência do Cade entre 2012 e 2022.

[5] DOJ e FTC. Merger Guidelines. 19.7.2023.

[6] De acordo com o artigo 90 da Lei 12.529/2011, os atos de concentração representam fusões, aquisições, incorporações, a celebração de contrato associativo, consórcio ou joint venture entre duas ou mais empresas. Apenas não são considerados atos de concentração, para os efeitos legais, os consórcios ou associações destinadas às licitações promovidas pela administração pública direta e indireta e aos contratos delas decorrentes.

[7] Assim, pode-se dizer que uma integração vertical ocorre quando, em decorrência de uma dada operação de concentração econômica, uma organização produtiva

tendem a ser definidas por exclusão, ou seja, aquelas que não abarcam relações horizontais (entre concorrentes diretos), verticais ou quase verticais entre si.

Para Hovenkamp, "*a merger that is neither horizontal nor vertical is generally called 'conglomerate'*"[8]. A Organização para Cooperação e Desenvolvimento Econômico (OCDE) define atos de concentração conglomerais como aqueles que envolvem empresas que não são concorrentes no mercado relevante de produto e que também não possuam uma relação de fornecimento – ou seja, um produto não é insumo do outro.[9] A Comissão Europeia, por seu lado, trata os atos de concentração conglomerais no documento *Guidelines on the assessment of non-horizontal mergers under the Council Regulation on the control of concentration between undertakings.*[10]

São, assim, operações nas quais as atividades das empresas envolvidas estão de alguma forma relacionadas (e.g., destinam-se aos mesmos clientes intermediários ou consumidores finais; envolvem produtos utilizados ou consumidos em conjunto ou envolvem produtos de processos produtivos similares). Church, por exemplo, classifica as operações conglomerais em (1) complementares, (2) vizinhos (*neighboring*)

---

passa a atuar em níveis diferentes de uma mesma cadeia produtiva de modo interligado, de maneira que a concorrência em um mercado pode ser diretamente afetada pelos resultados do outro. Uma relação empresarial vertical possui um conceito abrangente, compreendendo não apenas os elos diferentes da cadeia produtiva de um bem tangível, mas também a prestação de serviços, a transação de fatores de produção (know-how, direitos de propriedade etc.) entre diferentes agentes econômicos, desde que os elos envolvidos na operação possuam uma relação de interdependência.

[8] HOVENKAMP, Herbert. Federal Antitrust Policy: The Law Of Competition And Its Practice. 3. ed. West Group, 2005, p. 551.

[9] "Conglomerate mergers involve firms that are not product market competitors, and which are not in a supply relationship" (OECD. Roundtable on Conglomerate Effects of Mergers – Background Note. 2020, p. 6).

[10] "3. Two broad types of non-horizontal mergers can be distinguished: vertical mergers and conglomerate mergers. [...] 5. Conglomerate mergers are mergers between firms that are in a relationship in which is neither horizontal (as competitors in the same relevant market) nor vertical (as suppliers or customers)". (EUROPEAN COMMISSION. Guidelines on the assessment of non-horizontal mergers under the Council Regulation on the control of concentration between undertakings. Official Journal of the European Union, 18 out. 2008).

ou (3) não relacionados.[11] A OCDE, por sua vez, sinaliza que a relação entre os produtos pode acontecer de três maneiras: (i) complementar, na qual os produtos podem ou devem ser usados de maneira conjunta, adquirindo um maior valor agregado; (ii) substitutos fracos, em que os produtos possuem algumas semelhanças, porém não o suficiente para constituírem o mesmo nicho de consumo; (iii) ou sem relação alguma entre os produtos, sem possibilidade de serem substitutos ou complementarem, porém podem ter a mesma base para sua produção.[12]

Uma vez compreendidas o que são as concentrações verticais e conglomerais, o presente artigo será estruturado da seguinte forma: a Seção 2 detalhará as principais teorias do dano em integrações verticais e conglomerais, cotejado pela experiência brasileira. Ao final, a Seção 3 apresentará primeiras conclusões.

2. Teorias do dano em fusões verticais e conglomerais

Recorde-se que o fluxo de análise de uma operação vertical ou conglomeral segue basicamente o mesmo passo a passo de análise já previsto anteriormente no Guia H e consolidado na experiência, mas com relevantes peculiaridades. São basicamente 5 etapas a serem percorridas: Etapa 1: Definição do(s) mercado(s) relevante(s); Etapa 2: Determinação da participação no mercado e dos Índices de Concentração; Etapa 3: Análise do potencial lesivo à concorrência; Etapa 4: Análise dos benefícios econômicos líquidos decorrentes da operação e Etapa 5: Remédios antitruste. Neste artigo, destacaremos justamente as peculiaridades. Quando da Etapa 3, a análise das teorias do dano passa por estes passos: (1) capacidade, (2) incentivo e (3) efeitos.[13]

[11] CHURCH, Jeffrey. Conglomerate Mergers. Issues In Competition Law and Policy. ABA Section of Antitrust Law, v. 2, 2008, p. 1503.

[12] OECD. Roundtable on Conglomerate Effects of Mergers – Background Note. 2020.

[13] Na análise de (1) capacidade, a pergunta que se faz é a seguinte: existe capacidade de implementação de estratégias anticoncorrenciais por parte da empresa integrada? Por sua vez, na análise de (2) incentivos, a pergunta que se faz é a seguinte: a integração gera alterações na estrutura de incentivos para a prática de estratégias anticoncorrenciais? Ainda que as requerentes possuam capacidade (vide tópico anterior), há geração de incentivos para implementação de tais estratégias? Por fim, na análise de (3) efeitos, a pergunta é: caso haja capacidade e incentivos, a implementação de tais práticas gera impactos efetivos à concorrência, com prejuízos

Imagem 1 – Os três elementos para a análise do potencial lesivo à concorrência a jusante e a montante em fusões verticais e conglomerais

Fonte: elaboração própria.

As preocupações com atos de concentração verticais e conglomerais circunscrevem-se a duas principais espécies de possíveis efeitos anticompetitivos, a saber: os **(3.1.)** efeitos não coordenados/unilaterais e os **(3.2.)** coordenados.

Além dessas, há outras teorias do dano possíveis, ainda que menos estruturadas e recorrentes, como: (i) menores incentivos à concorrência, redução de incentivos à inovação ou a melhores preços e produtos dos serviços; (ii) riscos concorrenciais potenciais e dinâmicos se, por conta da operação, as empresas deixarem de lançar produtos concorrentes ou se a operação visar a eliminar um agente de mercado disruptivo ou inovador; (iii) circunvenção de normas regulatórias (*evading regulation*) ou de acordos privados de longo prazo; (iv) impedimento à interoperabilidade e *multi-homing* e (v) alterações em parâmetros concorrenciais não relacionados a preços (especialmente relevantes em mercados em que os consumidores não pagam um valor monetário para adquirir ou utilizar determinado serviço ou em mercados nos quais os preços são regulados); entre outras.

Ao se realizar uma análise quantitativa da experiência nacional quanto a atos de concentração não horizontais, com base em 242 processos de concentração econômica não horizontais analisados pelo Cade (tanto SG/Cade quanto Tribunal) entre 2012 e julho 2022[14], houve a identificação das principais preocupações em casos de concentrações não horizontais: (1) fechamento de mercado; (2) aumento de custos de rivais; (3) discriminação; (4) alavancagem de posição de mercado; (5) acesso a informações sensíveis de rivais; (6) efeitos coordenados; (7)

---

aos consumidores finais? Há efeitos anticoncorrenciais? Assim, para o exame de todas as teorias do dano, sempre será seguido esse tripé de análise.

[14] Dentre os 242 processos consolidados, todos foram analisados pelo rito ordinário, sendo que apenas 13 foram declarados complexos.

efeitos de portifólio ou conglomerais; (8) potenciais reações de empresas terceiras, conforme ilustrado no gráfico abaixo.

Gráfico 1 – Teorias do dano analisadas em fusões verticais decididas pelo Cade entre 2012 e Jul/2022

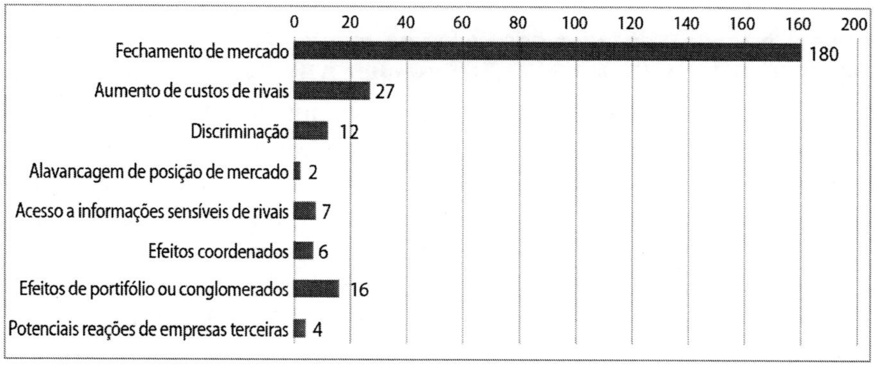

Fonte: SG/Cade. Elaboração própria.

Ademais, de acordo com o Documento de Trabalho sobre "Fusões conglomerais: teorias do dano e jurisprudência do Cade entre 2012 e 2022"[15], o Cade tem se valido principalmente da teoria da atuação transversal (*reciprocity dealings*) para avaliar os riscos concorrenciais associados ao aumento de poder de portfólio em fusões que unem empresas com produtos complementares.

Passa-se, a seguir, às teorias do dano em atos de concentração verticais e conglomerais quanto aos efeitos não coordenados/unilaterais.

2.1. Efeitos não coordenados/unilaterais teorias do dano em fusões verticais e conglomerais

Entre os efeitos não coordenados/unilaterais estão aqueles que podem ser decorrentes da atuação de uma única empresa, individual e unilateralmente. Seria o caso de analisar se a empresa resultante da operação, com posição dominante[16], poderia implementar determinadas

[15] Cade. Documento de Trabalho n. 006/2023. Fusões conglomerais: teorias do dano e jurisprudência do Cade entre 2012 e 2022.

[16] Nos termos do §2° do art. 36, §2o da Lei 12.529/2011, presume-se posição dominante sempre que uma empresa ou grupo de empresas for capaz de alterar unilateral ou coordenadamente as condições de mercado ou quando controlar 20%

práticas comerciais que teriam o efeito de prejudicar o mercado. Recorda-se, como exemplo de práticas unilaterais, a exigência de exclusividade, a recusa de contratar, a discriminação, a criação de dificuldades à atividade de concorrentes, entre outros.

Pesquisa empírica de Ianelli sinaliza que, entre 2014 e 2018, o Cade apontou a existência dos seguintes principais tipos de efeitos unilaterais no voto vencedor dos casos de integração vertical analisados pelo Tribunal: (i) discriminação a montante, (ii) discriminação a jusante; (iii) aumento de custo a montante; (iv) aumento de custo a jusante, (v) acordo de exclusividade.[17] Por sua vez, Binotto aponta que quatro teorias do dano são usadas para identificar os danos potenciais decorrentes de operações com efeitos conglomerais, que até hoje, têm sido chamadas a responder às preocupações com efeitos conglomerais, são elas: (i) atuação transversal (*reciprocity dealings*); (ii) fortalecimento do poder econômico (*entrenchment doctrine*); (iii) redução substancial da concorrência (*substantial lessening of competition*); e (iv) aumento da concentração agregada.[18] Ainda, pesquisa de Renzetti sinaliza, a partir da análise qualitativa de operações de integração conglomeral examinadas pelo Tribunal do Cade entre 2017 e 2022, que a possibilidade de fechamento de mercado é recorrente nos votos e pareceres divulgados pela autoridade. O fechamento de mercado está, segundo o autor, intrinsicamente ligado à preocupação relacionada ao aumento de poder de portfólio das empresas requerentes, capazes de alavancar o poder de mercado de um agente para outro segmento pouco relacionado.[19]

Ao se realizar uma análise quantitativa da experiência nacional quanto a atos de concentração não horizontais, com base em 242 processos de concentração econômica não horizontais analisados pelo

---

(vinte por cento) ou mais do mercado relevante, podendo este percentual ser alterado pelo Cade para setores específicos da economia.

[17] IANELLI, Vívian Salomão. Análise empírica dos atos de concentrações verticais: como o Cade tem endereçado os efeitos unilaterais e coordenados em seus julgados?. 2019. 74 f., il. Trabalho de Conclusão de Curso (Bacharelado em Direito). Universidade de Brasília, Brasília, 2019. p. 41.

[18] BINOTTO, Anna. Efeitos conglomerais em concentrações econômicas: caracterização e desdobramento. In: JESUS, Agnes M. et al. (Org.). Mulheres no antitruste. São Paulo: Editora Singular, 2018. pp. 48 a 65.

[19] RENZETTI, Bruno Polonio. Atos de concentração conglomerais e ecossistemas digitais: Nova teoria para o controle de estruturas no Brasil./ Bruno Renzetti; orientador, José Marcelo Martins Proença - São Paulo, 2023. 247 f. p. 126.

Cade (tanto SG/Cade quanto Tribunal) entre 2012 e julho 2022[20], houve 180 casos da em que se identificou o risco de fechamento de mercado. As preocupações foram tanto isoladamente com o fechamento (i) *upstream*[21] quanto isoladamente com o (ii) *downstream*[22], mas também com o fechamento concomitante em (iiii) ambos os mercados[23]. Além disso, as análises sobre fechamento tendem a concentrar sobretudo nos riscos do fechamento a concorrentes[24], de modo que não foram identificadas análises detidas nos possíveis efeitos de fechamento aos clientes[25]. O Documento de Trabalho sobre "Fusões conglomerais: teorias do dano e jurisprudência do Cade entre 2012 e 2022" 26 inclusive reconhece que o Cade tem se valido principalmente da teoria da atuação transversal (*reciprocity dealings*[27]) para avaliar os riscos concorrenciais associados ao aumento de poder de portfólio em fusões que unem empresas com produtos complementares.

Em síntese, as principais teorias do dano tradicionais por efeitos não coordenados/unilaterais em integrações verticais e conglomerais são as seguintes: (3.1.1.) Fechamento de insumos (*input foreclosure*); (3.1.2.) Fechamento de clientes (*costumer foreclosure*); (3.1.3.) Eleva-

---

[20] Dentre os 242 processos consolidados, todos foram analisados pelo rito ordinário, sendo que apenas 13 foram declarados complexos.

[21] Cade. Atos de Concentração 08700.007114/2014-09, 08700.003502/2016-82, 08700.004128/2017-13 e 08700.004955/2019-79.

[22] Cade. Atos de Concentração 08700.003530/2014-38, 08700.000756/2016-49 e 08700.006291/2016-30.

[23] Cade. Atos de Concentração 08700.012652/2015-04, 08700.000266/2016-42, 08700.000374/2016-15, 08700.000958/2016-91, 08700.003045/2016-26 e 08700.005609/2019-16.

[24] Cade. Atos de Concentração 08700.010125/2012-12, 08700.006539/2015-81, 08700.000756/2016-49, 08700.003054/2016-17, 08700.006269/2016-90, 08700.005455/2017-92, 08700.005767/2019-68 e 08700.006064/2020-91.

[25] Cade. Ato de Concentração 08700.002495/2018-63.

[26] Cade. Documento de Trabalho n. 006/2023. Fusões conglomerais: teorias do dano e jurisprudência do Cade entre 2012 e 2022.

[27] Exemplos identificados pela literatura são o bundling puro ou misto, a venda casada técnica ou a vinculação contratual. Para além da estratégia de exclusão dos concorrentes em integrações conglomerais, outras práticas mais sutis podem ser adotadas. Práticas como, celebração de acordos de reciprocidade entre concorrentes, venda casada, preço predatório e exercício de poder de portfólio costumam ser objeto de análise nestes casos.

ção de custos de rivais e (3.1.4.) Acesso a informações concorrencialmente sensíveis.

Quanto ao (3.1.1.) Fechamento de insumos (*input foreclosure*) e ao (3.1.2.) Fechamento de clientes (*costumer foreclosure*), quando da análise do Ato de Concentração envolvendo a formação de uma *joint-venture* entre HLAG e Starnav no mercado de transportes marítimos[28], nem se alcançou a análise de incentivos para dois mercados relevantes. Quando há capacidade, e passa-se à análise de incentivos, deve-se analisar uma série de fatores, como o grau de rentabilidade nos elos a montante e a jusante e o aumento de vendas a jusante, a taxa de desvio para a empresa integrada, e o aumento de vendas a jusante assim como a perda de vendas a montante.

Ademais, no Ato de Concentração Magalu/Hub[29], considerado como um dos exemplos de análise de fusão conglomeral pelo Cade, o caso suscitou preocupações concorrenciais em relação às atividades de comércio varejista online e *marketplace* prestadas pelo Magazine Luiza e às atividades de gestão de meios de pagamento prestadas pelas empresas do grupo Hub. Ao final, o risco de fechamento de mercado foi afastado no caso concreto principalmente por conta da baixa participação de mercado das empresas nos mercados relevantes afetados pela operação, que possuíam estruturas significativamente pulverizadas.

Quanto à (3.1.3.) Elevação de custos de rivais, Steven Salop é um dos teóricos mais importantes para essa análise. Segundo o autor, algumas condutas empresariais poderiam ser mais bem explicadas pela elevação de custos de rivais, e não necessariamente por suas condutas de fechamento de mercado de insumos ou clientes. "*A firm can induce its rivals to exit the industry by raising their costs. Some non-price predatory conduct can best be understood as action that raises competitors' costs*".[30]

Ao se realizar uma análise quantitativa da experiência nacional quanto a atos de concentração não horizontais, com base em 242 processos de concentração econômica não horizontais analisados pelo Cade (tanto SG/Cade quanto Tribunal) entre 2012 e julho 2022[31], houve

---

[28] Cade. Ato de Concentração 08700.002769/2023-81.

[29] Cade. Ato de Concentração 08700.000059/2021-55.

[30] SALOP, Steven C., and David T. Scheffman. "Raising rivals' costs." The American economic review 73, no. 2 (1983): 267-271.

[31] Dentre os 242 processos consolidados, todos foram analisados pelo rito ordiná-

27 casos em que se identificou o risco de aumento de custos de rivais. Tais casos foram assim classificados pela existência de análises de rivalidade ou por menções a reduções de custos resultantes da operação, mas não necessariamente específica sobre aumento de custos de rivais. No caso envolvendo Dow Chemicals e Dow Corning, por exemplo, a SG/Cade concluiu que era reduzida a probabilidade de elevação do custo dos rivais decorrente das relações verticais como resultado da operação envolvendo o segmento de produtos à base de silicone.[32]

Nota-se, portanto, que apesar de ser mencionada como uma teoria do dano adicional, tende a ser vista como uma forma mais sutil da implementação de uma estratégia de fechamento. Tipicamente, estratégias de fechamento parcial podem acabar resultando em aumento de custos de rivais, de modo que, por vezes, nas análises antitruste, as teorias do dano acabam se sobrepondo. Essa lógica indireta de que o aumento de custos de rivais seria uma variável mais sutil da estratégia de fechamento de mercado fica evidente na análise do Ato de Concentração Mafra e Flexicotton.[33]

Ainda, quanto ao (3.1.4.) Acesso a informações concorrencialmente sensíveis, ao se realizar uma análise quantitativa da experiência nacional quanto a atos de concentração não horizontais, com base em 242 processos de concentração econômica não horizontais analisados pelo Cade (tanto SG/Cade quanto Tribunal) entre 2012 e julho 2022[34], já apresentamos que houve 7 casos em que se identificou o risco de acesso a informações sensíveis de rivais, em 2 deles houve a identificação de salvaguardas/políticas comerciais e contratuais que mitigavam tais preocupações.[35]

Essa é também a preocupação da autoridade antitruste do Reino Unido, para quem a obtenção pelas Requerentes de informações sensíveis sobre rivais (e.g., preços; vendas específicas; ofertas; especificações técnicas de produtos; planos de inovação) pode permitir que elas compitam de forma menos acirrada no mercado (e.g., podem cobrar preços apenas marginalmente mais atrativos que seus rivais, ao invés de

rio, sendo que apenas 13 foram declarados complexos.

[32] Cade. Ato de Concentração 08700.000958/2016-91.

[33] Cade. Ato de Concentração 08700.003018/2020-30.

[34] Dentre os 242 processos consolidados, todos foram analisados pelo rito ordinário, sendo que apenas 13 foram declarados complexos.

[35] Cade. Ato de Concentração 08700.005611/2022-82.

preços bem mais baixos). Similarmente a Comissão Europeia entende que o acesso a informações concorrencialmente sensíveis pode colocar os concorrentes em desvantagem competitiva, inibindo sua expansão ou até mesmo entrada no mercado.

Esse tipo de análise ocorreu, por exemplo, no Ato de Concentração de formação da joint-venture "Juntos Somos Mais" e na operação referente à criação de joint-venture para a criação de plataforma de pedidos online de comida e operações de foodservice.[36] No Ato de Concentração envolvendo Sulamérica e Rede D'Or, a SG/Cade recebeu a manifestação de diversos terceiros interessados, preocupados com o acesso às informações sensíveis de concorrentes, mas sinalizou que as informações poderiam ser descaracterizadas como sensíveis e, mesmo se o fossem, não "*há evidências que indiquem tais agentes mitigaram a capacidade de competir de grupos não verticalizados que não teriam acesso a esse conjunto de informações.*". Já no Tribunal do Cade, essa teoria do dano foi detalhadamente analisada pelos Conselheiros, tendo-se, ao final, aprovado a operação. Não obstante, a título de advocacia da concorrência, foi recomendada à ANS a edição de norma específica sobre o tema de fluxo de informações entre agentes verticalizados no setor de saúde suplementar, a exemplo do que já aconteceria em outros mercados regulados.[37]

A mesma lógica apresentada sobre a lente das integrações verticais segue quanto às integrações conglomerais, como no Ato de Concentração envolvendo Stone e Linx[38] e Magalu/Hub[39]. Neste último, o Tribunal considerou que havia robustas salvaguardas de natureza contratual, legal e regulatória que impediam o compartilhamento de dados de rivais entre Hub e Magalu Pagamentos. Assim, para além da existência de mecanismos de prevenção ao acesso e uso de informações concorrencialmente sensíveis no contexto do próprio acordo da Operação, o Cade já aprovou atos de concentração com fundamento no fato de que havia legislação específica que vedava a troca de informações sensíveis no setor.[40]

---

[36] Cade. Ato de Concentração 08700.002327/2018-78 e 08700.006662/2020-60.

[37] Cade. Ato de Concentração 08700.003959/2022-35.

[38] Cade. Ato de Concentração 08700.003969/2020-17.

[39] Cade. Ato de Concentração 08700.000059/2021-55.

[40] Cade. Atos de Concentração 08700.000627/2020-37 e 08700.004540/2021-10.

Passa-se, a seguir, às preocupações com atos de concentração verticais e conglomerais quanto aos efeitos coordenados.

2.2. *Efeitos coordenados teorias do dano em fusões verticais e conglomerais*

Entre os efeitos coordenados estão as preocupações de que, ao aprovar uma determinada operação, os agentes econômicos teriam maiores incentivos para atuarem de modo coordenado, ou seja, em conjunto, em um arranjo colusivo. Como exemplo de condutas coordenadas estão, por exemplo, o cartel e a influência de conduta comercial uniforme. Diferentemente dos efeitos unilaterais, os efeitos coordenados dependem necessariamente do comportamento das demais empresas do mercado.

Pesquisa empírica de Ianelli sinaliza que, entre 2014 e 2018, o Cade apontou a existência dos seguintes principais tipos de efeitos unilaterais no voto vencedor dos casos de integração vertical analisados pelo Tribunal: (i) verificação de desvios, (ii) mecanismos de dissuasão; (iii) reação de empresas terceiras.[41]

Entre os efeitos coordenados das integrações conglomerais, a preocupação surge com o risco de a operação influenciar a probabilidade de um comportamento coordenado em um determinado mercado ao reduzir o número de concorrentes efetivos a ponto de que a coordenação tácita passe a ser uma possibilidade. Além disso, os concorrentes não excluídos do mercado podem ter menos propensão à contestabilidade do conglomerado, preferindo a proteção que lhes é proporcionada por preços mais elevados. Uma concentração conglomeral poderia aumentar o âmbito e a importância da concorrência multimercados, dado que a interação concorrencial em diversos mercados poderia aumentar a gama e a eficácia dos mecanismos disciplinadores para garantir o respeito às condições de coordenação.

De acordo com o Guia de concentrações não-horizontais da União Europeia[42], uma operação vertical gera redução do número de concorrentes no mercado, e por isso, pode haver um aumento do grau de simetria entre as empresas atuantes no mercado. Além disso, integrar-se verticalmente com uma empresa contrária a uma coordenação

---

[41] IANELLI, p. 41.

[42] Guia da Comissão Europeia para Concentrações Não Horizontais.

já existente no mercado possibilita a imposição a ela desse modelo de mercado acordado entre concorrentes.[43]

Ianelli[44] identificou, em sua pesquisa empírica envolvendo atos de concentração verticais julgados pelo Tribunal do Cade entre 2014 e 2018, que o Tribunal tende a ser mais relutante em declarar preocupações de efeitos coordenados quando comparado com efeitos unilaterais. Isso porque a possibilidade de comprovação de que a operação seria capaz de facilitar ou incentivar um conluio entre concorrentes seria muito baixa. Essa análise dependeria das condições do mercado, das empresas envolvidas, da atividade praticada, ou seja, de fatores específicos ao caso concreto e à situação mercadológica do momento.

No ato de concentração JBJ/Mataboi, por exemplo, uma preocupação concorrencial poderia ser levantada pela existência de vínculos familiares. A relação de parentesco motivou o Tribunal do Cade a reprovar a operação pois, um aumento do poder de mercado da empresa poderia influenciar significativamente o poder de mercado da outra empresa, de forma a diminuir a concorrência no mercado. Essa diminuição ocorreria devido à possibilidade de troca de informações concorrencialmente sensíveis entre empresas com considerável atuação no mercado. A consequência dessa troca de informações seria a capacidade de verificação dos desvios das empresas coordenadas. As empresas teriam informações que ampliariam a possibilidade de controlar a oferta e os preços de forma que os consumidores sairiam prejudicados.[45] Outro caso que trouxe a preocupação de coordenação em sede de um ato de concentração vertical foi na operação conhecida como “AC das

[43] Ou seja, além de verificar as atuais características do mercado antes da operação, o Guia V+ sinaliza que se deve analisar se e como a operação afetará tais condições de mercado, tornando eventual colusão mais propensa a ocorrer. Argumenta-se que integrações verticais podem favorecer a colusão, uma vez que (i) em função da redução de número de concorrentes no mercado, podem facilitar a coordenação entre as empresas; (ii) aumentam a possibilidade de mecanismos de dissuasão por parte da empresa integrada; e (iii) reduzem a possibilidade de reação de empresas que não participam da coordenação e não são integradas, dentre outros fatores. As hipóteses de efeitos anticoncorrenciais coordenados decorrentes de atos de concentração verticais são variadas, dentre as quais, destacam-se os seguintes: condições da coordenação, possibilidade de monitoramento/verificação de desvios, existência de mecanismos de dissuasão e probabilidade de reação das empresas não participantes.

[44] IANELLI, p. 48.

[45] Cade. Ato de Concentração 08700.007553/2016-83.

editoras".[46] O Conselheiro, em sua análise, apontou a real possibilidade de ocorrência de uma coordenação, mas concluiu no sentido de que não havia encontrado indícios suficientes para comprovar a probabilidade do acontecimento.

3. Olhando o passado e propondo o futuro das fusões verticais e conglomerais no Brasil

Neste artigo foi possível avançar na apresentação das principais teorias do dano oriundas de fusões verticais e conglomerais, cotejado pela apresentação de dados consolidados da experiência do Cade e de exemplos concretos de análises realizadas em Atos de Concentração. A partir do exposto, foi possível notar que a tentativa brasileira de avanço no tema das fusões verticais e conglomerais decorre justamente pela atuação tímida da autoridade antitruste brasileira neste tema. Esse fato é reconhecido por integrantes do próprio Cade, para quem "*a autoridade antitruste brasileira parece ter adotado uma postura cautelosa na avaliação dos riscos concorrenciais de fusões conglomerais, inclusive nos mercados digitais*".[47] Parece-nos, assim, que em termos de maturidade institucional em análises de fusões, com base no que o Cade já julgou no passado, seria possível traçar a conclusão conforme ilustrado na figura abaixo.

Imagem 2 – Nível de maturidade do Cade na análise de fusões

Elaboração própria.

O "aprimoramento incremental em relação à análise antitruste tradicional" do Cade fica claro quando se passa ao operacional, ou seja,

---

[46] Cade. Ato de Concentração 08700.004872/2013-94.

[47] Cade. Documento de Trabalho n. 006/2023. Fusões conglomerais: teorias do dano e jurisprudência do Cade entre 2012 e 2022. p. 27.

à identificação de qual o ferramental analítico utilizado para que se verifique (ou não) cada um desses riscos concorrenciais. Ao se realizar uma análise quantitativa da experiência nacional quanto a atos de concentração não horizontais, com base em 242 processos de concentração econômica não horizontais analisados pelo Cade (tanto SG/Cade quanto Tribunal) entre 2012 e julho 2022, foi possível consolidar certa preponderância nas seguintes respostas: (1) possibilidade de exercício de poder de mercado; (2) probabilidade de exercício de poder de mercado; (3) análise de entrada; (4) análise de rivalidade; (5) poder de compra; (5) possibilidade de fechamento de mercado; (6) existência de cláusula de não concorrência; (7) estrutura de governança; (8) eficiências.

Gráfico 2 – Ferramental analítico em concentrações não horizontais decididas pelo Cade entre 2012 e Jul/2022

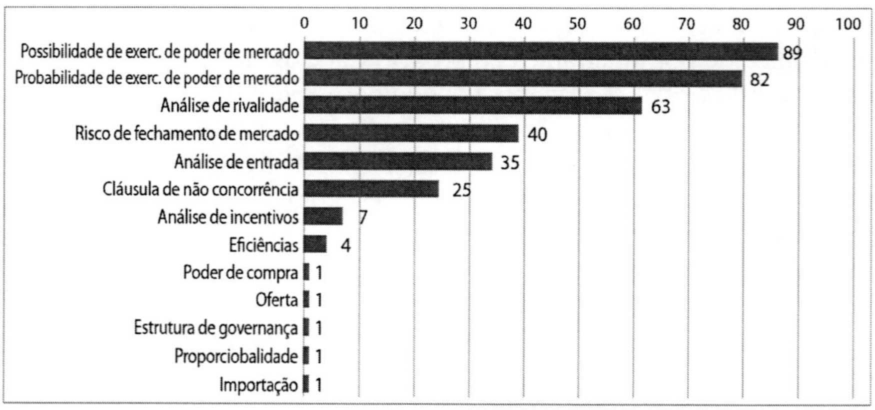

Fonte: SG/Cade. Elaboração própria.

Assim, é possível inferir certa confusão entre as teorias do dano a serem identificadas e endereçadas no parecer com o ferramental analítico utilizado justamente para se avaliar o risco de implementação dessas teorias do dano. Isso é possível notar, por exemplo, na medida em que o "fechamento de mercado" é mencionado em ambas as seções, praticamente como sinônimos.

Finalmente, sugere-se, em termos metodológicos, a adoção do seguinte passo a passo analítico para fusões verticais e conglomerais:

Gráfico 3 – Resumo da proposta de passo a passo analítico para concentrações não horizontais

Elaboração própria.

Ainda, pode-se apresentar o seguinte quadro consolidado com os principais elementos de análise quando do aprofundamento das teorias do dano:

Tabela 1 – Teorias do dano em fusões verticais e conglomerais

Teorias de dano	Capacidade	Incentivo	Efeitos
(3.1.) Efeitos não coordenados/ unilaterais			
(3.1.1.) Fechamento de insumos (*input foreclosure*)	• a importância do insumo • o poder de mercado a montante • o realinhamento dos padrões de compra • o reforço do poder de mercado de terceiros a montante	• o grau de rentabilidade nos elos a montante e a jusante • a taxa de desvio para a empresa integrada • o aumento de vendas a jusante e a perda de vendas a montante	Fatores de compensação

Tabela 1 – Teorias do dano em fusões verticais e conglomerais

<table>
<tr><th>Teorias de dano</th><th>Capacidade</th><th>Incentivo</th><th>Efeitos</th></tr>
<tr><td colspan="4">(3.1.) Efeitos não coordenados/ unilaterais</td></tr>
<tr><td>(3.1.2.) Fechamento de clientes (customer foreclosure)</td><td>• poder de mercado a jusante
• importância da escala e dos efeitos de rede
• alternativas no mercado a jusante</td><td>• o grau de rentabilidade nos elos a jusante e montante
• o aumento de vendas a montante e redução de compras junto a fornecedores concorrentes a montante
• o aumento de preços a montante</td><td>Fatores de compensação</td></tr>
<tr><td>(3.1.3.)
Elevação de custos de rivais</td><td colspan="3">Fatores a considerar:
• Número de empresas remanescentes nos mercados afetados pela operação
• Número de concorrentes verticalmente integrados nos mercados afetados. Quanto maior o número, maior a probabilidade de que um entrante tenha que iniciar suas operações nos dois mercados verticalmente integrados ao mesmo tempo
• Homogeneidade dos produtos
• Rivalidade nos mercados afetados antes da operação
• Histórico dos preços dos concorrentes, entre outros</td></tr>
<tr><td>(3.1.4.)
Acesso e uso de informações concorrencialmente sensíveis</td><td colspan="3">Parâmetros de análise:
• A possibilidade e a probabilidade de obtenção de vantagem competitiva em decorrência do compartilhamento dessa informação;
• A dimensão da vantagem competitiva que pode ser obtida em decorrência do compartilhamento dessa informação, dado que demais agentes não dispõem do mesmo conjunto informacional;
• A possibilidade de se evitar ou restringir a abrangência do compartilhamento, tanto por meio da redução da quantidade de informação compartilhada, quanto em termos de estabelecimento de mecanismos internos de restrição de acesso a esse tipo de informação</td></tr>
<tr><td colspan="4">(3.2.) Efeitos coordenados</td></tr>
</table>

Tabela 1 – Teorias do dano em fusões verticais e conglomerais

Teorias de dano	Capacidade	Incentivo	Efeitos
	(3.1.) Efeitos não coordenados/ unilaterais		
Efeitos coordenados	• Condições da coordenação • Possibilidade de monitoramento/verificação de desvios • Existência de mecanismos de dissuasão • Probabilidade de reação das empresas não participantes		
	Outras teorias do dano		
	• Atuação transversal (*reciprocity dealings*) • Fortalecimento do poder econômico (*entrenchment doctrine)* • Redução substancial da concorrência (*substantial lessening of competition*) • Aumento da concentração agregada		

Elaboração própria.

4. Referências bibliográficas

ATTAYDE, M. C. Efeitos conglomerados na Jurisprudência do Cade. Revista de Defesa da Concorrência, 2021. v. 9 (2).

BINOTTO, Anna. Efeitos conglomerados em concentrações econômicas: caracterização e desdobramento. In: JESUS, Agnes M. et al. (Org.). Mulheres no antitruste. São Paulo: Editora Singular, 2018.

CADE. Ato de Concentração 08700.003361/2022-46.

CADE. Ato de Concentração 08700.000059/2021-55.

CADE. Ato de Concentração 08700.000266/2016-42.

CADE. Ato de Concentração 08700.000374/2016-15.

CADE. Ato de Concentração 08700.000627/2020-37.

CADE. Ato de Concentração 08700.000756/2016-49.

CADE. Ato de Concentração 08700.000756/2016-49.

CADE. Ato de Concentração 08700.000958/2016-91.

CADE. Ato de Concentração 08700.000958/2016-91.

CADE. Ato de Concentração 08700.000958/2016-91.

CADE. Ato de Concentração 08700.001462/2022-82.

CADE. Ato de Concentração 08700.001908/2019-73.

CADE. Ato de Concentração 08700.002327/2018-78.

CADE. Ato de Concentração 08700.002495/2018-63.

CADE. Ato de Concentração 08700.003018/2020-30.

CADE. Ato de Concentração 08700.003045/2016-26.

CADE. Ato de Concentração 08700.003054/2016-17.

CADE. Ato de Concentração 08700.003502/2016-82.

CADE. Ato de Concentração 08700.003530/2014-38.

CADE. Ato de Concentração 08700.003969/2020-17.

CADE. Ato de Concentração 08700.004128/2017-13.

CADE. Ato de Concentração 08700.004446/2017-84.

CADE. Ato de Concentração 08700.004540/2021-10.

CADE. Ato de Concentração 08700.004872/2013-94.

CADE. Ato de Concentração 08700.004955/2019-79.

CADE. Ato de Concentração 08700.005455/2017-92.

CADE. Ato de Concentração 08700.005609/2019-16.

CADE. Ato de Concentração 08700.005611/2022-82.

CADE. Ato de Concentração 08700.005611/2022-82.

CADE. Ato de Concentração 08700.005767/2019-68.

CADE. Ato de Concentração 08700.006064/2020-91.

CADE. Ato de Concentração 08700.006269/2016-90.

CADE. Ato de Concentração 08700.006291/2016-30.

CADE. Ato de Concentração 08700.006539/2015-81.

CADE. Ato de Concentração 08700.006662/2020-60.

CADE. Ato de Concentração 08700.007553/2016-83.

CADE. Ato de Concentração 08700.010125/2012-12.

CADE. Ato de Concentração 08700.012652/2015-04.

CADE. Ato de Concentração. 08700.003959/2022-35.

CADE. Ato de Concentração: 08700.001097/2017-49.

CADE. Ato de Concentração: 08700.002559/2022-11.

CADE. Documento de Trabalho n. 006/2023. Fusões conglomerais: teorias do dano e jurisprudência do Cade entre 2012 e 2022.

CADE. Guia de Análise de Atos de Concentração Horizontal. 2016.

CADE. Manual Interno da Superintendência-Geral para atos de concentração apresentados sob o rito ordinário. 2017.

CHURCH, Jeffrey. Conglomerate Mergers. Issues In Competition Law and Policy. ABA Section of Antitrust.

CMA. Microsoft e Activision Blizzard. Relatório Final de 23.4.2023.

EC. Microsoft e Activision Blizzard. Relatório Final de 15.5.2023.

EC; Guidelines on the assessment of non-horizontal mergers under the Council Regulation on the control of concentration between undertakings. Official Journal of the European Union, 18 out. 2008.

EUA.DOJ e FTC. Merger Guidelines. 19.7.2023.

HOVENKAMP, Herbert. Federal Antitrust Policy: The Law Of Competition And Its Practice. 3. ed. West Group, 2005, p. 551.

IANELLI, Vívian Salomão. Análise empírica dos atos de concentrações verticais: como o Cade tem endereçado os efeitos unilaterais e coordenados em seus julgados? 2019.

OECD. Roundtable on Conglomerate Effects of Mergers – Background Note. 2020.

RENZETTI, Bruno Polonio. Atos de concentração conglomerados e ecossistemas digitais: Nova teoria para o controle de estruturas no Brasil./ Bruno Polonio Renzetti; orientador, José Marcelo Martins Proença - São Paulo, 2023.

SALOP, Steven C., and David T. Scheffman. "Raising rivals' costs." The American economic review 73, no. 2 (1983).

GUIA DE ANÁLISE DE FUSÕES NÃO-HORIZONTAIS NA EUROPA: O QUE MUDARIA CASO FOSSE ATUALIZADO?

GUIDELINES FOR NON-HORIZONTAL MERGERS ASSESSMENT IN EUROPE: WHAT WOULD CHANGE IF IT WAS UPDATED?

Anna Olimpia de Moura Leite
João Carlos Nicolini de Morais
Jéssica de Araújo Silva Caieiro

Resumo: Enquanto um novo guia de fusões não-horizontais é introduzido no Reino Unido e a atualização do guia norte-americano é colocada em debate, a Comissão Europeia não alterou a primeira versão do seu guia, datado de 2008. Casos recentes analisados pela autoridade indicam que o escrutínio se tornou mais rigoroso do que descrito no guia. Em especial, há um maior ceticismo em relação às eficiências geradas pelas operações não horizontais. Este artigo analisa os aspectos do guia europeu, que segue em uso e os que estão em questionamento. Também são avaliadas outras alterações de guia, atos normativos e comunicados que envolvem a análise de fusões não-horizontais. Por fim, conclui-se quais seriam os principais aspectos de mudança.

Palavras-chave: Antitruste; Atos de concentração; Fusões não horizontais; Guias; Comissão Europeia.

Abstract: The UK has issued a new guide on non-horizontal mergers, while the US is debating whether to update its guide. The European Commission, on the other hand, has not changed its first guide, which was issued in 2008. However, recent cases analyzed by the authority indicate that scrutiny has become more rigorous than described in the guide. In particular, there is greater skepticism regarding the efficiencies specific to non-horizontal mergers. This article analyzes the aspects of the European guide that are still in use and those that are under question. It also evaluates changes in other guides, normative acts, and notices involving the analysis of non-horizontal mergers. Finally, it concludes about what would be the main changes in the guide if it were revised today.

Keywords: Antitrust; Mergers; Non-horizontal mergers; Guidelines; European Commission.

1. Introdução

A Comissão Europeia (EC, na sigla em inglês) é uma referência no antitruste. No período mais recente, a agência ganhou protagonismo ao aplicar um escrutínio cada vez mais rigoroso às análises de atos de concentração e investigações de condutas unilaterais. Na avaliação da autoridade europeia, a nova realidade imposta pelos mercados digitais e por mercados intensivos em inovação impôs a necessidade de atualizar os procedimentos de análise antitruste. Parte da mudança ocorrida nas análises de casos concretos já foi traduzida em revisões de guias, de comunicados e de atos normativos.

No âmbito das fusões não-horizontais, destacamos o lançamento em 2021 da revisão do guia que amplia os critérios para um país membro da União Europeia (EU, na sigla em inglês) solicitar a revisão de Atos de Concentração à EC, para abarcar a questão de *killer acquisitions*. Houve ainda a revisão em 2022 da norma e do guia de restrições verticais. Ainda que não seja um documento específico para fusões não-horizontais, ele possibilita criar paralelos entre os dois arranjos. Por fim, a autoridade europeia irá lançar neste ano a atualização do Comunicado sobre Definição de Mercado Relevante, que está em discussão e revisão desde 2020.

O escrutínio mais rigoroso em fusões não-horizontais não foi traduzido em uma atualização do guia de fusões não-horizontais (não por enquanto). A versão vigente, de 2008, contempla as operações conglomerais – elemento que está sendo incluído no guia norte-americano apenas neste ano. No entanto, a redação do guia enfatiza a eficiência gerada pela eliminação da dupla margem, destacando a redução de preço e o aumento da quantidade. Ocorre que diversos casos analisados recentemente pela autoridade europeia passaram a questionar se os efeitos benéficos de fato superariam os danos concorrenciais gerados pela operação[1]. De todo modo, o padrão de análise detalhado no guia (capacidade, incentivo e efeito) segue prevalecendo.

Este artigo irá fazer uma revisão do padrão de análise em fusões não-horizontais adotado pela EC. Serão detalhados os aspectos descritos no guia europeu. Também iremos trazer luz a elementos do guia que foram confrontados em análises recentes da autoridade. Pos-

---

[1] Stéphane Dewulf and others, EU and UK Vertical Merger Control: What's the State of Play?, Journal of European Competition Law & Practice, Volume 14, Issue 2, March 2023, Pages 113–120, https://doi.org/10.1093/jeclap/lpac044.

teriormente, avaliamos as revisões recentes de atos normativos, guias e comunicados.

2. Guia de Fusões Não-Horizontais da Comissão Europeia

A EC publicou seu primeiro guia de fusões não-horizontais em 2008. O guia indica que fusões não-horizontais diferem das horizontais por não resultar em uma perda imediata de concorrentes. Além disso, reconhece os ganhos substanciais de eficiência deste tipo de operação, o que, conclui, contribui para resultados pró-competitivos[2]. As teorias de dano detalhadas são as de fechamento de mercado e os efeitos coordenados[3]. Além disso, o guia detalha o padrão capacidade-incentivo-efeito para avaliar integrações verticais, indicando as evidências a serem consideradas.

Ainda que não tenha havido alterações no guia específico para fusões verticais, o rigor da EC é notado nas decisões recentes. Em 2021, 14 anos após o lançamento do guia, a EC bloqueou a aquisição da GRAIL pela Illumina por concluir que remédios comportamentais não seriam suficientes para impedir o potencial dano à concorrência gerado pela operação. Foi a primeira vez, desde a publicação do guia, que um argumento puramente vertical levou ao bloqueio de uma operação. A agência concluiu que haveria risco de redução do ritmo de inovação, em função de a Illumina ser a única com acesso à tecnologia para a produção de pesquisa de detecção precoce de câncer pela GRAIL e por seus concorrentes[4]. Apesar da análise envolver a conhecida teoria de fechamento de mercado, a EC inovou ao estabelecer pesquisa e desenvolvimento como um mercado específico. Este também marcou por ter sido enquadrado no contexto do Guia do Artigo 22 da Regulação de Atos de Concentração da União Europeia (EUMR, na sigla em inglês).

---

[2] Em comparação, a minuta do novo guia de fusões dos EUA não menciona os efeitos pró-competitivos das fusões verticais, indicando que tais efeitos não terão um peso relevante nas decisões atuais.

[3] Comissão Europeia. Guidelines on the assessment of non-horizontal mergers under the Council Regulation on the control of concentrations between undertakings. Outubro de 2008.

[4] Comissão Europeia. Mergers: The Commission adopts a Statement of Objections outlining measures to unwind Illumina's blocked acquisition of GRAIL. Dezembro, 2022. Disponível em: <https://ec.europa.eu/commission/presscorner/detail/pt/ip_22_7403>. Acesso em: 26 de junho de 2023.

Outros casos não horizontais exemplificam o aumento do rigor analítico da EC, como o Wieland/ARP/Schwermetall, de 2018, que foi reprovado. A EC concluiu que fusão criaria um agente dominante, reduzindo significativamente a concorrência pelos insumos (produtos de cobre laminado), com risco de aumento dos preços para os fabricantes europeus. A agência avaliou que os remédios propostos não seriam suficientes para sanar as preocupações concorrenciais[5].

Por sua vez, a operação Alphabet/Fitbit, de 2020, foi aprovada com diversas restrições[6]. Sendo os mercados afetados os de *smartwatches*, *fitness trackers*, serviços de pagamentos digitais e publicidade digital, as teorias de dano analisadas foram de fechamento de mercado, discriminação de rivais, alavancagem de posição de mercado, efeitos conglomerais e acesso a informações concorrencialmente sensíveis. A EC concluiu que as preocupações concorrenciais seriam resolvidas por meio de remédios comportamentais, que envolveram acordos sobre acesso a dados e interoperabilidade.

O caso EssilorLuxottica/GrandVision foi analisado em 2021 e aprovado com restrições estruturais[7,8]. EssilorLuxottica é a maior ofertante de lentes óticas e armações, enquanto a GrandVision é uma grande varejista. Além do teste de mercado, que envolveu mais de 4.300 agentes econômicos, a EC avaliou evidências econômicas para estimar a pressão de aumento de preço decorrente da operação, notadamente utilizando o teste vGUPPI[9]. Esta evidência ganhou um papel relevante. Ao considerar a possibilidade de aumento de preço, ainda que o fechamento de mercado não seja integral, a EC concluiu que remédios comportamentais não seriam efetivos. Neste caso, a operação foi resolvida com o desinvestimento de entre 15% e 40% das lojas nos países em que

---

[5] European Commission. Mergers: Commission prohibits Wieland's proposed acquisition of Aurubis Rolled Products and Schwermetall. 6 de fevereiro de 2019.

[6] European Commission. Mergers: Commission clears acquisition of Fitbit by Google, subject to conditions. 17 de dezembro de 2020.

[7] European Commission. Mergers: Commission clears acquisition of GrandVision by EssilorLuxottica, subject to conditions. 23 de março de 2021.

[8] RBB Economics. Seeing vertical mergers through a different lens? Implications from ExilorLuxottica/GrandVision. November, 2022.

[9] Modelo teórico que é uma extensão do UPP, utilizado em casos de fusões horizontais. Para mais informações, veja: Moresi e Salop. vGUPPI: Scoring Unilateral Pricing Incentives in Vertical Mergers. Antitrust Law Journal No. 1, 2023.

houve evidência de aumento de preço, o equivalente a 6-7% das lojas em toda a Europa.

Diante deste cenário, ainda que não tenha sido revisto, como ocorreu no Reino Unido e ocorre nos EUA, o guia europeu não impediu que a EC aumentasse o rigor na aplicação do *enforcement* antitruste.

2.1. Padrão de análise geral

O Guia da UE segue o padrão capacidade-incentivo-efeito para avaliar integrações não horizontais, como na maioria das jurisdições[10]. A primeira etapa consiste em determinar se a operação tem capacidade de provocar danos à concorrência, considerando o grau de poder de mercado das partes antes e depois da fusão. Na segunda etapa, se investiga a existência de incentivos para práticas anticompetitivas com a concretização da operação. Por fim, sendo verificadas a capacidade e existência de incentivos para lesar a concorrência, é mensurado o possível efeito que a fusão pode provocar no mercado em questão.

2.2. Concentração de mercado

O guia dedica uma seção curta para tratar sobre os indicadores de concentração. São citadas a participação de mercado e o HHI. A EC adota um limiar para estes indicadores (safe harbors). Se uma das Requerentes tiver participação superior a 30% em ao menos um dos mercados afetados, com HHI superior a 2000 no pós-concentração, então a autoridade europeia aprofundará a análise do caso em questão. A Comissão reconhece que tais limiares não garantem presunção legal, dado que não constituem condição suficiente para haver dano à concorrência.

Por ser um guia recente, ele permite uma flexibilidade maior à autoridade ao apontar quatro situações em que, mesmo que o safe harbor não seja atingido, esta pode realizar uma análise detalhada: (i) o ato de concentração envolve empresa com grandes chances de crescer no curto prazo, por exemplo, uma empresa disruptiva; (ii) há participações cruzadas significativas ou administradores em comum nas gestões dos participantes do mercado; (iii) uma das Requerentes tem altas chances

---

[10] OECD. Vertical Mergers in the Technology, Media and Telecom Sector Background Note by the Secretariat, 2019.

de impedir efeitos coordenados no mercado; (iv) há indicativos de coordenação no mercado ou práticas que facilitam a coordenação.

Importante apontar que não há indicativos de que o limiar de 30% de market share em um dos mercados afetados mudaria em caso de uma revisão do guia. Isto porque a atualização do guia de restrições verticais manteve o safe harbor de 30%. O que está em processo de atualização, e afeta diretamente este ponto, é o comunicado da EC sobre definição de mercado relevante[11]. Para ilustrar, em Illumina/GRAIL, um dos casos supracitados, as análises não convencionais envolveram justamente a definição de mercado relevante. Há a avaliação de fechamento de mercado de P&D por meio do risco do acesso a um relevante insumo para o desenvolvimento das pesquisas. Conclui-se que esta seção não sofreria grandes modificações caso uma atualização ocorresse.

2.3. Teorias de dano em fusões verticais

As teorias de dano que pautam o Guia da EC em fusões verticais estão discriminadas da seguinte forma: (i) Efeitos não coordenados -- fechamento de mercado: aumento de custos dos competidores à jusante e fechamento por meio dos consumidores; (ii) Acesso a informações concorrencialmente sensíveis, que pode conferir à empresa a capacidade de precificar de forma menos agressiva; e (iii) Efeitos coordenados. A maior parte do guia é dedicado à descrição do padrão de análise para as teorias de danos *i.* e *ii*. Para as situações de efeitos não coordenados, o padrão capacidade-incentivo-efeito é utilizado.

No caso de fechamento de mercado por meio de insumos, há a descrição de como verificar se haverá: (a) capacidade de restrição substancial no acesso a insumos; (b) incentivos para tal restrição (lucratividade); e (c) se a estratégia causaria dano à concorrência (aumento de preço no mercado downstream). Os fatores a serem considerados para a capacidade são: a relevância do insumo, poder de mercado upstream, impacto na disponibilidade geral dos insumos downstream, e a existência de contra-estratégias eficazes e tempestivas[12].

---

[11] A nota de rodapé do guia vigente para esta seção específica afirma: *"O cálculo da participação de mercado depende inteiramente na definição de mercado relevante (veja comunicado da Comissão sobre definição de mercado relevante)"* (EC, 2008, p. 4, tradução livre).

[12] Possibilidade de mudar o processo produtivo para diminuir a dependência no insumo em questão ou de patrocinar a entrada de novos ofertantes no mercado

Para avaliar os incentivos, são indicados a análise das margens dos mercados afetados. Em geral, quanto menor a margem praticada no mercado *upstream*, menor é a perda da prática de fechamento. Enquanto, quanto maior a margem no mercado *downstream*, maior é a lucratividade. Diante das possíveis motivações anticompetitivas por trás de uma fusão vertical, é importante avaliar caso a caso se a teoria do dano considerada é consistente com os incentivos de lucro[13], visto que as teorias verticais de dano normalmente envolvem uma compensação de lucro em um dos mercados com uma perda no outro mercado. A Comissão pode, ainda, levar em consideração diversos outros elementos, como a estrutura acionária da empresa resultante da operação, os tipos de estratégias adotadas no mercado no passado ou o conteúdo de documentos estratégicos internos da empresa. No entanto, há que se verificar ainda se há efetividade em tal prática, gerando exclusão de rivais. Estes potenciais danos devem ser comparados às eficiências específicas da operação.

Além de reconhecer que operações verticais têm menor probabilidade de "significativamente impedir competição efetiva", o guia também pontua que estas podem ser fonte relevante de eficiências. O guia recomenda que a apresentação de eficiências siga os procedimentos de operações horizontais: serem específicas à operação, verificáveis e beneficiar os consumidores.

O guia cita possíveis eficiências: (i) eliminação de dupla margem; (ii) melhora na coordenação da produção e da distribuição, levando a economias nos custos de estoque; e (iii) alinhamento de incentivos para investimentos em novos produtos e processos, evitando conflitos de interesse que podem surgir entre empresas que atuam em diferentes partes da cadeia.

Desta maneira, este guia dá condições para que a autoridade conclua que alguns casos podem resultar em efeito líquido pró-competitivo. Como mencionado anteriormente, certamente este seria um ponto de revisão caso um novo guia fosse debatido no âmbito da UE.

No caso de efeitos coordenados, o padrão de análise é outro. A conduta envolve acordos tácitos (não formais), se baseando na teoria dos jogos. Preços baixos são evitados para não prejudicar a coordenação

---

upstream.

[13] OECD. Vertical Mergers in the Technology, Media and Telecom Sector Background Note by the Secretariat, 2019.

futura. Para que a coordenação funcione, o lucro perdido no curto prazo por não competir agressivamente deve ser menor do que a perda de receita a longo prazo causada pelo comportamento. Esta é mais provável onde é fácil chegar a um consenso e depende de as empresas poderem verificar o cumprimento das condições, terem mecanismos de dissuasão contra desvios e não serem prejudicada por reações de concorrentes não participantes e clientes. Uma integração vertical pode permitir que as empresas nos mercados a jusante ou a montante cheguem mais facilmente a um consenso sobre as condições da coordenação.

2.4. Teorias de dano em fusões conglomerais

As teorias de dano consideradas no Guia da EC em fusões conglomerais são: (i)Efeitos não coordenados: Fechamento de mercado por meio de alavancagem (*tying/bundled*); e (ii) Efeitos coordenados. A teoria de alavancagem é analisada seguindo o padrão capacidade-incentivo-efeito. Para esta situação, o guia contém um levantamento sobre as principais evidências que devem ser consideradas na análise.

O guia é completo no mapeamento das teorias de dano, sendo análogas às do guia atualizado do Reino Unido, portanto, não passariam por revisão caso a EC decidisse atualizá-lo. No entanto, certamente daria mais exemplificações de análises dinâmicas, explicações da aplicação de evidências econômicas como o teste vGUPPI e considerações sobre mercados de múltiplos lados.

As análises não convencionais dos casos supracitados envolvem teorias de dano menos extremas (e.g., fechamento de mercado parcial por meio de aumento de preço) e novos conceitos de definição de mercados relevantes. Em Google/FitBit, por exemplo, foi considerado o potencial fechamento do acesso a dados, tratando-os como um insumo.

3. Alterações normativas e de guias

3.1. Alterações do Art. 22 do EUMR: as preocupações concorrenciais em operações de menor porte

A principal alteração normativa recente e que impacta o guia de fusões não horizontais europeu são as mudanças propostas pelo artigo

22 do EUMR e detalhadas em um guia à parte publicado pela EU[14] (GA22, doravante). Os poderes de investigação da EC passam a ter maior abrangência ao permitir que estados membros solicitem que operações sejam analisadas pela autoridade, ainda que não tenham atingido os parâmetros estabelecidos para a notificação.

As alterações abrangem os atos de concentrações horizontais e não-horizontais. De acordo com o parágrafo 15 do GA22, os casos a serem analisados são os que levam a riscos de danos concorrenciais, causados pelas seguintes situações: a criação ou fortalecimento de uma posição dominante por uma das empresas envolvidas, a eliminação de uma força competitiva importante, como um entrante ou empresas inovadoras, a redução da capacidade dos concorrentes de competir e a capacidade e incentivo para aproveitar uma forte posição em um mercado para prejudicar a concorrência em outro, por meio de *tying, bundling* ou outras práticas de exclusão[15].

As preocupações focam em aquisições ou fusões envolvendo empresas de menor porte, tipicamente com pouca participação no mercado, que poderiam afetar a concorrência no curto ou médio prazo (e.g., *start up* com um elevado potencial de crescimento) ou que possuem alguma essencialidade produtiva que poderia afetar a concorrência (e.g., fator de produção único para empresas a montante). Em outras palavras, há uma preocupação evidente com *killer acquisitions*, operações que buscam eliminar entrantes disruptivos para perpetuar a dominância dos incumbentes.

Foi por meio deste novo guia que o caso Illumina/GRAIL passou pelo escrutínio da autoridade europeia. Este caso ganhou notoriedade por ter sido o primeiro após a publicação do GA22 e ainda por ter sido bloqueado[16]. Para os seus idealizadores, foi um marco porque atingiu o objetivo de impedir consolidações capazes de restringir a inovação. No entanto, há advogados atuantes na Europa e acadêmicos

---

[14] "*Guidance on the application of the referral mechanism set out in Article 22 of the Merger Regulation to certain categories of cases", 2021. Disponível em* C_2021113EN.01000101.xml (europa.eu) acessado 24 de agosto de 2023.

[15] Guidance on the application of the referral mechanism set out in Article 22 of the Merger Regulation to certain categories of cases, 2021.

[16] Norton Rose Fulbright. "*The European Commission prohibits and plans to unwind Illumina's acquisition of GRAIL*". Disponível em: The European Commission prohibits and plans to unwind Illumina's acquisition of GRAIL | España | Global law firm | Norton Rose Fulbright Acesso em: 24 Agosto de 2023.

que alegam a ilegalidade, inconstitucionalidade e insustentabilidade desta norma[17]. O próprio caso em questão subiu para o Tribunal Geral da UE diante dessas alegações, mas não obteve sucesso e a decisão da EC prevaleceu.

Na prática, a reinterpretação dos casos que podem ser avaliados pela EC diante da aplicação do Art. 22 do EUMR amplia o número de casos a serem analisados. No entanto, ainda que o escrutínio de fusões não horizontais tenha se tornado mais rigoroso, prevalece a análise caso-a-caso para aferição dos potenciais efeitos, não havendo presunção de anticompetitividade.

3.2. Nova norma e guia para restrições verticais

Após um ano e meio de consulta pública, a Comissão Europeia publicou em maio de 2022 uma versão atualizada de seu Regulamento de Isenção por Categoria dos Acordos Verticais[18] junto ao novo Guia de Restrições Verticais[19], com o intuito de abordar aspectos relacionados ao aumento do e-commerce e a evolução da "economia das plataformas". O Regulamento apresenta tipos de acordos verticais[20] que se enquadram nos critérios de exclusão de ilicitude, enquanto o Guia norteia a sua aplicação[21].

---

[17] Riley, A. "Killer Acquisitions and Article 22: A Step Too Far?"

[18] Commission Regulation (EU) 2022/720 of 10 May 2022 on the application of Article 101(3) of the Treaty on the Functioning of the European Union to categories of vertical agreements and concerted practices (Text with EEA relevance).

[19] Communication from the Commission COMMISSION NOTICE Guidelines on vertical restraints 2022/C 248/01.

[20] Uma restrição vertical é definida como uma limitação da concorrência oriunda de uma prática combinada entre duas ou mais empresas que operam em diferentes níveis da cadeia da produção ou distribuição, envolvendo condições para aquisição, venda ou revenda de bens ou serviços. Essas novas diretrizes abarcam questões presentes nas relações comerciais atuais, especialmente em âmbito digital, buscando conferir maior segurança jurídica à atuação dos agentes.

[21] Acordos por vezes são feitos para maximizar lucros conjuntos, tornando os efeitos das restrições semelhantes à integração vertical. Faz sentido, portanto, avaliar as novidades envolvendo restrições verticais para buscar traçar paralelos nas análises de atos de concentração não horizontal.

O novo regulamento não altera o limiar de 30% para um dos mercados analisados[22]. Isso leva ao entendimento de que, à exceção de mercados dinâmicos ou situações em que há entrada de agentes disruptivos, a tendência é de manter o patamar de 30% como um *safe harbor*.

Além disso, ampliou as restrições de troca de informações, permissão a precificação dupla em função das diferenças de custos nas distribuições dos variados canais, e cláusulas de paridade, focando nas plataformas de intermediação (marketplace, sobretudo).

As alterações no regimento das restrições verticais estão essencialmente focadas em aspectos que envolvem contratos entre dois elos distintos da cadeia. Contudo, a troca de informações é um aspecto que é também analisado no âmbito das fusões verticais, o que indica que a autoridade daria maior ênfase ou melhor detalhamento a esse aspecto caso atualizasse o guia de fusões não horizontais. Outro ponto importante nesta revisão seria a redução da ênfase nas eficiências geradas pelos acordos verticais.

3.3. Revisão do comunicado sobre definição de mercado relevante

A EC, em comunicado lançado em 1997, expõe a forma como aplica o conceito de mercado relevante. Desde seu lançamento, o documento não passou por alterações, mas em 2020, a EC abriu para uma consulta pública. Para a autoridade europeia, o comunicado anterior não respondia aos novos arranjos econômicos, notadamente mercados de múltiplos lados, ecossistemas, mercados de inovação e ao aspecto dinâmico dos mercados digitais. Em novembro de 2022, uma minuta do novo comunicado foi colocada em consulta pública e a versão final deverá ser publicada no terceiro trimestre de 2023.

A minuta do comunicado consolida a sua jurisprudência recente[23]. A EC reconhece que a análise desse mercado deve considerar a concorrência imediata, enquanto a concorrência potencial é vista como relativa à etapa de rivalidade, ressaltando que a definição de mercado relevante é apenas uma parte da investigação antitruste. Também enfa-

---

[22] Há formatos de acordo que não são permitidos mesmo se a participação de mercado não exceder os 30%. As chamadas restrições graves (hardcore restrictions) são: RPM (resale price maintenance ou imposição de preço de revenda), imposições territoriais ou de grupos de clientes, e outras.

[23] Comissão Europeia. Comunicação da Comissão relativa à definição de mercado relevante para efeitos do direito da concorrência da União. Novembro de 2022.

tiza a necessidade de avaliar parâmetros além do preço, como inovação e qualidade, trazendo uma abordagem mais abrangente.

A minuta também explicita a importância de considerar projeções de mudanças na estrutura de mercado, diferenciando da contestabilidade potencial. Isso ocorre quando novos produtos estão em desenvolvimento ou quando são esperadas mudanças regulatórias ou expansões geográficas que afetariam o mercado. Há prerrogativa de a definição de mercado relevante ser mantida aberta nas situações em que a decisão da EC não será alterada com base nesta definição.

A fim de endereçar mercados específicos, a EC criou seções separadas para cada tipo de mercado. Para mercados de múltiplos lados, nos quais os efeitos de rede indiretos entre grupos de usuários são considerados, permite-se a definição de mercados conjuntos ou distintos com base na situação concorrencial. Para ecossistemas digitais, entende-se que são associados a situações em que há um produto/serviço principal com diversos secundários interconectados. Já mercados com altos investimentos em P&D levam em consideração a inclusão de produtos no pipeline das empresas, enquanto mercados com diferenciação significativa podem resultar em múltiplos mercados relevantes.

O comunicado também dedica uma seção à descrição do teste SSNIP. São detalhadas as formas de implementação do teste, como a aplicação da análise de perda crítica e exemplos de evidências a serem consideradas para avaliar substituição de demanda e de oferta.

Estes são os principais pontos do que há de novo no documento de mercado relevante da EC, que afeta tanto as fusões horizontais quanto as não horizontais. Logo, sua publicação consolida a maneira como a EC tem tratado esta importante etapa da análise de atos de concentração.

4. Considerações finais

Este trabalho teve como objetivo revisar o guia europeu para fusões não horizontais, que não é atualizado desde 2008. O modelo de análise do guia ("capacidade-incentivo-efeito") segue prevalecendo, assim como os *safe harbors* de 30% nos mercados afetados segue sendo uma referência, apesar de não ser regra.

Também foram examinadas as recentes mudanças regulatórias, como a introdução do artigo 22 do EUMR em 2021, que ampliou a margem de atuação da EC com uma atenção específica a *killer acquisitions,* em que o *safe harbor* é desconsiderado. No entanto, o Guia de Restrições Verticais ainda mantém os *safe harbors*. As alterações da norma às restrições verticais focaram essencialmente em limitar os acordos das novas plataformas digitais, em especial de marketplaces. Outro documento recentemente revisado é a minuta do comunicado sobre a definição de mercado relevante. Esta incorpora novas diretrizes procedimentais e descreve formatos particulares de certos mercados, como mercados de múltiplos lados e ecossistemas digitais.

Os documentos revisados permitem inferir quais seriam as principais mudanças se o guia de fusões não horizontais na Europa fosse atualizado. Avaliamos que a definição de *safe harbor* para a triagem dos casos mais complexos seria mantida para grande parte dos mercados. No entanto, haveria flexibilidade para comportar casos que, na visão da autoridade europeia, têm elevado risco de gerar efeito anticompetitivos (conforme artigo 22 do EUMR). Além disso, esse novo guia incorporaria as inovações procedimentais e os conceitos presentes no esboço do comunicado sobre definição de mercado relevante, além de introduzir teorias de danos intermediárias, i.e., em que não há fechamento absoluto de mercado, mas parcial em função do aumento de preço. Esperaríamos também que fossem incluídos novos ferramentais analíticos (e.g., vGUPPI), que somariam às evidências econômicas incluídas na versão vigente do guia. Mais ainda, que se reconhecessem as limitações das análises estáticas, com as indicações do conjunto de evidências que devem ser considerados na estimativa do efeito das operações não horizontais.

Provavelmente uma revisão deste guia deverá ser implementada em breve. Contudo, a EC aparenta estar dando preferência às atualizações de atos normativos que contém efeitos práticos imediatos. No conjunto, eles se assemelham ao seguinte aspecto: à interpretação da própria EC de ser necessário intensificar o *enforcement* antitruste. Ainda é recente para avaliar suas consequências práticas. O que se sabe, no entanto, é que não é consensual.

5. Referências bibliográficas

Comissão Europeia. Comunicação da Comissão relativa à definição de mercado relevante para efeitos do direito da concorrência da União. Novembro de 2022.

Comissão Europeia. Guia de restrições verticais. 2022/C 248/01.

Comissão Europeia. Guidelines on the assessment of non-horizontal mergers under the Council Regulation on the control of concentrations between undertakings. Outubro de 2008.

Comissão Europeia. Guidance on the application of the referral mechanism set out in Article 22 of the Merger Regulation to certain categories of cases", 2021.

Comissão Europeia. Mergers: The Commission adopts a Statement of Objections outlining measures to unwind Illumina's blocked acquisition of GRAIL. Dezembro, 2022.

Comissão Europeia. Mergers: Commission prohibits Wieland's proposed acquisition of Aurubis Rolled Products and Schwermetall. 6 de fevereiro de 2019.

Comissão Europeia. Mergers: Commission clears acquisition of Fitbit by Google, subject to conditions. 17 de dezembro de 2020.

Comissão Europeia. Mergers: Commission clears acquisition of GrandVision by EssilorLuxottica, subject to conditions. 23 de março de 2021.

Commission Regulation (EU) 2022/720 of 10 May 2022 on the application of Article 101(3) of the Treaty on the Functioning of the European Union to categories of vertical agreements and concerted practices (Text with EEA relevance).

Dewulf, S et all, EU and UK Vertical Merger Control: What's the State of Play?, Journal of European Competition Law & Practice, Volume 14, Issue 2, March 2023, Pages 113–120.

Norton Rose Fulbright. "The European Commission prohibits and plans to unwind Illumina's acquisition of GRAIL". Disponível em: The European Commission prohibits and plans to unwind Illumina's acquisition of GRAIL | España | Global law firm | Norton Rose Fulbright Acesso em: 20 de agosto de 2023.

Moresi e Salop. vGUPPI: Scoring Unilateral Pricing Incentives in Vertical Mergers. Antitrust Law Journal No. 1, 2023.

OECD. Vertical Mergers in the Technology, Media and Telecom Sector Background Note by the Secretariat, 2019.

RBB Economics. Seeing vertical mergers through a different lens? Implications from ExilorLuxottica/GrandVision. November, 2022.

Riley, A. "Killer Acquisitions and Article 22: A Step Too Far?", 30 de agosto de 2023.

ANÁLISE DE FUSÕES VERTICAIS NO BRASIL: ESTUDO COMPARADO À LUZ DOS CRITÉRIOS ADOTADOS PELA *COMPETITION AND MARKETS AUTHORITY* NO REINO UNIDO

ANALYSIS OF NON-HORIZONTAL MERGERS IN BRAZIL: A COMPARATIVE STUDY REGARDING THE CRITERIA ADOPTED BY THE COMPETITION AND MARKETS AUTHORITY

Natali de Vicente Santos Kapulskis
Sarah Fida Carneiro

Resumo: Este artigo tem por escopo identificar os critérios de análise de fusões não horizontais adotados pela *Competition and Markets Authority* ("CMA"), autoridade antitruste do Reino Unido, em seu guia de análise de fusões não horizontais, editado em 2021, constatando as atualizações havidas em relação à versão anterior do documento (2010), bem como conduzir uma análise comparada daqueles critérios adotados pelo Conselho Administrativo de Defesa Econômica ("Cade") em seus precedentes e na proposta de Guia V+ sobre atos de concentração não horizontais. Para tanto, a análise pretende considerar as teorias de dano identificadas nos precedentes analisados na "Base de dados de casos de Fusões Verticais analisados pelo Tribunal do Cade 2012-2022, Versão 1.0, 2023. IBRAC" e compará-las aos critérios e teorias de dano constantes do novo guia da CMA. O objetivo é, ao final, identificar pontos em comum e tendências de *enforcement* da CMA que poderão ser explorados no novo guia de fusões verticais que está sendo elaborado pelo Cade.

Palavras-chave: Fusões verticais; teoria do dano; CMA; *enforcement*; tendências; Reino Unido.

Abstract: The purpose of this article is to identify the criteria for analyzing non-horizontal mergers adopted by the Competition and Markets Authority ('CMA'), the antitrust authority of the United Kingdom, in its merger assessment guideline published in 2021, which involves noting the updates made compared to the previous version of the document (2010). Additionally, it aims to conduct a comparative analysis of those criteria adopted by the Administrative Council for Economic Defense ('Cade') in its precedents and in the proposed V+ Guide on non-horizontal concentration acts. To achieve this, the analysis intends to consider the theories of harm identified in the precedents analyzed in the 'Vertical Merger Cases Database analyzed by Cade's Tribunal 2012-2022, Version 1.0, 2023. IBRAC' and compare them to the criteria and theories of harm outlined in the new CMA guide. The objective is, ultimately, to identify common points and CMA enforcement trends that can be explored in the new guide for vertical mergers being developed by Cade.

Keywords: Vertical mergers; analysis criteria; damage theory; CMA; enforcement trends; United Kingdom.

1. Introdução

Dentre as atribuições do Conselho Administrativo de Defesa Econômica (Cade), menciona-se sua atuação preventiva, por meio do controle de estruturas. A Lei Federal nº 12.529, de 30 de novembro de 2011 ("Lei de Defesa da Concorrência" ou "LDC"), dispõe em seu artigo 88 e seguintes sobre os critérios e procedimentos desse tipo de análise. No contexto do controle de estruturas e, no exercício de suas atribuições, o Cade pode analisar diferentes tipos de concentração:[1] (i) as horizontais; (ii) as verticais[2]; e (iii) as conglomerais[3].

Historicamente, as fusões horizontais sempre foram consideradas presumidamente mais preocupantes do ponto de vista concorrencial. Não à toa foram as primeiras a serem objeto de diretrizes de análise, normativas e teorias de dano, no Brasil e no mundo. No Brasil, esse tipo de fusão foi objeto de guias de análise mesmo antes da entrada em vigor da LDC atual, por meio da Portaria Conjunta SEAE/SDE nº 50/2001 e,

---

[1] Sobre os diferentes tipos de concentração, vide SALOMÃO FILHO, Calixto. *Direito Concorrencial.* 2ª Ed. Rio de Janeiro: Forense, 2021, p. 236.

[2] As fusões verticais são aquelas celebradas entre agentes econômicos que se situam ao longo da cadeia produtiva ou distributiva, desde a produção de matéria-prima até a distribuição final do produto ou serviço. Cf. FORGIONI, Paula. *Direito Concorrencial e restrições verticais.* São Paulo: Revista dos Tribunais, 2007, p. 23.

[3] A concentração conglomeral é aquela que envolve ofertas complementares, mas não diretamente relacionadas. Portanto, não altera a estrutura do mercado diretamente, pois não envolve concentrações horizontais ou integrações verticais. ATTAYDE, Maria Cristina de Souza Leão. *Efeitos conglomerais na jurisprudência do Cade.* RDC, Vol. 9, nº 2. Dezembro 2021, p. 159-187.

mais recentemente, do *Guia de Análise de Atos de Concentração Horizontal* do Cade, publicado em 2016.[4]

Entretanto, a crescente verticalização de agentes econômicos em diversos setores da economia, o acesso a dados sensíveis de concorrentes via clientes e fornecedores, bem como os impactos dos segmentos de tecnologia e mercados digitais, levaram ao crescente aumento no número de fusões não horizontais e ao surgimento de novas teorias de dano para avaliar os impactos concorrenciais dessas fusões. Como consequência, jurisdições como Comunidade Europeia, Estados Unidos e até mesmo o Reino Unido passaram a discutir a atualização de suas regulamentações e guias de análise quanto às fusões não horizontais.

Esse movimento também se verificou no Brasil. Nesse contexto, o Cade recentemente submeteu à consulta pública versão preliminar do *Guia V+*, "documento que consolida as melhores práticas e procedimentos usualmente adotados pela autarquia na análise de efeitos não horizontais em atos de concentração"[5], envolvendo atos de concentração com efeitos verticais e conglomerais.

Diante disso, o propósito deste artigo é retomar o levantamento realizado pelo Grupo de Trabalho de Integrações Verticais do Instituto Brasileiro de Estudos de Concorrência, Consumo e Comércio Internacional ("IBRAC") acerca do Guia de Análise de Fusões da autoridade britânica[6] – datado de 2010 e atualizado em 2021[7] -, avaliar brevemente os critérios de análise e teorias de dano adotados em casos julgados pelo Tribunal do Cade e na proposta de Guia V+ e, ao fim, estabelecer uma comparação das práticas adotadas pela autoridade de defesa da concorrência, *Competition and Markets Authority* ("CMA") e pelo Cade.

Para tanto, em um primeiro momento, serão identificadas as teorias de danos adotadas pela CMA para a análise de fusões verticais, verificando se houve modificações substanciais em relação à versão ante-

---

[4] Por meio da Portaria Conjunta SEAE/SDE nº 50/2001.

[5] BRASIL. Ministério da Justiça e Segurança Pública. Conselho Administrativo de Defesa Econômica. *Cade lança proposta do Guia V+ sobre atos de concentração não horizontais*. Brasília, 20 de julho de 2023.

[6] IBRAC. *Panorama internacional da análise de casos de integração vertical*. GT Integração vertical – Comitê de Economia do IBRAC. 13.09.2022. Págs. 27-36.

[7] REINO UNIDO. Competition & Markets Authority. *Merger Assessment Guidelines.* 18 March 2021.

rior de seu guia (2010)[8]. Em seguida, serão apuradas as teorias de dano identificadas nos precedentes analisados na "Base de dados de casos de Fusões Verticais analisados pelo Tribunal do Cade 2012-2022, Versão 1.0, 2023. IBRAC", e compará-las aos critérios e teorias de dano constantes do novo guia da CMA. Ao final, serão identificadas as tendências de *enforcement* da CMA e se são aplicáveis à linha construída pelo Cade em seu novo Guia.

2. A análise de fusões verticais pela Competition and Markets Authority

Em março de 2021, a autoridade do Reino Unido, CMA, editou nova versão de seu Guia de Análise de Fusões. O documento é dividido em nove capítulos, e traz diretrizes gerais sobre a avaliação de operações não verticais em seu capítulo sétimo.

De acordo com a nova versão do guia de análise de atos de concentração da CMA, as operações não horizontais são aquelas que incluem tanto as integrações verticais, entre empresas inseridas dentro de uma mesma cadeia de produção, uma a jusante e outra a montante, como os conglomerados, que se caracterizam por envolver cadeias produtivas distintas, mas que, por estarem relacionadas, atingem um mesmo público-alvo, gerando, assim, efeitos concorrenciais dignos de controle prévio de estruturas.

Segundo a autoridade britânica, as concentrações não horizontais não envolvem uma perda direta de concorrência entre as empresas envolvidas. Antes, é necessário apurar a existência de danos concretos ao ambiente concorrencial a partir da constatação de teorias do dano. Nesse sentido, as principais preocupações referentes a esse tipo de operação são, de um lado, o fechamento de mercado a rivais atuais ou potenciais a jusante ou a montante e, de outro, o acesso a informações sensíveis de concorrentes a partir de contratos de fornecimento.

O guia menciona também que em circunstâncias específicas, operações não horizontais podem dar origem a outros danos, como o aumento de preços (caso em que o incentivo para clientes migrarem para rivais é amortizado devido ao encarecimento dos insumos fornecidos a tais concorrentes), e até mesmo facilitarem a coordenação entre a enti-

---

[8] REINO UNIDO. Office of Fair Trading (OFT) and the Competition Commission. *Merger Assessment Guidelines.* September 2010.

dade fundida e seus rivais, a partir do aumento no fluxo de informações entre rivais. As preocupações se intensificam se uma das empresas verticalmente integradas já possui poder de mercado pré-existente (muito embora não seja essa condição necessária para se efetuar um controle sobre esse tipo de operação).

Nesse sentido, o recorte metodológico feito pela CMA elege três principais teorias do dano (hipóteses não exaustivas)[9] relativas a operações não verticais, todas relacionadas ao fechamento de mercado. São elas: o fechamento de mercado a montante ou por insumos (*input foreclosure*), fechamento de mercado a jusante ou a clientes (*customer foreclosure*), e os efeitos conglomerais. Ainda, conforme mencionado, em algumas circunstâncias, também podem constituir a teoria do dano o acesso a informações sensíveis de concorrentes e os efeitos coordenados, sendo o aumento de preços analisado como um artifício empregado pelas empresas concentradas no fechamento do mercado, como um todo.

Ao se debruçar sobre cada uma das teorias do dano, o guia estabelece três condições cumulativas para sua caracterização: capacidade de causar o dano, o incentivo para fazê-lo, e ainda, se os efeitos gerados são prejudiciais ao ambiente concorrencial como um todo, não apenas aos concorrentes dos setores envolvidos. O quadro abaixo apresenta um resumo da metodologia compilada naquele guia[10]:

[9] REINO UNIDO. Competition & Markets Authority. *Merger Assessment Guidelines.* 18 March 2021. Acesso em 29.07.2023. Pág. 10.

[10] REINO UNIDO. Competition & Markets Authority. *Merger Assessment Guidelines.* 18 March 2021. Acesso em 29.07.2023. Págs. 54-64.

Tabela 1 – Guia CMA 2021: Teorias do Dano e Condições de sua Caracterização

Teorias de Dano / Definição	Condições
Fechamento a Insumos (*Input foreclosure*): É o uso, pela entidade fundida, de seu controle sobre um insumo relevante para prejudicar a competitividade de seus rivais *downstream*. O fechamento pode ser total (recusa em fornecer insumo) ou parcial (aumento do preço ou piora na qualidade do insumo).	São condições cumulativas para sua caracterização: (a) **Capacidade** de fechamento do mercado para rivais, sendo verificada pelos seguintes fatores: poder de mercado a montante ou restrições à competição (economia de escala, custo de troca etc.), e importância do insumo; (b) **Incentivo** para fechar o mercado para rivais, levando-se em conta os seguintes fatores: estratégia de negócios, ganhos nas vendas a jusante, perda de vendas a montante, margem de lucro maior a jusante, e outros custos/benefícios a longo prazo; (c) **Efeito** na concorrência: serão verificados efeitos não apenas aos concorrentes pré-existentes à concentração, mas a todo o cenário concorrencial, como barreiras à entrada, prejudicando a longo prazo os consumidores.
Fechamento a Clientes (*Customer Foreclosure* : É o uso, pela entidade fundida, de seu controle sobre uma empresa a jusante para direcionar as compras dos concorrentes para si mesma e, assim, restringir o acesso de seus concorrentes aos clientes.	São condições cumulativas para sua caracterização: (a) **Capacidade** de fechamento do mercado para rivais, sendo verificada pelos seguintes fatores: tamanho do cliente (a parte a jusante deve ser cliente considerável), e importância da escala a montante (se volume = competitividade, ou se qualidade produto = efeitos de rede diretos ou indiretos); (b) **Incentivo** para fechar o mercado para rivais, considerando-se os fatores: estratégia de negócios, perdas nas vendas a jusante, ganho de vendas a montante, margens de lucro relativas, e outros custos/benefícios a longo prazo; (c) **Efeito** na concorrência: será sentido se as empresas concentradas fornecerem papel importante no mercado a montante, resultando em barreiras à entrada, prejudicando a longo prazo os consumidores.

Tabela 1 – Guia CMA 2021: Teorias do Dano e Condições de sua Caracterização

Teorias de Dano / Definição	Condições
Efeitos conglomerais São caracterizados se a empresa fundida restringir a seus concorrentes em um mercado focal o acesso a clientes, usando sua posição forte em um mercado adjacente, levando a preços mais altos ou queda na qualidade do produto.	São condições cumulativas para sua caracterização: (a) **Capacidade** de exclusão de concorrentes, apurada a partir dos seguintes fatores: poder no mercado adjacente, viabilidade de uma oferta combinada de produtos (do mercado adjacente e do mercado focal), perda de vendas pelos concorrentes, e importância da escala (relação entre volume de vendas e competitividade); (b) **Incentivo** para excluir concorrentes, a ser verificado a partir de: estratégia de negócios, ganho nas vendas no mercado focal, perda de vendas no mercado adjacente, margens de lucro relativas, e outros custos e benefícios, como o aumento da fidelidade dos clientes no mercado focal, acesso a dados do cliente ou vendas cruzadas em um ecossistema; e (c) **Efeito** na concorrência: se houver danos a empresas relevantes no mercado focal, barreiras à entrada de potenciais concorrentes, e efeitos aos clientes podem ser sentidos a longo prazo.

Se for constatada a presença das condições cumulativas para quaisquer das teorias de dano elencadas acima, estar-se-ia mais próximo de uma *SLC – Substantial Lessening of Competition*, traduzindo-se livremente para "diminuição substancial da concorrência". No entanto, para caracterização de uma SLC, é necessário verificar também o grau de relevância dos setores atingidos para os consumidores do Reino Unido, bem como os potenciais efeitos positivos e negativos[11], sendo que não há um valor de participação de mercado mínimo, a partir da qual se presume a existência de uma SLC.

Assim, pode-se dizer que a metodologia de análise da CMA de integrações verticais consiste essencialmente no estudo casuístico da existência de teorias de dano.

Ao se comparar o atual Guia de Análise de Fusões da CMA com a sua versão anterior, de 2010, percebe-se que houve uma alteração na

[11] REINO UNIDO. Competition & Markets Authority. *Merger Assessment Guidelines.* 18 March 2021. Acesso em 29.07.2023. Pág. 10.

definição de operações não horizontais: a versão anterior incluía expressamente as operações diagonais como espécie de integração vertical, definidas pela CMA como toda fusão entre um fornecedor a montante e um concorrente a jusante dos clientes que compram os bens do fornecedor. Trata-se de ajuste realizado na versão atual do guia em benefício dos comentários trazidos em consulta pública, de forma a restar implícito que o guia estende suas orientações independentemente de relação comercial previamente existente à operação[12].

Ainda, embora a metodologia de análise das teorias do dano tenha se mantido desde 2010 (capacidade de infligir dano ao ambiente concorrencial, incentivo para fazê-lo, e efeitos anticompetitivos), percebe-se que a versão atual do guia trouxe análise mais detalhada do que a versão anterior para cada teoria de dano proposta, exceto para efeitos coordenados, cuja abordagem na versão anterior do documento era mais rigorosa. Isso porque, a versão atual do Guia, não contém critérios específicos para a análise de efeitos coordenados em fusões não horizontais, ao passo que a versão anterior continha tópicos específicos para tanto.

Outro ponto digno de destaque é que a atual versão do Guia de Análise de Fusões, tem caráter mais genérico e não enfatiza eficiências derivadas especificamente de fusões não horizontais, mas identifica como eficiências efeitos que podem prevenir ou reduzir os impactos de uma SLC, qualquer seja a natureza da fusão. A versão antiga, por sua vez, continha um número maior de categorias de eficiências que poderiam ser demonstradas.

3. Critérios para a análise de fusões verticais no Brasil e considerações gerais sobre o *enforcement* de fusões verticais no Brasil

Em geral, o Cade adota como primeiro critério de análise de operações com efeitos de integração vertical a participação de mercado das empresas envolvidas, para se presumir a existência de poder de mercado e, a partir de então, justificar o aprofundamento da análise antitruste para aspectos de probabilidade de exercício de poder de mer-

---

12 IBRAC. *Panorama internacional da análise de casos de integração vertical*. Grupo de Trabalho Integração Vertical – Comitê de Economia do IBRAC. 13.09.2022. Pág. 33.

cado[13]. Trata-se de *safe harbor* de 30% de participação das requerentes, em seus respectivos campos de atuação, conforme solidificado em jurisprudência do Cade e fixado no inciso IV do artigo 8º da Resolução Cade nº 33/2022.[14]

Entretanto, para a análise de operações não horizontais mais complexas, o Cade, assim como a CMA, utiliza-se também de teorias do dano. Nesse sentido, recentemente, uma linha do Grupo de Trabalho de Fusões Verticais do IBRAC realizou o levantamento da jurisprudência do Cade sobre operações envolvendo integrações verticais.

Em específico, o recorte de análise foi a apuração de teorias de dano utilizadas nesses precedentes. Foram analisados os votos proferidos pelo Tribunal do Cade sobre transações sob a vigência da Lei Federal nº 12.529/2011, notificadas, portanto, desde 1º de maio de 2012 até 31 de dezembro de 2022.[15] A partir dos dados ali apurados, foi possível verificar que as teorias de dano identificadas pelos Conselheiros Relatores em seus votos e respectivas porcentagens foram:

- Fechamento de Mercado: 83%
- Discriminação de Concorrentes: 41%
- Efeitos Coordenados: 30%
- Troca de informações sensíveis: 23%

No geral, a aplicação das teorias de dano deu-se da seguinte forma: em 51% dos casos foram analisadas condutas verticais de fechamento de mercado; em 25% foram analisadas discriminação de concorrentes; e em 14% foram analisadas a troca de informações sensíveis de rivais. Outras teorias do dano também chegaram a ser apreciadas, porém com baixa representatividade: aumento de custos de rivais (11%), alavancagem de posição no mercado (4%) e outros (9%).

---

[13] Nos termos do artigo 6º da Resolução Cade nº 33/2023: “Art. 6º O Procedimento Sumário será aplicado pelo Cade aos casos que, em virtude da simplicidade das operações, tenham menor potencial ofensivo à concorrência”.

[14] “Art. 8º São hipóteses enquadráveis no Procedimento Sumário, as seguintes operações: (...) IV – Baixa participação de mercado com integração vertical: nas situações em que nenhuma das requerentes ou seu grupo econômico comprovadamente controlar parcela superior a 30% de quaisquer dos mercados relevantes verticalmente integrados;”.

[15] IBRAC. *Casos de Integração Vertical analisados pelo Tribunal*. Grupo de Trabalho sobre Fusões Verticais – Comitê de Economia do IBRAC. 2023. Pág. 03.

Quanto ao *enforcement* das recomendações e decisões proferidas pelo Cade em sede de atos de concentração, citam-se como exemplos o processo de apuração em ato de concentração, com aplicação de penalidade em caso de prática de *gun jumping*, a aplicação de remédios antitruste no momento da aprovação de uma operação com potenciais efeitos deletérios à concorrência, e o acompanhamento realizado pelo próprio Cade da execução de acordos em controle de concentração por meio de *trustees* de monitoramento.

Diante desse histórico, o Cade submeteu à consulta pública o Guia V+, que busca "registrar a memória institucional acumulada, fornecer interpretação das normas existentes e servir como referência para as análises de efeitos não horizontais em atos de concentração".

O Guia V+ mantém a metodologia de análise consolidada na prática do Cade, quanto à manutenção de um *safe harbor* presumido de 30% para a análise sumária de atos de concentração e às seguintes teorias de dano: (i) fechamento de mercado; (ii) teoria da *essential facility*; (iii) barreiras à entrada; (iv) custos de transição; e (v) poder compensatório, sem prejuízo de fatores adotados também na análise de fusões horizontais (rivalidade, capacidade ociosa e probabilidade, suficiência e tempestividade da entrada). Esses possíveis danos são avaliados, segundo o Guia V+, sob as perspectivas da capacidade, incentivos e efeitos, assim como se verifica nas orientações da CMA.

Adicionalmente, de forma similar à análise de condutas sob a regra da razão, observa-se que o Guia V+ também propõe a análise de efeitos positivos da operação e seu sopesamento em relação aos possíveis efeitos negativos identificados em etapas anteriores. Nessa seção, o Guia V+ propõe avaliar fatores como compartilhamento de dados, coordenação de processos produtivos e de distribuição, redução de custos de transação, alinhamento de incentivos, e redução de problemas de *hold-up*.

Para além dos critérios gerais para a análise de fusões não horizontais, o Guia V+ se propõe a analisar aspectos específicos de fusões verticais e conglomerais, identificando de forma detalhada, para cada uma delas, as teorias de dano aplicáveis, principalmente, quanto a fechamento de mercado, elevação de custos de rivais e acesso e uso de informações sensíveis de terceiros.

Portanto, mais do que formalizar a análise conduzida na prática pelo Cade ao longo dos anos em fusões não horizontais, o Guia V+ parece buscar endereçar discussões ainda incipientes em casos concretos no Brasil, mas já identificados em precedentes, diretrizes e teoria estrangeiras.

4. Identificação de diferenças e semelhanças entre teorias do dano e *enforcement*

Comparando-se as práticas do Cade na análise de integrações verticais com o Guia de Análise de Fusões da CMA, verifica-se que esta última não adota *safe harbor* para a participação das empresas fundidas nos respectivos mercados que atuam para fins de análise de grau de riscos ao ambiente concorrencial.

Já quanto às teorias de dano, é possível estabelecer alguns paralelos, em especial quanto à principal delas, qual seja, o fechamento de mercado a jusante e a montante:

CMA		Compatibilidade com a análise do Cade
Capacidade	Poder de mercado	Sim. Em concentração de mercado (77%)
	Relevância do insumo	Sim. Em custo de troca (em 53 casos não, em 7 casos sim), relevância do insumo/produto no custo de produção (49%)
Incentivo	Estratégia de negócios	Sim. Em estratégia negocial da empresa (30%)
	Perdas a jusante/ montante	Sim. Em desvio de demanda (36%)
	Ganho a jusante/ montante	Não identificado claramente em precedentes, mas presente no Guia V+
	Margem de lucro relativas	Sim. Em Análise de margens relativas entre os elos da cadeia (21%)
	Outros custos-benefícios a longo prazo	Sim. Análise de custos-benefícios (10%)
Efeitos	Barreiras à entrada	Não identificado claramente em precedentes, mas presente no Guia V+
	Prejuízos aos consumidores a longo prazo	Não identificado claramente em precedentes, mas presente no Guia V+

No entanto, para a mesma teoria do dano (fechamento de mercado a jusante e a montante), é possível verificar elementos de análise de *capacidade* que não constam expressamente no guia da CMA: capacidade ociosa e negociação de contratos. Situação semelhante ocorre para a análise de *incentivos*, sendo que o Cade prevê a aplicação de métodos quantitativos, como o vGuppi, para medir o incentivo ao aumento de preços, enquanto a apuração de aumento de preços no guia da CMA mais se aproxima de uma *proxy* para *capacidade*.

Quanto à análise de *efeitos*, pode-se constatar que as barreiras à entrada e prejuízos aos consumidores são critérios adotados pela CMA que são muitas vezes observados pelo Cade em suas decisões em suas perspectivas teórica ou empírica, através dos testes de mercado. A análise contrafactual, por sua vez, mencionada nos guias da CMA, não parece ter recebido destaque nas decisões do Tribunal do Cade no período analisado (e tampouco no Guia V+, tendo sido invocada em apenas um precedente. Já a capacidade ociosa foi critério bastante invocado (56%) e também constante do Guia V+.

No mais, quanto à análise de eficiências nos casos, observa-se que representam cerca de 50,82% dos casos, mas em apenas 13 de 67 precedentes foram utilizadas para sopesamento ou compensação dos danos apurados.

A percepção de que os efeitos conglomerais e de portfólio (14%) apurados no levantamento feito pelo IBRAC estão associados ao fechamento de mercado e à discriminação de concorrentes foi apontada no guia da CMA.

Por fim, o caráter generalista do Guia de Análise de Fusões da CMA não se reproduz na proposta de Guia V+, na medida em que este se dedica a tratar, de forma específica e separada, especificidades para as fusões verticais e conglomerais quanto a fechamento de mercado e elevação de custos de rivais e acesso e uso de informações sensíveis de terceiros.

5. Considerações finais

Este artigo buscou analisar as mudanças trazidas pela edição mais recente do Guia de Análise de Fusões da CMA (2021), em relação à sua versão original de 2010. Se, por um lado, se percebe o maior detalhamento para a caracterização de uma SLC, bem como para a verificação de eficiências, o guia mais recente aborda de maneira não específica às fusões verticais e conglomerais possíveis efeitos coordenados. Além disso, a prática britânica não adota participações de mercado a partir das quais se presume a existência de efeitos negativos.

Precedentes do Cade indicam, de modo geral, as mesmas teorias de danos e metodologia de análise muito semelhante àquelas adotadas pela CMA. Ao se analisar a proposta de Guia V+ sob consulta pública, percebe-se que, mais do que consolidar anos de prática antitruste, as diretrizes do Cade extrapolam a experiência prática de suas decisões e abrangem também teorias e situações verificadas no guia da CMA. Além disso, o Guia V+ conjuga práticas já consolidadas e que divergem da prática britânica, especialmente quanto à adoção de um *safe harbor* para justificar a necessidade de aprofundamento da análise de fusões não horizontais.

Diante disso, embora se identifiquem muitas semelhanças entre os padrões de *enforcement* do Cade e CMA, o Guia V+ parece já contemplar tendências de *enforcement* que ainda não apareceram em decisões do Cade, mas já são discutidas em outras jurisdições (além da CMA). É o caso, por exemplo, da análise de barreiras à entrada, bem como a identificação de critérios específicos para a análise de efeitos conglomerais.

6. Referências bibliográficas

ATTAYDE, Maria Cristina de Souza Leão. *Efeitos conglomerados na jurisprudência do Cade.* RDC, Vol. 9, nº 2. Dezembro 2021, p. 159-187.

BRASIL. Lei nº 12.529, de 30 de novembro de 2011. Estrutura o Sistema Brasileiro de Defesa da Concorrência. Diário Oficial da União: Brasília, DF, 1º nov. 2011.

BRASIL. Ministério da Justiça e Segurança Pública. Conselho Administrativo de Defesa Econômica. *Cade lança proposta do Guia V+ sobre atos de concentração não horizontais*. Brasília, DF, 20 jul. 2023.

BRASIL. Resolução Cade nº 33, de 14 de abril de 2022. Disciplina a notificação dos atos de que trata o artigo 88 da Lei nº 12.529, de 30 de novembro de 2011. Diário Oficial da União: Brasília, DF, 19 abr. 2022.

FORGIONI, Paula. *Direito Concorrencial e restrições verticais.* São Paulo: Revista dos Tribunais, 2007.

IBRAC. *"Base de dados de casos de Fusões Verticais analisados pelo Tribunal do CADE 2012-2022"*, Versão 1.0, 2023.

IBRAC. *Casos de Integração Vertical analisados pelo Tribunal*. Grupo de Trabalho sobre Fusões Verticais – Comitê de Economia do IBRAC. 2023.

IBRAC. *Panorama internacional da análise de casos de integração vertical*. Grupo de Trabalho Integração Vertical – Comitê de Economia do IBRAC. 13.09.2022.

SALOMÃO FILHO, Calixto. *Direito Concorrencial*. 2ª Ed. Rio de Janeiro: Forense, 2021.

REINO UNIDO. Competition & Markets Authority. *Merger Assessment Guidelines*. 18 March 2021.

REINO UNIDO. Office of Fair Trading (OFT) and the Competition Commission (CC). *Merger Assessment Guidelines*. September 2010.

THE 2020 US VERTICAL MERGER GUIDELINES: AN OVERVIEW OF ITS (BRIEF) EXISTENCE

O GUIA DE FUSÕES VERTICAIS DE 2020: UM RESUMO DA SUA (BREVE) EXISTÊNCIA

Dario da Silva Oliveira Neto

Abstract: On June 30, 2020, the US Department of Justice (DOJ) and the Federal Trade Commission (FTC) released the Vertical Merger Guidelines (VMG). The document summarized the precedents and past discussions through the explanation of the analytical techniques, practices, and enforcement policies for non-horizontal transactions. However, under a new regime, on September 15, 2021, just more than one year after the establishment of VMG, the FTC withdrew its participation in the Guidelines stating that the document included unsound economic theories that are unsupported by the law or market realities. Moreover, on July 19, 2023, the agencies launched a draft version of the new Merger Guidelines which will revoke the 2010 Horizontal Merger Guidelines and the 2020 Vertical Merger Guidelines. In this sense, this paper aims to resume and analyze the implementation and the pulled-back movement made by FTC into the VMG, along with a brief analysis of Guidelines 5 and 6 (principally 6 with the creation of a new structural presumption) of the Draft version of the new Merger Guidelines.

Keywords: 2020 Vertical Merger Guidelines; Vertical Mergers; Federal Trade Commission (FTC); Draft of the new Merger Guidelines; US Antitrust Law.

Resumo: Em 30 de junho de 2020, o Departamento de Justiça dos EUA (DOJ) e a *Federal Trade Commission* (FTC) publicaram o Guia de Fusões Verticais (VMG). O documento resumiu os precedentes e discussões anteriores através da explicação das técnicas analíticas, experiência e políticas de *enforcement* para operações não horizontais. Contudo, sob um novo regime, em 15 de setembro de 2021, um pouco mais de um ano após o lançamento do VMG, a FTC retirou sua participação do Guia declarando que o documento incluía teorias econômicas não sólidas que não eram apoiadas pela leia ou pela realidade dos mercados. Ademais, em 19 de julho de 2023, as Agências lançaram uma versão preliminar do novo Guia de Fusões que irá revogar o Guia de Fusões Horizontais de 2010 e o Guia de Fusões Verticais de 2020. Desse modo, o artigo objetiva resumir e analisar a implementação e o movimento de retirado da FTC em relação ao VMG, bem como uma breve análise dos Guias 5 e 6 (principalmente o 6 com a criação de uma nova presunção estrutural) da versão preliminar do novo Guia de Fusão.

Palavras-Chave: Guia de Fusão Vertical de 2020; Fusões Verticais; Federal Trade Commission (FTC); Versão Preliminar do novo Guia de Fusões; Direito Antitruste Norte-Americano.

1. Introduction

The US Antitrust Law is principally ruled by the statutory texts of the Sherman Act (1890), the Clayton Act (1914), and the FTC Act (1914). Although this field of law has a good length of text and a fair number of Acts, one core feature of the US Competition Policy System is the open texture of its statutes. According to Professor Herbert Hovenkamp[1]:

> The antitrust statutes provide almost no guidance about the formation of specific antitrust rules of illegality. The Sherman Act says nothing useful on the subject. The Clayton Act proscribes price discrimination, tying and exclusive dealing, and mergers where the effect "may be substantially to lessen competition." This language requires the court to assess the impact of the challenged restraint on competition, which suggests that per se treatment is not appropriate, but it does not say much else. In fact, the Act does not even define the term "competition" or provide any test for measuring whether it has been lessened.

In order to give more clarity in the application of the law regarding the merger control regime, the US Antitrust Agencies (the Antitrust Division of the US Department of Justice (DOJ) and the Federal Trade Commission (FTC)) created the Merger Guidelines to fulfill the open texture system with real and concrete theories and methodologies on how the Agencies analyze a merger case.

---

[1] HOVENKAMP, Herbert J. The Rule of Reason. *70 Florida Law Review.* 81 (2018). Page 87.

In this sense, for example, the 2020 Vertical Merger Guidelines[2] (the objective of this article) were made in order to "describe how the agencies analyze a range of non-horizontal transactions" and also "to assist the business community and antitrust practitioners by increasing the transparency of the analytical process underlying the Agencies' enforcement decisions"[3] – the same is valid for horizontal operations in the case of the 2010 Horizontal Merger Guidelines[4] and this idea of transparency of the Agencies thoughts and actions for the business community and antitrust practitioners. In legal terms, all these merger guidelines help to clarify the statutory text of (principally) Section 7 of the Clayton Act[5] (15U.S. Code §18). Section 7, as amended in 1950, states that:

> No person engaged in commerce or in any activity affecting commerce shall acquire, directly or indirectly, the whole or any part of the stock or other share capital and no person subject to the jurisdiction of the Federal Trade Commission shall acquire the whole or any part of the assets of another person engaged also in commerce or in any activity affecting commerce, where in any line of commerce or in any activity affecting commerce in any section of the country, the effect of such acquisition may be substantially to lessen competition, or to tend to create a monopoly.

In sum, it prohibits a merger whose effects may be substantially to lessen competition or tend to create a monopoly. Due to the inherent difficulty to interpret which mergers could produce effects that substantially lessen competition or tend to create monopolies, after years of merger precedents cases and with the evolution and development of the economic literature, the Guidelines were a solution to better address the open texture of the statutes.

---

[2] U.S. Department of Justice (DOJ) and Federal Trade Commission (FTC). *Vertical Merger Guidelines*. June 30th, 2020.

[3] *Id.* Page 1-2.

[4] U.S. Department of Justice (DOJ) and Federal Trade Commission. *Horizontal Merger Guidelines*. August 19, 2010.

[5] Although the Agencies may sue to block a merger on the basis of Section 1 or 2 of the Sherman Act or Section 5 of the FTC Act, Section 7 of the Clayton Act is the principal US statutory that deals with merger control.

Hence, this article focuses solely on the 2020 Vertical Merger Guidelines. Section 2 of the article presents the Guidelines and discusses their substance. Section 3 explains the withdrawal decision taken by the FTC on the VMG, not valid by the DOJ. Section 4 briefly addresses the Draft of the new merger guidelines, in special, Guidelines 5 and 6 which deal with vertical mergers. And Section 5 concludes this article.

2. The US Vertical Merger Guidelines

In 1968, the DOJ set forth the first US Merger Guidelines[6] (the first documents were produced only by the DOJ, not having the participation of the FTC). These first Guidelines remained in force until 1982 when DOJ released the 1982 Merger Guidelines[7], updating the guidance document with new economic and legal theories. Until that time, the Guidelines treated only horizontal mergers since they were described as the ones which could cause the most harm to competition and consumers.

In 1984, the 1982 Merger Guidelines were revised, adding section 4 on the "Horizontal Effect from Non-Horizontal Mergers"[8]. This section introduced to the Guidelines some new concepts and competitive problems related to Vertical Integration (Section 4.2), as well as a subsection not strictly related to vertical mergers, but with the non-horizontal merger ideas of Potential Entrants and Potential Competition (Section 4.1) and how a merger can cause harm to potential competitors. The provisions on non-horizontal and vertical integration mergers continued in force from 1984 until June 30, 2020, when the Antitrust Division of the US Department of Justice (DOJ) and the Federal Trade Commission (FTC) released the 2020 US Vertical Merger Guidelines (VMG)[9].

---

[6] U.S. DEPARTMENT OF JUSTICE (DOJ). *1968 Merger Guidelines*.

[7] U.S. DEPARTMENT OF JUSTICE (DOJ). *1982 Merger Guidelines*.

[8] U.S. DEPARTMENT OF JUSTICE (DOJ). *1984 Merger Guidelines*. June 14, 1984.

[9] The 1982 Merger Guidelines were partially revoked by the 1992 DOJ/FTC Merger Guidelines, by the 1997 Revision of the 1992 Merger Guidelines, and, finally, by the 2010 DOJ/FTC Horizontal Merger Guidelines. However, those revisions and revocations were only for the horizontal merger provisions. Section 4 of the 1984 Reviewed Merger Guidelines remained in force until the entry into force of

These Guidelines were first introduced as a draft version for public comments on January 10, 2020[10]. The FTC voted to publish the draft and to seek public comments by 3-2 (the three Republican members of the FTC, Chairman Joseph Simons, Commissioner Noah Phillips, and Commissioner Christine Wilson voted for the draft, while the two Democrat members, Commissioner Rebecca Slaughter and Commissioner Rohit Chopra voted against the draft). Hence, since the beginning of the VMG, one could see that the Commissioners were not all in favor of the new Guidelines– resulting in the withdrawal of the FTC participation in the VMG as we will see in the next section. After the public consultation period, on June 30, 2020, the DOJ and the FTC released the final version of the VMG. The document was approved for publication in the FTC with the same vote of 3-2, with three Republican members in favor and two Democrat members against the publication. The document has almost one-third of pages (14 pages) if compared to the 2010 DOJ/FTC Horizontal Merger Guidelines (HMG).

The VMG asserts that the document must be read alongside the 2010 HMG, since a lot of provisions presented in the latter document are also valid for the newest document, such as the analysis framework used by the Agencies (relevant market definition, market share, and concentration methodology and calculus, sources of evidence, etc.). It is also important to highlight that VMG did not cover only strictly vertical integration mergers, but also other types of mergers that would not fit in the horizontal merger classification as "diagonal" merges (those that combine firms or assets at different stages of competing supply chain)[11].

Regarding the substance of the document, the VMG follows a very similar structure to the 2010 HMG. Firstly, it identifies what should be considered a vertical merger and how the Agencies will analyze such cases (the *upstream* and the *downstream* markets, the related product, and the relevant market of the transaction). After, it discusses the two main negative effects of a merger: the unilateral effects and the coordinated effects. Lastly, it briefly discusses the procompetitive effects of a

---

the 2020 DOJ/FTC Vertical Merger Guidelines.

[10] U.S. DEPARTMENT OF JUSTICE (DOJ) AND THE FEDERAL TRADE COMMISSION (FTC). *FTC and DOJ Announce Draft Vertical Merger Guidelines for Public Comment.* January 10, 2020.

[11] *Supra* note 3. Page 1.

vertical merger (in the draft version of the VMG, this last section 6 of procompetitive effects was divided into two different sections, section 6 on "Elimination of Double Marginalization" alone and section 8 on "efficiencies").

The most commons negative effects of a vertical merger were presented and analyzed in Section 4.A (Unilateral Effects – Foreclosure and Raising Rival's Costs (RRC)). The section affirmed that the Agencies will generally analyze whether a vertical merger may diminish competition due to foreclosure or RRC through the binomial condition of "ability-incentive".

The binomial condition of "ability-incentive" is the guiding structure adopted by the Guidelines to analyze a vertical merger. In this sense, in order to predict whether a vertical merger would cause any harm to competition through raising the rival's cost (meaning that the merged firm would raise the price or lowering the quality of the related product for its rivals in the relevant market) or foreclosure (meaning that the merged firm would refuse to supply the related product for its rivals in the relevant market), the Agencies must prove two necessary and following conditions: first, they must prove the ability of the merged firm to foreclosure or RRC, and, second, they must prove the incentive of the merged firm to foreclosure or RRC. If both conditions are presented in the vertical merger, it is likely that the merged firm could lessen the competition by making it profitable for the firm to raise the prices or refuse to supply the related product to its rivals in the relevant market. This conclusion would lead the Agencies to try to block the merger or to clear it with commitments that would eliminate the competition concern.

Regarding the ability condition, the Agencies must address first if the merged firm has the ability to foreclose or RRC. For instance, if the merged firm heavily controls the related product, it may alter the terms in which used to provide the related product to its rivals. However, if the rivals of the merged firm in the relevant market could easily and rapidly switch the purchase of the related product from the merged firm to other companies that sell the related product (merged firm's rivals in the *upstream* market), the merged firm will probably not have the ability to foreclose or RRC. In this sense, it will not have an economic reason to raise the price or lower the quality of the related product, since the rivals would quickly modify their acquisitions of the product for other companies. But, if the ability to foreclose or RRC is proved by the Agency, then they must go to the following step condition.

It is not only the ability that makes a vertical merger likely to lessen competition. The Agencies must analyze, after confirming the ability to foreclose or to RRC, if the merged firm will have the incentive to commit such practices. In this sense, the Agencies should conduct a profitable analysis in order to see if it has an economic reason for these practices. For example, if the merged firm raises the price of the related product for its *downstream* rivals (or even forecloses the related product to rivals), the company will probably lose customers in the *downstream* market, but, this lack of rivalry in the *downstream* market caused by augmentation of prices (or refusal to supply) may be outweighed by an increase in the final prices for consumers due to the decrease of competition in this *downstream* market. Hence, a vertical merger may enhance the incentive of foreclosure or RRC in the *upstream* market since it may increase the profits of the merged firms in the *downstream* market and this increase in profits overcomes the losses of sales in the *upstream* market. This negative incentive to foreclose or RRC may be efficient and may have economic reasoning for the merged firm. However, the profitable analysis may also demonstrate that these negative conducts will lead to a loss of profit for the merged firm and, therefore, the company will not have the incentive to foreclose and RRC. Lastly, the final conclusion of the analysis, if negative to consumers, should also be balanced with the Elimination of Double Marginalization (EDM), which may reduce the final price for consumers due to the reduction of double markups in the vertical chain of supply.

Moreover, to illustrate the concerns brought by the Agencies on vertical mergers, the Guidelines provide several examples of mergers that would bring attention to the Agencies – trying to make practical examples from theoretical arguments. The VMG also shortly addresses two other negative points of a merger: (i) the access to competitively sensitive information and (ii) the coordinated effects. These two topics were not expressively detailed, only stating that they can extend the concerns of the Agencies if they are present in the real case.

Finally, the VMG talks briefly about the procompetitive effects of vertical mergers. Vertical mergers are mergers that commonly enhance more efficiencies if compared to horizontal mergers. In this sense, the VMG adopts a very positive approach to EDM (the term "elimination of double marginalization" appears 21 times in the VGM, proving that the Agencies gave special attention to this effect when producing the Guidelines), not only in the section on procompetitive effects but throughout the whole document. The text makes it clear that the agencies must always balance between the potential negative effects of a vertical merger and the efficiency created by EDMs. The heavy use and appearance of EDMs on the VMG were the main reason for its brief existence.

3. The withdrawal of the VMG by the Federal Trade Commission

After a bit more than one year in force, on September 15th, 2021, the Federal Trade Commission withdrew its participation in the Vertical Merger Guidelines by a 3-2 vote (Chairwoman Lina Khan, Commissioner Rebecca Slaughter, and Commissioner Rohit Chopra voted to withdraw FTC's participation on the VMG, while Commissioner Christine Wilson and Commissioner Noah Phillips voted against the withdrawal). Since the beginning, the VMG had not had an all-in-favor position from FTC's members. Hence, when Chairwoman Lina Khan[12] assumed her position on the commission and the majority of the board changed from Republican members to Democrat members, the FTC got the majority to take down its participation from the document. Although the resignation of the FTC, the document remains valid for the DOJ.

Regarding the withdrawal, Chairwoman Lina Khan, Commissioner Rohit Chopra, and Commissioner Rebecca Kelly Slaughter issued a joint Statement[13] explaining the reasons why they voted to withdraw FTC's participation in the VMG. As commented in the last section, the heavy use of EDMs in the text was the main reason for it.

Their first argument is that the statutory law does not allow a merger to be approved through efficiency arguments if the Agencies have proved that the merger will likely lessen the competition. In their words, "even if a merger does create efficiencies, the statute provides no basis for permitting the merger if it nevertheless lessens competition"[14].

[12] Former Chairman Joseph J. Simons step down from the FTC on January 29, 2021, and Chairwoman Lina Khan was sworn into office on June 15, 2021.

[13] KHAN, Lina M.; CHOPRA, Rohit; SLAUGHTER, Rebecca Kelly. *Statement of Chair Lina M. Khan, Commissioner Rohit Chopra, and Commissioner Rebecca Kelly Slaughter on the Withdrawal of the Vertical Merger Guidelines.* Commission File No. P810034. September 15, 2021.

[14] *Id.* Page 3. In a similar sense, "[…] the statute does not provide for a balancing test where an "efficient" merger is allowed even if it may lessen competition".

In this sense, the significant appearance of EDMs in the Guidelines is inconsistent with the statutory text – a legal theory argument. Besides that, they also brought an economic argument of skepticism of EDM according to some empirical studies on vertical mergers. The economic argument is highly controversial since it appears that the economic literature has not achieved a final conclusion on positive and negative effects of vertical mergers yet[15].

Moreover, Sections III and IV of the Statement dealt with the upcoming will of the majority of the members of the FTC to review the Guidelines in force[16]. Therefore, this was one of the first formal signaling from the Commission that the new administration wished to change the Guidelines. For instance, they argued that it was about time for the Guidelines to introduce methodologies of analysis for digital mergers and labor market cases. The Statement ended by asserting that the Commission will apply the existing laws when assessing a vertical merger in this interim period between the revocation of the VMG and the implementation of new Merger Guidelines.

As a counterpoint to this analysis, Commissioner Noah Phillips and Commissioner Christine Wilson wrote jointly a Dissenting Statement[17] on the Commission's rescission of the VMG. They started their dissenting statement regrating the decision taken by the majority. In their views, it must be highlighted that "vertical mergers are not mergers from competitors"[18]. Hence, vertical mergers will always carry a procompetitive effect of EDM that will depend on a higher or lower degree according to the case. In this sense, they thought that the majority made a wrong analysis when they associated procompetitive effects of a vertical merger with merger efficiencies since they are two different

---

[15] LIPSKY, Tad; WRIGHT, Joshua D.; GINSBURG, Douglas H.; YUN, John M. GLOBAL ANTITRUST INSTITUTE (GAI). *DOJ/FTC Draft 2020 Vertical Merger Guidelines: comment of the Global Antitrust Institute, Antonin Scalia Law School, George Mason University.* George Mason University Law & Economics Research Paper Series 20-03. (2020).

[16] *Supra* note 14. "[...] the FTC will issue updated guidelines or rules to ensure our merger analysis aligns with market realities". Page 9.

[17] PHILLIPS, Noah Joshua; WILSON, Christine S. Wilson. *Dissenting Statement of Commissioners Noah Joshua Phillips and Christine S. Wilson***.** Regarding the Commission's Rescission of the 2020 FTC/DOJ Vertical Merger Guidelines and the Commentary on Vertical Merger Enforcement. September 15, 2021.

[18] *Id.* Page 2.

aspects of analysis. Besides their arguments in favor of the VMG, they also heavily criticized that the majority did not present a replacement Guidelines for the VMG, leaving the antitrust public without any clear guidance on the FTC actions when assessing a vertical merger. Lastly, they concluded that this position of resignation position adopted by the Commission would only bring harm to consumers and uncertainty to the business community.

4. The draft of the new US Merger Guidelines

It is not a secret that the Biden Administration wishes to "reboot" the US Antitrust Law System[19], consistent with Tim Wu's speech. The modifications began with the Executive Order[20] signed by President Biden on July 9, 2021, which intended to restore and promote competition in the American Economy. In terms of merger regulation, this movement started on January 18, 2022, when the FTC and the DOJ issued a "Request for Information on Merger Enforcement"[21] seeking public comments on "how the agencies can modernize enforcement of the antitrust laws regarding mergers"[22]. This request has been seen by the antitrust community as a request for comments for new merger Guidelines which would express the new "neo-brandeisian" vision that has been adopted by both US Antitrust Agencies since the nomination of its two leaders: Chairwoman Lina Khan at the FTC and Assistant Attorney General Jonathan Kanter at the DOJ Antitrust Division.

Following this request, on July 19, 2023, the FTC and DOJ launched the Draft version of the new Merger Guidelines[23]. These new Mer-

[19] Former Special Assistant to the President for Technology and Competition Policy for the White House, Tim Wu's speech at the 2023 Antitrust, Regulation and the Political Economy Brussels Conference.

[20] THE WHITE HOUSE. *Executive Order on Promoting Competition in the American Economy.* July 09, 2021.

[21] U.S. DEPARTMENT OF JUSTICE (DOJ) AND THE FEDERAL TRADE COMMISSION (FTC). *Request for Information on Merger Enforcement.* January 18, 2022.

[22] *Id.* Page 1.

[23] U.S. DEPARTMENT OF JUSTICE (DOJ) AND THE FEDERAL TRADE COMMISSION (FTC). *Draft Merger Guidelines for Public Comment.* July 19th, 2023.

ger Guidelines aim to revoke the 2010 DOJ/FTC Horizontal Merger Guidelines and the 2020 DOJ Vertical Merger Guidelines since the document brought inside the same document topics and discussions on horizontal and vertical mergers.

Commissioner Rebecca Slaughter in her Statement[24] for the approval of the Draft of the new Merger Guidelines argued the following on adding horizontal and vertical theories inside the same single document:

> The practice of maintaining separate horizontal and vertical merger guidelines has suggested that transactions will fit cleanly into one of those buckets or the other. Over time, it has become increasingly evident that these artificially constructed mathematical categories do not accurately capture the full set and complexity of relationships between merging parties that can cause a transaction to run afoul of the antitrust laws. Consistent with market realities and attendant advances in economic literature, the Agencies' merger review experience teaches that few transactions in today's economy are purely horizontal or vertical. Some include components of both relationships; many also involve adjacent markets, or other patterns that cannot be cabined into narrow geometric relationships. For these reasons, I previously supported the Commission's decision to rescind its approval of the 2020 Vertical Merger Guidelines and strongly support the design of these proposed merger guidelines to capture in one document the various ways and dimensions in which competition presents itself in the modern economy as well as the range of tools required to analyze the likely competitive effects of transactions in all relevant lines of commerce.

Although it is true that most merger cases bring horizontal and vertical analysis altogether, it is always important to remind that horizontal merger theories of harm are different from vertical merger theories of harm and, just because those theories of harm often appear in the

---

[24] SLAUGHTER, Rebecca Kelly. *Statement of Commissioner Rebecca Kelly Slaughter Joined by Chair Lina M. Kahn and Commissioner Alvaro M. Bedoya.* Regarding FTC-DOJ Proposed Merger Guidelines. July 19, 2023.

same case, they must not be treated equally. Hence, depending on the text of the document, it may be correct or not to include horizontal and vertical analysis inside the same Guidelines.

The new Draft completely changed the normal structure which has been used for most parts of the old versions of the Guidelines (relevant market definition, market concentration, unilateral effects, coordinated effects, and efficiencies). The Draft innovated by creating 13 Guidelines which will be applied by the Agencies in order to assess if the merger will or may substantially lessen the competition in the present or in the future.

These Guidelines, if properly approved and imposed in the future, may cause severe changes to the usual merger antitrust analysis. For instance, it reduced the level of HHI that a market must have in order to be considered "highly concentrated" (Guideline 1), at the same time it created for the US Antitrust Law the concept of Dominant Position, meaning a merging firm that has more than 30% of the market (Guideline 7)[25].

Regarding vertical mergers, the Draft introduced Guidelines 5 and 6 which particularly involve this type of merger. Guideline 5 states that "Mergers Should Not Substantially Lessen Competition by Creating a Firm That Controls Products or Services That Its Rivals May Use to Compete", while Guideline 6 states that "Vertical Mergers Should Not Create Market Structures That Foreclose Competition".

Guideline 5 prohibits a merged firm from controlling products that its rivals may use to compete. The explanation of this guideline follows pretty much the same explanation given in the unilateral effect of the VMG when it stated that the Agencies will analyze a vertical merger through the binomial condition of "ability-incentive". The Draft establishes that first it must be analyzed if the merged firm has the ability to weaken or exclude its rivals, and then if it has the incentive to do so – this last part will be conducted "with the principle that firms act to maximize their overall profits and valuation rather than the profits of any particular business unit"[26]. The Guideline also gives more detail

[25] For an initial consideration of the Draft version of the New Merger Guidelines, please see the following in Portuguese: NETO, Dario da Silva Oliveira. Breves Considerações Iniciais sobre o Draft do Novo Guia de Fusões do DOJ e da FTC no Direito Antitruste Norte-Americano.

[26] *Supra* note 28. Page 16.

on how a merger could undermine competition and facilitate coordination when it enables the merged firm to access rivals' competitively sensitive information – those points were also presented, although less explained, in the VMG.

In the other sense, Guideline 6 presents a more revolutionary methodology since it adopts a structural presumption to evaluate vertical mergers. The Draft states that the Agencies will perform a market share analysis in the relevant market that the merged firm controls the related product. This will lead to the "foreclosure share". Then, if the "foreclosure share" is above 50%, "that factor alone is a sufficient basis to conclude that the effect of the merger may be to substantially lessen competition, subject to any rebuttal evidence"[27]. Therefore, the Agencies are creating a dominant position or a structural presumption for vertical mergers that, above 50% of market share, it basically changes the burden of proof so the merging firms will have to prove that the merger will not lessen the competition. Besides that, if the "foreclosure share" is below 50%, the Agencies will take into consideration a range of "plus factor" analyses in order to evaluate the potential harm caused by a vertical merger.

It is also important to notice that the new Draft has only devoted a small portion of its text to procompetitive efficiencies (Section IV.3) – also, the term "elimination of double marginalization" has not appeared one single time in this new draft. Hence, comparing the Draft with the VMG, the new document really innovated on bringing a structural presumption on Guideline 6 and when strongly diminished the role of efficiencies and the EDM on Agencies' analyses of vertical mergers – this last point is in accordance with the opinions expressed by the Democrat members of the FTC in the Statement produced when they withdrew FTC's participation on the VMG.

5. Conclusions

The 2020 Vertical Merger Guidelines produced primarily by the FTC and the DOJ, and then withdrawn by the FTC, will probably stay in the US Antitrust history as the Guidelines which was in force for the shortest time. Although its binomial "ability-condition" analysis appeared to be supported by the new leaders of the US Anti-

[27] *Supra* note 28. Page 17.

trust Agencies (since the Guideline 5 of the Draft defended a similar approach as the one defended in the Unilateral Effects section of the VMG), the heavy use of EDM resulted in its resignation by the FTC when the majority of its members changed from the Republican party to the Democrat party.

Looking for the future, the Draft innovated when it created the structural presumption of illegality of a vertical merger on Guideline 6. It is uncertain if this structural presumption of more than 50% of the "foreclosure share" will hold to the court's scrutiny. But it is a fact that the Draft may lead the Agencies to stronger enforcement, albeit may negative and incorrect, if compared to the substance of the VMG.

6. References

HOVENKAMP, Herbert J. The Rule of Reason. *70 Florida Law Review.* 81 (2018). Page 87.

KHAN, Lina M.; CHOPRA, Rohit; SLAUGHTER, Rebecca Kelly. *Statement of Chair Lina M. Khan, Commissioner Rohit Chopra, and Commissioner Rebecca Kelly Slaughter on the Withdrawal of the Vertical Merger Guidelines.* September 15, 2021.

GLOBAL ANTITRUST INSTITUTE (GAI). DOJ/FTC Draft 2020 Vertical Merger Guidelines: comment of the Global Antitrust Institute, Antonin Scalia Law School, George Mason University. *George Mason University Law & Economics Research Paper Series 20-03*. (2020).

PHILLIPS, Noah Joshua; WILSON, Christine S. Wilson. *Dissenting Statement of Commissioners Noah Joshua Phillips and Christine S. Wilson.* September 15, 2021.

SLAUGHTER, Rebecca Kelly. *Statement of Commissioner Rebecca Kelly Slaughter Joined by Chair Lina M. Kahn and Commissioner Alvaro M. Bedoya.* Regarding FTC-DOJ Proposed Merger Guidelines. July 19, 2023.

THE WHITE HOUSE. *Executive Order on Promoting Competition in the American Economy.* July 09, 2021.

U.S. DEPARTMENT OF JUSTICE (DOJ) AND THE FEDERAL TRADE COMMISSION (FTC). *Vertical Merger Guidelines*. June 30th, 2020.

U.S. DEPARTMENT OF JUSTICE (DOJ) AND THE FEDERAL TRADE COMMISSION (FTC). *Draft Merger Guidelines for Public Comment*. July 19th, 2023.

TEORIA ECONÔMICA E A AVALIAÇÃO PROCEDIMENTAL EM CASOS DE FUSÕES NÃO-HORIZONTAIS

THE ECONOMIC THEORY AND THE ECONOMIC ASSESSMENT FOR NON-HORIZONTAL MERGERS

Fabiana Tito

Resumo: Fusões não-horizontais ocorrem quando duas empresas em diferentes níveis da cadeia econômica se consolidam para se tornarem uma única empresa (fusões verticais) e quando empresas não concorrentes no mercado de produtos, e que não estão em uma relação vertical, estabelecem algum tipo de interrelação (fusões conglomerais). As fusões verticais possuem incentivos para proporcionar benefícios pró-competitivos, como redução de custos de transação e eliminação da dupla marginalização. Estas fusões, no entanto, também podem aumentar o poder de mercado de uma empresa, levando a um potencial ao aumento dos custos dos rivais e/ou ao fechamento de mercado. Este capítulo delineia as teorias econômicas que contextualizam a racionalidade das integrações verticais e expõe o arcabouço analítico de habilidades, incentivos e efeitos destas fusões.

Palavras-chave: Antitruste, fusões não-horizontais, análise econômica, efeitos anticompetitivos, teorias de dano.

Abstract: Non-horizontal mergers occur when two companies at different levels of the chain consolidate to become a single company (vertical mergers) and when those that are not competitors in the product market and that are not in a vertical relationship, but that establish some kind of interrelation (conglomerate mergers). Vertical mergers have incentives to provide pro-competitive benefits, such as reduced transaction costs and elimination of double marginalization. These mergers, however, can also increase a company's market power, which can potentially lead to rivals raising costs or market foreclosure. In this chapter, we provide an economic theory that contextualizes the rationale for vertical integrations, as well as exposes the analytical framework of abilities, incentives, and effects.

Keywords: Antitrust, non-horizontal merger, anticompetitive effects, economic analysis, theories of harm.

1. Introdução

Fusões verticais envolvem a integração de duas ou mais empresas que operam em diferentes estágios da cadeia produtiva, enquanto as horizontais ocorrem entre concorrentes diretos e as conglomerais entre empresas não diretamente relacionadas (OCDE, 1993[1]; ICN & CMA, 2018).

A integração vertical deriva de uma operação em que a empresa passa a atuar de forma interligada em níveis diferentes de uma mesma cadeia produtiva ou distributiva. A relação vertical se estabelece por meio do fornecimento de um insumo e/ou serviço, sendo caracterizada como tal desde que os elos envolvidos na operação possuam uma relação de interdependência. A concorrência em um mercado (por exemplo, fornecedor de um insumo a montante) pode então ser diretamente afetada pelos resultados do mercado (a jusante, fabricante de um produto) e vice-versa.

Por outro lado, uma fusão conglomerada refere-se a uma operação em que a empresa passa a estar, de alguma forma, relacionada em sua cadeia produtiva, não por meio direto de diferentes elos da cadeia produtiva, mas por compartilhar os mesmos clientes intermediários ou consumidores finais ou envolver produtos complementares utilizados de alguma forma em sua linha de produção.

Fusões não-horizontais englobam as verticais e as conglomerais e têm-se tornado foco de atenção das autoridades antitruste, devido ao crescente número absoluto de casos notificados e de alguns que envolveram maior complexidade analítica. Droghetti, Fraga, Tito, Hernandez Perez & Passos (2023) mostram que, no Cade, as fusões verticais passaram de 13% do total de atos de concentração notificados em 2013 para 46% em 2022. O Tribunal aprovou 40% desses casos sem restrições e impôs remédios em 49%, sendo 5% reprovados e 5% com desistência.

Em adição, o holofote para as fusões não-horizontais está associado ao fato das autoridades antitrustes se preocuparem em desenvolver guias de análise de orientação procedimental com orientação de boas práticas a serem seguidas, auxiliando os agentes econômicos e a comunidade antitruste a compreenderem as etapas. Nessa linha,

[1] OECD (1993), Glossary of Industrial Organization Economics and Competition Law, compiled by R. S. Khemani and D. M. Shapiro, commissioned by the Directorate for Financial, Fiscal and Enterprise Affairs, http://www.oecd.org/dataoecd/8/61/2376087.pdf

citam-se os recentes lançamentos, em 2023, de minutas de Guias de fusões não-horizontais do Cade (Guia V+)[2] e a da autoridade americana FTC/DoJ[3].

As fusões verticais podem ter efeitos anticoncorrenciais ou pró-competitivos, não havendo consenso sobre quais efeitos são dominantes sem antes depreender uma análise procedimental criteriosa, caso a caso. Há evidências que elas envolvem benefícios pró-competitivos (OECD, 2007; Bork, 1978 e Posner, 1976), uma vez que podem ser impulsionadas por melhorias de eficiência (como redução de custos de transação e/ou eliminação da dupla marginalização que gera pressão para queda de preço).

Contudo, em alguns casos, as fusões verticais podem elevar o poder de mercado e gerar efeitos anticompetitivos, levando a situações de fechamento de mercado, aumento de custos de rivais e/ou da probabilidade de coordenação, prejudicando a concorrência e o bem-estar do consumidor. Essas preocupações surgiram, em especial, diante do acréscimo de casos de atos de concentração não-horizontais em mercados digitais e, portanto, da maior preocupação de efeitos potencialmente anticompetitivos (por exemplo, Facebook/Instagram[4], Google/DoubleClick[5], entre outros).

O presente artigo reúne conhecimentos da teoria econômica e jurisprudência recente para apresentar uma estrutura analítica dos principais condicionantes econômicos e o passo a passo procedimental necessário, para que haja uma adequada caracterização da probabilidade de uma fusão não-horizontal ter o condão de gerar efeitos anticompetitivos.

O presente trabalho, portanto, está dividido em quatro seções, incluindo esta introdução. A seção 2 apresenta a teoria econômica de organização industrial que justifica os potenciais efeitos pró-competitivos (eficiências), mas também danos concorrenciais de uma fusão não horizontal. A seção 3 resume a estrutura analítica econômica adotada em Guias de análises e jurisprudências nacionais e internacionais, apresentando os condicionantes analíticos de habilidades e incentivos

---

[2] Cade (2023), Minuta do Guia V+. Disponível em: https://www.gov.br/participamaisbrasil/guia-v.

[3] FTC/DoJ (2023): Minuta do guia de fusão americano.

[4] OFT, 2012, Facebook / Instagram – Final Report.

[5] EC, 2008, Google / DoubleClick – Final Report.

relevantes para uma correta tipificação da probabilidade de uma fusão gerar efeitos anticompetitivos no mercado. Por fim, a seção 5 tece as considerações finais.

2. A teoria econômica da análise de fusões verticais

A avaliação de fusões verticais é fundamentalmente mais complexa do que a de fusões horizontais. As operações horizontais colocam produtos substitutos sob a mesma estrutura empresarial, reduzindo assim a pressão competitiva direta entre os produtores. Como efeito de primeira ordem, espera-se, a priori, que os preços pós-fusão subam, visto que um concorrente é eliminado do mercado. A preocupação concorrencial é, portanto, diretamente identificável.

Em contrapartida, as fusões verticais não envolvem uma perda direta de concorrência, mas, por relacionarem bens e serviços transacionados em diferentes elos da cadeia, podem suscitar mudança nos incentivos concorrenciais no cenário pós-fusão quanto aos condicionantes de oferta desses itens.

O mesmo incentivo que gera, por exemplo, uma redução de custo de transação (melhor coordenação em termos de *design* do produto, organização do processo de produção e na comercialização dos produtos) ou eliminação da dupla margem (por meio da supressão, pela empresa a montante, da margem cobrada à sua empresa verticalmente integrada), também pode levar à recusa no fornecimento de um insumo/serviço a um rival ou até mesmo à exclusão de seus concorrentes a jusante.

Há circunstâncias, portanto, em que as fusões não horizontais podem impedir uma concorrência eficiente, em especial quando geram um aumento ou reforço de uma posição dominante. Isso ocorre visto que uma fusão não horizontal pode alterar a capacidade e o incentivo de um dos elos da cadeia em competir no mercado, causando danos à concorrência e ao bem-estar dos consumidores. O efeito líquido de uma operação vertical requer, nesse contexto, uma análise mais detalhada quanto à racionalidade da operação no pós-fusão. Também é fundamental que sejam detalhados, em conjunto com as eficiências da operação, os incentivos, para que ocorra o repasse de ao menos parte dessas eficiências ao consumidor.

Os impactos decorrentes de fusões verticais são, portanto, ambíguos, visto que podem envolver ganhos de eficiência, que resultam em efeitos benéficos ao mercado, ou efeitos anticoncorrenciais relacionados à estrutura de incentivos da nova operação. A dificuldade da mensuração do efeito líquido decorre de ambos os efeitos ocorrem simultaneamente e originam-se da mesma fonte.

Embora a teoria econômica traga ponderações sobre a existência de efeitos pró e anticompetitivos derivados de fusões verticais, as previsões dos reais impactos são menos claras. O debate, impulsionado principalmente pela análise da prática de aplicação da lei nos EUA, continua com posições fortes assumidas por ambos os lados. Representando o "lado tradicional", Wright, Ginsburg, Lipsky e Yun (2020) observam que "a abordagem antitruste moderna para fusões verticais, conforme refletida na literatura antitruste, deve refletir a realidade empírica de que as relações verticais são geralmente pró-competitivas ou neutras". No entanto, um número crescente de acadêmicos tem chamado a atenção para os aspectos potencialmente anticoncorrenciais de fusões verticais (Baker, 2019; Scott Morton et al., 2019, Baker et al., 2020; Hovenkamp e Scott Morton, 2020).

Ainda Cooper et al. (2005) e Lafontaine e Slade (2007) são referências usuais citadas em favor dos efeitos pró-competitivos destas operações, em que relatam benefícios, mas poucas evidências de danos decorrentes de fusões verticais. No entanto, numa análise mais detalhada, utilizando as ferramentas da economia moderna, revelam que as evidências avaliadas não são claras, sendo baseadas em amostras limitadas de casos[6]. Nesse sentido, Beck e Morton (2021) realizaram um levantamento com a inclusão de outros estudos recentes, revelando 11 artigos com evidências de danos e outros 9 com evidências de benefícios. Este equilíbrio de resultados constitui uma descoberta significativa num ambiente em que a literatura tem sido apresentada com proposições de que as fusões verticais são majoritariamente benignas.

2.1. *Fundamentos econômicos das eficiências*

Esta seção fornece uma visão geral das principais eficiências teóricas derivadas de fusões verticais. Tais operações podem resultar numa melhor coordenação vertical, alinhando os interesses das empresas não concorrentes com os interesses dos consumidores, melhorando a situ-

---

[6] Margaret Slade observou no depoimento ao FTC que os resultados dos estudos em fusões verticais eram mistos e baseados em estudos de poucas indústrias. See FTC Hearing #5: Vertical Merger Analysis and the Role of the Consumer Welfare Standard in U.S. Antitrust Law, at 51 (Nov. 1, 2018),

ação dos agentes e o bem-estar. A tabela abaixo oferece uma lista não exaustiva (Bishop et al., 2005; OCDE, 2019) destes benefícios, e identifica as considerações da teoria econômica mais relevantes na avaliação de fusões verticais.

Tabela 1. Possíveis eficiências derivadas de fusões verticais

Tipos de eficiências	Descrição
Eliminação da dupla margem (EDM)	Ocorre quando as empresas a montante e a jusante desfrutam de algum nível de poder de mercado que lhes permite cobrar altas margens, resultando num preço ineficientemente elevado. A integração vertical estabelece uma margem única e, portanto, uma pressão por redução de custo e um incentivo à queda do preço.
Redução do custo de transação	Redução de custos derivada da internalização, em uma única empresa, das diversas atividades de uma cadeia produtiva, reduzindo a dependência de transações recorrentes no mercado.
Eliminação do problema do *hold-up* [7]	Resulta de situações em que é difícil redigir contratos completos e ocorre quando uma das partes posterga um investimento com receio da outra se apropriar do poder de barganha[8], levando a subinvestimento e ineficiências. A integração vertical permite que a empresa internalize todos os benefícios do investimento e elimine preocupações sobre negociações futuras.
Economias de escopo[9]	São economias de custos decorrentes da produção de uma maior variedade de bens e, portanto, são prováveis de serem observadas em fusões verticais ou conglomerais de empresas com custos complementares. Elas podem ser derivadas da eliminação de processos redundantes ou do uso de ativos em indivisíveis comum.

[7] Hart, 1995.

[8] Por exemplo, uma empresa de telecomunicações tem maior incentivo para investir em infraestruturas se estiver integrada ao mercado de varejo; caso contrário, uma vez feito o investimento, as empresas no elo a jusante têm incentivos a exercer o poder de barganha para negociar tarifas de acesso baixas.

[9] As eficiências de custos associadas às economias de escopo são, em geral, específicas para fusões verticais e conglomerais, porque existem poucas alternativas para uma empresa obter os mesmos ganhos.

Melhorias na coordenação do processo de produção/ distribuição	O agente verticalizado passa a focar na eficiência conjunta da empresa e no alinhamento de incentivos, passando a ter o controle total de todos os processos da cadeia produtiva ou distributiva. Pode haver melhora da coordenação para o desenvolvimento de produtos, na organização do processo produtivo, na efetiva comercialização dos produtos, no processo logístico, ganhos tecnológicos.

2.2. Fundamentos econômicos nas teorias de danos

Na mesma linha a teoria econômica de danos investiga os potenciais riscos que fusões verticais podem gerar sobre a concorrência em determinadas circunstâncias (FTC, 2018). A preocupação deriva da capacidade e dos incentivos das empresas verticalmente integradas, com poder de mercado relevante, prejudicarem a concorrência nos mercados relacionados (a jusante ou a montante). Os danos concorrenciais podem ser causados pelo fechamento de mercado a concorrentes, pela eliminação da concorrência potencial, pela criação de barreiras à entrada e pelo aumento de colusão horizontal.

Dentre as principais preocupações levantadas pela literatura, as teorias relacionadas ao risco de fechamento de mercado (parcial ou total) e/ou aumento de coordenação entre as partes se destacam[10]. Desse modo, as autoridades têm acesso a uma estrutura analítica ampla e consolidada para avaliação de questionamentos concorrenciais destas fusões.

2.2.1. Fechamento de mercado

Fechamento de mercado ocorre quando o acesso a insumos ou mercados é prejudicado ou eliminado em decorrência da operação não-horizontal, reduzindo assim a capacidade e/ou incentivo de rivais efetivos ou potenciais concorrerem no mercado.

A potencialidade de fechamento de concorrentes eficientes é certamente a preocupação concorrencial mais comum entre as teorias de danos em casos de integração vertical. Existem várias estratégias adja-

[10] Embora sugira-se que as autoridades concorrenciais devam investigar toda a gama de potenciais danos ao avaliar fusões verticais (Baker et al., 2019), tal tarefa é difícil de implementar na prática, devido à grande lista de teorias de dano propostas na literatura econômica (Salop e Culley, 2016).

centes que podem ser adotadas para fechar o mercado a ponto de excluir concorrentes (fechamento total, por meio de negação de fornecimento) ou criar barreiras ao seu crescimento, estabelecendo condições desfavoráveis a sua competição (fechamento parcial).

A seguir são expostos alguns tipos de fechamento e o mecanismo utilizado que podem resultarem danos ao mercado.

Principais formas de fechamento de mercado

Ativo utilizado	Tipo de fechamento
Fechamento no mercado de insumos	O *fechamento de fatores de produção (insumo/serviço) a rivais* ocorre quando, pós-fusão, o ente integrado a montante se recusa a fornecer a um concorrente a jusante ou piora as condições comerciais de oferta (por exemplo, aumentando o preço ou diminuindo a qualidade). A efetividade do fechamento requer avaliar a existência de alternativas de fornecimento e a relevância do insumo.
Fechamento no mercado de clientes	O *fechamento de clientes* ocorre quando uma empresa verticalmente integrada nega a um concorrente a montante o acesso à sua base de clientes ou piora as condições sob as quais o acesso é fornecido. Em mercados digitais e/ou plataformas, tal ocorrência pode impedir que vendedores não integrados conquistem escala suficiente para operar de forma eficiente no mercado.
Bens complementares	*Práticas de tying/bundling* que suscitem certo fechamento de mercado. As empresas verticalmente integradas produzem frequentemente componentes ou produtos complementares. Isto pode permitir-lhes excluir concorrentes quando condicionam a compra de um bem por um cliente à compra de outro bem.
Acesso a informações sensíveis	Ocorre por meio do *acesso e utilização indevida e privilegiada de dados comercialmente sensíveis sobre concorrentes.* O acesso permite uma vantagem informacional competitiva assimétrica, podendo o ente verticalizado customizar, por exemplo, reações de predação de curto prazo agressivas (em variáveis de preço e/ou inovações) com a finalidade de forçar rivais a abandonar do mercado[11].

Fonte: OECD (2019).

[11] Por outro lado, o acesso a informações estratégicas pode também fazer com que o ente verticalizado compita de forma menos agressiva ao conhecer a estratégia competitiva do rival que passa a oferecer condições marginalmente melhores, tornando a dinâmica do mercado menos competitiva. Este seria uma outra derivação de teoria de dano proveniente do acesso informacional.

2.2.2. Demais teorias de dano unilaterais

Outras teorias de danos interrelacionadas revelam como uma empresa verticalmente integrada poderia prejudicar unilateralmente a concorrência.

Aumento de custos de rivais:

A análise de fechamento de mercado analisa os incentivos da empresa integrada a negar ou restringir acesso a determinado insumo ou canal de distribuição a seus concorrentes. Por outro lado, a *presente teoria do dano (elevação de custos de rivais)* foca na atuação dos demais fornecedores não integrados verticalmente que, em decorrência da operação, podem ter capacidade de elevar seu poder de mercado e, com isso, pressionar os custos dos competidores a jusante. Há algumas circunstâncias em que isso pode desenCadear e que merecem cautela:

- A integração vertical pode desenCadear a redução da oferta de um dado insumo, gerando escassez e, por consequência, aumentar a capacidade dos demais fornecedores a montante de elevar os preços desse insumo. Tal cenário poderia resultar em uma elevação dos custos internos dos agentes de mercado no segmento a jusante. Ademais, como a entidade integrada provavelmente continuará a ter acesso ao mesmo insumo com custos menores, isso tende a garantir-lhe uma condição mais favorável de competir com as empresas a montante, o que pode atribuir condições competitivas mais vantajosas.
- A elevação dos custos de rivais pode ser ensejado, em determinadas circunstâncias, quando uma integração vertical eleva as barreiras à entrada em um ou em ambos os mercados verticalmente relacionados. Nesse caso, é possível que um entrante seja obrigado a ingressar simultaneamente em dois mercados verticalmente relacionados, ao invés de apenas em um deles - o que tornaria o ingresso mais custoso e, no limite, poderia desestimulá-lo a entrar efetivamente.

A análise se concentra, portanto, não apenas no impacto direto à empresa integrada nos mercados afetados a montante e a jusante, mas também nos eventuais efeitos que a operação pode acarretar ao comportamento dos rivais.

Acesso e uso de informações comercialmente sensíveis:

A entidade resultante da fusão poderá, através da integração vertical, obter acesso a informações comercialmente sensíveis relativamente às atividades a montante ou a jusante dos rivais que não estavam disponíveis para pelo menos uma das partes antes da operação. Nesse caso, ao tornar-se fornecedor (comprador) de um concorrente a jusante (montante), uma empresa pode obter informações estratégicas sensíveis.

O conhecimento de estratégica de preços, qualidade e/ou inovações obtidos como fornecedor (comprador) pode permitir à entidade resultante oferecer negócios apenas marginalmente melhores (em termos de preços ou de qualidade) do que os concorrentes, reduzindo assim a intensidade da concorrência a jusante. Também pode colocar concorrentes em desvantagem competitiva, dissuadindo-os assim a entrar ou expandir-se no mercado. Tal comportamento pode resultar em fechamento parcial, mas também pode ser caracterizado como uma teoria de dano a ser aprofundada em separado.

Preocupações anticoncorrenciais semelhantes surgem quando plataformas integradas aproveitam o seu acesso privilegiado a dados para apropriar de inovações dos utilizadores, envolvendo-se no que seria apelidado de *forced-free rider* (OCDE, 2020). De acordo com o estudo:

> Esta teoria do dano centra-se no papel único que as plataformas digitais desempenham, particularmente nas plataformas de transações ou de conteúdos que são utilizadas pelos consumidores para vender produtos ou fornecer conteúdos aos seus clientes. O forced free rider surge "quando uma plataforma se apropria da inovação de outras empresas que dependem da plataforma para acesso aos consumidores" (Shelanski, 2013, p. 1699). Assim, uma plataforma dominante pode tirar vantagem do seu papel de intermediária, incluindo o seu acesso a dados sobre vendedores e consumidores, para tentar excluir a concorrência nos mercados associados à plataforma. Este tipo de estratégia pode ser uma alternativa ao fechamento do acesso a uma plataforma, uma vez que poderia permitir à plataforma colher os benefícios da inovação dos seus rivais a jusante. (tradução livre)

2.2.3. *Efeito coordenado*

As fusões verticais podem facilitar o conluio horizontal entre a entidade integrada e seus concorrentes a montante ou a jusante, conhecido como efeitos coordenados (Moresi e Salop, 2013). A ocorrência está relacionada a mudanças na estrutura dos incentivos no cenário de mercado pós-fusão e deriva de alguns condicionantes:

- Ao contrário das fusões horizontais, que reduzem o número de concorrentes no mercado relevante e, portanto, aumentam diretamente a probabilidade de um resultado colusivo, as fusões verticais podem facilitar o conluio, *permitindo às empresas monitorizar e punir melhor os desviantes.*[12]
- Quando as relações entre fornecedor/cliente *facilitam a troca de informações ou aumentam a transparência entre os competidores* dos elos a montante ou a jusante.
- A coordenação também pode ser facilitada *quando um fornecedor/comprador alvo da aquisição é do tipo maverick (disruptivo).* Se este for o caso, a coordenação é facilitada pois aumenta os incentivos para que as empresas a montante não integradas cooperem. No caso de desvio, a unidade integrada a jusante, por exemplo, pode recusar-se a comprar insumos aos concorrentes a montante (Salop e Culley, 2014).

Em resumo, a teoria econômica sinaliza a necessidade de sobrepesar ambos os lados dos efeitos derivados de uma integração vertical com a finalidade de observar a probabilidade de cada um dos efeitos se sobrepor.

[12] De acordo com Church and Ware (2000), os fatores que prejudicam a sustentabilidade do conluio incluem assimetrias de custos, diferenciação de produtos, concorrência não relacionada a preços, inovação, informações incompletas sobre outras empresas, incerteza no mercado, grande número de empresas, assimetrias entre empresas e estrutura societária da indústria. Uma fusão vertical também poderia aumentar a probabilidade de conluio, alterando a estrutura de custos das partes na fusão de pelo menos duas maneiras. Em primeiro lugar, a integração vertical geralmente cria efeitos de eficiência que reduzem os custos variáveis, aumentando potencialmente o benefício do conluio. Em segundo lugar, a integração vertical também pode reduzir as assimetrias de custos ou ajudar a sustentar o conluio, permitindo transferências laterais implícitas entre unidades integradas e não integradas.

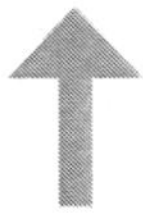	***Potencialidade de geração de eficiências:*** **redução de preços, melhoria de qualidade, integração de produto, redução de dupla margem, entre outros.**
	***Preocupações concorrenciais:*** **uso de posição dominante para** ***fechar mercado, aumentar custos de rivais,*** **acessar** ***informações comercialmente sensível de*** **rivais para prejudicar concorrência,** ***aumento da probabilidade de coordenação.***

A próxima seção apresenta o procedimento analítico e o passo a passo necessário para uma adequada avaliação dos efeitos esperados no cenário pós-fusão.

3. Análise procedimental de uma fusão não-horizontal

A avaliação de fusões verticais é realizada através de uma abordagem em três grandes etapas de estrutura analíticas de *habilidades, incentivos e efeitos*, conforme ilustrado na figura abaixo.

A análise inicia com a investigação dos condicionantes da dinâmica do mercado e dos agentes envolvidos, além da delineação do mercado relevante e da avaliação dos indicadores de concentração e grau de concorrência no mercado.

Na sequência, segue a análise da probabilidade de exercício de poder de mercado unilateral via metodologia analítica de três etapas cumulativas conhecida como *estrutura analítica de habilidades, incentivos e efeitos,* amplamente utilizada em diferentes jurisdições internacionais e no Brasil[13]. De forma resumida, elas podem ser tipificadas com o seguinte propósito:

---

[13] Este é o caso do Guia de fusões não-horizontais da Comissão Europeia (CE, 2008); o Guia de fusões da autoridade britânica *Competition and Market Authority* (CMA, 2020), autoridade americana em sua minuta de Guia de fusões (FTC/DoJ, 2023), autoridade brasileira com sua minuta (Guia V+, 2023).

Fluxograma das etapas do procedimento de análise de fusões verticais

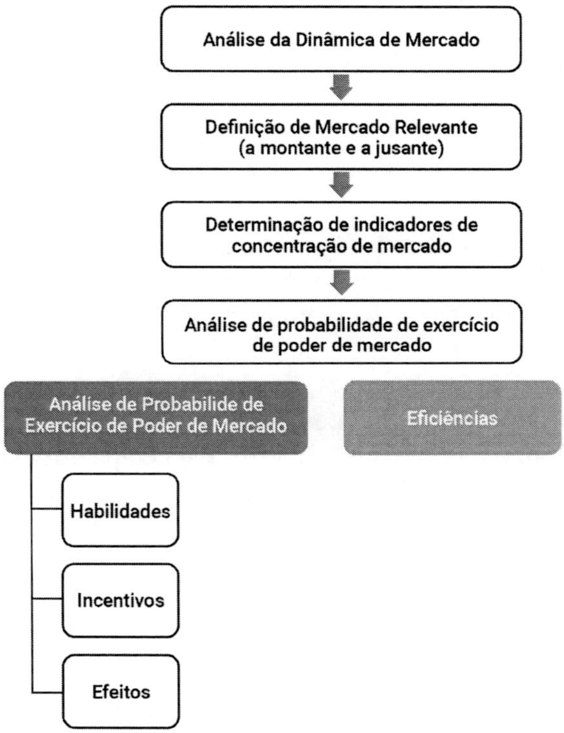

1. *Habilidade*: consiste em determinar se a entidade verticalizada passa a ter a capacidade de gerar danos à concorrência após a operação, por deter controle de um insumo ou serviço ou acesso informacional, que impacta os demais concorrentes na cadeia produtiva. Requer a detenção de algum grau de poder de mercado que é avaliado mediante alguns condicionantes.
2. *Incentivos*: corresponde a avaliar a racionalidade econômica, no cenário pós-operação, da entidade verticalizada restringir o acesso, discriminar, fechar mercado a rivais, obtendo um resultado rentável.

3. *Efeitos*: configuram evidências de que há efeito danosos à concorrência (redução do processo competitivo) derivados da fusão vertical, desde que os condicionantes de habilidades e incentivos tenham sido estabelecidos.

Por fim, requer-se são avaliadas as eficiências decorrentes e específicas da operação.

3.1. Análise da dinâmica de mercado

A avaliação de uma fusão vertical requer um bom entendimento da dinâmica de mercado e da interação estratégica entre os principais agentes envolvidos. Nesse sentido, antes de seguir com a etapa de definição de mercado relevante é importante trazer a caracterização do setor em análise, descrevendo as atividades econômicas compreendidas em cada um dos seus segmentos e discutindo as (múltiplas) relações verticais ao longo da cadeia em análise. Esta etapa auxilia, inclusive, a entender se a operação envolve preocupações horizontais, verticais e/ou conglomerais, a depender dos produtos e/ou serviços envolvidos entre as partes e como se interrelacionam.

3.2. Definição de mercado relevante

A delineação do mercado relevante (produto e geográfico) consiste em identificar o conjunto de agentes econômicos (consumidores, produtores e concorrentes) que exercem pressões competitivas e interferem nas decisões relacionadas às estratégias de preços, quantidades, qualidade, inovação e outros aspectos da empresa resultante da operação. Para tanto, faz-se necessário avaliar os mesmos condicionantes estabelecidos em fusões horizontais, conforme consolidado no Guia H do Cade, como elementos relacionados à substitutibilidade da oferta e da demanda.

De acordo com a minuta do Guia V+, "*A identificação dos possíveis efeitos competitivos requer a avaliação de fatores que por vezes estão fora do mercado relevante previamente definido, uma vez que o mercado é dinâmico. Portanto, a definição do mercado relevante não é vinculante para o Cade, uma vez que é apenas uma ferramenta de análise*". Assim, recomenda-se a elaboração de distintos cenários de mercado relevante, em especial quando há dificuldade em sua exata delineação, em todas as possíveis configurações geográficas e/ou de produtos. Este é o caso em especial em mercados digitais.

Além das definições de escopo de produto e geográfico, as integrações verticais envolvem definições em dois elos da cadeia: no mercado de insumos/serviços a montante (*upstream*– produtores do insumo/serviço) e no mercado de clientes a jusante (*downstream* - os demandantes do insumo/serviço).

3.3. Indicadores de concentração de mercado

O cálculo das participações de mercado e dos níveis de concentração fornecem os primeiros indícios acerca da existência de poder de mercado das partes envolvidas na integração. Todavia, a parcela de mercado por si só não deve ser considerada suficiente para concluir se o ente verticalizado pós-operação detém tal capacidade.

Com relação ao nível de concentração, algumas autoridades concorrenciais estabelecem em seus Guias de análises alguns limites (*thresholds*) abaixo dos quais teriam presunção de ausência de preocupações concorrenciais. A seguir são expostos alguns deles, acompanhados por considerações de cautela na aplicação

Limites para análise sumária pelo nível de concentração

Jurisdição	Limites (%) para análise sumária pelo nível de concentração
Brasil (Cade): Guia V+ (minuta)	**Parcela** de mercado **inferior a 30%** em quaisquer um dos mercados relevantes verticalmente integrados. > Não é uma presunção absoluta a favor da aprovação da operação em questão.
Comissão Europeia (2023)	**Parcela** de mercado a **montante** individual ou combinado **inferior a 30%** **Parcela de mercado a montante e a jusante** individuais ou combinadas **inferiores a 50% e o delta HHI inferior a 150** > Levar em consideração todos os cenários de mercado relevante plausíveis
EUA: FTC/ DoJ (minuta)	**Parcela de mercado inferior a 50%** > Abaixo de 50% as agências consideram uma série de fatores, além da probabilidade de fechamento para determinar se uma fusão vertical é problemática

3.4. Probabilidade de efeitos anticompetitivos

Esta seção discute cada uma das três etapas da estrutura analítica de probabilidade de efeitos anticompetitivos, seja para fechamento de insumos, de cliente e/ou outras teorias de dano relacionadas (acesso informacional, aumento de custos de rivais, discriminação de rivais, entre outros).

3.4.1. Habilidades

A análise consiste em avaliar *a capacidade da empresa integrada* de implementar estratégias anticompetitivas com o intuito de gerar perdas significativas de vendas a empresas rivais no mercado relevante em análise, seja por meio da restrição do seu acesso a insumos e clientes ou pelo aumento de custos, gerando fechamento, exclusão do rival do mercado, ou tendo como consequência uma competição menos vigorosa.

Para avaliar se a entidade verticalizada resultante terá capacidade de fechar ou excluir seu concorrente e/ou praticar qualquer outra teoria do dano, é necessário avaliar os condicionantes conforme descritos na tabela abaixo:

Condicionantes analíticos de habilidades de exercício de poder de mercado unilateral

Condicionantes	Razões
Poder de mercado	• Avaliar o nível de concentração de mercado (a montante e a jusante) e o grau de posição dominante.
Relevância do insumo/ serviço no processo de produção/distribuição.	• Insumo/serviço representa um custo significativo? • É um insumo/serviço essencial no processo produtivo? • Representa fonte de diferenciação na concorrência (qualidade/inovação)?
Existência de substitutos próximos	Avaliar se há insumos/serviços efetivos ou potenciais substitutos e/ou replicáveis.
Estrutura competitiva a montante e a jusante	• Existem barreiras à entrada? • Qual o nível de rivalidade? • Há efeitos de rede? • Há economia escala/escopo? • Existem ecossistemas interligados (mercados digitais)?

Custos de troca/ transação	• Há custos significativos de troca de fornecedor? • Há capacidade de oferta disponível para aumento da oferta?
Relevância da marca/ reputação	• A marca ou a reputação constituem um diferencial competitivo e reforçam existência de poder de mercado?
Renegociação de contratos/poder de barganha	• Há poder compensatório para lidar com eventual exercício de poder de mercado na negociação?

Fonte: Elaboração própria.

No caso da teoria de dano de acesso a dados sensíveis, faz-se necessário avaliar se as informações às quais a empresa verticalizada terá acesso após a operação serão, de fato, informações concorrencialmente estratégicas e sensíveis. A dimensão da vantagem competitiva que pode ser obtida em decorrência do compartilhamento dessa informação, dado que demais agentes não dispõem do mesmo conjunto informacional. Para tanto, cabe serem avaliados em adição:

Qual o tipo de informação compartilhada e sua relevância concorrencial?
Qual o nível de desagregação dos dados obtidos e se estes são possíveis de serem obtidos publicamente?
A informação é restrita à entidade verticalizada?
Qual a frequência/periodicidade do acesso/uso de informação?

3.4.2. Incentivos

Em adição aos condicionantes de habilidades, faz-se necessário avaliar a racionalidade econômica do ente verticalizado operacionalizar, no cenário pós-fusão, a estratégia anticompetitiva. Assim, ainda que haja habilidade (poder de mercado em sua forma mais ampla), é relevante verificar se a estratégia de fechamento ou de qualquer outra teoria de dano unilateral que leve a um arrefecimento da concorrência é de fato uma estratégia lucrativa. Para tanto os seguintes condicionantes devem ser averiguados:

Condicionantes analíticos de incentivos de exercício de poder de mercado unilateral

Condicionantes	Razões
Racionalidade e lucratividade	• Avaliar o custo e benefício agregado do ente verticalizado derivado da teoria de dano no cenário pós-fusão.
Taxa de desvio de demanda	• Parte dessas vendas perdidas em decorrência do fechamento de mercado desvia para a firma incorporada? • A captura desse benefício/das vendas por meio da fusão torna a conduta lucrativa (se comparada à situação anterior à fusão- cenário contrafactual)?
Análise de margens de lucro relativas	• Requer avaliação das margens de lucro obtidas em cada elo da cadeia. Qual mercado (montante ou jusante) gera maior lucratividade? • Análise das margens de lucro relativas permite avaliar se a prática de fechamento/aumento de custo de rivais será rentável apenas se o lucro no mercado principal for maior em relação ao mercado adjacente.
Perda de vendas	• Verificar se a estratégia de fechamento ou aumento de custos de rivais faz com que a entidade verticalizada ganhe vendas no mercado principal, a despeito de perder no mercado secundário.

Fonte: Elaboração própria.

3.4.3. Efeitos

Uma vez confirmada a presença de habilidades e inventivos, a etapa subsequente envolve a avaliação de impactos efetivos ou potenciais no mercado. Contudo, na ausência de habilidades e incentivos comprovados, é improvável que ocorram efeitos que prejudiquem a concorrência. Nesse sentido, é relevante apresentar evidências que podem ser categorizadas conforme tabela abaixo:

Tipos de evidências na análise de efeitos

Tipos	Descrição
Documentos e declarações	Documentos e declarações das partes envolvidas, de seus clientes e de outros participantes e observadores do setor.
Histórico de conduta	Práticas anticompetitivas observadas em fusões consumadas ou em relações comerciais pré-existentes.
Tipo de empresa alvo	Evidências do papel disruptivo (*maverick*) de uma das partes adquirida.
Histórico de conflitos entre *players*	Relações conturbadas pré-existentes podem afetar uma variedade de características relevantes do mercado: • Recusas passadas em fornecer/contratar concorrentes atuais ou potenciais; • Restrições de fornecimento do insumo/serviço pela queda de quantidade/qualidade; • Discriminação e/ou aumento de preços, com incentivos a mudanças menos favoráveis nas condições em relação ao cenário contrafactual; • Limitação de acesso a dados; • Aumento de custos por falta de insumos/serviços; • Restrição de acesso a uma base de clientes significativa.

Fonte: Elaboração própria.

O efeito do fechamento de mercado de insumos/serviços sobre a concorrência deve ser avaliado à luz de fatores de compensação, como as eficiências proporcionadas. Requer, portanto, contextualizar e, se possível, quantificar as eventuais eficiências para avaliar o efeito líquido do ato de concentração, ou seja, se os ganhos de eficiência compensam as eventuais preocupações concorrenciais avaliadas.

3.5. Cautelas com fusões em mercados digitais

A avaliação adequada de fusões verticais digitais continua a ser um desafio. As teorias de dano em casos verticais devem contemplar as características intrínsecas de mercado digitais que aumentam a probabilidade de fechamento e/ou coordenação, exacerbando, assim, os efeitos anticoncorrenciais (horizontais) das práticas de exclusão das entidades resultantes da fusão.

Nesse contexto, Argentesi et al. (2021) analisaram 300 aquisições realizadas pela Amazon, Facebook e Google, entre 2008 e 2018, e delinearam os desafios que as autoridades da concorrência têm enfrentado na aplicação do controle de fusões em mercados digitais. Estes incluem efeitos de rede, plataforma de múltiplos lados, *big data* e inovação.

Jenny (2021) analisa algumas das principais questões que as autoridades da concorrência enfrentam nos mercados digitais, incluindo, entre outras, a necessidade de aprofundar a compreensão das barreiras à entrada nos mercados digitais e de encontrar novos indicadores de poder de mercado para plataformas e ecossistemas que levem em consideração os efeitos de rede e não necessariamente suas participações de mercado.

Nessa abordagem, a nova minuta de guia de fusões americana reforça a preocupação da análise em plataformas, sugerindo a avaliação da concorrência entre plataformas, entre os agentes dentro da plataforma ou para substituir uma plataforma[14].

Tais elementos são relevantes e devem ser avaliados com cuidado adicional em casos de fusões verticais. Estes aspectos não são objeto desse artigo, mas merecem uma atenção redobrada ao avaliar casos de fusões verticais, tem em vista suas características que ensejam um controle maior de poder de mercado, com efeitos dinâmicos, assim como uma probabilidade maior de gerais inovações e eficiências nos mercados.

4. Considerações finais

O presente artigo teve por objetivo apresentar os principais conceitos econômicos que regem a análise de fusões não-horizontais e as derivações que uma integração vertical pode suscitar no mercado no cenário pós-fusão. Foram expostos os incentivos para que a fusão gere tanto efeitos pró-competitivos quanto anticompetitivos ao mercado.

As principais frentes econômicas de benefícios esperados de uma fusão, assim como as teorias de dano mais relevantes que circundam as análises antitruste de fusões verticais foram apresentadas, com o intuito de contextualizar o panorama analítico econômico de tais operações.

A estrutura analítica de habilidades, incentivos e efeitos é fundamental para uma adequada tipificação se uma fusão será problemática. Nessa miríade, uma série de condicionantes que vão muito além de participação de mercado precisam ser avaliados, com intuito de ponderar se a probabilidade de a fusão gerar efeitos negativos ao mercado

---

[14] Guideline 10 da minuta do Guia FTC/DoJ.

é maior que as eventuais eficiências geradas. Uma cautela recai para a maior complexidade analítica de mercados digitais, em especial aqueles que envolvem plataforma de múltiplos lados, visto que os condicionantes de habilidade e incentivos podem necessitar avaliações que fogem do tradicional, tendo em mente as consequências de efeitos de rede, barreiras de entrada e outras formas de exercício de poder de mercado.

5. Referências bibliográficas

ARGENTESI, Elena et al. (2021): Merger Policy in Digital Markets: An Ex Post Assessment, Journal of Competition Law & Economics, ISSN 1744-6422, Oxford University Press (OUP), Oxford, Vol. 17, Iss. 1, pp. 95-140.

BAKER, J.B., ROSE, N.L., SALOP, S.C., SCOTT MORTON, F., (2019), Five Principles for Vertical Merger Enforcement Policy, Antitrust (33), pp.12-19.

BAKER, J.B., ROSE, N.L., SALOP, S.C., SCOTT MORTON, F., (2020), Recommendations and Comments on the Draft Vertical Merger Guidelines, Georgetown University Working paper.

BECK, Marissa, and SCOTT MORTON, Fiona. (2021). Evaluating the Evidence on Vertical Mergers. Review of Industrial Organization 57: 273–302.

BORK, R.H., (1978), The Antitrust Paradox, New York: Basic Books.

CADE (2023) – Minuta do Guia V +.

CHURCH, J., and R. Ware. 2000. Industrial Organization: A Strategic Approach. San Francisco: McGraw-Hill.

CMA (2020)- Merger Assessment Guideliness.

COOPER, Froeb, O'BRIEN & VITA (2005) - Vertical Antitrust Policy as a Problem of Inference, 23 INT'L J. INDUS. ORG. 639 (2005).

DROGHETTI B., FRAGA V., TITO F, HERNANDEZ PEREZ, A. & PASSOS, I. (2023), *Brazil:* Unveiling the vertical merger landscape - A decade of assessments by Cade's Tribunal, Concurrences N° 3-2023, Art. N° 113074, pp. 202-209.

EUROPEAN COMMISSION (2008) - Guidelines on the assessment of non-horizontal mergers under the Council Regulation on the control of concentrations between undertakings.

FTC (2018), Vertical Merger Enforcement at the FTC.

FTC/DoJ (2023)- Draft of Merger Guidelines.

HOVENKAMP, H.J., SCOTT MORTON, F., (2020), "Framing the Chicago School of Antitrust Analysis", University of Pennsylvania Carey Law School Working Paper.

ICN & CMA (2018 - ICN Vertical Mergers Survey Results.

JENNY, F., (2021), Changing the way we think: competition, platforms and ecosystems, Journal of Antitrust Enforcement Volume 9, Issue 1, March 2021, Pages 1–18.

LAFONTAINE, Francine, SLADE, Margaret - Vertical Integration and Firm Boundaries: The Evidence, 45 J. ECON. LIT. 629 (2007).

LAFONTAINE, Francine, SLADE, Margaret. (2021). Presumptions in Vertical Mergers: The Role of Evidence. Review of Industrial Organization 59: 255–272. CrossRefGoogle Scholar.

OECD (2020), Abuse of dominance in digital markets, OECD (2020), Abuse of dominance in digital markets.

OECD (2023), Theories of Harm for Digital Mergers, OECD Competition Policy Roundtable Background Note.

POSNER, R., (1976), Antitrust Law, University of Chicago Press, Chicago.

SALOP, S.C., CULLEY, D.P., (2014), "Potential Competitive Effects of Vertical Mergers: A How-To Guide for Practitioners", Georgetown University Law Center Working Paper.

SALOP, S. and D. CULLEY (2016), Revising the US Vertical Merger Guidelines: Policy Issues and an Interim Guide for Practitioners, Journal of Antitrust Enforcement, Vol. 4/1, pp. 1-41,

SALOP, S.C., CULLEY, D.P., (2020). Vertical Merger Enforcement Actions: 1994 — April 2020. Journal of Antitrust Enforcement 4.

SLADE, M.E., (2020). Vertical Mergers: A Survey of Ex Post Evidence and Ex Ante Evaluation Methods. Review of Industrial Organization, 1 – 19.

WRIGHT, J., GINSBURG, D., LIPSKY, T., YUN, J. (2020), Connecting Vertical Merger Guidelines to Sound Economics.

INDICADORES QUANTITATIVOS PARA EFEITOS DE INTEGRAÇÃO VERTICAL: COMPARAÇÕES E SUGESTÕES PARA APLICAÇÕES

QUANTITATIVE INDICATORS FOR VERTICAL INTEGRATION EFFECTS: COMPARATIVE ANALYSIS, AND SUGGESTIONS FOR APPLICATIONS

Eduardo Pontual Ribeiro[1]

Resumo: Após a disseminação de ferramentas quantitativas de indicadores de pressão para aumento de preços para fusões horizontais, indicadores como aritmética vertical e vGUPPI foram apresentados na literatura acadêmica, com uso crescente por autoridades da concorrência no controle de fusões verticais. Neste artigo, apresentamos de forma integrada e didática estes indicadores, destacando sua interpretação, suas vantagens, e limitações, semelhanças e diferenças e orientação para aplicações. Apesar das críticas recentes, os indicadores podem trazer elementos relevantes para a tomada de decisão.

Palavras chave: ato de concentração vertical; fechamento de mercado; incentivo a aumento de preços, aritmética vertical vGUPPI.

Abstract: Following the popularization of price pressure indicators for horizontal mergers, quantitative indicators such as vertical arithmetic and vGUPPI have been presented in the aCademic literature. Authorities have been increasing its use in vertical merger analysis. In this article, we present these indicators in an integrated and pedagogical way, highlighting their advantages, interpretation, limitations, similarities and differences, and guidance for applications. Despite recent criticisms, indicators can serve as relevant information for decision making.

Keywords: Vertical mergers; foreclosure; price pressure indicators, vertical arithmetic and vGUPPI.

[1] Este é um trabalho de pesquisa individual, com apoio do CNPq, sem financiamento de empresas, embora o autor já tenha atuado para empresas e para a autoridade de concorrência em temas associados. Ao longo dos anos agradeço a troca de ideias com Serge Moresi, Marcos Lyra, participantes do CRESSE e colegas do Grupo de Pesquisa em Direito, Economia e Concorrência (GDEC-IE-UFRJ) sobre os temas deste artigo. Incorreções e imprecisões são de responsabilidade do autor.

1. Introdução

Após uma fusão vertical, as empresas envolvidas passam a coordenar suas ações por terem um controle unificado. Com a concentração vertical, os incentivos para alterar preços seja dos insumos a montante (e com isto aumentar os custos dos rivais downstream, chegando até a deixar de fornecer a estes concorrentes da entidade fusionada) seja dos produtos finais a jusante. Tais aumentos de preços, se não limitados por entrada ou rivalidade ou até compensado por eficiências, podem levar a autoridade da defesa da concorrência a não aprovar a operação como proposta.

A partir de 2010, ferramenta quantitativa para mensuração dos incentivos para aumentos de preços em análise de atos de concentração horizontais chamados indicadores de pressão de aumento de preços, do inglês *upward price pressure* (UPP), foram propostas por Shapiro e Farrel[2]. Serge Moresi e Steven Salop estenderam a análise para atos de concentração verticais.[3] A proposta dos chamados *vertical GUPPI* pode ser vista como um aprimoramento em relação a análise de 'aritmética de fechamento' (*vertical arithmetic*), e tratam de dois possíveis efeitos verticais em duas dimensões associadas com o fechamento de insumos, a saber: (i) o efeito de um aumento de preços de insumo vendido a concorrentes *downstream* não integrados, e (ii) o efeito de um aumento de preço final da empresa integrada. Por outro lado, a aritmética vertical avalia o incentivo para o caso (i) tomando uma situação extrema de não fornecimento de insumo a concorrentes não integrados.

Na prática antitruste no Brasil, empregou-se o indicador de aumento de preços horizontal noAC 08700.002165/2017-97, por exemplo (DEE, 2018) Para atos de concentração verticais, a recém proposta do Guia V+[4], traz uma discussão da 'aritmética vertical', que também foi aplicada no AC 08700.003959/2022-35 (DEE, 2022).

Este trabalho faz uma apresentação integrada destas ferramentas quantitativas *vGUPPI* e 'aritmética vertical', mostrando semelhanças e diferenças e suposições subjacentes. A ausência de aplicações abre es-

---

[2] Uma discussão atual está em Farrel e Shapiro (2021). Uma apresentação em português está em Souza (2020).

[3] Ver Moresi e Salop (2013).

[4] Os comentários aqui são baseados na versão preliminar do Guia V+ disponível para consulta pública.

paço para esclarecimentos e uma apresentação integrada dos métodos. Por questões de espaço, este trabalho não será exaustivo de todos os métodos disponíveis - por exemplo, omitimos a discussão de Kander-Graziano (2022), sobre benefícios a concorrentes com a fusão vertical. Também por questões de espaço não iremos trazer aplicações e simulações de resultados.

O trabalho está divido em três seções além da introdução e conclusão. A próxima seção trata da estrutura analítica e conceitos utilizados no desenvolvimento das expressões dos indicadores quantitativos apresentados nas seções seguintes. Nas seções seguintes, são apresentados a expressão para aritmética vertical e para os vGUPPI. Por fim, comentários finais estão alocadas na últimas seção.

2. Estrutura analítica e conceitos básicos em integração vertical: fechamento de mercado à montante e à jusante

Uma integração vertical pode envolver compromissos dos dois lados: o fornecedor/ produtor ofertar apenas para o integrado e o integrado revender apenas produtos de seu controlador(Motta e Salgado, 2015). O primeiro caso é chamado de fechamento de insumo (*input foreclosure*) e o segundo de fechamento de cliente (*customer foreclosure*), de acordo com ICN (2018). Três principais efeitos econômicos de uma integração sobre a competição entre marcas, com potencial efeitos ilícitos diante da legislação de defesa da concorrência: (i) o fechamento de mercado para entrantes e incumbentes *upstream* (a montante), ao limitar a disponibilidade de revendedores para o entrante; (ii) o fechamento de mercado *downstream* (a jusante) ao limitar a disponibilidade de insumos e (iii) a sinalização para fomentar coordenação tácita.

O primeiro caso de fusão vertical para *foreclosure* é bastante discutido na literatura.[5] A argumentação de que fusões verticais seriam interessantes para empresas *upstream* apenas com o objetivo de fechar mercados a produtores concorrentes foi desafiado pela necessidade lógica de avaliar o interesse do revendedor a jusante em fazer a fusão. A conclusão seria de que, se houve a integração vertical, ela foi justificada pelas eficiências geradas, pois o fechamento em si não seria crível

[5] Mais uma vez, vide Motta e Salgado (2015). Os autores também apontam que preocupações de fechamento podem ocorrer na análise de condutas com contratos de exclusividade.

por não ser lucrativo. Se houvesse chance de entrantes mais eficientes surgirem neste mercado, o revendedor não teria se comprometido com a exclusividade/fusão, pois ganharia mais revendendo também (ou apenas) para o entrante eficiente. Se o entrante eficiente não é esperado, uma integração vertical/exclusividade não gera perdas sociais ou teria de ser justificada por eficiências (como eliminação de dupla margem) para ser lucrativo, que geraria efeitos pró-competitivos. Por exemplo, uma razão desta integração eficiente seria a eliminação de dupla margem (EDM na sigla em inglês).[6]

Motta e Salgado (2015) chamam a atenção que, se o entrante possui custos fixos (ou existem economias de escala) significativos que exigem entrar fornecendo a vários revendedores, a estratégia de *foreclosure* seria irracional, ou seja, passa a fazer sentido a ambos produtor e revendedor integrarem verticalmente para fechar o mercado a rivais. Assim, ambos evitariam maior competição e concorrência de um entrante.

Outros contextos de mercado não garantem o resultado analítico de ausência de efeitos anticompetitivos de fusões verticais acima, apontando para a necessidade de uma análise mais cuidadosa de potenciais efeitos. Neste artigo, colocamos uma estrutura analítica, embora simplificada, rica o suficiente para gerar estatísticas relevantes, úteis e compreensíveis dos incentivos para aumentos de preços após um ato de concentração vertical.

Na tabela e figura abaixo, é apresentada a estrutura sintética, mas que ainda permite perceber os canais de efeitos anticompetitivos após uma integração vertical. São dois ofertantes/fabricantes de insumos a montante ('a' e 'b') e dois fabricantes a jusante, que ofertam produtos diferenciados ('1' e '2').

A hipótese principal é que ambos os fabricantes *downstream* utilizam insumos 'a' e 'b', substitutos imperfeitos, para produção de seus bens. Os ofertantes *upstream* produzem insumos para as firmas '1' e '2' com custo incremental, também chamado de marginal ('c_a' e 'c_b'),

---

[6] Outra razão seria a ausência de margem no *downstream*, pela situação competitiva do mercado naquele elo da cadeia (single *monopoly profit*). Pela ausência de margem a ser conquistada no *downstream*, a única forma de justificar para os acionistas da firma *upstream* e *downstream* seria por eficiências produtivas que aumentam os lucros sem aumento de preços ao consumidor (MOTTA e SALGADO, 2015). Aqui, consideramos que as firmas *downstream* operam com poder de mercado e *markup* positivo.

constante e não-negativo, que é igual para qualquer destino das vendas de insumo.

Tabela 1 – Notação utilizada no artigo

Fabricante '*a*'		Fabricante '*b*'
Custo marginal c_a		Custo marginal c_b
Quantidade de insumo ofertado por '*a*' para os revendedores 1 e 2: x_{a1}, x_{a2}		Quantidade de insumo ofertado por '*a*' para os revendedores 1 e 2: x_{a1}, x_{a2}
Preço cobrado pelo fabricante a para empresa 1 e empresa 2: W_{a1}, W_{a2}		Preço cobrado pelo fabricante '*b*' para empresa 1 e empresa 2: W_{b1}, W_{b2}
Revendedor 1		Revendedor 2
Preços pagos pelos insumos fornecidos por '*a*' e '*b*': W_{a1}, W_{b1}		Preços pagos pelos insumos fornecidos por '*a*' e '*b*': W_{a2}, W_{b2}
Preço de mercado de produto p_1		Preço de mercado de produto p_2
Quantidade de produto vendido q_1		Quantidade de produto vendido q_2

Nota: elaboração própria.

Figura 1 – Apresentação esquemática dos modelos estudados

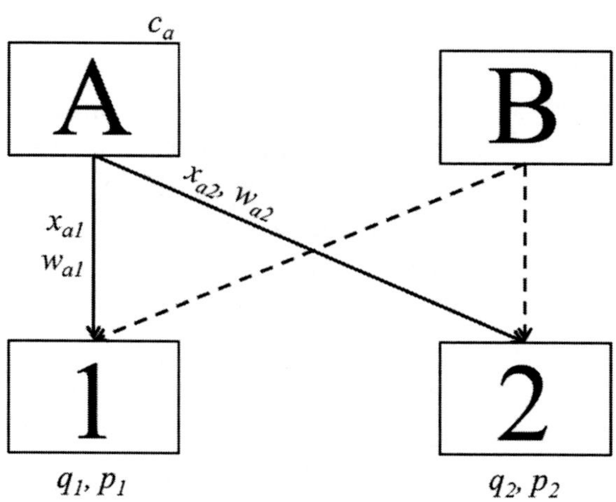

Nota: vide Tabela 1 para descrição.

Existem diferentes formas de medir o incentivo para aumento de preços na competição entre marcas a partir de fusões verticais. Quando ocorre uma fusão vertical - do modelo, entre empresas 'a' e '1' -, podemos antecipar incentivos a alterações unilaterais pela firma fusionada:

i. no preço de insumo praticado para a empresa 2 (W_{a2});

ii. no preço do bem final p_1.

Espera-se, de qualquer forma, que ocorra uma redução do preço do insumo W_{a1} porque há eliminação de dupla margem, tal que $w_{a1}=c_a$. Este ponto será explorado em detalhe na última seção. A importância e papel desta possível redução de custos de produção para o revendedor tem sido tema de bastante debate, como compilado em Delarihm (2019).

Uma questão pouco discutida na literatura é a unidade de medida no upstream e no downstream. Há uma recomendação para que os preços *w* e/ou *p* e custos marginais (c_a) sejam ajustados para refletirem a mesma unidade de medida de insumo ou produto (por exemplo, Cadeiras do fabricante 1 medidos em m^3 de madeira vendida pelo fornecedor 'a'). Este é um detalhe importante para a aplicação dos métodos e pode ser complexo de ser aplicado. Uma forma alternativa seria supor que a tecnologia é de proporções fixas, pois isto permite um fator de conversão de unidades de medidas de insumos para produtos. Determina-se uma relação técnica entre a quantidade produzida e a quantidade de insumo empregada, dada por $q_2=a_{a2}\,x_{a2}$, em que a_{a2} mede quantas unidades de q_2 *são produzidas por unidade do insumo* x_{a2}.

Por exemplo, na cadeia do gado, sabe-se que 0,5 quilo de carne é obtido a partir de um quilo de 'boi vivo'. A tecnologia na etapa do abate, onde *q* é o quilo de carne para venda e *x* o quilo de boi vivo, segue $q=0,5x$. Outro exemplo, 2 toneladas de madeira gerariam 1 tonelada de celulose. Mais uma vez, considerando *x* o insumo madeira e *q* a produção downstram de celulose, temos $q=0,5x$. Algumas vezes, no varejo, o fator a_{a2} pode ser igual a 1 se considerarmos uma loja que revende pneus.

Importante notar que a hipótese de tecnologia de proporções fixas - chamada de tecnologia Leontieff na literatura econômica - implica que o insumo x_{a2} é essencial porque não poder ser substituído. Na possibilidade de substituição entre o insumo x_{a2} pelo insumo de outro fornecedor upstream, esta taxa de conversão precisa ser ajustada (vide Salop e Moresi 2013).

Na apresentação dos métodos quantitativos a seguir, trazemos uma inédita unidade de temas, em que as ferramentas partem de uma comparação de lucratividade em duas situações, quais sejam: com e sem a mudança de conduta com a fusão.

3. Aritmética Vertical: apresentação, interpretação e aplicação

Um caso limite de efeito anticompetitivo a partir de uma operação vertical é o fechamento total de mercado a jusante, em que o preço do insumo aumenta de tal forma que inviabiliza a operação do concorrente *downstream* e este deixa de operar. A *aritmética vertical* ou, no inglês, *vertical arithmetic,* mede o incentivo em encerrar o fornecimento através da avaliação de uma taxa de desvio de produto crítico entre as empresas 1 e 2.

O incentivo para aumentar o custo dos rivais, isto é, aumentar w_{a2}, existe porque um aumento de custos para o rival *downstream* 2 será repassado aos preços p_2, o que reduz as vendas do produto 2. Se, por um lado, isto reduz as vendas do insumo 'a' para a empresa 2 – o que gera uma perda de lucro por unidade de $(w_{a2} - c_a)$ -, por outro lado, haverá (uma taxa de) desvio das vendas perdidas em 2 para a própria empresa integrada '*a+1*', o que aumenta os lucros por unidade em $(p_1 - c_a)$. Esta taxa de desvio é descrita como $D_{21} = -Dq_1/Dq_2$, que pode ser interpretada como o quanto de vendas absorvida pela empresa 1 para cada unidade a menos de vendas da empresa 2. Como o denominador é negativo, o sinal na expressão no lado direito garante que D_{21} seja positivo.

A lógica da contabilidade vertical é de fechamento *total* de mercado, ou seja, se antes a empresa 'a' fornecia quantidade x_{a2} de insumo para a empresa 2, ela passa a vender zero. Antes os lucros da empresa integrada 'a' sem fechamento[7] eram $q_1(p_1 - c_a)+x_{a2}(w_{a2} - c_a)$, ou seja, o ganho na venda do produto downstream q_1, com margem $(p_1 - c_a)$, mais o ganho na venda do insumo x_{a2} para o concorrente '2'com margem $(w_{a2} - c_a)$. Após o fechamento, ou seja, com $x_{a2}^F = 0$, o lucro passa

[7] Importante notar a questão das unidades de medida. Se a empresa *downstream* possui lucros $q_1p_1 - x_{a1}w_{a1}$, para escrevermos $q_1(p_1 - c_a)$, além da eliminação de dupla margem $(w_{a1}=c_a)$ *é necessário converter a quantidade* x_{a1} em produto q_1 usando a taxa de conversão. Com isto temos $q_1p_1 - q_1/a_{a1}c_a = q_1(p_1 - c_a^*)$, onde $c_a^* = q_1/a_{a1}$.

a ser $q_1^F(p_1 - c_a) + 0(w_{a2} - c_a)$, em que q_1^F *é a qu*antidade vendida pela empresa *downstream* integrada 1 após o fechamento.

Por conservadorismo nas estimativas, supõe-se que o preço de p_1 não é majorado em relação à situação pré-fechamento, mesmo com aumento de demanda de q_1. Um detalhe algébrico importante na derivação é que, como a empresa 2 não consegue produzir no cenário de fechamento total, temos $q_1^F = q_1 + Dq_1 = q_1 + (-D_{21})Dq_2 = q_1 + (-D_{21})(0 - q_2) = q_1 + D_{21}\, q_2$.

Fazendo a diferença entre os lucros antes e depois de fechamento, este será lucrativo se a seguinte condição é atendida:

$$[q_1^F(p_1 - c_a) + 0\,(w_{a2} - c_a)] - [q_1(p_1 - c_a) + x_{a2}(w_{a2} - c_a)] > 0$$

De outro modo, aplicando as expressões acima e lembrando a relação técnica constante de q_2 em termos da quantidade de insumo x_{a2} necessário tal que $q_2 = a_{a2}\, x_{a2}$, podemos reescrever a condição da seguinte forma:

$$D_{21}\, q_2\, (p_1 - c_a^*) - (q_2 / a_{a2})\, (w_{a2} - c_a) > 0.$$

A expressão pode ser utilizada para encontrar uma taxa de desvio crítica D_{21}^* acima da qual o fechamento total será lucrativo, qual seja:

$$D_{21}^* = (w_{a2} - c_a) / (p_1 - c_a)\, a_{a2}.$$

Como ilustração do método, considere o seguinte exercício numérico. Suponha que a margem em R$ na venda do insumo para a empresa 2 seja de R$2,00, a margem de venda da empresa integrada em relação aos custos de fabricação, R$4,00, e o fator de conversão técnico de insumo para produto seja 0,75 (por exemplo, $1m^3$ de madeira trabalhada gerando 0,75 unidades de Cadeira). Neste caso, a taxa de desvio crítica será de 0,66 ou de 2/3. Assim, se, para cada 10 unidades que a empresa 2 deixe de vender, os consumidores comparem 7 unidades ou mais da empresa 1, a empresa integrada 'a+1' tem incentivo para deixar de fornecer completamente para a empresa 1 após a fusão. Espera-se que a margem agregada da empresa integrada será maior do que a da venda de insumo e com isto a razão nunca será maior do que 1.

A expressão acima difere da apresentada na minuta do Guia de Análise de Fusões Não-Horizontais (Guia V+) lançado para a consulta pública em julho de 2023 em alguns aspectos[8], quais sejam: (i) na minuta há a suposição implícita de que as unidades de medidas do produto

---

[8] Ver https://www.gov.br/Cade/pt-br/assuntos/noticias/Cade-lanca-proposta-do--guia-v-sobre-atos-de-concentracao-nao-horizontais. Acessado em 03/09/2023.

foram convertidas para a de insumo (ou seja, o preço das Cadeiras está em m^3 de madeira, usando nosso exemplo) ou seja, que a taxa de conversão insumo-produto seja de 1:1; (ii) não há a eliminação explícita de dupla margem; (iii) a margem na venda de insumo para a empresa 2 é a mesma da praticada para a empresa 1 antes da fusão; e (iv) enquanto usamos margens em R$, a minuta implicitamente utiliza margem percentual. Dito de outra forma, no Guia V+, $a_{a2}=1$, $M_1+M_2= (w_{a2} - c_a) + (p_1 - w_{a2})$, respectivamente.

O fechamento de mercado por empresas com poder de mercado depende não só de incentivos como também de condições estruturais para esta estratégia, como explica ICN (2018)[9]. Dado o objetivo do artigo de tratar das expressões quantitativas, deixamos para aquela referência a discussão mais aprofundada da análise de atos de concentração vertical.

4. vGUPPIu, vGUPPId unilateriais: apresentação, interpretação e aplicação

A 'aritmética vertical' pode ser interpretada como um aumento tendendo ao infinito de preço do insumo w_{a2}, que leva a uma compra de zero insumos para a firma 2 (e fim da produção, com $q_2=0$). Esta é uma situação extrema que pode não se verificar. O incentivo para a empresa fusionada pode ser apenas de aumentar o preço do insumo, mantendo o fornecimento para a rival *downstream*. Quando o aumento do preço do insumo não leva ao fechamento da produção de q_2, a análise de interesse explora os índices de pressão para o aumento de preços, o que pode ocorrer via aumento do custo de rivais (caso 'i' acima) e/ou via exercício de poder de mercado *downstream* (caso 'ii' acima). Estas análises são chamadas *vGUPPIu* e *vGUPPId* respectivamente.[10] Nesta seção, fazemos uma apresentação original, partindo da lógica de comparação de lucros com e sem a conduta de aumento de preços pós-fusão.

Considere *vGUPPIu* o incentivo para aumento de preço de insumo na perspectiva da empresa não integrada, denotado por w_{a2}. Pós fusão, com o novo preço do insumo, w_{a2}^F, teremos novas quantidades vendidas de insumo x_{a2}^F e nova produção q_1^F. Mais uma vez, adotam-se hipóteses conservadoras ao não se permitir que o preço de venda

---

[9] E a minuta Guia V+ citada acima.

[10] Ver Moresi e Salop (2023).

p_1 aumente face a este aumento da demanda desviada para a empresa 1. A nova empresa 'a+1' decide por w_{a2}^F maior que w_{a2} comparando os lucros em duas situações, de aumento de preço upstream ao rival e sem aumento de preços. Há incentivo para o aumento se a diferença de lucros deve ser positiva, ou seja:

$$[q_1^F(p_1 - c_a) + x_{a2}^F(w_{a2}^F - c_a)] - [q_1(p_1 - c_a) + x_{a2}(w_{a2} - c_a)] > 0$$

Em especial, investiga-se qual seria o maior aumento do preço de insumo $\Delta w_{a2} = w_{a2}^F - w_{a2}$ que deixaria a empresa 'a+1' indiferente entre aumentar os preços ou não[11]. Tendo em vista o resultado teórico em que a margem é igual ao inverso da elasticidade (e_{a2}^w) pré-fusão, é possível reescrever a condição acima substituindo os termos que envolvem a margem na venda do insumo para a empresa 2, $(w_{a2} - c_a)/w_{a2} = (1/|e_{a2}^w|)$. Após rearranjar termos, à medida de incentivo:

$$vGUPPIu = \Delta w_{a2}/w_{a2} = D_{21}\, M_1\, (p_1/w_{a2=})\, a_{a2}$$

com $M_1 = (p_1 - c_a)/p_1$ representando a margem da venda do produto final da empresa integrada 'a+1' aos consumidores. A expressão pode ser convertida para R$ ou a unidade do preço de w_{a2} simplificando (tal qual o UPP), $vUPPu = D_{21}\,(p_1 - c_a) a_{a2}$.

A escolha de uso do vGUPPI ou da 'aritmética vertical' não depende da dificuldade de obtenção de dados para cada uma das estimativas. Como na 'aritmética vertical', a aplicação da fórmula necessita de estimativas de margem agregada ($p_1 - c_a$) da empresa. Por outro lado, ao contrário daquela, como o *vGUPPIu* tenta antecipar o que ocorre com a margem na venda do insumo à empresa não integrada, a margem upstream na venda de insumo x_{a2} não é usada na fórmula. O *vGUPPIu* exige conhecimento da taxa de desvio de demanda da empresa 2 à empresa 1. Tal informação também era requerida na 'aritmética vertical', para concluir se havia incentivo para 'aumentar preço' do insumo a ponto da empresa 2 fechar a produção. Conclui-se, portanto, que o *vGUPPIu* não exige mais informações do que a 'aritmética vertical'.

Passamos agora para a fórmula do *vGUPPId* mede o incentivo a aumento de preço no mercado *downstream* integrado. Neste caso, a análise envolve o cálculo de um aumento de preço do bem final da empresa integrada 'a+1', $\Delta p_1 = p_1^F - p_1$. A análise de comparação de lucros passa a ser:

---

[11] Idéia similar utilizada para o desenvolvimento do índice de incentivo para aumento de preços pós-fusão horizontal de uma empresa não integrada, referida como UPP, pode ser vista em Pittman (2018).

$$[q_1^F(p_1^F - c_a) + x_{a2}^F(w_{a2} - c_a)] - [q_1(p_1 - c_a) + x_{a2}(w_{a2} - c_a)] > 0$$

com uma nova quantidade vendida de bem final q_1^F e uma nova quantidade de insumos vendida para a empresa 2 x_{a2}^F. O mecanismo econômico é tal que um aumento de preços do bem final p_1 irá deslocar demanda para a empresa 2, medida pela taxa de desvio D_{12}, o que, por sua vez, irá aumentar as vendas do insumo para a empresa 2, elevando os lucros de venda do insumo. A margem maior compensa a redução de volume vendido do produto. E o aumento de insumo vendido x_{a2} compensa a redução de vendas do insumo x_{a1} pela redução de q_{a1}, podendo tornar o aumento de preço p_1 lucrativo. Sua expressão é dada por:

$$vGUPPId = \Delta p_1/p_1 = D_{21}\, M_{a2}\,(w_{a2}/p_1)\,(1/a_{a2})$$

com $M_{a2}=(w_{a2}-c_a)/w_{a2}$ representando a margem de venda do insumo para a firma 2. A expressão pode ser convertida para R$ ou a unidade do preço de p_1 simplificando (tal qual o UPP), $vUPPd= D_{12}(w_{a2} - c_a)/a_{a2}$. Assim, como *vGUPPIu*, o outro preço da firma integrada (aqui w_{a2}) é suposto constante.Mais uma vez, os termos da expressão já estariam disponíveis para a análise na 'aritmética vertical' não onerando a autoridade em seu cálculo, comparativamente à análise de 'aritmética vertical'.

Importante notar que, na fórmula acima, quaisquer ganhos de custos de produção pela eliminação da dupla margem já foram levamos em consideração, já que o ganho unitário na venda do produto q_1 é dado por $(p_1^F - c_a)$, ao invés de $(p_1^F - w_{a2})$. Se dupla margem não for eliminada com a fusão, os indicadores vGUPPIu e vGUPPId tendem a subestimar os incentivos para aumentos de preços. A integração vertical pode gerar outras sinergias produtivas, que não seriam alcançadas antes da fusão e que permitiriam uma redução de custos incrementais. Neste caso, tal impacto deve ser levado em consideração quando da avaliação do incentivo. Se tal ganho é dado por Dc_1, a expressão passa a ser ajustada para $vGUPPIde = vGUPPId - \Delta c_1/p_1$.

Sem a inclusão de eficiências, já que aqui a eliminação de dupla margem já foi incorporada, os indicadores de aumentos de preços serão sempre positivos. Algumas autoridades utilizam limiares abaixo dos quais, embora com incentivos positivos calculados pelo GUPPI os riscos à concorrência eram menores. Por exemplo E.CA Economics (2022) aponta que a autoridade da defesa da concorrência no Reino Unido (CMA) concluiu que os incentivos calculados pelos vGUPPI teriam significativo efeito de redução da concorrência se fossem maiores que um limiar de 5%.

5. Comentários finais

Com a disseminação de indicadores de incentivos de aumentos de preços a partir de década de 2010 e o Guia de Análise de Fusões Horizontais do FTC/DOJ, que aponta a importância de pensar os incentivos de aumento de preços em fusões em mercados de produtos diferenciados, era natural a extensão para outros tipos de atos de concentração. Moresi e Salop (2013) fizeram tal extensão para o caso de fusões verticais. Estes indicadores complementam a análise de 'contabilidade vertical' que estava sendo utilizada em alguns casos nos EUA e no Brasil.

Desde a sua publicação, os indicadores verticais enfrentaram críticas - sintetizadas por Slade (2021) – e algumas foram rechaçadas por Moresi e Salop.[12] O uso dos indicadores para avaliar a possiblidade de aumentos de preços pós operação se consolidou para atos de concentração horizontal, mesmo reconhecendo que tais aumentos de preços dependem (i) do repasse de custos para preços no mercado e (ii) de efeitos de simultaneidade dos preços sob controle dos entes fusionados)o preço do insumo para concorrentes e o preço final no caso de ato vertical). Deve-se recordar que o UPP omite o efeito do repasse e considera a margem do outro bem pré-operação constante.

O segundo ponto já foi enfrentado na literatura, para fusões horizontais por Neuhorh *apud* Valetti e Zenger (2021) e para fusões verticais por Moresi e Salop (2022). As expressões para incentivo para aumento de preços *downstream* e *upstream* passam a ser

$$vGUPPIu^{*}=Z(vGUPPIu + D_{21}\, vGUPPId\, (p_{1}/w_{a2}))\text{ e}$$

$$vGUPPId^{*}=Z(vGUPPId + D_{12}\, vGUPPIu\, (w_{a2}/p_{1})),$$

onde $Z=1/(1-D_{12}D_{21})$[13]. Não há informação nova para uso destas expressões que incorporam efeitos de feedback (ou seja, o ajuste do preço de venda p_1 no vGUPPIu e o ajuste do preço do insumo w_{a2} no caso de vGUPPId). Estas medidas que incorporam efeitos de feedback são maiores do que as originais, para os casos de aumentos preços indicados pelos vGUPPI.

O uso destas ferramentas pode contribuir para rol de informações utilizadas no processo de tomada de decisão das partes e das autorida-

---

12 Ver Moresi e Salop (2022).

13 O fator Z também aparece na expressão para GUPPI horizontal, como visto em Valetti e Zenger (2021).

des antitruste sobre os potenciais efeitos anticompetitivos de operações verticais. Os indicadores não podem ser considerados substitutos de análise como descrita no Guia H nacional ou da minuta do Guia V+ lançada em julho deste ano, mas geram informações empíricas que podem complementar a apreciação destes casos.

6. Referências bibliográficas

DEE, Cade. Nota Técnica Nº 2/2018/DEE/Cade para o AC 08700.002165/2017-97. 2018.

DEE, Cade. Nota Técnica Nº 30/2022/DEE/Cade para o AC 08700.003959/2022-35. 2022

DELRAHIM, M. "Harder Better Faster Stronger": Evaluating EDM as a Defense in Vertical Mergers. *George Mason Law Review* 26(3), 1427-1465, 2019

E.CA Economics. *Ex-post Evaluation of Vertical Mergers Report for the Competition and Markets Authority*. Londres:CMA, 2022.

FARRELL, J., SHAPIRO, C. The 2010 Horizontal Merger Guidelines After 10 Years. *Review of Industrial Organization* 58(1), 1–11, 2021

INTERNATIONAL COMPETITION NETWORK (ICN). Survey Report on Vertical Mergers. Merger Working Group. ICN New Delhi Congress. 2018.

KANDER-GRAZIANO Vertical Mergers: No Foreclosure, Yet Harm to Consumers *CRESSE Conference,* 2022.

MORESI, S., SALOP, S. vGUPPI: Scoring unilateral pricing incentives in vertical mergers. *Antitrust Law Journal*, 79(1), 185–214. 2013.

MORESI, S., SALOP, S. When Vertical is Horizontal: How Vertical Mergers Lead to Increases in "Effective Concentration", *Review of Industrial Organization*, 59(2), 177-204, 2021.

MOTTA, M. E SALGADO, L.H. *Política de Concorrência: teoria e prática, e sua aplicação no Brasil*. São Paulo: Campus, 2015.

PITTMAN, R. (2018). Three Economist's Tools for Antitrust Analysis: A Non-technical Introduction. *In: Begović, B., Popović, D. (eds) Competition Authorities in South Eastern Europe. Contributions to Economics*. Springer, Cham. 2018.

SLADE, M., Vertical Mergers: A Survey of Ex Post Evidence and Ex Ante Evaluation Methods, *Review of Industrial Organization* 58(4), 493-511, 2021.

SOUZA, S.A. Pressão por elevação de preços: um guia para profissionais de defesa da concorrência *in IBRAC, Ideias em competição – 10 anos do Prêmio IBRAC-TIM: 2015-2019* São Paulo: Editora Singular, 2020.

VALLETTI, T; ZENGER, H. Mergers with differentiated products: Where do we stand?. *Review of Industrial Organization*, 58, 179-212, 2021.

PARTE II

A JURISPRUDÊNCIA NACIONAL: TEORIAS DE DANO, EFICIÊNCIAS E REMÉDIOS

ATOS DE CONCENTRAÇÃO ENVOLVENDO INTEGRAÇÕES VERTICAIS (2012-2022): PANORAMA DO TRIBUNAL DO CADE

VERTICAL MERGERS: AN OVERVIEW OF CADE'S ANALYSIS BETWEEN 2012 AND 2022

Bruno Droghetti Magalhães Santos
Izabella de Menezes Passos Barbosa

Resumo: O presente artigo descreve o processo de coleta de dados e alguns dos resultados encontrados por meio de análise empírica de 61 Atos de concentração envolvendo integrações verticais avaliados pelo Tribunal do Conselho Administrativo de Defesa Econômica ("Cade") entre maio de 2012 e dezembro de 2022. Para além da sistematização de dados gerais que podem fomentar pesquisas futuras sobre o tema, a análise realizada permitiu concluir que a maioria dos Acordos em Controle de Concentração firmados com o Cade tiveram relação direta com as preocupações decorrentes da integração vertical gerada pela operação, em que pese a presença concomitante de sobreposições horizontais. Também se destacaram a prevalência de Atos de Concentração envolvendo empresas pertencentes à indústria da transformação, bem como a recorrência de preocupações referentes à teoria do dano de fechamento de mercado nas preocupações do Tribunal.

Palavras-chave: Cade, jurisprudência, análise empírica, integração vertical, teorias do dano, fechamento de mercado.

Abstract: This article describes the data collection process and some of the results found through the empirical analysis of 61 vertical merger cases reviewed by Cade's Tribunal from May 2012 to December 2022 In addition to the systematization of general data that can encourage future research on the subject, the analysis carried out allowed us to conclude that most of the remedies imposed by Cade were related to vertical concerns. The prevalence of mergers involving companies belonging to the manufacturing industry was also highlighted, as well as the prevalence of concerns regarding market foreclosure.

Keywords: Cade, case law, empirical analysis, vertical mergers, theories of harm, market foreclosure.

1. Introdução

Nos últimos anos, as fusões verticais[1] têm estado sob maior escrutínio das autoridades antitruste ao redor do mundo, que têm levantado cada vez mais questionamentos acerca do entendimento, antes defendido pela Escola de Chicago, de que esse tipo de operação seria fundamentalmente pró-competitiva e levaria a preocupações concorrenciais apenas em raras ocasiões (E.CA Economics)[2].

Tais discussões foram recentemente intensificadas em setembro de 2021, após a revogação por parte do *Federal Trade Commission* ("FTC") das diretrizes sobre fusões verticais emitidas em 2020, em conjunto com o *Department of Justice* ("DOJ"). Em síntese, o FTC argumentou que os últimos avanços teóricos e evidências empíricas sobre esse tipo de transação não estavam refletidos em tais diretrizes[3].

No Brasil, a notificação ao Conselho Administrativo de Defesa Econômica ("Cade") de operações de tal natureza cresceu significativamente nos últimos 10 (dez) anos. Enquanto, em 2013, representavam 13% do total de operações notificadas, em 2022, esse número já atingia os 46%. Nesse sentido, há grande expectativa relacionada ao lançamento do Guia V+, documento que pretende consolidar as melhores práticas e procedimentos usualmente adotados pelo Cade na análise de Atos de Concentração que geram efeitos não horizontais[4].

Além de sistematizar e formalizar os elementos de análise antitruste relacionados a concentrações não horizontais, o Guia V+ representa um avanço significativo para o fortalecimento das análises empreendidas pelo Sistema Brasileiro de Defesa da Concorrência ("SBDC"), já que conferirá maior transparência, bem como auxiliará membros do Cade a empregar as melhores práticas de análise e os agentes do mercado a compreender os critérios de análise desse tipo de operação.

---

[1] Em uma definição simples, pode-se conceituar as fusões verticais como operações que envolvem a combinação de empresas em diferentes elos da Cadeira produtiva ou distributiva.

[2] E.CA Economics. Ex-post Evaluation of Vertical Mergers. Report for the Competition and Markets Authority, 2022.

[3] Disponível em: https://www.ftc.gov/news-events/news/press-releases/2021/09/federal-trade-commission-withdraws-vertical-merger-guidelines-commentary. Acesso em 31.08.2023.

[4] Durante a escrita do presente artigo a minuta do Guia V+ estava sob consulta pública.

A elaboração do Guia V+ é resultado de estudos realizados por um grupo de trabalho do Cade e de uma consultoria PNUD – Programa das Nações Unidas para o Desenvolvimento, respectivamente fundados e contratados para se dedicarem integralmente a pesquisas sobre integrações verticais e direito de concorrência. O IBRAC, por sua vez, por meio de um grupo de trabalho próprio, ligado ao Comitê de Economia, participou ativamente de diálogos com o Cade desde o início dos estudos, buscando contribuir com os trabalhos que se iniciaram em julho de 2022.

O presente artigo procura descrever os resultados identificados a partir dos trabalhos realizados pelo Grupo de Trabalho do IBRAC ("Grupo de Trabalho"). Mais especificamente, trará alguns dos resultados mais interessantes encontrados na análise pormenorizada de 61 (sessenta e um) Atos de Concentração que envolveram integrações verticais avaliados pelo Tribunal do Cade, no período entre o início da vigência da Lei n.º 12.529/2011 (maio de 2012) e dezembro de 2022.

A base de dados construída coletivamente pelo Grupo de Trabalho resultou em um banco de dados único e inovador, capaz de trazer *insights* relevantes sobre qual tem sido a avaliação do Tribunal do Cade sobre as operações envolvendo integrações verticais, bem como a de fomentar novas perguntas de pesquisa necessárias ao aprofundamento do tema.

No presente texto, apresentamos primeiramente como foi feita a seleção de casos que compõem a base construída coletivamente. Nesse momento, trazemos alguns *disclaimers* metodológicos relacionados aos parâmetros de seleção das operações analisadas. Em seguida, apresentamos alguns resultados gerais da análise, relacionados a elementos como o rito de análise utilizado, incidência de sobreposição horizontal concomitante à integração vertical e o teor da decisão do Tribunal.

Os tópicos seguintes são dedicados a analisar mais de perto, ainda que de maneira quantitativa, a relação entre os Acordos em Controle de Concentração ("ACCs") negociados nas operações analisadas e sua relação com preocupações decorrentes de integrações verticais, bem como o papel dos argumentos trazidos pelos terceiros interessados nos respectivos processos analisados. Em seguida, trazemos dados referentes aos principais setores sob análise, assim como as principais teorias de dano e condicionantes de análise considerados.

Tendo em vista o panorama exposto e o escopo definido para esse texto, o presente artigo não possui a pretensão de apresentar considerações sobre o mérito das decisões do Cade ou sobre o detalhe das operações. Espera-se, em realidade, que o cenário aqui apresentado sirva de elemento instigador de pesquisas futuras, que se aprofundem em aspectos específicos dos elementos exibidos na presente ocasião.

2. Seleção dos casos

Entre maio de 2012 (mês que marcou o início de vigência da Lei n.º 12.529/2011, que instituiu a análise prévia de Atos de Concentração) e dezembro de 2022, 1.599 operações envolvendo integrações verticais foram submetidas à análise do Cade. Durante tal período, nota-se também o crescimento proporcional de operações de tal natureza. Enquanto, em maio de 2012, operações envolvendo integrações verticais representavam aproximadamente 14% do total de fusões e aquisições notificadas à Autarquia, em dezembro de 2022 esse número alcançou 46%. Das 1.599 operações mencionadas, a quase totalidade (1.559) foi aprovada sem restrições ainda pela Superintendência-Geral, sendo 1.261 delas em sede de Rito Sumário.

Diante da grande quantidade de casos notificados à Autarquia nesse período, o Grupo de Trabalho tomou a decisão de focar na análise de casos avaliados pelo Tribunal do Cade. Essa decisão metodológica possui, em síntese, dois motivos, sendo o primeiro deles bastante prático: o número de casos avaliados pelo Plenário é significativamente menor do que a quantidade analisada pela Superintendência, o que tornou possível uma análise mais detalhada das operações no tempo disponível para a coleta de dados. O segundo motivo, relacionado ao primeiro, é o fato de que, como regra, chegam para a análise do Tribunal do Cade as operações mais complexas, que foram impugnadas pela Superintendência-Geral ou remetidas ao Plenário por meio de recurso de terceiros interessados ou avocação provocada por um dos Conselheiros.

Assim, ao longo do segundo semestre de 2022, o Grupo de Trabalho realizou diversos diálogos com o Cade, tendo como base de dados a amostra dos 61 Atos de Concentração envolvendo integrações verticais analisados pelo Tribunal do Cade entre maio de 2012 e dezembro de 2022.

Tal base foi construída a partir da ferramenta de pesquisa avançada do Sistema Eletrônico de Informações ("SEI"), utilizado pelo Cade, empregando o filtro específico de seleção de casos envolvendo integrações verticais. Sabendo que o sistema de busca poderia apresentar falhas na filtragem, a base (que até então continha 45 casos, após exclusão das operações que não envolviam a discussão sobre integração vertical) foi complementada com sugestões de operações por parte dos membros dos próprios grupos de trabalho do IBRAC e do Cade. Desse modo, faz-se importante o *disclaimer* de que não é possível afirmar com certeza tratar-se de análise da totalidade dos casos envolvendo integrações verticais analisados pelo Tribunal do Cade, embora acredita-se que a base está próxima disso. De qualquer maneira, acredita-se tratar-se de quantitativo de casos suficientemente relevantes para fins de análise sobre o tema.

Após a seleção final dos 61 casos, o Grupo de Trabalho realizou um trabalho coletivo de planilhamento, em que diferentes membros do grupo foram responsáveis por organizar, em uma planilha *Excel*, as informações das operações notificadas nas seguintes grandes categorias: (i) descrição do processo, que contém informações relacionadas principalmente a partes, emenda, rito de notificação, declaração de complexidade, data da decisão, mercados relevantes envolvidos, sobreposições horizontais e integrações verticais analisadas, incluindo os respectivos *market shares*; (ii) existência ou não de pedido de terceiro interessado, incluindo análise pormenorizada dos argumentos levantados, bem como dos argumentos para deferimento e/ou indeferimento do pedido; (iii) descrição da metodologia analítica da decisão, incluindo a identificação de aplicação de algum método quantitativo ou econométrico (vGUPPI, análise de margem, outros); (iv) mapeamento das principais teorias do dano; (v) análise de condicionantes; (vi) descrição da decisão do Cade, incluindo os principais argumentos elencados para a tomada de decisão do Plenário.

Coube à coordenação do Grupo de Trabalho revisar e uniformizar a base de dados após o trabalho coletivo realizado. A partir do tópico seguinte, o presente texto procura delinear os resultados gerais do mapeamento.

3. Resultados de análise

3.1. Informações Gerais

Como mencionado, os casos remetidos para análise do Tribunal consistem, em regra, em operações complexas. Os números da base analisada refletem esse ponto: dos 61 casos analisados, 53 foram notificados pelo Rito Ordinário. Do total, 33, ou seja, 54%, foram declarados como complexos.

Embora todos os casos analisados tratassem de questões verticais, a sua grande maioria envolvia também sobreposições horizontais. Dos casos analisados, 87% do total (53 processos) incorreram em sobreposição horizontal entre as partes envolvidas, enquanto apenas 13% (8 processos) não apresentaram essa característica. Dentre os processos que incorreram em sobreposição horizontal, em 65% deles a sobreposição foi considerada relevante, o que demonstra que, em sua grande maioria, a análise das integrações verticais realizada pelo Tribunal também foi, de alguma maneira, sopesada com as sobreposições horizontais ocasionadas pela operação.

No que se trata do teor das 61 decisões do Tribunal do Cade analisadas, 27 das operações foram aprovadas condicionadas ao cumprimento de ACCs e 23 aprovadas sem restrições, o que representa cerca de 44% e 37% do total de casos, respectivamente[5]. A reprovação das operações, em linha com os números referentes aos casos analisados apenas pela Superintendência-Geral, foi a exceção, ocorrendo em apenas 3 (três) dos casos analisados.

3.2. Acordos em Controle de Concentração e Terceiros Interessados

Em que pese a presença concomitante de sobreposições horizontais na maior parte dos casos analisados, é interessante notar que os ACCs negociados nas operações também tiveram, em sua maioria, relação direta com as preocupações decorrentes da integração vertical gerada pela operação. Dos casos em que houve negociação de ACCs (27 casos), 59% dos Acordos (16 casos) tiveram como objetivo a redução de efeitos anticompetitivos decorrentes da integração vertical, sobretudo no setor de indústria de transformação, conforme será delineado abaixo.

Já em relação à presença de terceiros interessados, constatou-se que, em 61% do total de casos analisados, houve habilitação de terceiros interessados. Dentre os processos em que houve habilitação, a análise concluiu que as informações fornecidas pelos terceiros interessados

---

5 Três casos foram arquivados por perda de objeto, três reprovados e cinco não tiveram análise de mérito realizada pelo Tribunal, por rejeição de recurso ou rejeição de propostas de avocação.

foram explicitamente utilizadas na decisão final do Cade em 70% dos casos, o que indica permeabilidade do Plenário em relação aos argumentos trazidos por terceiros no processo.

3.3. Setores proeminentes

Da pesquisa realizada, observa-se que a indústria de transformação acumula a maior parte dos casos analisados pelo Tribunal do Cade, tendo representado 43% dos casos. Na sequência, estão os setores de transporte e armazenagem (13%), atividades financeiras e seguros (12%) e o setor de saúde (12%).

Em 77% dos casos analisados, as operações envolveram empresas pertencentes ao mesmo setor econômico, sendo predominante os casos envolvendo Atos de Concentração entre empresas da indústria de transformação. Dos 61 casos analisados, 25 (ou aproximadamente 41% da amostra) envolveram operações em que ambas as empresas pertenciam a esse setor. Em sequência, predominaram casos em que ambas as partes pertenciam ao setor de transporte e armazenagem (8%) e atividades financeiras seguros (8%).

É interessante notar que, em que pesem os estudos realizados pelo próprio Cade[6] sobre o aumento significativo de operações envolvendo integrações verticais no setor de saúde, apenas 5 (cinco) operações foram analisadas pelo Tribunal do Cade no período objeto da pesquisa, e 2 (duas) delas foram aprovadas condicionadas à celebração de ACCs cujos objetivos visavam especificamente reduzir os efeitos anticompetitivos decorrentes da integração vertical.

3.4. Principais teorias de dano e condicionantes de análise

Dentre as teorias de dano costumeiramente atribuídas pela literatura a casos envolvendo integrações verticais, é possível nomear a adoção de estratégias exclusionárias, tais como o fechamento de mercado e a consequente elevação de barreiras à entrada, além do abuso de posição dominante, quando, por exemplo, a empresa fusionada passa a deter condições de exercer poder de mercado e, com isso, não repassa

[6] O Caderno "Atos de Concentração nos mercados de planos de saúde, hospitais e medicina diagnóstica" do Cade destaca o "intenso processo de integração vertical envolvendo operadoras de planos de saúde, hospitais e medicina diagnóstica" que vem ocorrendo ao longo dos últimos anos.

as possíveis eficiências da operação para o consumidor final ou para o elo seguinte da cadeia produtiva[7].

Dado que a maior parte dos ACCs negociados nos casos analisados tiveram relação direta com as preocupações com as integrações verticais derivadas das operações, torna-se importante saber quais as teorias de dano prevaleceram na análise do Tribunal do Cade.

Em 83% casos analisados, foram analisadas condutas verticais que suscitariam o possível fechamento de mercado, sendo que, em 37% do total, o fechamento de mercado foi a única teoria de dano aventada pelo Tribunal. Em sequência, condutas de discriminação de concorrentes foram consideradas em 41% da amostra. Combinadas, a análise de possível fechamento de mercado e discriminação foi observada em 33% dos casos.

Em que pese a prevalência das teorias do dano acima expostas, o Tribunal do Cade também demonstrou preocupação com efeitos coordenados, considerados em 30% dos casos da base, bem como com a possível troca de informações sensíveis entre concorrentes, considerada em 23% dos casos.

O mapeamento realizado procurou comparar as teorias do dano testadas pelo Tribunal e aquelas efetivamente consideradas aplicáveis na decisão final, conforme gráfico abaixo. Embora, considerando essa perspectiva, a prevalência das teorias de fechamento de mercado e discriminação tenha se mantido, é interessante notar outras nuances trazidas por essa comparação. É o caso, por exemplo, das preocupações relacionadas ao exercício de poder de portfólio ou efeitos conglomerais: em todos os casos em que tais teorias foram aventadas, elas também foram consideradas como significativas para o caso. O acesso a informações sensíveis, por outro lado, embora aventado em 23% dos casos, foi considerado relevante para a análise do Tribunal em apenas 13% deles.

---

[7] MOTTA, 2003, pp. 495.

Figura 1 – Proporção entre as teorias do dano testadas e aquelas de fato consideradas aplicável ao caso pelo Tribunal (61 casos)

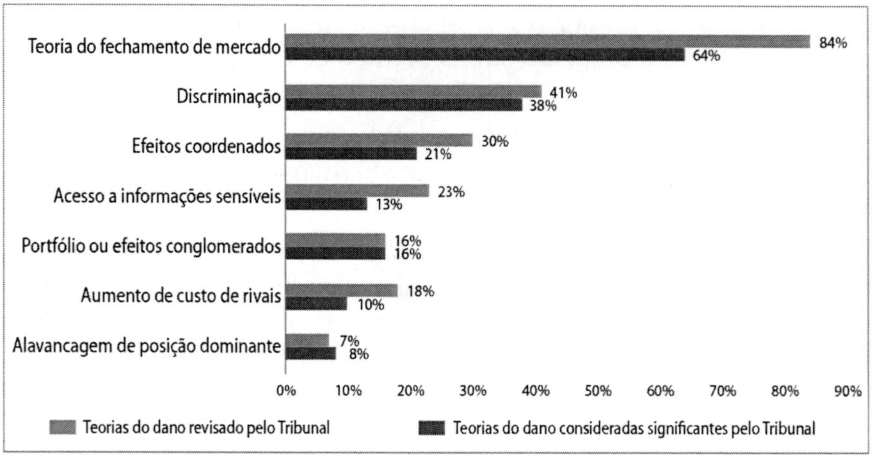

Fonte: IBRAC.

Como regra geral, o estudo permitiu observar que a análise do Tribunal do Cade seguiu um arcabouço analítico tecnicamente alinhado às melhores práticas antitruste internacionais, utilizando a estrutura de análise baseada na avaliação da capacidade, do incentivo econômico e dos efeitos concorrencialmente prejudiciais ao mercado decorrentes da operação sob análise.

Para isso, diversos tipos de evidências foram revisados. A fim de testar a capacidade da nova entidade de exercer poder de mercado, o Tribunal se pautou em indicadores técnicos de habilidades, como concentração de mercado (em 77% dos casos), relevância do insumo/produto no custo de produção (em 49% dos casos) e capacidade ociosa (em 39% dos casos).

Já em relação à análise de condicionantes de incentivos ou de racionalidade econômica, os indicadores avaliados incluíram a estimação de taxas de desvio de demanda em 36% dos casos, seguida da análise sobre a estratégia negocial da empresa em 30% dos casos pertencentes à base. Em 21% dos casos, observou-se uma análise acerca das margens relativas entre os elos da cadeia e, em 10%, foi feita uma análise custo-benefício. Além disso, em 11% dos casos, foram utilizados métodos quantitativos econômicos de análise, como o vGuppi[8].

[8] Em síntese, o teste VGuppi, ou Vertical Gross Upward Price Pressure Index, é

4. Conclusão

O presente artigo procurou trazer um panorama geral da análise do Tribunal do Cade sobre as 61 operações que compuseram a base de dados construída a partir de um esforço coletivo de sistematização do Grupo de Trabalho.

Dos resultados apresentados, que, conforme delineado, não se pretenderam nem exaustivos e nem qualitativos, é possível tirar diversas conclusões interessantes.

A primeira delas é que, considerando as características da base, a análise das integrações verticais realizada pelo Tribunal do Cade foi de alguma maneira também sopesada com as sobreposições horizontais ocasionadas pela operação. Contudo, em que pese a presença concomitante de sobreposições horizontais na maior parte dos casos da base, é interessante notar que os ACCs negociados tiveram, em sua maioria, relação mais direta com as preocupações decorrentes da integração vertical gerada pela operação.

Ainda, a base permitiu concluir que a indústria de transformação foi prevalente nas operações analisadas, sendo que a maior parte dos casos envolveu empresas pertencentes aos mesmos setores econômicos.

No que se trata das teorias do dano consideradas, a metodologia de análise permitiu diferenciar as teorias analisadas daquelas efetivamente consideradas na decisão do Plenário. O fechamento de mercado foi prevalente em ambas as perspectivas de análise.

No que se trata da avaliação de capacidade, o Tribunal, na maior parte das vezes, se pautou em indicadores técnicos de habilidades, como concentração de mercado, relevância do insumo/produto no custo de produção e capacidade ociosa. Já em relação à análise de condicionantes de incentivos ou de racionalidade econômica, os indicadores avaliados incluíram a estimação de taxas de desvio de demanda, seguida da análise sobre a estratégia negocial da empresa.

Espera-se que os *insights* aqui apresentados sirvam para instigar perguntas de pesquisas futuras, capazes de trazer aprofundamento a aspectos específicos dos elementos aqui apresentados, especificamente diante da iminência do lançamento do Guia V+ pelo Cade.

---

capaz de fornecer uma medida quantificável do incentivo pós-fusão de uma empresa para aumentar os preços.

5. Referências bibliográficas

BRASIL. Conselho Administrativo de Defesa Econômica. "Atos de Concentração nos mercados de planos de saúde, hospitais e medicina diagnóstica". Cadernos do Cade. Disponível em: Atos de concentração nos mercados de planos de saúde, hospitais e medicina diagnóstica - Edição revista e atualizada (Cade.gov.br). Acesso em 26.08.2024.

CMA. Ex-post Evaluation of Vertical Mergers. Report for the Competition and Markets Authority, 2022.

IBRAC. *"Base de dados de casos de Fusões Verticais analisados pelo Tribunal do CADE 2012-2022",* Versão 1.0, 2023."

MOTTA, MASSIMO. Competitition Policy. Theory and Practice. Cambridge Cambridge University Press, 2004.

OECD. OECD Competition Trends 2021, Volume II, Global Merger Control, 2021.

ZENGER, Hans. Analyzing Vertical Mergers. CPI AntitrustChronicle, October 2020.

INPUT FORECLOSURE E O CASO MICROSOFT/ACTIVISION BLIZZARD KING: DIFERENTES IMPLICAÇÕES SOBRE CONCORRÊNCIA EM MERCADOS NASCENTES

INPUT FORECLOSURE AND THE MICROSOFT/ACTIVISION BLIZZARD KING CASE: DIFFERENT IMPLICATIONS FOR COMPETITION IN EMERGING MARKETS

Ademir Antonio Pereira Jr
Yan Villela Vieira
Gabriel de Aguiar Tajra[1]

Sumário: Fusões verticais tipicamente demandam análise do risco de *input foreclosure*, ou seja, a possibilidade de que a entidade pós-fusão negue ou discrimine acesso a insumos relevantes a rivais nos mercados *downstream*. No caso Microsoft/ ABK , a análise dessa teoria de dano por autoridades de defesa da concorrência estrangeiras como FTC, CMA e EC teve abordagens e implicações distintas à abordagem do Cade. O ponto central dessa diferença foi a forma de análise da concorrência em mercados nascentes (concorrência potencial) e sua importância para determinar a necessidade de uma intervenção. A metodologia de análise antitruste para mercados nascentes é um tema atual e a experiência nesse caso oferece parâmetros importantes para casos futuros.

Palavras-chave: fusões verticais, fechamento de mercado, concorrência potencial, análise antitruste, Microsoft/Activision Blizzard King.

Abstract: Vertical mergers typically require an analysis of the risk of input foreclosure, that is, the possibility that the post-merger entity denies or discriminates access to relevant inputs for rivals in downstream markets. In the Microsoft/ABK case, the analysis of this theory of harm by foreign competition defense agencies such as the FTC, CMA, and EC saw distinct approaches and implications compared to Cade's approach. The core difference was in the way competition in emerging markets (potential competition) was assessed and its significance in determining the need for an intervention. The methodology of antitrust analysis for emerging markets is a current topic, and the experience in this case offers important parameters for future cases.

[1] *Disclaimer*: os autores representaram o Google Brasil Internet Ltda. em resposta a ofício no Ato de Concentração nº 08700.003361/2022-46.

Keywords: vertical mergers, market foreclosure, potential competition, antitrust analysis, Microsoft/Activision Blizzard King.

1. Introdução

A aquisição da Activision Blizzard King ("ABK") pela Microsoft pelo valor de US$ 69 bilhões (a "Operação") gerou intensos debates por autoridades de defesa da concorrência ao redor do globo, em função de seu alegado potencial de reconfigurar completamente a indústria de videogames, que movimenta centenas de bilhões de dólares[2]. Não apenas porque o preço de compra foi o maior já registrado na indústria ou porque envolveu duas das cinco maiores empresas desse setor[3], mas também porque a Operação poderia concentrar nas mãos de uma única empresa os jogos, consoles, plataformas e serviços de assinatura mais populares do mundo.

A Microsoft é uma empresa global de tecnologia. O negócio de jogos da Microsoft inclui atividades como desenvolvedora, publicadora e distribuidora de jogos para computadores pessoais ("PCs"), dispositivos móveis, além da oferta do console de jogos Xbox e serviços de jogos online (XBox Game Pass), incluindo uma plataforma de jogos em nuvem (Xbox Cloud Gaming).

Por sua vez, a ABK desenvolve jogos para PCs, consoles e dispositivos móveis. Os principais títulos da ABK incluem os jogos das séries *Call of Duty* (disponíveis para PC, consoles e dispositivos móveis), *World of Warcraft* (disponível para PC) e *Candy Crush* (disponível para dispositivos móveis), dentre outros.

Embora a Operação resultasse em sobreposições horizontais nos mercados de desenvolvimento e publicação de jogos eletrônicos, distribuição de jogos, publicidade online e merchandising, o principal foco de atenção das autoridades de defesa da concorrência foram as integrações verticais entre as atividades de desenvolvimento e publicação de jogos, pela ABK, com as atividades de distribuição de jogos da Microsoft por meio de suas plataformas para PCs, consoles (Xbox) e seus serviços de assinatura de jogos por meio de nuvem.

[2] Vide Video game industry - Statistics & Facts.

[3] Top 10 Biggest Video Game Companies in the World, All Top Everything (2022).

Em larga medida, as preocupações das autoridades tiveram esse foco porque a Microsoft tinha um longo histórico de adquirir estúdios de jogos independentes e lançar novos títulos desses estúdios apenas em suas próprias plataformas (PCs, Xbox). Por exemplo:

- Após a aquisição da Bungie em 2000, a Microsoft lançou apenas títulos da franquia *Halo* para suas próprias plataformas (XBox/PC)[4].
- Após a aquisição da Ensemble Studios em 2001, a Microsoft também lançou novos títulos da franquia *Age of Empires* exclusivamente para suas próprias plataformas (PCs)[5].
- Em 2018, a Microsoft adquiriu a Obsidian Entertainment, e novos jogos da empresa foram lançados apenas para plataformas da Microsoft (XBox)[6].
- De maneira semelhante, após a aquisição da ZeniMax em 2021, a Microsoft lançou novos títulos das franquias *Elder Scrolls*, *Fallout*, e *Doom* apenas para suas próprias plataformas (XBox/PC)[7].
- A Microsoft adquiriu a Mojang, estúdio de jogos por trás do *Minecraft*, em 2014. Em 2020, a Microsoft havia rompido a compatibilidade com dispositivos com Chrome OS (o *Minecraft* somente voltou a estar disponível no Chrome OS em junho de 2023)[8].

Dada a popularidade dos títulos da ABK, as autoridades buscaram examinar se a Microsoft teria capacidade e incentivos para implementar uma estratégia similar às descritas acima após a Operação, e quais seriam seus impactos sobre o desempenho de plataformas rivais. O resultado da análise por cada uma das principais autoridades de defesa da concorrência, contudo, foi bastante distinto.

---

4 Vide Why Halo Is Now More Important To Microsoft Than Ever (2013).

5 Vide Age of Empires Is Part of Microsoft's Bid to Conquer the PC Game World (2021).

6 Vide The Outer Worlds 2: Everything we know so far about Obsidian's new RPG (2023).

7 Vide How Xbox outgrew the console: inside Phil Spencer's multi-billion dollar gamble (2021). Vide também Microsoft Explains Why Elder Scrolls VI Will Be Exclusive And Call Of Duty Won't (2022).

8 Vide Minecraft ganha versão para Chromebooks (2023).

A Superintendência-Geral do Cade ("SG") aprovou a Operação sem restrições no início de outubro de 2022. Segundo informações publicamente disponíveis, a SG foi uma das primeiras autoridades de defesa da concorrência a aprovar a Operação (apenas Arábia Saudita proferiu decisão naquela mesma época). Por sua vez, outras autoridades não apenas realizaram investigações mais longas, como demandaram remédios (como no caso da Comissão Europeia – EC) e até mesmo buscaram bloquear a Operação (como no caso da Federal Trade Commission – FTC, e da Competition and Markets Authority – CMA).

Diante de decisões distintas por órgãos que compõem o primeiro nível das autoridades de defesa da concorrência ao redor do mundo, todas baseadas em teorias de dano similares, referentes à proteção da inovação em mercados nascentes[9], o presente artigo pretende examinar quais as principais diferenças na análise de cada autoridade que podem ter contribuído para conclusões distintas.

2. *Input foreclosure:* diferenciando capacidade de incentivos

A principal discussão no caso diz respeito à noção de *input foreclosure* – recusa ou discriminação de acesso pelo agente verticalmente integrado a um insumo (à montante) utilizado pelos seus rivais num mercado à jusante[10].

No caso específico, era necessário examinar se a obtenção, pela Microsoft, de controle do catálogo de jogos da ABK prejudicaria a concorrência na distribuição de jogos, uma vez que a Microsoft poderia deter capacidade e incentivos para excluir plataformas de distribuição rivais (incluindo consoles, serviços de assinatura e jogos em nuvem), impedindo acesso a jogos que eram qualificados por alguns como *must-have*. Além disso, o catálogo de jogos da ABK seria combinado ao portfólio já detido pela Microsoft pré-Operação, que já reunia jogos de

[9] Nota-se que o fundamento da inovação em mercados digitais para garantir legitimidade às teorias de dano em decisões de autoridades de defesa da concorrência tem resultado em conclusões contraditórias ao redor do globo, "seja para justificar a repressão de estratégias comerciais supostamente anticompetitivas de plataformas online, seja para imunizá-las". FERNANDES, Victor. *Direito da Concorrência das Plataformas Digitais: Entre abuso de poder econômico e inovação*. São Paulo: Thomson Reuters Brasil, 2022, p. 23.

[10] Vide, por exemplo, SALOP, Steven C. *Invigorating Vertical Merger Enforcement*, in *The Yale Law Journal* 127, 2018, p. 1975.

grande sucesso, obtidos por meio de aquisições de outros desenvolvedores como a ZeniMax (em 2021).

A análise de *input foreclosure* tipicamente inclui dois parâmetros: (i) a existência de incentivos para a negativa ou discriminação de acesso ao insumo; e (ii) a existência de capacidade para o fechamento do mercado à jusante a rivais, por meio da recusa ou discriminação de acesso ao insumo[11].

A análise desses dois parâmetros foi distinta em cada jurisdição. Além disso, mercados à jusante diversos – consoles e jogos em nuvem - tiveram análises específicas e com resultados divergentes, o que foi chave, por exemplo, para o desenho dos remédios no caso da EC, bem como para a rejeição de um pacote similar pela CMA.

De fato, o Parecer proferido pela SG/Cade para aprovação da Operação ("Parecer SG")[12], reconheceu explicitamente que a Microsoft tinha incentivos para tornar os jogos da ABK exclusivos para seu próprio ecossistema (i.e., suas próprias lojas virtuais, os consoles Xbox e o serviço de assinatura *Game Pass*), dado que seria: "*potencialmente lucrativa a adoção de uma estratégia de exclusividade sobre os jogos da Activision Blizzard, mesmo que uma decisão nesse sentido pudesse resultar em sacrifício de parte relevante das vendas, dos usuários e até da popularidade de Call of Duty. Isso porque, em tese, tal estratégia poderia contribuir para impulsionar as vendas do Xbox, expandir a base de assinantes do Game Pass e fortalecer os efeitos de rede no ecossistema da Microsoft, de modo a compensar eventual perda de receitas com a venda de jogos no curto prazo*" (§ 339 do Parecer)[13].

---

[11] O Cade vem consistentemente adotando esse *framework* de análise. Vide, por exemplo: Ato de Concentração nº 08700.005719/2014-65 (América Latina Logística S.A./Rumo Logística e Operadora Multimodal S.A.); Ato de Concentração nº 08700.009363/2015-10 (Itaú/Mastercard); Ato de Concentração nº 08700.004860/2016-11 (BM&FBovespa/CETIP); Ato de Concentração nº 08700.001390/2017-14 (AT&T/Time Warner); Ato de Concentração nº 08700.004431/2017-16 (Itaú/XP Investimentos).

[12] Ato de Concentração nº 08700.003361/2022-46; Parecer nº 23/2022/CGAA3/SGA1/SG/Cade.

[13] Além disso, a SG indicou que a Microsoft poderia tornar os títulos da ABK exclusivos a seu ecossistema a despeito de declarações públicas de que continuaria a lançar *Call of Duty* e outros jogos no PlayStation: "*se concluída a Operação, o futuro do conteúdo da Activision Blizzard em consoles da Sony seria incerto* (...) não se pode descartar a possibilidade de a Microsoft mudar o entendimento mani-

Portanto, o Parecer SG reconheceu a relevância do portfólio de jogos da ABK[14], e constatou que tornar os jogos da ABK exclusivos para seu próprio ecossistema proporcionaria à Microsoft uma significativa "vantagem competitiva" frente a seus rivais nos segmentos de consoles, serviços de assinatura e jogos em nuvem[15]. Para a SG, contudo, os jogos da ABK não seriam tão populares no Brasil, de forma que não haveria risco de fechamento de mercado que exigisse uma intervenção pelo Cade, seja no segmento de consoles ou nos segmentos de serviços de assinatura e jogos em nuvem[16].

Diferentemente, EC e CMA realizaram análises com foco em preocupações com *input foreclosure* nos mercados de console e serviços de assinatura e jogos em nuvem, mas chegaram a resultados distintos. No

---

festado no "compromisso público" citado". (§ 331 do Parecer)

[14] "*o catálogo da Activision Blizzard, e em especial a série Call of Duty, constituem ativos muito importantes no contexto geral da indústria de videogames, situando-se entre os jogos de maior sucesso em termos de vendas e público.*" (§ 245 do Parecer)

[15] Em especial, a SG afirmou que "*parte dos usuários do PlayStation pode decidir migrar para o Xbox na hipótese de os jogos da Activision Blizzard – e especialmente Call of Duty – se tornarem exclusivos para o ecossistema da Microsoft*". (§ 342 do Parecer)

[16] As evidências para apoiar essa conclusão limitam-se essencialmente a uma análise de listas de jogos mais vendidos no PlayStation 4 e 5 "*nem Call of Duty, nem nenhum outro título da Activision Blizzard para PlayStation 4 figurou na lista de jogos mais vendidos da PlayStation Store brasileira nos anos de 2017 a 2021*". (§ 240 do Parecer SG). Quanto ao PlayStation 5, "*o posicionamento dos jogos da franquia nos rankings de vendas do Brasil (8ª e 9ª posições) e do Japão (11ª posição) é bem menos proeminente que o verificado nos EUA/Canadá (2ª e 7ª posições)*" (§244 do Parecer SG) e "*Assim, mesmo que o catálogo de jogos da Activision Blizzard viesse a se tornar exclusivo para o ecossistema da Microsoft após a Operação, a SG/Cade considera que tal exclusividade não resultaria em redução substancial dos níveis de concorrência nos mercados a jusante, ainda que pudesse se traduzir em uma vantagem competitiva para a Microsoft" (§361 do Parecer SG).* Em nota à OCDE sobre a análise do caso, a SG reafirmou o entendimento: "*This is due to Call of Duty and other games from Activision Blizzard not being as popular and relevant in Brazil as they are in the United States and other countries. Besides, there are close substitutes in the market, that is, games of the same genre, available on the same platform, targeted at the same type of player, and developed with similar production values and technical specifications*". OCDE. *Advantages and Disadvantages of Competition Welfare Standards* – Note by Brazil, 2023, pp. 3-4.

que diz respeito a consoles, embora tenham divergido acerca da capacidade para implementação da estratégia de *input foreclosure* (CMA entendeu que havia condições para fechamento em função da relevância do *Call of Duty* enquanto a EC entendeu que, mesmo que a Microsoft tornasse os jogos exclusivos para consoles, não haveria danos à concorrência uma vez que o *Call of Duty* não era tão popular no bloco europeu em comparação a outros países e a Sony teria condições de continuar competindo vigorosamente), ambas as autoridades concluíram que a Microsoft não teria incentivos para tornar jogos da ABK exclusivos ao Xbox (da Microsoft), dado que a Microsoft perderia parcela relevante da receita de venda de jogos da ABK por meio da Sony, a principal fonte de receita da até então, as quais dificilmente seriam compensadas[17].

Por outro lado, para ambas as autoridades, uma estratégia de *input foreclosure* seria especialmente nociva para serviços de jogos multiplataforma em nuvem, como PlayStation Plus, Amazon Luna, Nvidia GeForce NOW, e futuros entrantes. Nesse ponto, CMA e EC concluíram que os jogos em nuvem faziam parte de um mercado nascente, mas disruptivo, tendo a capacidade de alterar a dinâmica futura da indústria de jogos de um modelo "centrado em dispositivos" para um modelo "centrado no jogador". Segundo as autoridades, os jogadores poderiam adquirir *hardwares* mais baratos, enquanto os vendedores poderiam vender a uma parcela mais ampla de consumidores a menores custos, o que garantiria maior acessibilidade e poder de compra aos consumidores[18]. Nesse sentido, seria necessário avaliar se a Microsoft (no cenário pós Operação) poderia distorcer o crescimento do mercado nascente de jogos em nuvem em benefício próprio, desvirtuando potenciais efeitos positivos à indústria.

Em sentido similar, a FTC também externou preocupações quanto aos efeitos da Operação sobre os mercados de serviços de assinatura em biblioteca multijogos e de jogos em nuvem, apresentando ação ju-

---

[17] Vide: REINO UNIDO. CMA. Final Report: Anticipated acquisition by Microsoft of Activision Blizzard, Inc., publicado em 26 de abril de 2023, pp. 15-6. UNIÃO EUROPEIA. Comissão Europeia. Case M.10646 – MICROSOFT / ACTIVISION BLIZZARD, publicado em 15 de maio de 2023, p.12.

[18] Vide: REINO UNIDO. CMA. Final Report: Anticipated acquisition by Microsoft of Activision Blizzard, Inc., publicado em 26 de abril de 2023, pp. 16-9. UNIÃO EUROPEIA. Comissão Europeia. Case M.10646 – MICROSOFT / ACTIVISION BLIZZARD, publicado em 15 de maio de 2023, pp. 96-9.

dicial para barrar a Operação, em dezembro de 2022[19]. Diferentemente da EC e da CMA, a FTC incluiu em sua ação judicial a teoria de que a Microsoft teria capacidade e incentivo para prejudicar a concorrência também no mercado de consoles.

Segundo a FTC, de um lado, a Microsoft teria capacidade para impedir o acesso de rivais a jogos ou conteúdo dentro dos jogos da ABK por meio de exclusividade, além de poder degradar a qualidade dos jogos fornecidos a plataformas rivais (consoles, serviços de assinatura e jogos em nuvem) ao deixar de investir na qualidade destes jogos. Além disso, a Microsoft teria incentivos para implementar essa estratégia, com o objetivo de fortalecer as vendas de seus próprios produtos nos mercados relevantes afetados, dado que os jogos da ABK seriam insumos importantes especialmente por garantirem fidelização de usuários e uma fonte de receita advinda da venda de conteúdo dentro dos jogos. O caso da FTC, contudo, não teve sucesso perante o Judiciário norte-americano, tendo a FTC desistido da ação em julho de 2023[20].

3. Danos à concorrência atual v. potencial/entrada

Um aspecto em comum nas três decisões que identificaram problemas na Operação merece destaque: enquanto a FTC desenvolveu ação ampla, incluindo teorias sobre console e jogos em nuvem, EC e CMA basearam seus casos exclusivamente em efeitos no mercado de jogos em nuvem, tido como o mercado nascente relacionado ao setor. Para EC e CMA, a concorrência atual com a Sony não gerou preocupações - o ponto central para intervenção foram potenciais efeitos futuros e negativos sobre a concorrência que poderia se estabelecer no mercado nascente de jogos em nuvem.

No caso da CMA, a autoridade concluiu que a Operação poderia "alterar o futuro do mercado de jogos para pior". A teoria de dano da CMA foi baseada em preocupações com o robustecimento, pela Microsoft, de sua posição no ecossistema de jogos, em que já detinha "vantagem competitiva" no cenário pré-Operação em decorrência de sua presença relevante em sistemas operacionais, consoles, serviços de assinatura e nuvem, além de um amplo catálogo de jogos, sendo que tais

[19] Vide Microsoft/Activision Blizzard, In the Matter of.

[20] Vide Commission order withdrawing matter from adjudication pursuant to rule 3.26(c) of the commission rules of practice.

vantagens dificilmente seriam alcançadas e superadas por rivais, dadas as altas barreiras à entrada e os efeitos de rede do setor.

Nesse sentido, segundo a CMA, mesmo que os títulos da ABK ainda não estivessem disponíveis em qualquer serviço de jogos em nuvem, a ABK teria incentivos para disponibilizar seus catálogos nessas plataformas. Contudo, com a Operação, a Microsoft teria capacidade e incentivo para restringir a concorrência atual e potencial do crescente mercado de jogos em nuvem, ao tornar jogos da ABK exclusivos (ou degradar tais jogos em plataformas rivais), prejudicando concorrentes (por limitar sua capacidade de rivalizar), bem como os consumidores (que teriam menos benefícios em termos de preço e menor inovação advinda de um mercado disruptivo).

Em especial, a CMA concluiu que os jogos da ABK garantiriam capacidade de fechamento de mercado à Microsoft por constituírem alguns dos jogos mais populares no Reino Unido, sendo que não existiriam alternativas relevantes para que rivais adquirissem escala e se tornassem de fato competitivos. No entender da CMA, como o setor experimentaria um crescimento significativo, a Microsoft deteria incentivos para fechar o mercado com expectativa de retornos futuros, sendo que qualquer dano a um mercado nascente seria capaz de reforçar a posição da Microsoft e obstar a capacidade de rivais entrarem e competirem eficientemente, privando os consumidores dos efeitos da inovação disruptiva naquele setor.

Por sua vez, as preocupações da EC foram baseadas em duas teorias de dano principais. A primeira diz respeito ao fechamento de rivais no segmento de jogos na nuvem, considerando que a Microsoft teria uma "vantagem de pioneiro" (*first-mover advantage*) neste segmento e uma posição estratégica em toda a cadeia de videogames. Segundo a EC, caso os jogos da ABK se tornassem exclusivos ou tivessem sua qualidade degradada aos rivais, a Microsoft fortaleceria sua posição no segmento de nuvem, restringindo a atratividade do catálogo de jogos rivais para ampliar suas próprias receitas.

A EC também externou preocupações referentes a uma segunda teoria de dano, consistente em potenciais efeitos conglomerais no mercado de sistema operacional para PCs e num risco da adoção de estratégias de venda casada. Segundo a EC, a Microsoft teria capacidade para vincular a distribuição de jogos na nuvem ao seu sistema operacional Windows, o que restringiria a capacidade de rivais competirem efetivamente. Segundo a EC, a estratégia seria lucrativa não apenas por ampliar a base de jogadores em PCs com sistema operacional Windows, mas por aumentar a venda de produtos correlacionados, tais como o pacote Office 365 e o licenciamento de seu sistema operacional.

Em termos contrafactuais, ambas as autoridades concluíram que, ausente a Operação, a ABK teria incentivos para disponibilizar seus jogos aos rivais, de forma que a Operação possuiria uma relação de causalidade direta com a vantagem decorrente de potenciais estratégias de exclusividade, especialmente no setor de jogos em nuvem, em que a ABK ainda não estava presente.

Diante das preocupações elencadas acima, a Microsoft ofereceu um pacote de remédios comportamentais consistentes, em síntese, na obrigação de licenciamento de jogos da ABK (existentes e futuros) livre da cobrança de *royalties* para determinados publicadores de jogos em nuvem por um período de 10 anos, bem como na obrigação de permitir que consumidores que adquirissem jogos da ABK ou serviços de assinatura contendo jogos da ABK para PCs e consoles durante esse mesmo período pudessem transmitir (via *streaming*) esses jogos para outras plataformas.

Para a EC, o remédio mostrou-se suficiente para empoderar consumidores a transmitirem jogos entre plataformas, além de fomentar a utilização de jogos em nuvem para difundir a tecnologia. Segundo a EC, o remédio seria quase estrutural em decorrência do longo período de duração e do objeto da obrigação comportamental (licenciamento obrigatório a terceiros), além de conter previsões adicionais que seriam mais positivas do que barrar a Operação, notadamente por endereçar as preocupações de *input foreclosure* ao tornar os jogos da ABK disponíveis na nuvem imediatamente após a aprovação da Operação, incentivando a maturação de um setor disruptivo ainda incipiente.

Para a CMA, contudo, esses remédios não seriam suficientes por duas razões principais: (i) consumidores deveriam primeiro comprar os jogos para adquirirem tais direitos, o que, em última instância, restringiria a capacidade de rivais tornarem tais jogos disponíveis por outros modelos de negócio, como em acordos de propaganda conjunta, lançamento de jogos, sendo que o mercado seria dinâmico e tais estratégias contratuais possíveis; e (ii) a licença envolveria jogos para PCs e consoles vinculados ao modelo de negócios da Microsoft, sendo que a ABK, em um cenário contrafactual, teria incentivos para desenvolver tais jogos mesmo em modelos não compatíveis com o ecossistema do Xbox que estariam em desenvolvimento por players do segmento de jogos em nuvem. Por isso, a CMA bloqueou a Operação em julho de 2023. Em resposta, a Microsoft trabalha em nova proposta de remédios (agora estruturais), buscando reverter essa decisão de forma a prosseguir com a Operação[21].

4. Conclusão

Concomitantemente à análise do Cade, autoridades de defesa da concorrência estrangeiras conduziram análises dos efeitos da Operação. Enquanto a SG descartou preocupações relacionadas a *input foreclosure*, FTC, EC e CMA concluíram que existia risco de dano para o mercado de jogos em nuvem, embora cada autoridade tenha seguido caminhos distintos em suas análises. Em comum, as autoridades estrangeiras identificaram que o mercado de jogos em nuvem constitui mercado ainda nascente e com caráter disruptivo, o que aumentaria os incentivos da Microsoft para implementar estratégias de fechamento.

Nota-se neste caso que a probabilidade de *input foreclosure* foi considerada distinta para o mercado de jogos em nuvem e para o mercado tradicional de consoles. Em particular, o fato de a concorrência em nuvem ser ainda nascente foi um fator fundamental para que a estratégia de fechamento fosse considerada viável e pudesse resultar em prejuízos concorrenciais. Assim, o precedente Microsoft/ABK sugere que, para FTC, EC e CMA, mesmo danos limitados e incertos deveriam ser vistos como nocivos caso ocorram em mercados nascentes com elevado potencial de crescimento.

No Brasil, embora o Cade tenha considerado que o risco de dano à concorrência ao mercado nascente de nuvem não era suficiente para justificar uma intervenção antitruste - especialmente porque os jogos da ABK não seriam tão populares no Brasil a ponto de efetivamente

---

[21] No momento da escrita deste texto, Microsoft e ABK ainda não haviam obtido a aprovação da CMA para a Operação. As partes anunciaram em 21 de agosto de 2023 um remédio estrutural consistente na transferência dos direitos de jogos em nuvem da ABK para um terceiro (a Ubisoft) com o objetivo de endereçar as preocupações da CMA. Vide Microsoft and Activision Blizzard restructure proposed acquisition and notify restructured transaction to the UK's Competition and Markets Authority. Em 22 de agosto de 2023, a CMA instaurou novo procedimento para analisar a Operação, dessa vez considerando que os direitos de jogos em nuvem da ABK não serão adquiridos pela Microsoft. O prazo para uma decisão em Fase 1 (Phase 1) da análise se encerra somente em 18 de outubro de 2023.

gerar capacidade para o fechamento de mercado - o tema do risco de *input foreclosure* ou *customer foreclosure* em mercados nascentes foi abordado e tende a se mostrar uma preocupação relevante em operações analisadas no futuro. Dada a relevância do caso Microsoft/ABK, será importante a análise detalhada das atividades das partes em mercados nascentes em casos futuros. Em especial, teorias de dano associadas a ecossistemas digitais tendem a ganhar maior relevância em operações com efeitos verticais/conglomerais, enquanto a proteção de mercados nascentes e disruptivos, com potenciais efeitos de acessibilidade de entrantes ao mercado e do consumidor ao produto final, tenderão a exigir análises robustas de riscos de danos.

5. Referências bibliográficas

BRASIL. Cade. Ato de Concentração nº 08700.005719/2014-65. Requerentes: América Latina Logística S.A. e Rumo Logística e Operadora Multimodal S.A.

BRASIL. Cade. Ato de Concentração nº 08700.009363/2015-10. Requerentes: Itaú e Mastercard.

BRASIL. Cade. Ato de Concentração nº 08700.004860/2016-11. Requerentes: BM&FBovespa e CETIP.

BRASIL. Cade. Ato de Concentração nº 08700.001390/2017-14 Requerentes: AT&T e Time Warner.

BRASIL. Cade. Ato de Concentração nº 08700.004431/2017-16. Requerentes: Itaú/XP Investimentos.

BRASIL. Cade. Ato de Concentração nº 08700.003361/2022-46. Requerentes: Microsoft Corporation e Activision Blizzard, Inc.

REINO UNIDO. CMA. Final Report: Anticipated acquisition by Microsoft of Activision Blizzard, Inc., publicado em 26 de abril de 2023.

UNIÃO EUROPEIA. Comissão Europeia. Case M.10646 – MICROSOFT / ACTIVISION BLIZZARD, publicado em 15 de maio de 2023.

FERNANDES, Victor. *Direito da Concorrência das Plataformas Digitais*: Entre abuso de poder econômico e inovação. São Paulo: Thomson Reuters Brasil, 2022, p. 23.

OCDE. *Advantages and Disadvantages of Competition Welfare Standards* – Note by Brazil, 2023.

SALOP, Steven C. *Invigorating Vertical Merger Enforcement*. In: *The Yale Law Journal* 127, 2018, p. 1962-1994.

ADRENALINE. Minecraft ganha versão para Chromebooks.

ALL TOP EVERYTHING. Top 10 Biggest Video Game Companies in the World.

BLOOMBERG. Age of Empires Is Part of Microsoft's Bid to Conquer the PC Game World.

FORBES. Why Halo Is Now More Important To Microsoft Than Ever.

FTC. Commission order withdrawing matter from adjudication pursuant to rule 3.26(c) of the commission rules of practice.

FTC. Microsoft/Activision Blizzard, In the Matter of.

KOTAKU. Microsoft Explains Why Elder Scrolls VI Will Be Exclusive And Call Of Duty Won't.

MICROSOFT. Microsoft and Activision Blizzard restructure proposed acquisition and notify restructured transaction to the UK's Competition and Markets Authority.

QG MAGAZINE. How Xbox outgrew the console: inside Phil Spencer's multi-billion dollar gamble.

STATISTA. Video game industry - Statistics & Facts.

FUSÕES CONGLOMERAIS: TEORIAS DO DANO E JURISPRUDÊNCIA DO CADE ENTRE 2012 E 2022

CONGLOMERATE MERGERS: THEORIES OF HARM AND CADE JURISPRUDENCE BETWEEN 2012 AND 2022

Guilherme Mendes Resende
Victor Oliveira Fernandes
Isabella Oliveira Guimarães Barcelos

Resumo: O presente documento analisa fusões conglomerais do ponto de vista teórico e prático. Mais especificamente, busca-se discutir as teorias do dano – referentes aos efeitos conglomerais – usualmente utilizadas na análise de atos de concentração em mercados tradicionais, bem como, as discussões das fusões conglomerais em mercados digitais. Ademais, essas teorias são confrontadas com uma análise da jurisprudência do Conselho Administrativo de Defesa Econômica (Cade) entre 2012 e 2022. A análise da jurisprudência do Cade sobre fusões conglomerais revela que a autoridade antitruste brasileira tem avançado de forma gradual na incorporação de teorias modernas sobre efeitos conglomerais em suas decisões. Apesar disso, percebe-se que algumas dessas teorias ainda precisam ser mais bem assimiladas e aplicadas na prática pelo órgão. Até o momento, o Cade tem se valido principalmente da teoria da atuação transversal (reciprocity dealings) para avaliar os riscos concorrenciais associados ao aumento de poder de portfólio em fusões que unem empresas com produtos complementares. Essa abordagem representa um aprimoramento incremental em relação à análise antitruste tradicional. Porém, teorias renovadas sobre ecossistemas digitais multiproduto e poder conglomeral dinâmico na era digital ainda merecem ser discutidas de forma mais sistemática pelo Conselho.

Palavras-chave: fusões, conglomerados, plataformas digitais, jurisprudência.

Abstract: This paper aims to analyse conglomerate mergers from a theoretical and practical point of view. More specifically, it seeks to discuss the theories of harm - related to conglomerate effects - usually used in the analysis of mergers in traditional markets, as well as the discussions of conglomerate mergers in digital markets. Moreover, these theories are confronted with an analysis of the jurisprudence of the Administrative Council for Economic Defense (Cade) between 2012 and 2022. The analysis of Cade's case law on conglomerate mergers reveals that the Brazilian antitrust authority has gradually advanced in incorporating modern theories on conglomerate effects in its decisions. Despite this, it is noticed that some of these theories still need to be better assimilated and applied in practice by the authority. So far, Cade has mainly used the theory of reciprocity dealings to assess the competitive risks associated with increasing portfolio power in mergers that unite companies with complementary products. This approach represents an incremental improvement over traditional antitrust analysis. But renewed theories about multiproduct digital ecosystems and dynamic conglomerate power in the digital age still deserve to be discussed more systematically by the Brazilian authority.

Keywords: mergers, conglomerates, digital platforms, case law.

1. Introdução

O presente documento trata de fusões conglomerais[1]. Mais especificamente, busca-se discutir as teorias do dano – referentes aos efeitos conglomerais – usualmente utilizadas na análise de atos de concentração em mercados tradicionais, bem como, as discussões das fusões conglomerais em mercados digitais. Ademais, essas teorias são confrontadas com uma análise da jurisprudência do Conselho Administrativo de Defesa Econômica (Cade) entre 2012 e 2022.

Inicialmente é importante esclarecer que as fusões podem ser categorizadas como horizontais, verticais ou conglomerais. Como bem definido em OECD (2020), as fusões horizontais reúnem empresas que são concorrentes atuais ou futuras em um mesmo mercado de produtos, o que significa que elas produzem (ou produzirão) substitutos relativamente próximos. Já as fusões verticais reúnem empresas em diferentes estágios da mesma cadeia produtiva. Por sua vez, as fusões conglomerais envolvem empresas que não são concorrentes no mercado de produtos e que não estão em uma relação vertical. Entretanto, é impor-

---

[1] Ao longo do texto, utiliza-se o termo fusão como sinônimo de ato de concentração de forma mais geral. Vale ressaltar que de acordo com o artigo 90 da Lei 12.529/2011, os atos de concentração representam fusões, aquisições, incorporações, a celebração de contrato associativo, consórcio ou *joint venture* entre duas ou mais empresas. Apenas não são considerados atos de concentração, para os efeitos legais, os consórcios ou associações destinadas às licitações promovidas pela administração pública direta e indireta e aos contratos delas decorrentes.

tante ressaltar que o termo "fusões conglomerais" muitas vezes não se enquadra perfeitamente na sua categoria. Na prática, essas operações podem envolver uma combinação de elementos horizontais, verticais e conglomerais. Assim, o termo "fusões conglomerais" geralmente é usado para se referir a fusões que podem ser puramente conglomerais (ou seja, sem vínculos horizontais ou verticais), bem como ao elemento conglomeral de fusões mais complexas (OECD, 2020).

Resumidamente, as fusões conglomerais podem ocorrer por três razões: (i) intenção de aumentar o escopo de produção com os produtos ou serviços tendo alguma relação de consumo; (ii) expansão geográfica, em que as empresas fabricam em diferentes regiões o mesmo produto, usando a fusão para integrar esses mercados; (iii) a entrada em um novo mercado antes não explorado pelas empresas analisadas (Goldberg, 1973).

Vale destacar que os debates concorrenciais sobre fusões conglomerais tem ganhado maior destaque com o crescimento das plataformas digitais. As grandes empresas digitais ao redor do mundo, por meio de uma combinação de crescimento orgânico e fusões & aquisições, têm expandido seus negócios para vários produtos e serviços. Por exemplo, o *Google* iniciou suas atividades como um mecanismo de busca e hoje é um conglomerado global, oferecendo serviços de mapas, pagamentos digitais, e-mails, armazenamento em nuvem, entre outros. A *Amazon* evoluiu da venda de livros para praticamente todos os bens de consumo e, também, é um estúdio de cinema vencedor do Oscar. Esses são apenas dois exemplos de ecossistemas digitais multiprodutos que têm sido uma tendência nessa era digital.

Em seu recente livro intitulado "Direito da Concorrência das Plataformas Digitais", Fernandes (2022) — um dos coautores deste documento — ressalta que, apesar de as fusões conglomerais terem sido bastante desafiadas nos Estados Unidos, durante as décadas de 1960 e 1970, é possível afirmar que, nas últimas duas décadas, dos dois lados do Atlântico, houve uma grande redução das preocupações da política de defesa da concorrência com a formação de estruturas conglomerais. É fato que a aquisição de *startups* promissoras dentro de um mesmo mercado relevante e em mercados adjacentes (i.e., vizinhos) tem servido para acelerar o desenvolvimento e expansão de novos produtos e serviços. Esse movimento tem feito com que as autoridades antitruste ao redor do mundo examinem cada vez mais negócios envolvendo plataformas digitais que possam ameaçar a remoção de concorrentes nascentes ou potenciais. Temas como *killer acquisitions*, aquisições de concorrente nascente e concorrente potencial têm sido foco das discussões antitruste ao redor do mundo (OECD, 2020; Resende, 2021). Diante desse contexto, como observado por Witt (2022), jurisdições como a União Europeia e o Reino Unido têm reavaliado sua abordagem de fusões conglomerais, cujas teorias do dano se tornam cada vez mais importantes.[2]

De um modo geral, a discussão sobre os efeitos conglomerais também tem sido retomada no direito concorrencial brasileiro. Nesse sentido, buscaremos discutir neste artigo as abordagens tradicionais bem como as discussões renovadas do efeito conglomerado (ou poder conglomeral) e como elas têm sido incorporadas nas teorias do dano nas análises de fusões e aquisições na prática decisória do Conselho Administrativo de Defesa Econômica (Cade).

Assim, para a análise das fusões conglomerais e sua presença na jurisprudência do Cade, o trabalho será dividido em cinco seções. Além desta introdução, a segunda seção apresenta as discussões a respeito da temática, contextualizando as teorias do dano e, em seguida, na terceira seção mostrando as discussões concorrenciais das fusões conglomerais em relação aos mercados digitais. Na quarta sessão, são apresentados os casos sobre fusões conglomerais na jurisprudência do Cade entre 2012 e 2022 atentando para os agentes envolvidos, os mercados analisados, a teoria do dano usada bem como as decisões dos julgados do Cade. Por fim, são tecidas considerações finais na quinta seção.

2. Doutrina sobre efeitos conglomerais e teorias do dano

Conglomerado é uma forma de organização empresarial em que uma empresa detém o controle de outras empresas que operam em diferentes mercados ou setores da economia. Os efeitos conglomerais são verificados por meio de produtos e/ou serviços em que as empresas ofertam no mercado são complementares ou não relacionados (i.e., não geram sobreposições horizontais ou verticais). A relação entre os produtos, nesse tipo de fusão, pode acontecer de três maneiras: (i) com-

[2] A esse respeito, Witt (2022, p. 222-223) destaca que a Comissão Europeia analisou os efeitos conglomerais em mais da metade das aquisições realizadas até o momento pelas Big Techs, e que as duas únicas decisões de compromissos emitidas contra essas empresas até agora (Microsoft/LinkedIn e Google/Fitbit) foram baseadas em teorias de dano conglomerado.

plementar, na qual os produtos podem ou devem ser usados de maneira conjunta, adquirindo um maior valor agregado; (ii) substitutos fracos, em que os produtos possuem algumas semelhanças, porém não o suficiente para constituírem o mesmo nicho de consumo; (iii) ou sem relação alguma entre os produtos, sem possibilidade de serem substitutos ou complementarem, porém em alguns casos podem ter a mesma base para sua produção (OECD, 2020).

Sobretudo nas décadas de 1960 e 1970, as autoridades antitruste norte-americanas passaram a enxergar com muita preocupação a emergência de grandes conglomerados empresariais. O Guia de Fusões de 1968 do Departamento de Justiça (DoJ) dos Estados Unidos, passou a contemplar a "*deep pocket theory*" (teoria do bolso fundo), segundo a qual a autoridade deveria proibir fusões em mercados crescentemente concentrados, tendo em vista o fortalecimento do poder econômico em vários mercados, especialmente em setores oligopolizados. Em 1967, nos Estados Unidos, houve a primeira reprovação de uma fusão com o argumento principal de efeito conglomerado (Goldberg, 1973).

Após essa data, vários estudos econômicos foram desenvolvidos para tentar identificar situações em que uma fusão entre empresas que não eram concorrentes, nem estavam em uma relação de fornecimento vertical, poderia prejudicar a concorrência (OECD, 2020). Segundo Neven (2005), tais fusões podem permitir estratégias de venda casada *(bundling* ou *tying)*[3] que excluem concorrentes, permitem a discriminação de preços ou amenizam a concorrência entre as empresas, bem como, a concentração do poder de negociação por meio do fortalecimento de um portfólio de produtos, facilitam acordos colusivos, ou geram economias de escala tão fortes que poderia excluir todos os concorrentes. Vale ressaltar que os teóricos da escola de Chicago ao analisarem o risco de dano ao consumidor (em oposição ao concorrente) nessas situações, argumentaram que esse dano era improvável e que as eficiências dessas fusões poderiam ser substanciais. Portanto, existem diferentes entendimentos sobre o que deve ser considerado importante para os efeitos danosos a competição pelas autoridades antitruste.

---

[3] A prática é definida como *tying* quando o vendedor do produto A (*tying product*) exige que todos os compradores de A também comprem B (*tied product*); nesse caso, B pode ser vendido separadamente. No caso do *bundling* (ou *pure bundling*), a empresa só fornece os dois produtos em conjunto, ou seja, não há como adquirir em separado.

É possível constatar que apesar dos avanços acadêmicos e técnicos das autoridades antitruste pelo mundo, ainda existiam embates a respeito de qual teoria do dano se aplicaria melhor nos casos concretos. Conforme explicado por Binotto (2018), quatro teorias do dano são usadas para identificar os danos potenciais decorrentes de operações com efeitos conglomerais, que até hoje, têm sido chamadas a responder às preocupações com efeitos conglomerais, são elas: (i) atuação transversal (*reciprocity dealings*); (ii) fortalecimento do poder econômico (*entrenchment doctrine*); (iii) redução substancial da concorrência (*subtantial lessening of competition*); e (iv) aumento da concentração agregada.

Na primeira teoria, (atuação transversal/*reciprocity dealings*), uma empresa emprega seu poder sobre mercado específico para induzir e/ou alavancar (*leverage*) sua atuação em outros mercados, especialmente quando se trata de bens ou serviços complementares ou relacionados, por meio de condutas do tipo venda casada (*tying* e *bundling*) que poderiam levar a um fechamento de mercado[4]. O *tying*[5] constitui uma obrigatoriedade da compra de um produto atrelado a outro, sem possibilidade de compra separada, uma venda casada. No *bundling*[6] os

[4] O fechamento de mercado seria possível, por exemplo, quando os custos impostos aos concorrentes atuais e potenciais – para replicar a estratégia de atuação transversal – forem proibitivos. Além das condutas unilaterais potencializadas pelos efeitos conglomerais, a constatação de possibilidade de fechamento de mercado pode, também, implicar potencialidade de criação de efeitos coordenados, seja porque leva a redução do número de agentes atuantes no mercado, facilitando atuação coordenada, seja porque fortalece a concorrência entre mercados, o que também pode induzir atuação coordenada (Binotto, 2018).

[5] Por exemplo, o *technical tying* seria a limitação do uso dos produtos do agente a alguns quesitos de compatibilidade. Essa foi uma questão presente na decisão da autoridade antitruste europeia sobre o caso *Microsoft/LinkedIn* em que tinha o receio de que a consequência da fusão seria da pré-instalação da plataforma em produtos Micorsoft que aumentaria a assinatura da plataforma, prejudicando a concorrência pela falta de incentivo a procurar outra, afetando o mercado de plataformas para *networking* profissional. Assim, na decisão a Microsoft se comprometeu a não ter vínculo obrigacional com as fabricantes de computadores a instalarem previamente o LinkedIn e, nos casos que as empresas escolherem pré-instalar, permitir a remoção; outro comprometimento seria do sistema do Microsoft Office funcionar da mesma maneira para as plataformas de *networking* profissional sem distinção para o LinkedIn. (OCDE, 2020).

[6] Existe também uma outra definição trazida pela OCDE: "*Incomplete mixed bundling*" se refere a situações em que a empresa oferece alguns, mas não todos os

produtos são vendidos juntos, porém existe uma compatibilidade entre os produtos vendidos, ou seja, uma complementariedade entre os produtos vendidos juntos. Um exemplo seria um fabricante tanto de escova de dente quanto pasta de dente, que oferta os dois produtos separados a um preço, porém a oferta conjunta dos dois diminui o preço ofertado comparativamente a compra individualizada (Binotto, 2018). Entretanto, vale destacar que, práticas de *tying* ou *bundling* não são, por si só, anticompetitivas, e podem implicar a oferta de produtos, serviços ou soluções integradas em condições mais vantajosas para os consumidores.

A segunda teoria, fortalecimento do poder econômico (*Entrechment Doutrine*), argumenta que o aumento do poder econômico resultante da operação é o fator principal em gerar danos concorrenciais, especificamente pelo poder financeiro[7] e pela consolidação do uso de marcas comerciais (Macedo, 2023). Por sua vez, a terceira teoria, a redução substancial da concorrência (*substantial lessening of competition*), constitui uma diminuição da concorrência potencial. Como destacado pela OCDE (2020), a formação de conglomerados pode aumentar a escala de competição por produtos que formam sistemas integrados, novos entrantes podem ser desincentivados a investir em inovação, sobretudo em mercados em que há ofertas casadas ou empacotadas de produtos.

A última das teorias tradicionais diz respeito a um aumento da concentração agregada. Nesse caso, a mera concentração alargada justificaria a intervenção da autoridade concorrencial, não havendo a necessidade de demonstração de danos à concorrência em mercados individualizados (Macedo, 2023). Conforme Binotto (2018), dentre essas quatro teorias do dano apresentadas, a primeira (atuação transversal) destaca-se como a principal para análise de efeitos conglomerais utilizada pelo Cade, provavelmente, por dois motivos: (a) porque tal teoria representa um aprimoramento incremental da análise antitruste tradicional (i.e., não requer uma revisão completa da agenda e política implementada pelas autoridades antitruste); e (b) porque baseia-se em aspectos mais substanciais que institucionais, facilitando a convergência entre as autoridades estrangeiras, ajudando principalmente em

---

produtos a venda de maneira separada, além do *bundle*. (OECD, 2020)

[7] A preocupação concorrencial está ligada aos "*deep pockets*" (bolsos fundos), já que em decorrência dos vastos recursos financeiros, as práticas de mercado da empresa com poder econômico não poderiam ser seguidas por seus rivais.

decisões com efeitos transnacionais, para que não aconteça casos com decisões discrepantes (Sokol e Blair, 2001; Sokol, 2007).

Nas últimas décadas, as autoridades de defesa da concorrência ao redor do mundo, de maneira geral, passaram a considerar que fusões conglomerais são geralmente pró-competitivas.[8] De fato, conforme reconhecido nas Diretrizes sobre Fusões Não-Horizontais da Comissão Europeia[9], as fusões conglomerais são geralmente consideradas como tendo efeitos pró-competitivos. Conforme tais diretrizes, em primeiro lugar, as fusões conglomerais não implicam eliminação de uma restrição competitiva direta ao contrário das fusões horizontais; em segundo lugar, quando os produtos vendidos pelas empresas partem da operação são complementares entre si, a fusão pode trazer benefícios significativos aos consumidores. Isso ocorre porque a demanda de cada produto está inter-relacionada: quando o preço de um produto cai, a demanda do outro aumenta e vice-versa. Como resultado, uma fusão entre produtos complementares fornece à empresa incorporada incentivos para diminuir os preços pós-fusão seguindo o mesmo tipo de mecanismos econômicos que dão às partes incorporadoras incentivos para aumentar os preços de produtos substitutos (como no caso de uma fusão horizontal).

3. Efeitos conglomerais na era digital

A literarura especializada tem mostrado um interesse renovado em fusões conglomerais nos últimos anos, com o surgimento dos ecossistemas digitais[10]. A despeito das teorias tradicionais de efeitos conglomerais, os mercados digitais aparecem como um desafio para as análises de seus efeitos na concorrência. Assim, os efeitos conglomerais de fusões têm sido reexaminados devido a dinâmica do próprio mercado,

---

[8] Como discutido por Witt (2022), esse movimento aconteceu de forma assíncrona nos Estados Unidos e na União Europeia. Nos Estados Unidos, a partir da década de 1970, houve uma menor preocupação com fusões conglomerais, o que se refletiu, inclusive, nas Orientações de Fusões de 1982. Na União Europeia, por outro lado, embora o enforcement contra fusões conglomerais tenha atingido um pico no começo dos anos 2000 com o caso GE/Honeywell, após o caso TetraLaval Sidel, a jurisprudência da Comissão Europeia mudou e houve uma redução na preocupação com os efeitos conglomerais.

[9] Ver parágrafo 11 (e seguintes) das Diretrizes da Comissão Europeia.

[10] Ver, por exemplo, Wen e Zhu (2019) e Rhodes e Zhou (2019).

por exemplo, com o crescimento de plataformas digitais de múltiplos lados, o desenvolvimento de ecossistemas e produtos a "custo-zero"[11].

Segundo Bourreau e Streel (2019), duas características-chave da economia digital também podem explicar a ascensão dos conglomerados digitais: (i) do lado da oferta, a presença de importantes economias de escopo no desenvolvimento de produtos e serviços digitais[12]; (ii) do lado da demanda, as sinergias de consumo derivadas pelos consumidores ao adotar ecossistemas de produtos/serviços. As sinergias de consumo, do ponto de vista da demanda, atraem o consumidor a se manter em uma mesma plataforma. Essa preferência pode ser tanto pelo conforto, ou seja, apenas uma conta para pagar, quanto econômico por ter que procurar em apenas um lugar aquilo que está procurando. Como consequência, fica mais presente o *tying* ou *bundling* de produtos digitais, até mesmo mais sutis, em que a plataforma digital realiza uma interface de produto que atraia o consumidor a manter naquela linha, ou tornando a venda do produto por outras vias mais caro do que vendido pela própria plataforma, por meio da propriedade intelectual (OECD, 2020).

Essas duas características favorecem o desenvolvimento de amplos portfólios de produtos por *players* digitais. Portanto, a formação de grandes conglomerados digitais pode ocorrer, dentre outros fatores, pela presença de economias de escopo geradas com a exploração de ativos intangíveis e compartilháveis – por exemplo, dados, algoritmos e, até mesmo, pessoal especializado – que servem de suporte à oferta indistinta de múltiplos produtos em mercados digitais diferentes. Essas preocupações concorrenciais recentes têm sido a fonte para o avanço de teorias do dano na revisão de fusões na Europa como pode se observar nas decisões dos casos Microsoft/Yahoo Search e Microsoft/Skype[13].

[11] Mercados a "custo-zero" dificultam o uso de teorias tradicionais, uma vez que não se verifica aumento de custo para o consumidor. Dessa forma, outros parâmetros precisam ser usados para verificar prejuízos como a qualidade do produto, inclusive para alguns casos observando possíveis danos a privacidade (OCDE, 2023).

[12] O exemplo dado pelos autores diz respeito ao desenvolvimento de produtos como iPhone e iPad que usam os mesmos processadores. Isso ilustra as características da versatilidade de uso dos insumos, que acarreta em uma economia de escopo forte nos mercados digitais com modularidade entre os produtos. Ademais, a coleta de dados se constitui como insumo básico para a formulação de novos produtos sendo coletado por meio de um produto base.

[13] Ver Chirita (2020) para uma análise sobre a aplicação das terias de efeitos conglomerais nesses precedentes.

O fato de as empresas de tecnologia utilizarem uma atuação conglomeral para alimentar a concorrência pelo desenvolvimento de novos produtos, a rigor, não é uma novidade na economia digital. Porém, na competição entre as *big techs*, a exploração das economias de escopo e a atuação de multiprodutos torna-se crucial para que as empresas consolidadas estejam sempre à frente da curva de inovação e fujam ao máximo possível do risco de serem subitamente desbancadas por novas ondas de tecnologia (Lim, 2020; Petit, 2020). Nesse sentido, o controle de ativos-chave proporcionado pela formação de conglomerados pode se tornar essencial para a compreensão da concorrência dinâmica entre plataformas digitais.

Segundo Fernandes (2022), as abordagens renovadas do poder conglomeral digital devem ser integradas na análise antitruste de concorrência dinâmica. Do ponto de vista da inovação, essas economias de escopo exercem importante papel no desenvolvimento de novos produtos digitais. A detenção de ativos compartilháveis e dotados de elevada modularidade faz com seja possível projetar novos produtos a partir de múltiplas oportunidades de combinações de *hadwares* e *softwares* (Condorelli e Padilha, 2020; Bourreau e Streel, 2019). Um bom exemplo da exploração de ativos compartilhados e modularizados são os *softwares* (e.g. sistemas operacionais) e os produtos de *hardware* da Apple (e.g. chips e processadores), que servem para diversas linhas de produtos, como *iPhones* e *iPads*. De maneira análoga, o Google usa a enorme quantidade de informações pessoais coletadas na sua ferramenta de busca *on-line* para melhorar a qualidade de todos os produtos oferecidos no seu ecossistema (e.g. *Gmail* e *Android*).

Vale destacar que a intervenção antitruste não é simples dentro de uma abordagem dinâmica. A doutrina diverge sobre se a inconclusividade da relação entre estrutura de mercado e inovação é ou não um empecilho superável à apropriação das teorias de concorrência dinâmica na análise antitruste[14]. Reconhece-se que as autoridades enfrentam um *trade-off* entre a avaliação de eficiências estáticas e eficiências dinâmicas, que são menos mensuráveis[15]. Contudo, a análise antitruste pode fazer investigações específicas do mercado relevante para avaliar mais detalhadamente a dinâmica competitiva de fusões conglomerais, levando em conta aspectos dinâmicos da inovação. Como exposto por Fer-

---

[14] Para uma análise desse debate, cf. Fernandes (2022, p. 76-86).

[15] Ver, a esse respeito, Wright e Ginsburg (2012) e Katz e Shelanski (2005).

nandes (2022, p. 230-236), uma teoria do dano de concorrência dinâmica eventualmente aplicável às fusões conglomerais envolve enxergar a fusão como uma estratégia anticompetitiva da empresa para alterar diretamente a estrutura de mercados digitais interrelacionados, a fim de que a empresa fusionada ocupe uma posição estratégica dentro de um ecossistema digital, de modo que as forças de concorrência horizontal e vertical nos mercados adjacentes se tornem menos intensas.

Conforme salientado anteriormente, a literatura antitruste tem se interessado cada vez mais em como os ecossistemas digitais emergentes podem exigir uma revisão de algumas metodologias aplicadas à análise concorrencial. As plataformas que ocupam uma posição central como orquestradores de ecossistemas detêm uma nova forma de poder econômico que o entendimento antitruste tradicional não reflete completamente. Em um contexto de concorrência intra-ecossistemas, as firmas com produtos/serviços complementares podem concorrer de maneira que não se assemelham às formas tradicionais de competição horizontal ou vertical previstas pela lei antitruste.

Vale ressaltar que as teorias do dano de fusões que envolvem ecossistemas enfatizam que fusões conglomerais em mercados digitais podem aumentar as chances de que a plataforma central distorça a concorrência ao alavancar barreiras à entrada em mercados adjacentes e vizinhos onde operam rivais independentes com produtos/serviços complementares. Alguns riscos potenciais de fusões baseadas em ecossistemas envolvem (i) venda casada e vinculada de serviços digitais fornecidos pelo orquestrador do ecossistema (Bourreau e de Streel 2019, 28–31)it makes recommendations to improve the methodologies and modes of operation of EU competition policy in the digital sector. The paper first shows that some of the characteristics of the digital economy may explain digital conglomerates. On the supply-side, those include the important economies of scope in product development as product innovation and development are often modular and based on shared inputs (such as data, hardware and software; (ii) "*envelopment*"[16] de serviços digitais, quando a fusão introduz uma combinação de funcionalidades da plataforma principal com as de uma empresa que opera em

[16] *Envelopment* é a capacidade que um agente dominante em um mercado tem de migrar para um segundo mercado e fechá-lo. Nos mercados digitais tal fato é facilitado pelos efeitos de rede e as eficiências já apresentadas em seu histórico de produto atraindo os usuários a permanecerem na plataforma e usarem seu novo produto (Bourreau e Streel, 2019).

outro mercado para alavancar usuários compartilhados, (Condorelli e Padilla 2020, 134) (iii) possíveis estratégias de fechamento em mercados adjacentes (Hoffmann e Johannsen 2019, 23–24) e (iv) diminuição da concorrência digital no cenário de longo prazo (van den Boom e Samranchit 2022, 365) .

Observa-se que, até agora, as autoridades de concorrência raramente adotaram essas novas teorias de danos. De fato, Macedo (2023) ressalta que são poucos os casos julgados pelo Cade em que houve discussões sobre poder conglomerado e o tema ainda provoca divergências relevantes entre os conselheiros. No mesmo sentido, Zingales e Renzetti (2022) observam que, nos últimos anos, o Cade lidou com um número limitado de fusões envolvendo Ecossistemas de Plataformas Digitais, já que os casos mais paradigmáticos de outras jurisdições (como Facebook/Whatsapp, Facebook/Instagram, Google/Waze e Apple/Shazam) não foram notificados no Brasil. Além disso, nos poucos precedentes da autoridade brasileira em que a discussão se colocou, a análise de efeitos conglomerais em geral foi suscita, sobretudo por se tratar de atos de concentração sumários (como aconteceu nos casos Microsoft/LinkedIn, Magalu/Hub, Magalu/Kabum ou Hortigil/Americanas) (Zingales e Renzetti, 2022).

Na próxima seção, será feita uma análise exaustiva dos atos de concentração que passaram pelo Cade entre 2012 e 2022 e que de alguma forma os efeitos conglomerais foram explorados na análise concorrencial.

4. Análise de fusões conglomerais na prática do Cade (2012-2022)

As fusões conglomerais são muito menos comuns na jurisprudência do Cade em comparação com as fusões horizontais e verticais. Embora o Guia para Análise de Atos de Concentração Horizontal do Cade[17] trate apenas de fusões horizontais, o Cade frequentemente se inspira no Guia de fusões não horizontais da União Europeia para examinar fusões envolvendo mercados complementares[18]. Na maioria dos casos relevantes, o Cade testou teorias de dano com base na atuação transversal (*reciprocity dealings*) para examinar a capacidade e os incentivos da

[17] Disponível em: https://cdn.Cade.gov.br/Portal/centrais-de-conteudo/publicacoes/guias-do-Cade/guia-para-analise-de-atos-de-concentracao-horizontal.pdf

[18] Atualmente, encontra-se em consulta pública o Guia para Análise de Atos de Concentração Não-Horizontal do Cade. O seu lançamento deve ocorrer ainda em 2023.

empresa incorporada para oferecer produtos complementares por meio de estratégias de *tying* e *bundling*. Como veremos a seguir, as decisões do Cade em fusões conglomerais estão amplamente alinhadas com o pensamento antitruste convencional, que apresenta preocupações concorrenciais moderadas.

Segundo o estudo de Attayde (2021) — que fez uma análise das operações que trataram de efeitos conglemerados desde o advento da Lei n°12.529/2011 — o Cade analisou 35 atos de concentração, entre 2012 e 2020, em que o tema efeito conglomerado (incluindo discussões de poder de portfólio) foi abordado. Desse total, 60% das operações foram aprovadas sem restrições, 11% reprovadas (ou foram arquivadas por perda de objeto) e 29% aprovadas com remédios antitruste (ou seja, aprovadas com restrições). Binotto (2018) salienta, no entanto, que as principais operações avaliadas pela Comissão Europeia, em que preocupações mais relevantes foram identificadas (especialmente nos mercados digitais), não foram objeto de análise pelo Cade, ou seja, a avaliação da atuação da autoridade brasileira certamente ficou limitada.

A seguir, o presente documento atualiza o estudo de Attayde (2021) incluindo os ACs decididos em 2021 e 2022. Utiliza-se a mesma metodologia da referida autora para a atualização dos ACs[19]. Na

---

[19] Conforme Attayde (2021, p.185), "*[a] seleção dos atos de concentração que compõe a presente tabela baseou-se em pesquisa de jurisprudência no Sistema SEI e pesquisa na doutrina econômica. Trata-se de uma lista não exaustiva, visto que não há uma definição padrão para efeitos conglomerais. Com relação à pesquisa no Sistema SEI, foram elencados os atos de concentração de acesso público nos quais foram identificadas análises do Cade que tratam de efeitos conglomerais (ou efeito/poder de portfólio) em votos de Conselheiros e/ou pareceres da SG, o que inclui os documentos anexos, ou seja, anexo ao voto e/ou anexo ao parecer SG. Para isso, foi utilizada a ferramenta "pesquisa" seguindo os seguintes passos: 1º) selecionou-se "texto para pesquisa" com as seguintes palavras-chave: "efeitos conglomerais" "efeito conglomerado", "conglomerais", "conglomeral", "efeito portfólio", "poder de portfólio", "reforço no portfólio" e "reforço de portfólio" (obs: cada palavra-chave foi selecionada por vez), 2º) selecionou-se "tipo de documento": "Voto", "Voto Ato de Concentração" "Parecer" e "Anexo", 3º) selecionou-se "Data do documento", "período explícito" por ano, ou seja, 1º/06/2012 a 31/12/2012 (início da vigência da Lei 12.529/2011), 1º/01/2013 a 31/12/2013, e assim por diante até 1º/01/2020 a 31/12/2020. Vale mencionar que há casos em que foram encontrados ACs de acordo com os padrões da pesquisa descrita acima, mas que não foram incluídos na tabela visto que não há uma análise de efeito portfólio/conglomerado decorrente da operação, e.g., AC nº 08700.004270/2020-66,*

Tabela 1, é possível observar, em 2021, um grande crescimento de decisões de casos em que o tema efeito conglomerado (incluindo discussões de poder de portfólio) foi tratado. Vale destacar, apenas os anos de 2021 e 2022 representaram cerca de 33% dos casos analisados desde 2012[20].

Alguns estudos já aprofundaram na discussão de alguns casos que envolveram efeitos conglomerais jugados pelo Cade. Recentemente, Macedo (2023) analisou a jurisprudência do Cade nas operações em que há referência, nos votos dos Conselheiros, ao termo "conglomerado", bem como que tenha havido aplicação de restrição, seja de forma unilateral, seja por meio de acordo. Com esse recorte, foram analisados de maneira mais detalhada os Atos de Concentração (AC) Hortigil Hotifuti/Americanas[21], Bayer/Monsanto[22], Kroton/Estácio[23] e Localiza/Unidas[24]. Por sua vez, Binotto (2018) tinha identificado – até a data da publicação do seu estudo – quatro ACs mais relevantes que abordaram a temática dos efeitos conglomerais, são eles: Bayer/Monsanto[25], TGM/WEG[26], Exilor/Luxottica[27], e UTC/Rockwell Collins[28]. Attayde (2021) também destacou alguns casos em que o tema efeitos conglomerais (e poder de portifólio) tiveram algum destaque na análise concorrencial do Cade,

---

AC nº 08700.004888/2018-10, 08700.004830/2020-82, 08700.002327/2018-78 e 08700.001390/2017-14.Por fim, há ACs em que não há uma análise do Cade sobre efeitos conglomerados. No entanto foram incluídos na tabela devido ao respaldo da doutrina econômica. Especificamente, trata-se do artigo Should competition authorities care about conglomerate mergers?, de Carolina Policarpo Garcia e Paulo Furquim de Azevedo, que analisa fusões conglomeradas no setor de ensino superior no Brasil. Os atos de concentração incluídos, baseados neste texto, foram: 08700.005447/2013-12 e 08700.009198/2013-34".

[20] Uma lista com todos os casos de operações conglomerais que foram submetidas ao Cade entre 2012 e 2022 estão disponíveis e pode ser requisitada aos autores por email.

[21] AC nº 08700.004481/2021-80.

[22] AC nº 08700.001097/2017-49.

[23] AC nº 08700.006185/2016-56.

[24] AC nº 08700.000149/2021-46.

[25] AC nº 08700.005937/2016-61.

[26] AC nº 08700.008483/2016-81.

[27] AC nº 08700.004446/2017-84.

[28] AC nº 08700.001324/2018-17.

entre eles, pode-se citar os ACs: Danaher/General Eletric, Saint Gobain/ Rockfibras, Bayer Monsanto, Weg/TGM, Tigre/Condor e Ticket/Itaú[29].

Tabela 1 - Decisões do Cade sobre Atos de Concentração que envolveram o tema "efeitos conglomerais" entre 2012 e 2022

Ano	Aprovação sem restrição	Aprovação com restrições (mediante ACC*)	Reprovação	Extinção do processo	Total
2012	0	0	0	0	**0**
2013	0	0	0	0	**0**
2014	0	2	0	0	**2**
2015	3	1	1	0	**5**
2016	4	1	0	0	**5**
2017	3	2	1	0	**6**
2018	5	3	0	0	**8**
2019	7	1	0	1	**9**
2020	5	0	0	1	**5**
2021	8	1	0	0	**9**
2022	11	0	0	0	**11**
TOTAL	**46**	**11**	**2**	**2**	**61**

Fonte: Elaboração dos autores. Nota: *ACC = Acordo em Controle de Concentração.

[29] Atos de Concentração nos 08700.004203/2019-16 (Requerentes: Danaher Corporation e General Electric Company), aprovado sem restrições em 04/11/2019; 08700.04162/2018-79 (Requerentes: Saint-Gobain do Brasil Produtos Industriais e para Construção Ltda. e Rockfibras do Brasil Indústria e Comércio Ltda.), impugnado pela Superintendência-Geral e, em seguida, operação extinta por desistência das partes em 14/05/2019; 08700. 001097/2017-49 (Requerentes: Bayer Aktiengesellschaft e Monsanto Company), aprovado com restrições em 16/02/2018; 08700.008483/2016-81 (Requerentes: WEG Equipamentos Elétricos S/A e TGM Indústria e Comércio de Turbinas e Transmissões Ltda.), aprovado com restrições em 06/03/2018; 08700.009988/2014-09 (Requerentes: Tigre S/A - Tubos e Conexões e Condor Pincéis Ltda.), reprovado em 09/09/2015; 08700.006345/2018-29 (Requerentes: Itaú Unibanco S/A e Ticket Serviços S/A), aprovado sem restrições em 02/07/2019.

Ademais, em uma contribuição sobre efeitos conglomerais para a OCDE, o Cade (2020) salientou a prevalência da teoria da atuação transversal (*reciprocity dealings*) para analisar poder conglomeral (incluindo poder portifólio). Nesse tema, a jurisprudência do Cade ainda está se consolidando em relação aos casos de fusões de empresas digitais.

Para ilustrar melhor as decisões do Cade a respeito do tema elencam-se dois casos mais recentes – e que não foram abordados nos estudos citados acima – de fusões conglomerais.

4.1. AC n° 08700.003969/2020-17 - STNE Participações S.A. ("STONE") e a Linx S.A. ("LINX")

O caso tratava da aquisição pela STONE da totalidade das atividades da Linx por meio da incorporação de ações. Essa aquisição se consumaria pela incorporação de ações, em que cada ação ordinária da Linx vai ser incorporada pela STNE Participações em troca de uma ação preferencial mandatoriamente resgatável Classe A, a ser emitida pela STNE Participações, e uma ação preferencial mandatoriamente resgatável Classe B, emitida pela STNE Participações. Esse caso contou com análise de possíveis complementariedades dos produtos do setor financeiro da STNE com o produto de software de gestão empresarial ofertado pela Linx. As preocupações foram levantadas pelas terceiras interessadas, no caso: Cielo S.A., Totvs S.A., Banco Safra S.A. e Adyen do Brasil LTDA.

Em seu parecer, a Superintência-Geral (SG) observou que as preocupações trazidas pelas terceiras interessadas estariam principalmente relacionadas aos incentivos discriminatórios e exclusionários decorrentes da fusão. Os principais riscos concorrenciais discutidos estavam relacionados à complementariedade da atuação da Linx no mercado de *softwares* de gestão empresarial no varejo com a Stone no mercado de adquirência. O caso foi remetido ao Tribunal do Cade após a interposição de recursos de terceiros.

De forma sintética, pode-se dizer que duas principais teorias do dano foram consideradas no caso concreto. A primeira teoria do dano estava relacionada ao risco de, no cenário pós-fusão, as empresas adotarem estratégias para dificultar a integração do software de gestão da Linx com soluções de adquirência de outras empresas, forçando os clientes da Linx a usarem a solução de adquirência da Stone. Isso pode ser visto como uma típica preocupação de atuação transversal ou *reci-*

procity dealings discutida em fusões conglomerais. Em especial, discutia a possibilidade de a nova empresa restringir a interoperabilidade entre o software da Linx e soluções de pagamento de terceiros, o que forcaria os clientes da Linx a utilizarem conjuntamente a solução de adquirência da Stone por falta de alternativa viável. A segunda teoria do dano estava relacionada à obtenção de acesso privilegiado, por parte da Stone, de dados estratégicos e informações sensíveis dos clientes da Linx, o que poderia gerar vantagens competitivas indevidas no mercado de meios de pagamento.

Em relação à primeira teoria do dano, tanto a SG quanto o Tribunal do Cade, seguindo o voto-relator do Conselheiro Sérgio Ravagnani, concluíram que as bases de clientes das duas empresas eram majoritariamente distintas, com pouca sobreposição entre os que clientes que demandavam softwares de gestão empresarial e soluções de pagamento conjuntamente. Assim, não parecia haver elevados incentivos para adoção de práticas de venda casada ou outras estratégias de fechamento. De fato, verificou-se que a maior parte dos clientes do Grupo Stone são de pequenos e médio portes, enquanto o Grupo Linx teria clientes de médio e grande porte, com poder de barganha, podendo até mesmo recusar os serviços da Linx e fundar os seus próprios softwares de gestão empresarial, segundo o teste de mercado feito pela SG. Além disso, os clientes demonstraram preferir contratar múltiplos credenciadores, em linha com a lógica de multiadquirência, e indicaram disposição para trocar de fornecedor de software caso enfrentassem entraves frequentes de integração com adquirentes. Esse poder de barganha restringiria os incentivos para a empresa fusioanda criar barreiras técnicas.

Em relação à segunda teoria do dano de acesso a informações concorrencialmente sensíveis, a SG e o Tribunal do Cade avaliaram que diversas particularidades do setor afastavam a eventual obtenção de vantagem competitiva. Primeiro, as informações gerencias eram relativamente limitadas, envolvendo dados como: lista de adquirentes que prestam serviço a um cliente; o volume transacionado e os recebíveis nessa adquirente; e as taxas cobras, como MDR e antecipação. Foi verificado que essas informações, além de oturas, são disponibilizadas para todos os agentes do mercado pelo Open Banking, mediante autorização do estabelecimento. Além disso, o acesso a esses dados via Open Banking tem o potencial de melhorar a eficiência e competitividade nos mercados de produtos financeiros. Dessa forma, o Cade concluiu não ser necessário a aplicação de remédios que limitassem o uso e acesso dessas informações.

4.2. *Ato de Concentração nº 08700.003361/2022-46 – Microsoft Corporation e Activision Blizzard, Inc.*

O último caso que merece discussão envolve a aquisição, pela Microsoft, da totalidade das ações representativas do capital social da Activision Blizzard. A Microsoft é um grande conglomerado de tecnologia que oferece uma ampla gama de produtos em segmentos operacionais como processos de produtividade e negócios, serviços de nuvem e computação pessoal. Esse último segmento engloba o negócio de jogos da Microsoft, por meio do qual a empresa desempenha atividades como desenvolvedora, publicadora e distribuidora de jogos para computadores pessoais, consoles e dispositivos móveis (ou "mobile"), além de oferecer o console de jogos Xbox e serviços de jogos online. A Activision Blizzard, por outro lado, é uma desenvolvedora de jogos para PC, consoles e dispositivos móveis que publica jogos em várias partes do mundo. O Cade autorizou a fusão sem restrições em outubro de 2022.

A transação levantou duas teorias principais de dano baseadas em ecossistemas digitais. Primeiro, o Cade avaliou se a fusão aumentaria os incentivos da Microsoft para fechar seu ecossistema digital a produtores concorrentes em vários mercados. Segundo, investigou-se se a fusão sufocaria a inovação potencial no mercado de distribuição de jogos digitais por meio de serviços de assinatura de vários jogos e serviços de jogos em nuvem.

Em relação ao incentivo de fechamento de mercado, a principal preocupação era se a entidade resultante da fusão teria incentivos para tornar os jogos da Activision Blizzard (especialmente Call of Duty) exclusivos do ecossistema Xbox (consoles, lojas digitais, serviços de assinatura). A exclusividade poderia dar à Microsoft uma vantagem competitiva significativa sobre os seus rivais, prejudicando assim a concorrência nos mercados de distribuição de jogos e de consoles. Além disso, a autoridade investigou se a operação aumentaria consideravelmente a dimensão e a diversidade do catálogo de jogos originais da Microsoft, que incluiria as franquias de sucesso da Activision Blizzard, para além dos jogos desenvolvidos pelos próprios estúdios da Microsoft e pela Zenimax, recentemente adquirida. O aumento de portfolio de jogos poderia reduzir a procura de conteúdos de terceiros por parte da Microsoft no seu ecossistema, reduzindo assim os canais de distribuição disponíveis para editores de jogos rivais. Mais especificamente, foi levantado o risco de a Microsoft simplesmente fechar o ecossistema Xbox a jogos próprios.

No seu parecer, a Superintendencia-Geral afirmou que, mesmo que a Microsoft decidisse limitar o serviço de subscrição Xbox Game Pass a conteúdos originais, os concorrentes nos mercados de consolas de jogos continuariam a ter acesso a canais de distribuição alternativos, como as lojas digitais (PlayStation Store, Nintendo eShop e Xbox Store), serviços de subscrição concorrentes (nas consolas, principalmente o PlayStation Plus) ou mesmo a distribuição física de jogos. Além disso, a SG concluiu que a Microsoft não teria qualquer incentivo para deixar de vender jogos de terceiros no ecossistema Xbox, porque isso resultaria numa diminuição do número e da variedade de jogos disponíveis nas suas plataformas, tornando o ecossistema Xbox potencialmente menos atrativo para os clientes.

A Superintendência-Geral não encontrou fatores impeditivos à concorrência no mercado e à entrada de novos players, mesmo considerando um possível cenário em que as empresas superem as dificuldades tecnológicas e o modelo de streaming de jogos se popularize mundialmente. Considerou-se ainda que, dentre as empresas que oferecem serviços de cloud gaming, há players extremamente sofisticados como a Google (responsável pelo Stadia) e a Amazon (responsável pelo Luna), ambas líderes globais em seus respectivos core businesses e bem posicionadas entre as maiores empresas do mundo. Assim, de acordo com o órgão de investigação, à medida que o modelo de cloud gaming se difunde entre os gamers - portanto, também mais rentável para os prestadores de serviços -, tais empresas teriam plenas condições financeiras e tecnológicas para produzir (ou adquirir) conteúdos exclusivos e se inserir de forma mais competitiva no mercado de videogames. Os desafios à entrada de novos fornecedores de serviços de assinatura de jogos e de jogos em nuvem não pareciam, em essência, muito diferentes daqueles enfrentados pela Microsoft quando lançou o primeiro Xbox em 2001, em um mercado de consoles dominado pela Sony e pela Nintendo; ou daqueles enfrentados pela Sony quando lançou o primeiro PlayStation em 1994, quando entrou em um mercado dominado pela Nintendo e pela SEGA, e pouco tempo depois se tornou líder no segmento.

Com base nesses casos, podemos observar que o Cade tem considerado levemente as preocupações relacionadas aos ecossistemas digitais na análise de atos de concentração. Na maioria dos casos, a avaliação substantiva dos atos de concentração digitais pareceu se concentrar nas dimensões horizontal ou vertical da concorrência. Por outro lado, as discussões levantadas em alguns casos recentes, como o caso Microsoft/Activision Blizzard, sugerem que o Cade pode examinar cuidadosamente como uma fusão poderia afetar os incentivos para fechar grandes ecossistemas digitais em torno de produtos e serviços de orquestradores primários.

5. Conclusão

A análise da jurisprudência do Cade sobre fusões conglomerais entre 2012 e 2022 revela que a autoridade antitruste brasileira tem avançado de forma gradual na incorporação de teorias modernas sobre efeitos conglomerais em suas decisões. Apesar disso, percebe-se que algumas dessas teorias ainda precisam ser mais bem assimiladas e aplicadas na prática pelo órgão.

Até o momento, o Cade tem se valido principalmente da teoria da atuação transversal (*reciprocity dealings*) para avaliar os riscos concorrenciais associados ao aumento de poder de portfólio em fusões que unem empresas com produtos complementares. Essa abordagem representa um aprimoramento incremental em relação à análise antitruste tradicional. Porém, teorias renovadas sobre ecossistemas digitais multiproduto e poder conglomeral dinâmico na era digital ainda merecem ser discutidas de forma mais sistemática pelo Conselho.

Poucos casos analisados pelo Cade entre 2012 e 2022 exploraram com profundidade como uma operação poderia reforçar estratégias de fechamento de mercado digital por grandes plataformas. A autoridade antitruste brasileira parece ter adotado uma postura cautelosa na avaliação dos riscos concorrenciais de fusões conglomerais, inclusive nos mercados digitais. Isso reflete certo cuidado do órgão em relação às preocupações suscitadas por operações que unem agentes complementares, mas não concorrentes diretos. Assim, pode-se concluir que a jurisprudência do Cade sobre fusões conglomerais ainda está em construção e tenderá a amadurecer conforme a autoridade antitruste avance na assimilação das novas teorias e acumule maior experiência na investigação dos efeitos conglomerais, principalmente nos ecossistemas digitais.

6. Referências bibliográficas

ATTAYDE, M. C. (2021) Efeitos conglomerais na Jurisprudência do Cade. Revista de Defesa da Concorrência, v. 9 (2), p. 159-187.

BINOTTO, Anna. Efeitos conglomerados em concentrações econômicas: caracterização e desdobramento. In: JESUS, Agnes M. *et al.* (Org.). Mulheres no antitruste. São Paulo: Editora Singular, 2018. pp. 48 a 65.

BOOM, Jasper van den; SAMRANCHIT, Peerawat. Digital Ecosystem Mergers in Big Tech-A Theory of Long-Run Harm with Applications. Journal of European Competition Law and Practice, v. 13, n. 5, p. 365-71, 2022.

BORK, Robert. The antitrust paradox: a policy at war with itself. Nova York: The Free Press, 1993.

BOURREAU, Marc; DE STREEL, Alexandre. Digital Conglomerates and EU Competition Policy. Université de Namur e Telecom ParisTech, n. March, 2019.

BUNDESKARTELLAMT (2006). Conglomerate Mergers in Merger Control – Review and Prospects.

CADE, Superintendência-Geral, Ato de Concentração nº 08700.004203/2019-16 (Requerentes: Danaher Corporation e General Electric Company).

CADE, Tribunal Administrativo, Ato de Concentração 08700.001097/2017-49 (Requerentes: Bayer Aktiengesselschaft e Monsanto Company).

CADE, Tribunal Administrativo, Ato de Concentração 08700.004431/2017-16 (Requerentes: Itaú Unibanco S/A e XP Investimentos S/A).

CADE, Tribunal Administrativo, Ato de Concentração nº 08700.006185/2016-56 (Requerentes: Kroton Educacional S/A e Estácio Participações S/A).

CADE, Tribunal Administrativo, Ato de Concentração nº 08700.006345/2018-29 (Requerentes: Itaú Unibanco S/A e Ticket Serviços S/A).

CADE, Tribunal Administrativo, Ato de Concentração nº 08700.008483/2016-81.

CADE, Tribunal Administrativo, Ato de Concentração nº 08700.009988/2014-09 (Requerentes: Tigre S/A - Tubos e Conexões e Condor Pincéis Ltda.).

CADE, Tribunal Administrativo, Ato de Concentração nº 08700.04162/2018-79 (Requerentes: Saint-Gobain do Brasil Produtos Industriais e para Construção Ltda. e Rockfibras do Brasil Indústria e Comércio Ltda.)

CADE, Tribunal Administrativo, Ato de Concentração nº. 08700. 005447/2013-12 (Requerentes: Kroton Educacional S/A e Anhanguera Educacional Participações S/A).

CADE. BRICS in the Digital Economy – Competition Policy in Practice. 1ª Report by the Competition Authorities Working Group on Digital Economy. 2019.

CADE. Mercado de Instrumentos de Pagamento – Cadernos do Cade. 2019.

CHENG, Thomas K. (2017). Sherman vs. Goliath?: Tackling the Conglomerate Dominance Problem in Emerging and Small Economies – Hong Kong as a Case Study. Northwestern Journal of International Law & Business, vol. 37, nº 1, pp. 35-105.

CHIRITA, A. (2020) Data-Driven Mergers Under EU Competition Law. in: The Future of Commercial Law: Ways Forward for Harmonisation, Oxford: Hart Publishing, p. 147–186.

CONDORELLI, D.; PADILLA, J. (2020) Harnessing Platform Envelopment in Digital Word. Journal of Competition Law & Economic, v. 16, n. 2, p. 134–187.

CONDORELLI, Daniele; PADILLA, Jorge. Harnessing Platform Envelopment in Digital Word. Journal of Competition Law & Economic, v. 16, n. 2, p. 134-87, 2020. https://doi.org/10.1093/joclec/nhaa006.

FERNANDES, Victor O. (2022) Direito da Concorrência das Plataformas Digitais: Entre Abuso de Poder Econômico e Inovação. São Paulo: Thomson Reuters Brasil.

GARCIA, C. P & AZEVEDO, P. F. Should competition authorities care about conglomerate mergers? World Economics Association, 2017. Consultar em: http://lawandeconomics2017.weaconferences.net/files/2017/05/WEA-LawAndEconomicsConference2017-PolicarpoFurquim.pdf Acesso: 08/04/2020.

GINSBURG, D. H.; WRIGHT, J. D. (2012) Dynamic Analysis and the Limits of Antitrust Institutions, Antitrust Law Journal, 78 (1).

GOLDBERG, L. (1973). "The Effect of Conglomerate Mergers on Competition", The Journal of Law & Economics, vol. 16/1, pp. 137-158. Consultar em: https://www.jstor.org/stable/724829?seq=1 Acesso: 24/11/2020.

HEMPHILL, Scott C. & WU, Tim (2012). Parallel Exclusion. The Yale Law Journal, vol. 122, pp. 1182-1253. Consultar em: https://core.ac.uk/download/pdf/157779413.pdf Acesso: 24/11/2020.

HOFFMANN, Jörg; JOHANNSEN, Germán. EU-Merger Control & Big Data On Data-Specific Theories of Harm and Remedies. Max Planck Institute for Innovation and Competition Research Paper No. 19-05, v. 1, p. 1-74, 2019.

HOVENKAMP, H. (2011). Federal Antitrust Policy. Fourth Edition. Hornbook series.

KATZ, M.; Shelansky, H. (2005) Shumpeterian Competition and Antitrust Policy in High Tech Markets, Competition Journal, v.14.

KHAN, Lina M. (2017) Amazon's Atitrust Paradox, The Yale Law Journal, vol. 126, n. 3, pp. 710-805.

KOLASKY, W. (2001) Conglomerate mergers and Range Effects: It's a long way from Chicago to Brussels, 10 George Mason L.Rev. 533.

LIM, Y. (2020) Tech Wars: Return of the Conglomerate — Throwback or Dawn of a New Series for Competition in the Digital Era? Journal of Korean Law, v. 19, n. February, p. 47–62.MARKOVITS, R. S., (2014). Economics and the Interpretation and Application of U.S. and E.U. Antitrust Law, Springer.

MACEDO, A. C. (2023) As Restrições do Cade ao Poder Conglomerado. In: Direito Concorrencial na Prárica: A Análise de Casos Concretos. Organizador: Luiz Augusto A. de A. Hoffmann. Rio de Janeiro: Lumen Juris.

NALEBUFF, B., (2002) Bundling and the GE-Honeywell Merger.

NEVEN, D. (2005) The analysis of conglomerate effects in EU merger control. Graduate Institute of International Studies, Geneva and CEPR.

OECD (2000). Start-ups, Killer Acquisitions and Merger Control – Background Note by the Secretariat.

OECD (2008), Guidelines on the assessment of non-horizontal mergers under the Council Regulation on the control of concentrations between undertakings.

OECD (2015), Triple and Quadruple Play Bundles of Communication Services.

OECD (2020), Roundtable on Conglomerate Effects of Mergers.

OECD (2023), Theories of Harm for Digital Mergers, OECD Competition Policy Roundtable Background Note.

PETIT, N. (2020) Big Tech and the Digital Economy: The Moligopoly Scenario, Oxford: Oxford Univeristy Press.

RESENDE, G. M. (2021) Ecossistemas digitais e o antitruste. Revista Consultor Jurídico, 9/07/2021.

SOKOL, D. (2007). Monopolists Without Borders: The Institutional Challenge of International Antitrust in a Global Gilded Age. Berkeley Business Law Journal, v. 4. Berkeley: Berkeley Business Law Journal.

SOKOL, D.; Blair, R. (2001) Welfare Standards in US and EU Antitrust Enforcement, p. 2498-2517.

TIROLE, Jean., (2019) Regulating the disrupters.

WITT, Anne C. Who's Afraid of Conglomerate Mergers? Antitrust Bulletin, v. 67, n. 2, p. 208-36, 2022.

ZINGALES, Nicolo; RENZETTI, Bruno. Digital Platform Ecosystems and Conglomerate Mergers: A Review of the Brazilian Experience. *World Competition*, v. 45, n. 4, p. 473–510, 2022.

TEORIA DE DANO DOS EFEITOS COORDENADOS NO CONTEXTO DAS FUSÕES VERTICAIS NO BRASIL

THEORY OF HARM OF COORDINATED EFFECTS IN THE CONTEXT OF VERTICAL MERGERS IN BRAZIL

Ivan Lago Mariotto
Lucas de Carvalho Silveira Bueno
Mayara Lins Ogea[1]

Resumo: O presente artigo tem o objetivo de apresentar uma análise de teoria do dano com relação aos efeitos coordenados no contexto das fusões verticais no Brasil. Para tanto, será (i) caracterizada a possibilidade de exercício de poder coordenado e como as características presentes em determinados mercados verticalmente relacionados podem facilitar coordenação e colusão; e (ii) realizada uma análise jurisprudencial de determinados Atos de Concentração verticais julgados pelo Conselho Administrativo de Defesa Econômica (Cade), os quais levantaram preocupações envolvendo efeitos coordenados. Foram consideradas como fusões verticais as operações envolvendo agentes econômicos distintos atuantes em diferentes etapas da mesma cadeia produtiva. Por meio da análise de jurisprudência do Cade verificar-se-á como a autoridade antitruste brasileira analisa a probabilidade de efeitos coordenados em atos de concentração, fazendo-se um paralelo com os Guias de Concentrações Não-Horizontais das principais autoridades antitruste estrangeiras.

Palavras-chave: Direito Concorrencial; Cade; Integração Vertical; Efeitos Coordenados; Teoria do Dano, jurisprudência.

Abstract: This article aims to present a theory of harm analysis regarding coordinated effects in the context of vertical mergers in Brazil. To this end, we (i) characterize the possibility of exercising coordinated power and how the characteristics of certain vertically related markets can facilitate coordination and collusion; and (ii) perform a jurisprudential analysis of certain vertical mergers conditionally approved by the Administrative Council for Economic Defense (Cade), which raised concerns involving coordinated effects. Transactions involving different economic agents operating in different stages of the same produc-

---

[1] *Disclaimer*: os autores declaram que não atuaram de qualquer forma, direta e/ou indireta, em relação aos casos nacionais discutidos neste artigo.

tion chain were considered as vertical mergers. Through the analysis of Cade's case law, this article investigates how the Brazilian antitrust authority analyzes the probability of coordinated effects in mergers, making a parallel with the Non-Horizontal Merger Guidelines of the main foreign antitrust authorities.

Key words: Competition Law; Cade; Vertical Integration; Coordinated Effects; Theory of Harm, Case Law.

1. Introdução

A análise de eventuais efeitos anticompetitivos de um ato de concentração consiste na averiguação de um possível abuso de poder de mercado da empresa resultante da operação. Esse abuso de poder pode existir unilateralmente ou de forma coordenada, explícita ou tácita[2]. O controle prévio dos atos de concentração que devem ser submetidos obrigatoriamente ao Cade busca prevenir o abuso de poder que resulta de atos de concentração. Para que se configure a prática de abuso de poder de mercado pressupõe-se que os agentes envolvidos detenham posição dominante, conforme previsto no art. 36, §2º da Lei nº 12.529/11 ("LDC")[3].

O presente artigo busca examinar precedentes relevantes do Cade que envolveram análise de efeitos coordenados decorrentes de integrações verticais, com o objetivo de identificar os parâmetros considerados pela autoridade na análise desse tipo de operação.

Para tanto, este artigo é divido em cinco seções, da qual a primeira é esta introdução. A segunda seção explora as preocupações de autoridades antitruste estrangeiras e do próprio Cade com relação a efeitos coordenados em fusões verticais, examinando guias e diretrizes publicadas. A terceira seção analisa três casos paradigmáticos aprova-

---

[2] BATISTA, Luis Guilherme Alho. DE OLIVEIRA JÚNIOR, Márcio. "*Os Efeitos Coordenados nas Análises de Atos de Concentração pelo Cade*". Vol. 13 No. 1 (2022): Economic Analysis of Law Review, p.2.

[3] BRASIL, 2011. *Lei nº 12.529 de 30 de novembro de 2011 – Lei de Defesa da Concorrência (LDC)*. Art. 36. § 2º "Presume-se posição dominante sempre que uma empresa ou grupo de empresas for capaz de alterar unilateral ou coordenadamente as condições de mercado ou quando controlar 20% (vinte por cento) ou mais do mercado relevante, podendo este percentual ser alterado pelo Cade para setores específicos da economia".

dos com remédios pelo Cade. Por fim, a seção 4 sintetiza as principais preocupações e parâmetros considerados pelo Cade nesse tipo de análise, enquanto a seção 5 apresenta a conclusão do artigo.

2. A teoria de dano de efeitos coordenados em fusões verticais

Assim como em atos de concentração horizontais, operações verticais também podem resultar em reforço da probabilidade de exercício de poder coordenado. Isso já foi reconhecido pelas autoridades antitruste da União Europeia (Comissão Europeia – C.E.), dos Estados Unidos (*Federal Trade Commission* – FTC e *Department of Justice* – DoJ) e do Reino Unido (*Competition and Markets Authority* – CMA) em seus guias específicos[4]. Importante destacar que mesmo em concentrações verticais, a análise de probabilidade de exercício de poder coordenado utiliza como referência os mesmos fatores aplicados à análise em concentrações horizontais[5] previstos no Guia de Análise de Atos de Concentração Horizontal do Cade ("Guia H")[6] brasileiro.

---

[4] Guia de Orientações para a apreciação das concentrações não horizontais nos termos do Regulamento do Conselho relativo ao controlo das concentrações de empresas, EC; 1968 Non-Horizontal Merger Guidelines e 2020 Vertical Merger Guidelines (atualmente sob revisão), FTC e DoJ; e Merger Assessment Guidelines, CMA; respectivamente.

[5] Conforme análise realizada pela SG no Anexo ao Parecer Nº 05/2017/CGAA4/SGA1/SG/Cade, no âmbito do Ato de Concentração nº 08700.001390/2017-14. No mesmo sentido, o Guia de Orientações para a apreciação das concentrações não horizontais nos termos do Regulamento do Conselho relativo ao controlo das concentrações de empresas, EC e o 2020 Vertical Merger Guidelines (atualmente sob revisão), FTC e DoJ fazem referência expressa aos seus guias de análise de concentrações horizontais.

[6] Alguns fatores considerados pelo Cade na análise de concentrações horizontais e verticais descritos no Guia H, p. 43: (i) reduzido número de empresas e/ou concentração de grande parcela da oferta em poucas empresas; (ii) interação em vários mercados (por exemplo, contatos recorrentes em vários mercados por meio de vários produtos e unidades produtivas e distribuição); (iii) simetria produtiva entre firmas ou homogeneidade tecnológica; (iv) transparência nos preços, operação de capacidade, base de clientes, e de outras informações relevantes sobre os competidores e seus comportamentos; (v) ausência de formas de conduta de precificação mais agressiva e não comprometidas com a cooperação (*mavericks*); e (vi) relações societárias, empresariais ou comerciais que possam restringir a rivalidade ou aumentar a transparência de informações das empresas no mercado.

Algumas indústrias possuem características que podem facilitar ou dificultar a colusão – essa é uma análise antitruste que tende a ser complexa. Em uma mesma indústria pode haver diferentes equilíbrios de mercado, ou seja, o fato de as empresas serem capazes de manter a colusão não significa necessariamente que serão capazes de exercê-las[7].

O controle dos atos de concentração deve ser capaz de endereçar *ex-ante* a evolução futura de determinados setores econômicos e investigar como a operação em tela pode ser suscetível a favorecer e manter efeitos coordenados. Com isso, faz-se necessário que a autoridade antitruste identifique as características – e.g. barreiras à entrada, frequência de interação entre concorrentes e o papel da inovação – mais importantes do mercado relevante envolvido e, em que medida, essas diferentes características favoreceriam uma eventual prática anticompetitiva[8].

No Brasil, os efeitos coordenados também são importantes para a análise de integrações verticais, tendo sido considerados relevantes no voto do relator em 30% das fusões verticais analisadas pelo Tribunal do Cade entre os anos de 2012 e 2022.[9]. Em julho de 2023, o Cade elaborou versão preliminar do Guia V+, documento que consolida os procedimentos a serem usualmente adotados pela autarquia na análise de efeitos não horizontais em atos de concentração e incorporando a teoria de dano referentes a efeitos coordenados em tal análise[10].

No documento, verifica-se que o Cade buscou elencar alguns dos parâmetros já empregados pela autarquia e pelo Guia H, pontuando que quantitativamente, um método que pode ser utilizado para identificar as chances de uma fusão vertical gerar maiores preocupações quanto potenciais efeitos coordenados, seria a utilização do parâmetro de operações que resultem em um C4[11] superior a 75% nos mercados a montante e/ou a jusante, sendo necessária a análise de outros fatores

---

[7] IVALDI, Marc. JULLIEN, Bueno. REY, Patrick. SEABRIGHT, Paul. TIROLE, Jean. *"The Economics of Tacit Collusion: Implications for Merger Control"*. In The Political Economy of Antitrust. Elsevier, 2007, pp. 236-237.

[8] Idem.

[9] Base de dados de casos de Fusões Verticais analisados pelo Tribunal do Cade 2012-2022, Versão 1.0, 2023. IBRAC.

[10] Conselho Administrativo de Defesa Econômica. "Guia V+ - Guia de Análise de Atos de Concentração Não Horizontais".

[11] C4 (ou CR4) consiste no *market share* agregado das 4 maiores empresas em um mercado.

como: condições do mercado, homogeneidade do produto/serviço, elasticidade do preço, existência de barreiras à entrada, grau de inovação, dentre outros[12].

Além disso, as condições preexistentes para uma eventual coordenação citadas pelo Guia são: (i) redução do número de concorrentes efetivos; (ii) aumento do grau de simetria entre as empresas ativas no mercado; (iii) possibilidade de monitoramento/verificação de desvios da ação coordenada; (iv) existência de mecanismos de dissuasão de desvios; e (v) probabilidade de monitoramento de desvios da ação coordenada. Tais condições condizem com os precedentes do Cade e com os parâmetros estabelecidos pelos guias de autoridades antitruste estrangeiras.

De modo geral, concentrações verticais podem facilitar a coordenação entre concorrentes ao aumentar o grau de transparência no mercado em geral e, consequentemente, facilitar o acesso a informações sensíveis por estes, incluindo os preços praticados por cada fornecedor no mercado. Como explica a CE, a troca de informações sensíveis pode ocorrer de diversas formas, incluindo de forma indireta por meio de fornecedores ou revendedores.[13]

Em última instância, o acesso a informações sensíveis, tais como preços e estratégias de mercado de concorrentes, pode provocar efeitos restritivos à concorrência tais quais os efeitos decorrentes de um acordo, uma prática concertada ou uma decisão de uma associação de empresas com o objetivo de fixar preços ou quantidades - práticas normalmente consideradas como cartéis.

Por fim, além de potencialmente facilitar a colusão, a maior transparência do mercado também pode facilitar a detecção de desvios de *players* participantes da colusão por meio do monitoramento de preços e estratégias de mercado.[14] De fato, um estudo verificou que 89% dos

---

[12] Conselho Administrativo de Defesa Econômica. "Guia V+ - Guia de Análise de Atos de Concentração Não Horizontais", §376.

[13] Orientações sobre a aplicação do artigo 101.o do Tratado sobre o Funcionamento da União Europeia aos acordos de cooperação horizontal, EC, página 13, parágrafo 55.

[14] *Merger Assessment Guidelines*, CMA, página 50, parágrafos 6.17 e 6.18 e Orientações sobre a aplicação do artigo 101.o do Tratado sobre o Funcionamento da União Europeia aos acordos de cooperação horizontal, EC, página 13, parágrafo 59.

casos em que o Cade identificou efeitos coordenados foram considerados preocupantes devido à possibilidade de se verificar eventuais desvios entre os *players* concorrentes.[15]

Além de potencialmente facilitar e intensificar a troca de informações sensíveis, uma integração vertical pode permitir que o grupo econômico resultante tenha maior capacidade de punir eventuais desvios de participantes. Por exemplo, pode promover práticas de fechamento de mercado facilitando a colusão, uma vez que, quanto menor o número de concorrentes no mercado, menores são os esforços e a dificuldade para coordenação, monitoramento e punição aos participantes da colusão.[16]

Adicionalmente, em mercados com a presença de mais de um *player* significativo verticalmente integrado, a concentração vertical pode aumentar o grau de simetria entre os concorrentes, tais como estrutura de custos, participações de mercado nos respectivos mercados relevantes e nível de integração vertical, facilitando, assim, que tais *players* atinjam um consenso sobre as condições da colusão.

Diante do exposto, verifica-se que o procedimento de análise de probabilidade de exercício de poder coordenado em integrações verticais realizada pelo Cade não destoa, de modo significativo, daquela feita em concentrações horizontais. Não obstante, conforme será possível notar nos precedentes que serão expostos, o Cade analisou, principalmente, se a integração vertical teria o condão de aumentar a transparência do mercado e a simetria entre os *players*, permitindo o exercício de poder coordenado entre os *players*.

---

[15] IANELLI, Vivian S. Atos de Concentração Verticais, Efeitos Unilaterais e Coordenados. O que o Cade justifica em seus julgados? In Ideias em competição – 10 anos do Prêmio IBRAC-TIM: 2015-2019 / [organização IBRAC.] – São Paulo: Editora Singular, 2020, p. 870.

[16] Nesse sentido, vale destacar que no Capítulo 4.12 do *Non-Horizontal Merger Guidelines* do FTC e do DoJ (1968), a troca de informações sensíveis e poderia facilitar a coordenação para implementação de estratégia para impedir entradas de novos *players* no mercado. Tal fato pode, ainda, ser exacerbado, se a operação representar a integração de empresa antes considerada *maverick*, i.e., "empresas *mavericks* são aquelas que apresentam um nível de rivalidade do tipo disruptivo, isto é, possuem um maior incentivo a desviar que a maioria dos rivais", Guia H, p. 10.

3. Os precedentes do Cade

Essa seção apresenta um breve sumário da análise concorrencial com relação à probabilidade de exercício de poder coordenado em três precedentes do Cade envolvendo integrações verticais, sendo eles: (i) Ato de Concentração nº 08700.001390/2017-14 (AT&T Inc. e Time Warner Inc.); (ii) Ato de Concentração nº 08700.009363/2015-10 (Itaú Unibanco S.A. e Mastercard Brasil Soluções de Pagamento Ltda.) e (iii) Ato de Concentração nº 08700.002792/2016-47 (Gic Bureau de Crédito).

3.1. AT&T Inc. e Time Warner Inc. (2017)

Em 2017, o Cade analisou a operação que tratou da aquisição global do controle da Time Warner Inc. pela AT&T Inc.[17] Naquele caso, a Superintendência-Geral do Cade ("SG") impugnou a operação ao Tribunal do Cade pois, dentre outras preocupações levantadas, verificou que as requerentes possuíam poder de mercado suficiente para deteriorar significativamente as condições competitivas nos mercados em que atuavam. A concretização da operação entre o segundo maior agente do mercado de programação e o segundo maior agente no mercado de TV por assinatura resultaria no aumento da probabilidade de exercício de poder coordenado.

Naquela época, a AT&T atuava no Brasil por meio da operadora Sky, que fornecia serviços de TV por Assinatura via satélite (DTH), bem como de serviços de banda larga fixa. A Time Warner, por sua vez, atuava por meio de três braços operacionais que englobavam as atividades e negócios no Brasil: Turner, HBO e Warner, as três sendo produtoras e programadoras de conteúdo para televisão[18].

---

[17] BRASIL. Conselho Administrativo de Defesa Econômica. Ato de Concentração nº 08700.001390/2017-14. Requerentes: Time Warner Inc. e AT&T Inc. Decisão publicada em: 18 out. 2017.

[18] A Turner é produtora e programadora de conteúdo para canais básicos de televisão por assinatura e propriedades de mídia digital. A HBO é uma produtora e programadora de conteúdo de canais premium de televisão por assinatura e outros serviços de programação de vídeo nos EUA, e canais premium e básicos de TV por assinatura e outros serviços de programação de vídeo internacionalmente. Por fim, a Warner é produtora, licenciadora, programadora de conteúdo para televisão, entretenimento doméstico e jogos.

A SG destacou, em sua análise, que outros dois *players* relevantes atuavam no mercado de TV por assinatura no Brasil: o Grupo Globo no mercado de programação e a Telecom Américas (Claro/Embratel/NET) no mercado de distribuição. Contudo, a SG verificou que o Globo possuía influência relevante e acesso a informações importantes da Sky, detendo 7% da empresa. Quanto à participação na NET, a SG considerou que o Globo tinha acesso a informações comerciais sensíveis e possuía controle em matérias importantes, inclusive na aquisição de conteúdo, fazendo com que a atuação da Telecom Americas fosse verticalizada na prática. Com base nesse cenário, a SG concluiu que a operação proporcionaria: (i) a criação de um fluxo de informações entre Time Warner e Sky, que se somaria ao já presente fluxo de informações entre Globo e Sky e Globo e NET, tornando o mercado mais transparente para essas empresas; (ii) o aumento da simetria entre Time Warner/Sky de um lado e Globo/Telecom Americas de outro; e (iii) o aumento de barreiras à entrada e custos de rivais.

Ainda, importante destacar que as seguintes características de mercado foram consideradas pela SG como fatores que facilitariam a coordenação: (i) tanto o mercado de programação quanto o de distribuição de TV por assinatura eram altamente concentrados; (ii) a possibilidade da Time Warner/Sky atuar em pelo menos dois elos da cadeia de TV por assinatura como programadora e operadora; (iii) a existência de apenas dois clientes (Sky e Telecom Americas ou Claro/Embratel/NET) com amplo poder de barganha no mercado de programação, que seriam justamente as empresas verticalizadas após a operação; e (iv) a ausência de estratégias agressivas de concorrência ou de *mavericks*.

No âmbito do Tribunal do Cade, o Conselheiro-Relator Gilvandro Vasconcelos concordou com a análise da SG e afirmou que a preocupação do Cade seria a de criar condições para mitigar o risco de a Sky servir de fórum para coordenação, em razão da participação dos principais programadores do mercado no seu capital social. Dessa maneira, o Tribunal do Cade, por unanimidade, aprovou a operação mediante a celebração de Acordo em Controle de Concentração ("ACC") que previu uma série obrigações, incluindo a separação estrutural entre a Sky Brasil e as programadoras de canais Time Warner com estruturas de administração e governança próprias, não sendo permitida a troca de informações concorrencialmente sensíveis ou que poderiam implicar discriminação entre agentes que não façam parte do grupo econômico da AT&T e da Time Warner, a fim de inviabilizar o alinhamento de comportamentos no mercado.

3.2. *Itaú Unibanco S.A. e Mastercard Brasil Soluções de Pagamento Ltda. (2016)*

Em maio de 2016, o Cade analisou a operação que consistia na formação de uma *joint venture* societária entre o Itaú Unibanco ("Itaú") e a Mastercard com o objetivo de criar uma nova bandeira de cartões de crédito e débito[19]. A operação resultaria em integrações verticais entre os mercados de bandeira de cartão de crédito (arranjo de pagamento por Mastercard) e os mercados de emissão de cartões de crédito e de credenciamento de captura de transações (adquirência por Itaú). Após instrução, a SG impugnou a operação ao Tribunal do Cade recomendando que a operação não fosse aprovada sem a imposição de remédios, diante dos potenciais problemas observados, incluindo possível atuação coordenada entre o grupo econômico controlador da JV e o grupo econômico controlador da Elo/Cielo (BB/Bradesco/Caixa).

Segundo a SG, o mercado de meios de pagamento no Brasil seria bastante concentrado e verticalizado em todas as etapas da cadeia de prestação de serviços. Apesar de pontuar que a verticalização não seria um problema anticompetitivo *per se*, uma vez que pode trazer eficiências econômicas justificáveis, a SG ressaltou que estruturas verticalizadas podem dar vazão a preocupações concorrenciais.

Em seu parecer de análise, um dos pontos de maior destaque tratados pela SG foi a interoperabilidade no novo arranjo de pagamento, uma vez que a operação representaria uma alteração significativa no cenário brasileiro de meios de pagamento – até então a Mastercard não era associada a nenhum emissor ou credenciador – e após a operação, até 20% dos cartões no Brasil sairia do escopo desse *player* independente para um *player* com incentivos para discriminar credenciadores.

A SG também pontuou que a operação aumentaria o incentivo para ações coordenadas em diferentes frentes. Uma dessas possibilidades seria por meio da utilização das taxas únicas (*service fee*), que englobaria a taxa de intercâmbio e taxa de bandeira, na intenção de simplificar a cobrança em relação aos credenciadores, como instrumento de subsídio cruzado entre a Rede e o próprio Itaú. Como explicou a SG, o grupo econômico do Itaú passaria a atuar tanto na emissão, por

---

[19] Ato de Concentração nº 08700.009363/2015-10. Requerentes: Itaú Unibanco S.A. e MasterCard Brasil Soluções de Pagamento Ltda. Decisão pulicada em: 11 maio 2016.

meio do Itaú, quanto no credenciamento do novo arranjo, por meio da Rede. Dessa forma, o risco levantado com relação à *fee* agregada é que ela poderia permitir a distribuição de valores dentro do arranjo sem transparência ocultando, assim, eventual estratégia de subsídio cruzado entre os sócios da JV, de maneira a burlar a alegada "não discriminação" em sua cobrança.

Logo, considerando que o novo arranjo poderia atingir uma alta participação de mercado relevante a partir de uma estratégia de tombamento da base de clientes Itaú Unibanco Mastercard pré-existentes, a JV teria condições de elevar os custos de operação com uma nova bandeira, impactando os demais adquirentes do mercado. Além disso, considerando que dois dos maiores grupos econômicos atuantes no mercado de arranjos de pagamentos seriam verticalizados, e.g., JV/Rede (Itáu) e Elo/Cielo (BB/Bradesco/Caixa), com forte presença em todos os segmentos – emissão, bandeira e credenciamento – haveria um forte incentivo para ações coordenadas, principalmente na formação de taxas e na utilização de subsídio cruzado coordenado. Essa questão também foi levantada no Voto do Conselheiro Paulo Burnier:

> *Com dois grupos econômicos possuidores de agentes econômicos em todas as pontas do mercado, há uma maior facilidade para a comunicação e eventual elaboração de práticas colusivas.* Assim, a estratégia de subsídio cruzado poderia ser expandida para os *players* do grupo liderado pela bandeira Elo. Dessa forma, tanto a bandeira Elo, como a nova bandeira da JV e, eventualmente, a própria bandeira Master, poderiam elevar, de maneira conjunta, as taxas de intercâmbio de forma a espremer as margens de lucro das credenciadoras. Dessa vez, além da Rede, a Cielo também faria parte da suposta prática anticompetitiva. A estratégia de subsídio cruzado, em comunhão com a ação coordenada, seria prejudicial à livre concorrência tanto pelo efeito de aumento de preços ao consumidor, como pelo efeito de fechamento de mercado para credenciadores que não Rede e Cielo, e até para as demais bandeiras que não JV, Elo e Master.[20] (Destaque nosso)

---

[20] Ato de Concentração nº 08700.009363/2015-10. Requerentes: Itaú Unibanco S.A. e MasterCard Brasil Soluções de Pagamento Ltda. Decisão pulicada em: 11 maio 2016. Voto Conselheiro Paulo Burnier, parágrafo 139.

O Tribunal do Cade decidiu, portanto, pela aprovação da operação com restrições, condicionada a ajustes contratuais e societários formalizados por meio de ACC para sanar as preocupações concorrenciais[21]. Constatou-se que a operação propiciaria a prática de condutas potencialmente anticompetitivas nos mercados verticalmente relacionados, i.e., credenciamento e emissão de cartões de crédito, uma vez que o Itaú teria influência direta sobre um arranjo de pagamento que transacionaria com empresas concorrentes de seu próprio grupo econômico, possibilitando o acesso a informações concorrencialmente sensíveis de concorrentes e de seus clientes.

Por fim, há de destacar que o Conselheiro João Paulo de Resende apresentou voto divergente pela reprovação da operação. Um de seus principais argumentos seria a possível adoção de subsídio cruzado por um agente com posição dominante oriunda de uma verticalização – conduta que, segundo o Conselheiro, seria de difícil detenção por autoridades regulatórias, e.g., BACEN ou o próprio Cade[22].

---

[21] Dentre as obrigações os quais destacam-se: (a) exigência de nova marca na bandeira do cartão que não remetesse ao Itaú ou à Mastercard, de modo que mitigasse o risco de tombamento dos clientes; (b) alteração nas regras de governança corporativa da JV com a eliminação dos poderes de veto do Itaú e com a obrigação de que o Itaú indique dois "Conselheiros Independentes", dentre os 3 (três) membros a quem tem direito, a partir do momento que a nova bandeira obter uma parcela de mercado superior a 15% no mercado de cartões; (c) alteração do prazo de duração da JV de 20 para 7 anos; e (d) obrigação de divulgação a todo o mercado das taxas únicas praticadas, bem como, o valor da parcela referente à taxa de intercâmbio repassada ao emissor do cartão.

[22] Segundo o Conselheiro, o Itaú poderia, independentemente da interoperabilidade e sem qualquer discriminação entre concorrentes, cobrar preços igualmente elevados de todos os participantes do mercado de credenciamento, inclusive da própria REDE. Com isso, os credenciadores seriam, naturalmente, forçados a repassar seu custo aos estabelecimentos comerciais, uma vez que nova bandeira representaria aproximadamente 20% dos consumidores. Com isso, a Rede teria a prerrogativa de oferecer fortes descontos aos estabelecimentos comerciais em detrimento de seus concorrentes mesmo que isso resultasse em resultados econômicos negativos em virtude dos altos custos cobrados pela nova bandeira, pois, por outro lado, o Itaú, seu controlador, registraria lucro considerável com as operações. Essa discriminação implícita decorrente da verticalização tornaria ineficiente o remédio aprovado pelo Cade de publicação das taxas.

3.3. GIC Bureau de Crédito (2016)

O Cade analisou, em 2016, a operação que tratou da constituição de um *bureau* de crédito ("Gestora de Inteligência de Crédito" ou "GIC") entre Bradesco, Banco do Brasil (BB), Santander, Caixa Econômica Federal (CEF) e Itaú-Unibanco[23]. O objetivo da GIC seria a criação de uma base de dados ampla que permitisse uma avaliação robusta do risco de crédito de pessoas físicas e jurídicas. Consequentemente, a base de dados da GIC abrangeria dados cadastrais e financeiros a respeito da adimplência e inadimplência de pessoas físicas e jurídicas, provenientes de diversos setores da economia, sem distinção.

Observou-se duas integrações verticais oriundas da operação: (i) a relação entre a GIC e as requerentes enquanto fonte de informações (insumo) para *bureaux* de crédito; e (ii) relação GIC e requerentes enquanto consulentes (adquirentes/consumidores) de informações de crédito.

A SG identificou preocupações concorrenciais e impugnou o ato de concentração ao Tribunal do Cade. Uma das preocupações levantadas foi relacionada ao risco de coordenação entre concorrentes por meio da GIC. Isso poderia afetar potencialmente todos os mercados no qual a integração das operações dos participantes ocorria. Nesse sentido, conforme destacou a SG, as preocupações concorrenciais resultantes de acordos entre agentes econômicos não se restringem ao mercado afetado diretamente pelo acordo, podendo também recair sobre outros mercados nos quais as partes são concorrentes, sobretudo quando esses mercados são interdependentes ou estritamente ligados. Essa foi uma constatação fundamental na análise da operação, pois as requerentes eram os principais *players* do mercado bancário nacional à ocasião. Logo, haveria o risco de coordenação entre elas afetando o mercado bancário, uma vez que a GIC seria um meio que permitiria o contato constante entre as partes.

A SG também levantou preocupações relacionadas à importância de que a GIC permanecesse independente de fóruns e associações que são compostas pelas mesmas instituições bancárias, como é o caso da Febraban. Tais preocupações estavam ligadas ao risco de que a GIC fosse utilizada para coordenação não somente entre as requerentes, mas

---

[23] Ato de Concentração nº 08700.002792/2016-47. Requerentes: Banco Bradesco S.A., Banco do Brasil S.A., Banco Santander S.A., Caixa Econômica Federal; e Itaú Unibanco S.A. Decisão publicada em: 9 nov. 2016.

também com os demais representantes do mercado que participam desses fóruns e associações.

O Tribunal do Cade reiterou as preocupações levantadas pela SG e decidiu pela aprovação da operação mediante a assinatura de um ACC. Dentre os remédios previstos no ACC, os seguintes visavam diretamente a mitigar riscos de coordenação: (i) compromisso de governança corporativa, com a adoção de medidas para preservar a independência entre a GIC, as requerentes e a Febraban, vedando o compartilhamento de informações concorrencialmente sensíveis; e (ii) não compartilhamento de quaisquer estruturas entre as requerentes e a GIC.

4. O padrão de análise do Cade: potenciais problemas concorrenciais e ganhos de eficiência

Ao longo dos últimos 10 anos, houve um aumento significativo na proporção de casos envolvendo integrações verticais. Em maio de 2012 a proporção de fusões verticais notificadas era de 15%, tendo aumentado para 46% em 2022. Dentre as teorias de dano aplicadas pelo Cade de forma mais frequente em suas análises concorrenciais, os efeitos coordenados foram aplicados em 28% dos casos[24].

Em destaque, os efeitos coordenados nos casos descritos acima identificados pelo Cade foram:

- verificação de desvios (AT&T e Time Warner Inc; Itaú Unibanco e Mastercard; e GIC Bureau de Crédito);
- reação de empresas terceiras (AT&T e Time Warner Inc);
- mecanismos de dissuasão (Itaú Unibanco e Mastercard).

Em geral, o Cade busca avaliar se as condições dos mercados relevantes envolvidos nas fusões verticais podem favorecer a coordenação entre os *players* e se a operação em análise tem o condão de aumentar um eventual conluio entre as empresas.

No ato de concentração entre AT&T e Time Warner, o Cade verificou que o mercado se tornaria muito transparente entre os grupos eco-

---

[24] "Base de dados de casos de Fusões Verticais analisados pelo Tribunal do Cade 2012-2022", Versão 1.0, 2023. IBRAC" e Bruno Droghetti, Vivian Fraga, Fabiana Tito, Adriana Hernandez Perez, Izabella Passos, Brazil: Unveiling the vertical merger landscape - A decade of assessments by Cade's Tribunal, September 2023, Concurrences N° 3-2023, Art. N° 113074, pp. 202-209.

nômicos verticalizados após a operação, podendo aumentar o risco de a Sky servir como plataforma para troca de informações concorrencialmente sensíveis e coordenação entre concorrentes. Situação semelhante foi apontada no caso GIC Bureau de Crédito, no qual o GIC serviria de plataforma de coordenação entre Bradesco, BB, Santander, CEF, Itaú Unibanco *e até entre outros concorrentes que não faziam parte da JV.*

Já no julgamento do caso entre Unibanco e Mastercard Brasil, a análise de mecanismos de dissuasão foi central, principalmente tendo em vista que o mercado de meios de pagamento era formado por dois grupos econômicos atuantes em todas as pontas do mercado de múltiplos lados, o que aumentaria a facilidade para uma eventual coordenação imposta ao mercado – e que seria aplicável por meio da estratégia de subsídio cruzado.

Destaca-se que é difícil comprovar efetivamente a existência de efeitos coordenados como resultado de integrações verticais. Esse ponto foi apresentado pelo Conselheiro João Paulo de Resende em seu voto divergente nesse caso, no qual o Conselheiro sustentou que a adoção de um subsídio cruzado seria de difícil detecção pelo Cade, o que enfraqueceria a análise antitruste.

O risco de troca de informações concorrencialmente sensíveis parece ser uma das principais preocupações consideradas pelo Cade na análise de efeitos coordenados em fusões verticais, tendo sido constatado no caso AT&T e Time Warner Inc. e no caso GIC Bureau de Crédito. Em ambas as operações, a preocupação esteve relacionada à criação de um local que poderia servir para a coordenação entre concorrentes, o que ocorreria justamente por meio da troca de informações sensíveis. No caso do GIC Bureau de Crédito, a própria JV objeto da operação poderia ser esse local, enquanto no caso AT&T e Time Warner Inc. a troca de informações poderia se dar no âmbito da Globo, que tinha participação societária tanto na Sky quanto na Globo.

Por fim, outra questão considerada relevante pelo Cade nessa análise é a estrutura dos mercados envolvidos e dos principais concorrentes. Tanto no caso AT&T e Time Warner Inc. quanto no Itaú Unibanco e Mastercard, as operações resultariam em dois grupos econômicos concorrentes e verticalizados, com estruturas bastante semelhantes. Esse maior grau de simetria poderia, segundo as análises feitas pelo Cade, facilitar o consenso sobre condições de coordenação entre os grupos.

5. Conclusão

Apesar da minuta do Guia V+ prever alguns parâmetros orientativos para o Cade e os agentes econômicos, ainda há importantes desafios quando se trata da análise de efeitos coordenados em fusões verticais. A análise desta teoria de dano depende majoritariamente de previsões – que são de difícil comprovação – realizadas pela autoridade antitruste. Os desafios são diversos e incluem suposições sobre a possibilidade ou não de coordenação, considerando as características atuais e futuras do mercado em análise, e sobre a eventual capacidade de as empresas envolvidas entrarem em conluio com os demais agentes do mercado. Além disso, há própria dificuldade de distinguir os efeitos coordenados que advêm especificamente das relações verticais, já que grande parte dos casos envolve também sobreposições horizontais[25], que, por sua vez, também geram efeitos coordenados.

Portanto, embora elaborar um guia para a análise de concentrações horizontais seja positivo por trazer maior previsibilidade para as decisões do Cade, a análise continua possuindo um forte teor casuístico, dependendo das particularidades de cada operação, e envolvendo grandes desafios para o Cade, tendo em vista a dificuldade de comprovar efeitos coordenados.

6. Referências bibliográficas

IBRAC. Base de dados de casos de Fusões Verticais analisados pelo Tribunal do Cade 2012-2022, Versão 1.0, 2023.

BATISTA, Luis Guilherme Alho. DE OLIVEIRA JÚNIOR, Márcio. *Os Efeitos Coordenados nas Análises de Atos de Concentração pelo Cade.* Vol. 13 No. 1 (2022): Economic Analysis of Law Review.

BRASIL, 2011. *Lei nº 12.529 de 30 de novembro de 2011 – Lei de Defesa da Concorrência.*

---

[25] Conforme a Base de dados de casos de Fusões Verticais analisados pelo Tribunal do Cade 2012-2022, elaborada pelo IBRAC e estatísticas publicadas na obra Brazil: Unveiling the vertical merger landscape - A decade of assessments by Cade's Tribunal referida anteriormente, 87% das fusões verticais analisadas pelo Tribunal do Cade entre 2012 e 2022 também envolvia sobreposições horizontais.

BRASIL. Conselho Administrativo de Defesa Econômica. *Ato de Concentração nº 08700.009363/2015-10*. Decisão publicada em: 11 maio 2016.

BRASIL. Conselho Administrativo de Defesa Econômica. *Ato de Concentração nº 08700.001390/2017-14*. Decisão publicada em: 18 out. 2017.

BRASIL. Conselho Administrativo de Defesa Econômica. *Ato de Concentração nº 08700.002792/2016-47*. Decisão publicada em: 9 nov. 2016.

COMISSÃO EUROPEIA. *Guia de Orientações para a apreciação das concentrações não horizontais nos termos do Regulamento do Conselho relativo ao controle das concentrações de empresas*. 2008.

COMPETITION AND MARKETS AUTHORITY. *Merger Assessment Guidelines*. 2010.

BRASIL. Conselho Administrativo de Defesa Econômica. *Guia V+ - Guia de Análise de Atos de Concentração Não Horizontais.*

DROGHETTI, B. Vivian FRAGA, Fabiana TITO, Adriana HERNANDEZ PEREZ, Izabella PASSOS, Brazil: Unveiling the vertical merger landscape - A decade of assessments by Cade's Tribunal, September 2023, Concurrences N° 3-2023, Art. N° 113074, pp. 202-209.

FEDERAL TRADE COMMISSION. *Vertical Merger Guidelines*. 2020.

IANELLI, Vivian S. *Atos de Concentração Verticais, Efeitos Unilaterais e Coordenados. O que o Cade justifica em seus julgados?* In Ideias em competição – 10 anos do Prêmio IBRAC-TIM: 2015-2019 / [organização IBRAC.] – São Paulo: Editora Singular, 2020, p. 870.

IVALDI, Marc. JULLIEN, Bueno. REY, Patrick. SEABRIGHT, Paul. TIROLE, Jean. *The Economics of Tacit Collusion: Implications for Merger Control*. In The Political Economy of Antitrust. Elsevier, 2007.

U.S. Department of Justice. *Non-Horizontal Merger Guidelines*. 1984.

TEORIA DE DANO DE ACESSO A INFORMAÇÕES CONCORRENCIALMENTE SENSÍVEIS EM FUSÕES VERTICAIS NO CADE

THEORY OF HARM OF ACCESS TO COMPETITIVE SENSITIVE INFORMATION IN VERTICAL TRANSACTIONS ANALYZED BY CADE

Vivian Fraga

Luísa Pereira Mondeck [1]

Resumo: Ao longo dos últimos 7 anos, o Conselho Administrativo de Defesa Econômica – Cade tem demonstrado interesse sobre o tema de acesso às informações concorrencialmente sensíveis em fusões verticais em linha com outras autoridades de defesa da concorrência. O assunto foi pauta de debate do Tribunal do Cade em pelo menos 12 casos que passaram por seu escrutínio. O presente trabalho se propõe, portanto, a identificar o padrão de análise do Cade sobre o tema e remédios aplicados, *vis a vis* os guias de análise das demais autoridades antitruste, com vistas a enfatizar a relevância do tema e a necessidade deste ser abordado em sede de um Guia específico sobre Fusões Verticais que se encontra em atual elaboração pelo Cade.

Palavras-chave: Ato de Concentração; Teoria de Dano de Acesso a Informações Concorrencialmente Sensíveis; Tribunal do Cade; Fusões Verticais.

Abstract: Over the last 7 years, the Brazilian Competition Authority – Cade has been demonstrating interest in the access to competitively sensitive information in vertical mergers in line with other antitrust authorities. This matter was addressed by Cade Tribunal in at least 12 cases under its scrutiny. The present work therefore aims at identifying Cade's standard of analysis and remedies applied on this matter, *vis a vis* the analysis guidelines from other antitrust authorities, with the purpose of emphasizing its relevance and that it should be further

[1] *Agradecimento às pesquisadoras* Malu Paiva Alves e Marina Martino Vaz e Dias que foram essenciais para a elaboração do presente artigo em razão de sua participação no levantamento e análise de jurisprudência do Cade.

addressed in a specific Guide on Vertical Mergers that is currently under Cade's[2] elaboration.

Key words: Merger Review; Theory of Harm of Access to Competitive Sensitive Information; Cade Tribunal; Vertical Integrations.

1. Introdução

O presente artigo aborda a análise de operações submetidas ao controle preventivo de concentrações econômicas do Conselho Administrativo de Defesa Econômica ("Cade") que envolvem integrações verticais que tenham tido como um dos pontos de análise da autoridade concorrencial a teoria de dano de acesso às informações concorrencialmente sensíveis[3].

Fusões verticais são operações que envolvem empresas que não competem diretamente entre si, mas atuam em diferentes níveis de uma mesma cadeia de produção. Tais operações, quando concretizadas, podem levar, por exemplo, a redução de preços, ganhos de eficiência, melhorias na qualidade de produtos, aumento de produção e redução da dupla margem[4].

Por outro lado, podem também levantar preocupações de natureza concorrencial, na medida em que são capazes de promover – entre outros efeitos – o acesso de informações concorrencialmente sensíveis de rivais[5], tanto a montante, quando a jusante, capaz de gerar efeitos potencialmente negativos ao mercado, tais como: garantir vantagem com-

[2] Nos casos mencionados mais no detalhe, a autora Vivian Fraga trabalhou nos ACs de n°s 08700.002792/2016-47, 08700.005151/2021-10 e 08700.003959/2022-35.

[3] Segundo o Guia para Análise de Consumação Prévia de Atos de Concentração Econômica do Cade: "De um modo geral, as informações concorrencialmente sensíveis (e, portanto, merecedoras de maior atenção pelas partes) são informações específicas (por exemplo, não agregadas) e que versam diretamente sobre o desempenho das atividades-fim dos agentes econômicos."

[4] Vide informações disponíveis nos Guias das autoridades estrangeiras CE, CMA e DOJ/FTC.

[5] Tais como preços, vendas, receita, performance, perfis de clientes, pesquisa e desenvolvimento, composição de custos, inteligência de mercado, entre outras variáveis concorrencialmente relevantes.

petitiva sobre rivais em razão da redução da assimetria informacional, fazendo com que a entidade fusionada concorra menos agressivamente no mercado; gerar maiores incentivos de coordenação entre empresas concorrentes; entre outros[6].

A complexidade do tema é tamanha que outras autoridades internacionais possuem guias orientativos a respeito de como se dão suas respectivas análises antitruste em casos de fusões verticais (ou não-horizontais), destacando o acesso às informações concorrencialmente sensíveis como uma das preocupações decorrentes de tal tipo de operação. Atualmente, tanto a Comissão Europeia ("CE") como a Comissão Federal de Comércio dos Estados Unidos ("FTC"), em conjunto com o Departamento de Justiça Americano ("DOJ"), tratam do tema em seus respectivos guias de análise sobre o tema. A Autoridade de Concorrência e Mercados do Reino Unido ("CMA") possui tanto um guia sobre o assunto como também publicou um estudo recente[7] no qual realizou a análise *ex-post* de fusões verticais nas quais o acesso às informações foi um dos pontos abordado.

Os casos selecionados para a elaboração do presente artigo foram aqueles analisados pelo Tribunal do Cade, sob a Lei 12.529, entre o período de início de 2016 até 31 de maio de 2023[8]. Mais especificamente,

---

[6] Vide informações disponíveis nos Guias das autoridades estrangeiras CE, CMA e DOJ/FTC.

[7] Estudo disponível em: < https://assets.publishing.service.gov.uk/government/uploads/system/uploads/attachment_data/file/1074008/E.CA_Report_on_Ex-post_Evaluation_of_Vertical_Mergers_-_public_version__stc_06.05.22_.pdf>

[8] Total de 12 casos relevantes identificados no período, quais sejam: AC nº 08700.007629/2016-71 (General Electric Company e LM Wind Power Holding A/S), aprovado sem restrições em 19 de abril de 2017; AC nº 08700.001390/2017-14 (Time Warner Inc. e AT&T Inc.), aprovado com restrições em 18 de outubro de 2017; AC nº 08700.000723/2016-07 (John Deere Brasil Ltda. e Monsanto do Brasil Ltda.), processo arquivado em razão de perda de objeto no dia 22 de fevereiro de 2017; AC nº 08700.002792/2016-47 (Banco Bradesco S.A. e Banco do Brasil S.A. (Bureau de Crédito GIC), aprovado com restrições em 23 de novembro de 2016); AC nº 08700.003969/2020-17 (Stone Participações S.A. e Linx S.A.), aprovado sem restrições em 17 de junho de 2021; AC nº 08700.006345/2018-29 (Itaú Unibanco S.A. e Ticket Serviços S.A.), aprovado sem restrições em 26 de junho 2019; AC nº 08700.004540/2021-10 (Compass Gás e Energia S.A. e Petróleo Gás S.A (Gaspetro), aprovado sem restrições em 22 de junho de 2022); AC nº 08700.000627/2020-37 (Grupo SBF S.A. e Nike do Brasil Comércio e Participações Ltda.), aprovado com restrições em 04 de novembro de 2020; AC nº 08700.004426/2020-17 (Bus

a pesquisa foi realizada com base nos seguintes materiais que contaram com a colaboração e elaboração das autoras, que consistiu em: (i) levantamento preparado pelo Grupo de Trabalho de Fusões Verticais do IBRAC ("GT do IBRAC"), com relação ao período recorte de início de 2016 até 31 de dezembro de 2022, e (ii) pesquisa adicional relativa ao período complementar de 01 de janeiro de 2023 até 31 de maio de 2023[9]. No total, foram considerados relevantes para a presente análise 12 Atos de Concentração (ou "AC").

2. Jurisprudência estrangeira sobre a teoria de dano de acesso às informações

As autoridades antitruste estrangeiras vem realizando a análise da teoria de dano de acesso às informações concorrencialmente sensíveis em fusões verticais sob dois vieses diferentes: (i) efeitos unilaterais (ou efeitos não-coordenados) e (ii) efeitos coordenados.

Mais especificamente, a CE entende que, de um lado o acesso informacional pode levar à adoção de preços não tão agressivos no mercado, em detrimento dos consumidores, quando um fornecedor passa a ser também concorrente de seu cliente (entendimento seguido tanto pela CMA quanto pela FTC e pelo DOJ), enquanto de outro, pode colocar os demais concorrentes em situação de desvantagem concorrencial, gerando incentivos para que eles deixem de entrar ou mesmo de crescer no mercado (efeitos unilaterais).

A CE também destacou em seu guia que a redução da assimetria informacional pode aumentar o risco de colusão entre os *players* restan-

Serviços de Agendamento S.A. e J3 Participações Ltda.), aprovado com restrições em 26 de janeiro de 2022; AC nº 08700.002724/2020-64 (Maersk Line A/S e MSC Mediterranean Shipping Company S.A.), aprovado sem restrições em 09 de dezembro de 2020; AC nº 08700.003130/2021-51 (Louis Dreyfus Company Brasil S.A., Amaggi Exportação e Importação Ltda., Dalablog Participações Ltda., Cargill Agrícola S.A., SARTCO Ltda., Carguero Inovação Logística e Serviços S.A. e Green Net Administradora de Cartão Ltda), aprovado sem restrições em 23 de fevereiro de 2022; e AC nº 08700.003959/2022-35 (Rede D›or São Luiz S.A. e Sul América S.A.), aprovado sem restrições em 14 de dezembro de 2022.

[9] As autoras optaram por delimitar o recorte metodológico temporal do presente artigo para o período de início de 2016 até maio de 2023 por terem identificado que os casos mais emblemáticos sobre o assunto tratado no artigo, desde a promulgação da Lei 12.529/11, estão justamente contidos neste período.

tes no mercado (efeito coordenado). De forma similar, a CMA observou em sua análise *ex-post* que de fato efeitos coordenados podem ocorrer a partir da facilitação do fluxo de informações entre a empresa fusionada e seus rivais ocasionada pela fusão vertical. A CMA também definiu em seu guia que a teoria de acesso à informação pode ser analisada tanto como uma teoria de dano autônoma, ou como parte de uma outra teoria de dano (por exemplo, teoria de fechamento de mercado).

Nos mesmos termos, a FTC entende que, em se tratando de efeitos unilaterais, rivais podem decidir encerrar sua relação de fornecimento com a empresa fusionada por receio de que seus dados concorrencialmente sensíveis sejam acessados por sua rival integrada, tendo que recorrer a parceiros comerciais com qualidades de produtos e serviços inferiores, ou mesmo com preços mais altos. Adicionalmente, a FTC também identificou que o acesso às informações pode facilitar coordenação tácita ou expressa entre concorrentes (efeito coordenado), bem como o monitoramento e detecção do descumprimento de eventual acordo entre concorrentes e respectiva adoção de medidas punitivas em caso de descumprimento.

3. Jurisprudência do Cade sobre a teoria de dano de acesso às informações

3.1. Origem da preocupação com a teoria de dano

A partir dos casos analisados, foi possível observar que não só o próprio Cade está atento à dinâmica do acesso às informações concorrencialmente sensíveis em fusões verticais, como também as próprias requerentes e agentes de mercado[10].

Na maior parte dos casos identificados (representando 75%[11] dos casos analisados), as preocupações relacionadas ao acesso às informações concorrencialmente sensíveis foram sinalizadas ao Cade por agen-

---

[10] Isto é, terceiras interessadas habilitadas no AC e empresas terceiras que participam do teste de mercado realizado pelo Cade.

[11] AC nº 08700.000723/2016-07; AC nº 08700.007629/2016-71; AC nº 08700.006345/2018-29; AC nº 08700.000627/2020-37; AC nº 08700.004540/2021-10; AC nº 08700.004426/2020-17; AC nº 08700.003130/2021-51; AC nº 08700.003959/2022-35; e AC nº 08700.003969/2020-17.

tes de mercado, o que demonstra a importância da atuação destes agentes na identificação de potenciais preocupações concorrenciais sobre o acesso informacional. Em tais casos, as preocupações envolvem ganho de previsibilidade do mercado, acesso aos segredos de propriedade industrial, acesso às vantagens e desvantagens competitivas e facilitação de coordenação entre agentes econômicos.

Considerando este universo de casos, verificou-se que em 33%[12] destes casos o AC foi aprovado com restrições, o que representa um indicativo de que a participação dos agentes de mercado tem capacidade de ter papel relevante no impacto da análise proferida pelo Cade.

Por outro lado, em contraposição à atuação dos agentes de mercado no controle de estruturas, verificou-se que somente em 16%[13] dos casos as próprias requerentes trouxeram salvaguardas relativas ao acesso às informações concorrencialmente sensíveis no formulário de notificação da operação.

Por fim, apenas 1 dos casos analisados[14] teve o tema do acesso à informação mencionado tão somente no Parecer da Superintendência-Geral do Cade ("SG/Cade") recomendando a impugnação da operação ao Tribunal do Cade. O gráfico abaixo ilustra as porcentagens e explicações indicadas acima.

[12] Vide AC nº 08700.000723/2016-07; AC nº 08700.000627/2020-37; e AC nº 08700.004426/2020-17.

[13] Vide AC nº 08700.002724/2020-64; e AC nº 08700.002792/2016-47.

[14] Vide AC nº 08700.001390/2017-14.

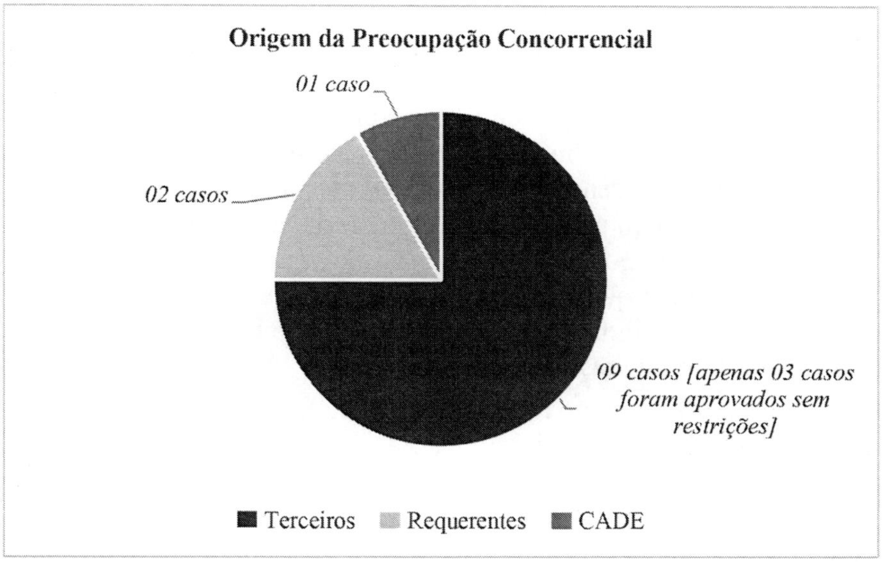

3.2. Análise da teoria de dano de acesso às informações

A partir da análise dos casos identificados, foi possível observar que o Cade tem seguido padrão de análise semelhante ao adotado pelas demais autoridades antitruste ao avaliar os efeitos unilaterais e efeitos coordenados do acesso às informações concorrencialmente sensíveis, a depender do caso. Inclusive, o Cade tem se utilizado dos Guias das autoridades estrangeiras como base para embasar suas próprias análises[15].

No AC[16] que tratou da aquisição da totalidade das quotas representativas do capital social da Nike do Brasil pelo Grupo SBF S.A. ("Centauro"), a SG/Cade seguiu as diretrizes dos Guias da FTC e da CE ao constatar que os efeitos não coordenados deveriam ser analisados pelo Cade em integrações verticais. Foi realizada avaliação da possibilidade de acesso às informações concorrencialmente sensíveis de concorrentes em razão da estrutura resultante da operação que autorizaria, de um lado, a SBF a ter acesso às informações sensíveis de todos os seus concorrentes, e de outro, a Nike passaria a ter acesso às condições negociadas pelos seus rivais com a SBF.

---

[15] Vide AC nº 08700.003959/2022-35; AC nº 08700.000627/2020-37 e AC nº 08700.004426/2020-17.

[16] Vide AC nº 08700.000627/2020-37.

Neste caso, em sede do Tribunal do Cade, o Conselheiro Relator, exarou voto no qual destacou que em se tratando de integrações verticais, a jurisprudência do Cade recomenda a análise dos seguintes elementos para se avaliar a possibilidade e probabilidade de condutas anticompetitivas, sendo o mesmo aplicável para o acesso às informações concorrencialmente sensíveis de concorrentes: análise sobre poder de mercado e respectiva possibilidade e probabilidade do exercício de seu abuso, e em contraposição, a existência de eficiências da operação.[17] Ou seja, indicando que também deve ser feita pelo Cade uma análise de capacidade, habilidade e efeitos utilizada e destacada nos Guias das autoridades estrangeiras.

Seguindo o mesmo racional do AC acima, no âmbito do Ato de Concentração[18] relativo à integração das operações da J3 Operadora e Bus Serviço, também foi realizada análise de efeitos unilaterais com base na probabilidade de acesso às informações de vendas de concorrentes que poderiam conferir vantagem competitiva artificial e garantir tomada de decisão com a influência de tais dados. Ambas as operações foram aprovadas mediante celebração de Acordo em Controle de Concentrações ("ACC") que estabeleceu remédios passíveis de evitar a troca de informações concorrencialmente sensíveis, incluindo medidas de separação estrutural das atividades das empresas e *trustee* de monitoramento.

Mais recentemente, no julgamento do AC[19] que envolveu a combinação dos negócios da Rede D'Or e da SulAmérica, o Tribunal do Cade também exarou análise sobre o acesso a informações concorrencialmente sensíveis ao constatar que a operação teria o potencial de ensejar o acesso da Rede D'Or aos dados de hospitais concorrentes, e o acesso da SulAmerica aos dados de seus concorrentes que mantêm relações comerciais com a Rede D'Or, afirmando, com fundamento nos Guias da CE e da FTC, que tal prerrogativa poderia colocar os concorrentes das Requerentes em desvantagem competitiva. Premissas estas que depois foram afastadas pelo próprio Tribunal após realização de análise aprofundada sobre a dinâmica do mercado, publicidade das informações, e outros fatores.

---

[17] Voto do Conselheiro Relator Luis Henrique Bertolino Braido (vide documento SEI nº 0828559, §10).

[18] Vide AC nº 08700.004426/2020-17.

[19] Vide AC nº 08700.003959/2022-35.

Um dos primeiros casos em que o Cade tratou da análise de efeitos coordenados foi no âmbito do A C[20] relativo à constituição de um bureau de crédito ("Gestora de Inteligência de Crédito" ou "Gic") entre diversos bancos[21]. O Cade tinha como principal preocupação que a plataforma Gic fosse utilizada pelas requerentes com o intuito de gerar coordenação entre elas e demais *players* do mercado. A preocupação recaiu principalmente em razão do mercado bancário ser altamente concentrado e que a Gic permitiria contato constante entre os bancos requerentes, amplificando a possibilidade de colusão tácita ou explícita no mercado [22]. A operação foi somente aprovada mediante celebração de ACC estabelecendo a adoção de medidas de governança para a vedação de troca de informação a partir do Gic.

Em relação à avaliação dos malefícios do acesso às informações concorrencialmente sensíveis feita pelo Cade nos casos analisados, foi possível identificar que o Cade verificou os seguintes elementos (a depender do caso), dentre outros, para avaliar se eventual acesso às informações concorrencialmente sensíveis ensejaria (ou não) prejuízo concorrencial: (i) importância das informações e da manutenção de sua confidencialidade sob a perspectiva da dinâmica do mercado[23]; (ii) nível de publicidade dos dados que podem ser acessados no cenário pós operação[24]; (iii) existência de contratos estabelecendo relações de fornecimento/distribuição que regulam o acesso às informações[25]; (iv) existência de programa de compliance e/ou estruturas de governança interna capazes de prevenir o acesso informacional[26]; e (vi) existência de regulação sobre o acesso às informações[27].

---

[20] Vide AC nº 08700.002792/2016-47.

[21] Bradesco, Banco do Brasil, Santander, Caixa Econômica Federal e Itaú Unibanco.

[22] Preocupações e adoção de remédios estruturais semelhantes ocorreram também no âmbito do AC nº 08700.003130/2021-51.

[23] Vide AC nº 08700.007629/2016-71.

[24] Vide AC nº 08700.003959/2022-35.

[25] Vide AC nº 08700.000627/2020-37.

[26] Vide AC nº 08700.003130/2021-51.

[27] Vide AC nº 08700.003959/2022-35, e AC nº 08700.004540/2021-10.

3.3. *Medidas tomadas pelo Cade para reduzir efeitos anticompetitivos*

A análise possibilitou a identificação de que os casos aprovados sem restrições[28], os quais representam pouco mais da metade dos casos levantados, não ensejaram a necessidade de aplicação de remédios por diversos fatores, incluindo questões relacionadas à teoria de dano de acesso às informações concorrencialmente sensíveis, quais sejam: (i) governança interna[29]; (ii) protocolo antitruste[30]; (iii) relações contratuais com mecanismos de proteção às informações concorrencialmente sensíveis[31]; (v) prática de mercado, publicidade dos dados e regulação em matéria de acesso informacional[32].

A título exemplificativo, na operação[33] envolvendo a associação entre empresas concorrentes nos mercados de transporte rodoviário de cargas e pagamento eletrônico de frete, as requerentes apresentaram ao Cade um conjunto de salvaguardas concorrenciais (incluindo protocolo antitruste) que foram consideradas cruciais e suficientes para mitigar riscos de coordenação e troca de informações por compreenderem "estruturas de organização interna, procedimentos e obrigações comportamentais já adotadas em precedentes do Cade, a exemplo de estruturas de governança para assegurar a gestão independente do negócio-alvo perante os acionistas, mecanismos de controle, monitoramento e tratamento do fluxo de informações sensíveis no âmbito dos órgãos decisó-

---

[28] AC nº 08700.007629/2016-71, AC nº 08700.004540/2021-10, AC nº 08700.003959/2022-35, AC nº 08700.003969/2020-17, AC nº 08700.006345/2018-29; AC nº 08700.003130/2021-51; e AC nº 08700.002724/2020-64.

[29] AC nº 08700.004540/2021-10; e AC nº 08700.003959/2022-35.

[30] Vide AC nº 08700.004540/2021-10. As autoras também identificaram que no âmbito do AC nº 08700.005151/2021-10, envolvendo a fusão entre as empresas Valmet Oyj e Neles, o Cade optou por aprovar a operação sem restrições em razão da existência de política de compliance na Valmet Oyj com objetivo de mitigar o uso indevido de informações de terceiros, bem como disposições contratuais no contrato padrão de fornecimento que prevê obrigações de confidencialidade para as informações concorrencialmente sensíveis e acesso a dados limitado. Tal operação está fora do escopo da presente pesquisa uma vez que não foi analisada pelo Tribunal do Cade.

[31] AC nº 08700.007629/2016-71.

[32] AC nº 08700.007629/2016-71; AC nº 08700.003969/2020-17; AC nº 08700.003959/2022-35; e AC nº 08700.003969/2020-17.

[33] AC nº 08700.003130/2021-51.

rios e funcionários da Carguero, buscando assegurar que as interações entre as Acionistas, concorrentes em outros mercados, estejam em conformidade com a legislação concorrencial."[34]

Já no âmbito do AC envolvendo a Rede D'Or e a SulAmérica[35], o Cade considerou diferentes fatores para aprovar a operação sem restrições ao entender que os seguintes elementos seriam mitigadores de preocupações concorrenciais: o setor de saúde é regulado pela ANS[36] que tem como competência enquanto agência setorial regular o fluxo informacional trocado entre os agentes de mercado[37], existência de dados disponíveis publicamente por publicações setoriais, e que outros concorrentes já são verticalizados e possuem acesso às informações que seriam acessadas no cenário pós operação o que mitigaria o potencial uso das informações como instrumento de vantagem competitiva.

Em relação ao restante dos casos que foram aprovados com restrições[38], verificou-se que os remédios negociados relativos ao acesso às informações concorrencialmente sensíveis envolveram compromissos de natureza estrutural e/ou comportamental – a depender do caso – em especial vedação/proibição do uso de informações concorrencialmente sensíveis, monitoramento, separação estrutural entre as unidades de negócios da empresa fusionada e criação de programa de compliance concorrencial.

No AC[39] relativo à constituição do Gic, mesmo as Requerentes tendo informado ao Cade que o Gic buscaria adotar melhores práticas de governança para garantir sua independência de seus acionistas, a operação foi aprovada com restrições. O Tribunal do Cade entendeu

---

[34] Vide Voto proferido pelo Conselheiro Relator, Sergio Ravagnani (vide documento Sei nº 1028533).

[35] AC nº 08700.003959/2022-35.

[36] Agência Nacional de Saúde Suplementar.

[37] O Voto proferido pelo Conselheiro Relator, Luiz Augusto Hoffmann, inclusive recomendou à ANS "(...) a edição de norma específica e adoção de outras medidas que mitiguem pertinentes visando a assegurar a existência de salvaguardas que mitiguem riscos de troca de informações sensíveis de caráter anticompetitivo entre agentes verticalizados no setor de saúde suplementar no Brasil (...)" (vide documento SEI nº 1165538, §419).

[38] AC nº 08700.001390/2017-14; AC nº 08700.002792/2016-47; AC nº 08700.000627/2020-37; e AC nº 08700.004426/2020-17.

[39] AC nº 08700.002792/2016-47.

que os compromissos apresentados seriam genéricos e insuficientes para afastar preocupações com a possibilidade de coordenação entre as requerentes. Foram então estabelecidas medidas de governança adicionais para garantir a autonomia do Gic, incluindo a proibição expressa de troca de informações concorrencialmente sensíveis entre acionistas e a independência entre o Gic e associações do setor. O ACC foi estabelecido pelo prazo de 7 anos.

Já no AC[40] relativo à aquisição total de controle da Time Warner Inc. pela AT&T, controladora do grupo Sky, o Tribunal do Cade entendeu que a operação poderia gerar um agente de mercado verticalizado que teria incentivo para realizar trocas de informações com concorrentes de distintos níveis da cadeia produtiva. Assim, o ACC versou sobre a separação das estruturas de administração e governança para evitar tais trocas Além disso, as Requerentes deveriam realizar a implementação de um programa de compliance e um *trustee* de monitoramento pelo prazo de 5 anos.

No AC[41] envolvendo o Grupo SBF (Centauro) e a Nike do Brasil, na tentativa de fugir dos remédios, as requerentes informaram ao Cade que a operação envolveria a implementação de regras de governanças em seu centro de distribuição, a celebração de contratos de confidencialidade entre o Grupo SBF e seus clientes para resguardar as informações confidenciais, bem como cláusula contratual contendo mecanismos para combater a troca de informações concorrencialmente sensíveis similares. Entretanto, o Cade entendeu que tais medidas deveriam ser monitoradas a partir da celebração de um ACC que previu a criação de um *trustee* de monitoramento independente, o qual deveria informar ao Cade sobre eventuais trocas de informações sensíveis entre as requerentes. O ACC tem validade de 3 anos, renováveis por mais 2 anos em caso de descumprimento (mesmo que parcial).

Por fim, vale mencionar que na operação[42] de incorporação da totalidade do capital social da J3 Operadora pela Bus Serviços, o Tribunal do Cade entendeu que o ACC seria necessário para evitar efeitos não-coordenados oriundos da troca de informações. Assim, o ACC impôs a criação de um programa de compliance, implementação de políticas de governança, engenharia de dados e políticas de proteção e

---

[40] AC nº 08700.001390/2017-14.

[41] AC nº 08700.000627/2020-37.

[42] AC nº 08700.004426/2020-17.

privacidade de dados, bem como a orientação de seus funcionários sobre o assunto, funcionários distintos para cada atividade. Além disso, ficou estabelecida a implementação de um *trustee* de monitoramento pelo prazo de 3 anos.

4. Conclusão

Os casos analisados no presente trabalho indicam que nos últimos anos o Tribunal do Cade tem se debruçado e se preocupado com a teoria de dano de acesso às informações concorrencialmente sensíveis, na medida em que o tema foi tratado em operações envolvendo diferentes setores, tais como bancário, saúde e infraestrutura.

Constatou-se que tal teoria de dano tende a ser analisada pelo Tribunal do Cade em conformidade com entendimento exarado por outras autoridades concorrenciais, uma vez que o Cade tem se atentado com a potencialidade e probabilidade de efeitos unilaterais e efeitos coordenados oriundos do acesso às informações concorrencialmente sensíveis.

O acesso informacional foi inclusive ponto de preocupação do Tribunal do Cade passível de adoção de remédios em sede de ACCs para que operações fossem aprovadas sem que a dinâmica concorrencial do mercado fosse afetada negativamente no cenário pós operação, seja pelo risco de incentivos à coordenação, seja pelo risco de ensejar vantagens competitivas.

Pretende-se, portanto, com esse trabalho, reunir a atual e robusta jurisprudência do Cade sobre o tema da teoria de acesso às informações concorrencialmente sensíveis para fins de consulta da comunidade antitruste brasileira.

5. Referências bibliográficas

ESTADOS UNIDOS DA AMÉRICA. FEDERAL TRADE COMMISSION. Vertical merger guidelines, 2020.

ESTADOS UNIDOS DA AMÉRICA. FEDERAL TRADE COMMISSION. Commentary on vertical merger enforcement, 2020.

REINO UNIDO. COMPETITITON MARKET AYTHORITY. Ex-post evaluation of vertical mergers: report for the competition and markets authority, 2022.

REINO UNIDO. COMPETITITON MARKET AUTHORITY. Merger assessment guidelines, 2021.

SALOP, S. CULLEY, D. Revising the US vertical merger guidelines: policy issues and an interim guide for practitioners.

UNIÃO EUROPEIA. COMISSÃO EUROPEIA. Guidelines on the assessment of non-horizontal mergers under the Council Regulation on the control of concentrations between undertakings.

EFICIÊNCIAS EM FUSÕES VERTICAIS: JURISPRUDÊNCIA E ARCABOUÇO TEÓRICO

EFFICIENCIES IN VERTICAL MERGERS: JURISPRUDENCE AND THEORETICAL FRAMEWORK

Marcos Lima

Resumo: O objetivo do presente artigo é avaliar os avanços trazidos pela Guia V+ sobre a avaliação de eficiências em fusões verticais. Por não haver um Guia com orientações claras de como proceder na avaliação deste caso, não tem havido a consistência adequada das análises do Cade entre as operações analisadas pela Autarquia. De fato, há prevalência das análises e do arcabouço utilizado pelo Cade em concentrações horizontais do que para as próprias integrações verticais. Neste documento são discutidas as metodologias de aritmética vertical, vGUPPI e MHI. É importante ressaltar que os métodos quantitativos são questionáveis, dada sua sensibilidade aos parâmetros adotados nas análises. Dessa forma, é importante que se considere também os elementos qualitativos da análise para a decisão quanto aos efeitos de uma fusão vertical.

Palavras-chave: Antitruste; Atos de concentração; Métodos Quantitativos; Análise de eficiências; Fusões verticais; Análise de eficiências.

Abstract: The objective of this article is to evaluate the advances brought by Guia V+ on the evaluation of efficiencies in vertical mergers. As there is no Guide with clear guidelines on how to proceed in the evaluation of this case, there has not been adequate consistency in Cade's analyzes between the operations analyzed by the Autarchy. In fact, there is a prevalence of analyzes and the framework used by Cade in horizontal concentrations than for the vertical integrations themselves. In this document vertical arithmetic, vGUPPI and MHI methodologies are discussed. It is important to emphasize that the quantitative methods are questionable, given their sensitivity to the parameters adopted in the analyses. Therefore, it is important to also consider the qualitative elements of the analysis when deciding on the effects of a vertical merger.

Keywords: Antitrust; Mergers; Quantitative Methods; Efficiency analysis; Vertical mergers; Efficiency Analysis.

1. Introdução

O Conselho Administrativo de Defesa Econômica (Cade) colocou em consulta pública em 20/07/2023 o Guia de Análise de Atos de Concentração Não-Horizontais (Guia V+). Este guia visa complementar uma lacuna muito grande na análise de operações que gerem integrações verticais ou efeitos conglomerais pelo Cade. Na ausência de tal Guia, o Cade acabou por adotar, ao longo dos anos, metodologias não uniformes de análise destas operações, com rigor técnico distinto em cada caso. É muito importante ressaltar que há Guias para Análise de Atos de Concentração Horizontal (Guia H) desde o ano de 2001[1] (o novo Guia H foi lançado em julho de 2016[2]). No Guia H (2016) há menção superficial a integrações verticais.

Dessa forma, apesar de haver uma série de casos envolvendo integrações verticais nos Atos de Concentração avaliados pelo Cade, o arcabouço teórico utilizado e a condução da análise sempre foi mais pautada pelas diretrizes constantes do Guia H, como se fosse possível, através de simples adaptação do arcabouço constante do Guia H construir avaliações plenamente adequadas de casos de integração vertical. Esta noção é reforçada pelo fato de que boa parte dos Atos de Concentração ordinários envolvem tanto concentrações horizontais quanto integrações verticais. Dos 61 casos envolvendo integrações verticais analisados pelo Cade entre 2012 e 2020 (e que fizeram parte da base de dados avaliada pelo Grupo de Trabalho do IBRAC), 53 apresentaram também concentrações horizontais em pelo menos um mercado relevante.

Outro fator que possivelmente fez com que no mundo inteiro pouca atenção fosse dada aos efeitos das fusões verticais, foi a noção de que as mesmas seriam quase sempre eficientes dada pela Escola de Chicago, em especial pels conceitos de "*single monopoly profits*" e eliminação de *mark ups* duplos. No entanto, como destacam Slade e Lafontaine (2021), o desenvolvimento de modelos teóricos de *entry deterrence*, fechamento de mercado e incremento de custos dos rivais fez com que tal percepção se alterasse e as fusões verticais passassem a ter, de forma paulatina, a atenção necessária das autoridades antitruste

---

[1] PORTARIA CONJUNTA SEAE/SDE N.º 50, DE 1 º de agosto de 2001.

[2] Vide: https://cdn.Cade.gov.br/Portal/centrais-de-conteudo/publicacoes/guias-do-Cade/guia-para-analise-de-atos-de-concentracao-horizontal.pdf (Acesso em 15 de julho de 2023)

mundo afora. De fato, a escola pós-Chicago trouxe à tona duas teorias que justificam a existência de preocupações do ponto de vista antitruste em fusões verticais: *"restoring monopoly power"* e *"raising rivals' costs"* (vide Riordan (2005)).

Se havia falhas e a falta de um arcabouço claramente definido para avaliação das integrações verticais, o problema é ainda maior quando se trata da análise de eficiências em casos com tais integrações. De fato, mesmo nos casos que envolvem apenas concentrações horizontais, a análise de eficiências e o cálculo dos efeitos líquidos dos Atos de Concentração pelo Cade se constituem em assuntos polêmicos, muitas vezes com críticas às análises realizadas.

Conforme destaca Slade (2018), em *paper* apresentado à Organização para Cooperação e Desenvolvimento Econômico (OCDE), a avaliação de eficiências em fusões verticais, apesar de muito mais raras, são mais complexas, conforme se verifica no trecho abaixo:

> "I start my discussion with several claims: First, most vertical mergers are efficient but there is a small number that deserve close scrutiny. As a consequence, there is a need for efficient screening. Second, vertical relationships are more complex than horizontal. Indeed, whereas horizontal mergers involve one market, vertical mergers involve two, one up and one downstream, as well as the interface between the two. As a consequence, techniques that are used to forecast the effects of horizontal mergers, such as merger simulations, are more likely to be inaccurate when they are applied to vertical combinations. Third, compared to horizontal mergers, production and distribution efficiencies are less apt to motivate vertical mergers. Instead, the transfer of knowledge, the mitigation of contracting costs, and the provision of incentives for efficient physical and human capital investment are more common motives. Fourth, relative to other sorts of vertical efficiencies, the removal of double marginalization has been overemphasized in theory and practice. One reason for this emphasis is the difficulty of measuring other vertical efficiencies that involve the transfer of intangibles. Finally, vertical mergers in the technology, media, and telecom (TMT) sectors tend to be larger and more complex that those in other

> industries. This means that most of my claims are even more true for those sectors. In what follows, I attempt to justify these claims." Slade (2018)

Há, portanto, dificuldades que vão desde a identificação e mensuração das eficiências relacionadas às integrações verticais, em especial em casos que também envolvem concentrações horizontais, até a escolha e utilização de métodos que quantifiquem de forma adequada os eventuais efeitos anticompetitivos derivados de fusões verticais.

Este *paper* tem como objetivo apresentar como a discussão de eficiências em fusões verticais tem sido feita do Brasil nos últimos anos e, de que forma o Guia V+ e sua aplicação pelo Cade podem trazer mais garantias de uma avaliação tecnicamente adequada e robusta para tais casos. Para tanto, este artigo encontra-se dividido em mais três seções. A primeira lista e discute os principais tipos de eficiências discutidas em integrações verticais, tanto do ponto de vista teórico quanto da jurisprudência do Cade. A segunda discute se há um arcabouço teórico adequado para contrapor os efeitos anticompetitivos de uma fusão vertical com as eficiências antitruste. Na terceira são apresentadas as conclusões do documento.

2. Quais são os principais tipos de eficiências em integrações verticais?

Esta seção encontra-se dividida em duas partes. Na primeira são apresentados os tipos de eficiência mais comuns na análise de fusões verticais. Já na segunda são apresentados elementos levantados pelo mapeamento realizado pelo Grupo de Trabalho do IBRAC de 61 atos de concentração que ensejaram análise de integrações verticais no período de 2012 a 2020.

2.1. Eficiências esperadas em fusões verticais

Normalmente, as eficiências mais comuns derivadas de integrações vertical, e que são listadas no Guia V+, em sua seção II.4, são:

(i) Eliminação de *mark up* duplo;

(ii) Redução de custos de transação;

(iii) Melhoria na coordenação do processo produtivo;

(iv) Melhoria na coordenação do processo de distribuição;

(v) Alinhamento de incentivos;

(vi) Redução de problemas *hold-up*;

(vii) Compartilhamento de dados; e

(viii) Eliminação do efeito carona.

Uma dificuldade que se observa nas análises dos Atos de Concentração avaliados pelo Cade está relacionada ao fato de que, via de regra, as operações que ensejam integrações verticais também resultam em concentrações horizontais (dos 31 casos avaliados pelo GT-IBRAC com análise de eficiências, em 28 houve também concentrações horizontais) e normalmente os argumentos de eficiência e a análise conduzida pelo Cade concentram-se mais nas eficiências relacionadas às concentrações horizontais. Dessa forma, é bastante rara a existência de análise de eficiências dedicada somente às integrações verticais dos Atos de Concentração. No entanto, caso o Cade entenda que a preocupação concorrencial de uma advém primordialmente de uma integração vertical, a análise de eficiências deve estar relacionada a tal integração, não podendo ser misturada a argumentos de eficiência das concentrações horizontais do caso. Isso, de fato, é muito difícil de ocorrer pelo que se observa da jurisprudência do Cade.

2.2. Fusões Verticais com Análise de Eficiências na jurisprudência do Cade

Um elemento relevante, que consta no artigo de Salo e Culley (2018), diz respeito ao fato de que as fusões verticais que normalmente geram preocupações concorrenciais e que, dessa forma, podem demandar análise de eficiências, ocorrem em mercados com as seguintes características:

(i) Elevada concentração de mercado;

(ii) Existência de economias de escala ou escopo;

(iii) Mercados de dois lados;

(iv) Efeitos de rede;

(v) Firmas multiproduto;

(vi) Mercados: mídia, tecnologia, telecom, energia e saúde.

A jurisprudência levantada pelo GT-IBRAC aponta para a análise de eficiências em 31 das 61 fusões verticais avaliadas no período de 2012 a 2022, conforme se verifica na figura abaixo.

Figura 1: Fusões Verticais com Análise de Eficiências pelo Cade (2012 a 2022)

Casos com análise de eficiências	31
Ela foi usada para sobrepesar/relativizar os danos?	13
Evidências teóricas (Sim ou Não)	17
Evidências empíricas (Sim ou Não)	13
Análise de contra-factual (Sim ou Não)	1
Teste de mercado dos oficiados (Sim ou Não)	8

Fonte: Cade e GT-IBRAC.

Em primeiro lugar, é importante notar que a grande maioria dos casos acima possui avaliações de eficiências relacionadas às concentrações horizontais geradas e não às integrações verticais. Em segundo lugar, cumpre destacar que mesmo nos casos em que haja análise de argumentos de eficiências em integrações, o Cade em geral não considerou as mesmas devidamente comprovadas e/ou quantificadas ou suficientes para se contrapor aos efeitos anticompetitivos da operação.

No entanto, é importante destacar que o Cade não houve, em qualquer dos casos avaliados acima, a contraposição das eficiências aceitas a eventuais efeitos anticompetitivos associados às fusões verticais calculados por simulação de fusões ou algum método de *screening*, como o vGUPPI, por exemplo. Dessa forma, nota-se que a aplicação do Guia V+ pelo Cade vai permitir que as análises de eficiências nas fusões verticais seja cada vez mais bem fundamentada tecnicamente, mesmo que se saiba que tais métodos de simulação e de *screening* são sujeitos a muitas críticas e servem como um complemento a todos os outros elementos utilizados na avaliação dos efeitos das integrações verticais.

Além disso, há uma diferença no tipo de mercado que tem ensejado maiores preocupações por conta de integrações verticais no Brasil em relação à realidade na Europa e nos Estados Unidos nos últimos anos. No Brasil as principais disputas têm ocorrido em setores que já são escrutinados com frequência por conta de preocupações horizontais, como o de combustíveis, minério de ferro, siderurgia, setor petroquímico e serviços de saúde. Internacionalmente a preocupação central está nos mercados digitais, que apenas mais recentemente tem sido mais presente nas discussões de fusões verticais no Brasil, apesar de terem sido avaliadas condutas restritivas verticais em processos administrativos avaliados pelo Cade (vide caso Google Shopping, por exemplo). A tabela abaixo é reproduzida de Slade (2021) e mostra a grande participação de empresas de tecnologia, mídia e telecom nesse tipo de caso nos EUA.

Figura 2: Fusões Verticais nos EUA (1994-2018)

Table 1 US vertical merger actions, 1994-Juiy 2018				
	(1) 1994-200	(2) 2001-2009	(3) 2010-2018	(4) All Years
Number of VM Actions	31	10	18	59
Number of TMT Actions	19	6	12	37
Ratio TMT/VM	0.61	0.60	0.67	0.63
Actions/year	4.4	1.1	2.1	2.4
US President	Clinton	G.W. Bush	Obama	
Years in office	1993-2000	2001-2008	2009-2017	
VM stands for vertical mergers. TMT stands for vertical mergers in the technology, media, and telecom sectors.				

Fonte: Slade e Lafontaine (2021).

3. Existe arcabouço teórico para contrapor eficiências e efeitos anticompetitivos em integrações verticais?

Em primeiro lugar, é importante destacar que os modelos utilizados para a avaliação dos efeitos anticompetitivos de concentrações horizontais mais utilizados pelo Cade são os métodos de *screening* GUPPI, UPP e PC-AIDS.

O GUPPI é um teste que assume que as empresas no mercado competem em preços e que seus produtos são diferenciados. Este teste não considera a existência de eficiências em sua expressão final, tal como no UPP de Shapiro e Farell (2010). Além disso, os resultados são apresentados em proporção ao preço para o qual o GUPPI está sendo calculado. O teste normalmente utilizado pelo Cade é o proposto por Salop e Moresi (2009). Este teste utiliza do conceito de *diversion ratio* (taxa de desvio), que representa o percentual da perda de demanda de uma das Requerentes que seria desviada para a outra Requerente, e pode ser vista na fórmula abaixo, onde S_A é o *market share* da empresa adquirida e S_B o da adquirente.

$$DR_{BA} = \frac{\frac{\partial Q_A}{\partial P_B}}{\frac{\partial Q_B}{\partial P_B}} = \frac{S_A}{1 - S_B}$$

Com a *diversion ratio*, a expressão usada para o GUPPI resulta na fórmula apresentada abaixo, obtida a partir da diferença de maximizações pré e pós fusão, em que a firma A (ou o produto A) é adquirida pela firma B (ou a firma que também detém o produto B):

$$GUPPI_B = \frac{[(p_A - Cmg_A)\mathrm{DR_{BA}}]}{\mathrm{P_B}}$$

onde P_A representa o preço médio da empresa A, P_B o preço da empresa B e Cmg_A o custo marginal da empresa A. A expressão (P_A-Cmg_A) representa o lucro bruto unitário da empresa A.

A ideia é basicamente verificar a possibilidade de aumento de preços após a fusão. Essa nova expressão é, por definição, positiva e resulta em um valor percentual para o aumento de preços do produto após a fusão. Os referenciais típicos para avaliar esses percentuais são os aumentos de preços de 5% e de 10%. Valores inferiores a 5% não suscitam preocupações concorrenciais.

O UPP, conforme sugerido por Schmalensee (2009), que incorpora um percentual de eficiências, afetando os custos de ambas as empresas parte da operação. A expressão usada pelo autor para a pressão de aumento de preço sofrida pela empresa 1, após fusão com a empresa 2 é:

$$UPP_B = DR_{BA}(m_A + E_A.C_A) - E_B.C_B$$

Em que DR_{BA} é a *diversion ratio* da empresa B para a empresa A, mA é a margem de lucro obtida pela empresa A, adicionada de eventual eficiência que ela tenha com a Operação, $E_A C_A$ (suposto valor 0 (zero) para este exercício); e $E_B C_B$ representa a redução no custo marginal da empresa B por conta das eficiências

O modelo PC-AIDS é uma simplificação da especificação de demanda AIDS (*Almost Ideal Demand System* – Deaton e Muellbauer) , no sentido em que considera que as elasticidades cruzadas podem ser todas obtidas em função dos *shares* das empresas no mercado. Dessa forma, ele assume proporcionalidade entre os desvios de demanda e os *shares* dos concorrentes. Também é um modelo que considera que a concorrência entre as empresas Modelo também baseado em Bertrand.

Todos estes métodos avaliam os impactos das operações em um mercado apenas, ao contrário do que ocorre com as fusões verticais que envolvem sempre dois mercados (*upstream* e *downstream*).

No entanto, o Guia V+ do Cade aproveita as mesmas diretrizes que fazem parte do Guia H, segundo os qual as alegações de ganhos de eficiências devem:

1. Ser prováveis, ou seja, a probabilidade de sua ocorrência pós operação deve ser elevada;
2. Ser verificáveis, isto é, passíveis de mensuração;
3. Ser específicos da operação, abrangendo somente aqueles ganhos que não poderiam ser alcançados de outra forma menos restritiva à concorrência, senão por meio da integração;
4. Ocorrer de maneira tempestiva, em um período inferior a 2 (dois) anos;
5. Resultar em benefícios que tenham parcela relevante repassada aos consumidores.

Apesar de a lógica argumentativa ser a mesma, ressalta-se que eficiências em fusões verticais são resultado de alinhamento de incentivos entre as empresas *upstream* e *downstream* e, portanto, são regidas pela mesma lógica que levaria a empresa a adotar uma conduta anticompetitiva. Slade e Lafontaine (2021) destacam que no caso da AT&T-Time Warner a AT&T passou a privilegiar a exibição do conteúdo da Warner, e que isso se deve aos ganhos de eficiência. No entanto, ao mesmo tempo corresponde a uma estratégia de fechamento de mercado que pode ou não gerar efeitos negativos sobre os consumidores finais. Neste caso, os autores chegaram à conclusão de que não teria havido efeitos negativos. No entanto, este elemento aponta para o imperativo de analisar os efeitos líquidos de fusões verticais mais complexas, em especial nos casos nos quais a configuração do mercado indica que o mesmo é mais suscetível a gerar efeitos anticompetitivos.

No Gua V+ duas metodologias são descritas para a apuração dos efeitos anticompetitivos de uma fusão vertical: a aritmética vertical e o vGUPPI.

Aritmética vertical avalia se a exclusão total de rivais seria lucrativa para a fusionada dadas as margens obtidas pela empresa integrada e a razão de desvio esperado de rivais excluídos pela empresa integrada. É uma metodologia relativamente simples que exige um número reduzido de informações para ser implementada. Esta metodologia foi utilizada pelo Departamento de Estudos Econômicos do Cade no Ato de Concentração n.º 08700.003959/2022-35 (Nota Técnica Nº 30/2022/DEE/Cade). A implementação deste método, assim como o vGUPPI é dependente de *diversion rates* e margens de lucro *upstream* e *downstream*. As principais críticas a esta metodologia envolvem:

(i) O fato de considerar apenas o fechamento total de mercado, quando na prática a fucionada pode realizar fechamento parcial; e

(ii) Níveis de preços e margens considerados como dados, mesmo sabendo que integrações verticais podem ter impacto em tais variáveis.

Para um cálculo mais detalhado pode-se utilizar o vGUPPI, método desenvolvido por em Moresi e Salop (2013) e que permite generalizar a aritmética vertical para casos em que a firma *upstream* opta por uma estratégia de RRc. Numa estratégia de fechamento de mercado há três decisões relevantes: a da firma *upstream*, a da firma *downstream* que foi integrada e a das firmas rivais da *downstream*, isso dá origem ao vGUPPIu, vGUPPId e vGUPPIr. Apresentamos abaixo as fórmulas de cada vGUPPI:

$$\text{vGUPPIu} = \frac{d_{21} m_1 p_1}{w_2}$$

$$\text{vGUPPIr} = \frac{\text{vGUPPIu}\, ptr_u w_r}{p_r}$$

$$\text{vGUPPId}_1 = \frac{d_{12} w_u m_u}{p_1}$$

$$\text{vGUPPId}_2 = \text{vGUPPId}_1 = \frac{m_u w_u}{p_1}$$

Onde d_{xy} representa a *diversion rate* vertical, m a margem de lucro, p o preço, ptr o *passthrough*.

Também há críticas ao uso do vGUPPI, que envolvem os seguintes pontos:

(i) Qual o *threshold* apropriado para o vGUPPI de forma a afastar preocupações concorrenciais?

(ii) Como conciliar os resultados do vGUPPI com as importantes evidências qualitativas que muitas vezes decorrem da análise detalhada de um ato de concentração?

Além destes métodos, pode-se destacar ainda a metodologia proposta por Hendricks e McAfee (2002), que consiste numa adaptação do modelo de Cournot. O modelo pressupõe que o lucro maximizado por cada firma pode ser escrito como:

$$\pi_i = r(Q)q_i - w(q_i) - c(x_i) - p(q_i - x_i)$$

Onde π_i representa o lucro da firma, r(Q) é o preço do bem final que é função da quantidade total deste bem produzida pela indústria (Q), q_i é a quantidade de produto produzida por esta firma, $w(q_i)$ é o custo de produção do bem final a partir do bem intermediário, x_i é a quantidade do bem intermediário produzido pela firma, $c(x_i)$ é o custo de produção do insumo, e p é o preço deste insumo.

A simulação proposta por Hendricks e McAfee é feita com o objetivo de se obter em um primeiro momento duas medidas. A primeira é a diferença entre a quantidade efetivamente produzida no mercado e a quantidade eficiente (Q_f). A segunda medida calculada é a margem média de lucros das firmas nos segmentos considerados. Tal margem é denominada pelos autores "*Modified HHI*" (MHI) e pode ser representada pela seguinte expressão.

$$MHI = \sum_{i=1}^{n} \frac{\left((r(Q) - p - w').s_i + (p - c').\sigma_i\right)}{r}$$

Note-se que o MHI é uma expressão que dá a soma das margens à montante e à jusante equivalente à margem simples de Cournot. Em um primeiro lugar são feitos os cálculos destas duas medidas para a situação pré-fusão e posteriormente para a situação pós-fusão. A partir da comparação das duas situações são determinadas as variações nas quantidades, nos preços e nas margens de lucro dos segmentos considerados.

Para alimentar o modelo são necessários os seguintes insumos:

1. *Capacity shares* pré-fusão das firmas atuantes nos dois seg-

mentos;

2. Uma estimativa do módulo da elasticidade-preço da demanda por *downstream* (α);
3. Estimativas das elasticidades-custo *upstream* e *downstream* (β e η);
4. Razão entre os preços do insumo e do produto pré-fusão (θ).

De qualquer forma, os resultados de qualquer um dos modelos acima descritos são passíveis de críticas por serem muito sensíveis aos valores dos parâmetros considerados, podendo gerar previsões pouco confiáveis. Dessa forma é essencial que evidências qualitativas e demais elementos utilizados na análise dos efeitos da integração vertical sejam considerados em conjunto quando da decisão quanto aos seus efeitos anticompetitivos.

4. Conclusão

O objetivo do presente artigo é avaliar os avanços trazidos pela Guia V+, em Consulta Pública, sobre a avaliação de eficiências em fusões verticais. Até o momento, por não haver um Guia com orientações claras de como proceder na avaliação deste caso, não tem havido a consistência adequada das análises do Cade entre as operações analisadas pela Autarquia.

Além disso, é importante ressaltar a necessidade de separar a análise das integrações verticais daquelas relacionadas às concentrações horizontais decorrentes das mesmas operações. Até o momento as análises e o arcabouço utilizados pelo Cade são mais voltados para as concentrações horizontais do que para as próprias integrações verticais, que possuem uma lógica distinta e mais complexas do que as integrações verticais, e demandam modelos específicos para a sua correta avaliação. Neste documento são discutidas as metodologias de aritmética vertical, vGUPPI e MHI.

É importante ressaltar que os métodos quantitativos são questionáveis, dada sua sensibilidade aos parâmetros adotados nas análises. Dessa forma, é importante que se considere também os elementos qualitativos da análise para a decisão quanto aos efeitos de uma fusão vertical.

5. Referências bibliográficas

BAKER, Jonathan B. et al. (2018) Five Principals for Vertical Merger Enforcement Policy. *Antitrust*, v. 33, p. 12.

BRENNAN, Timothy J. (2020) Vertical mergers, the Coase Theorem, and the burden of proof. *Journal of Competition Law & Economics*, v. 16, n. 4, p. 488-510.

DEATON, A., & MUELLBAUER, J. (1980). An Almost Ideal Demand System. *American Economic Review*, 70 , 312-326.

FARRELL, J. and SHAPIRO, K. (2010) "Antitrust Evaluation of Horizontal Mergers: An Economic Alternative to Market Definition," The B.E. Journal of Theoretical Economics: Vol. 10: Iss. 1 (Policies perspectives), Article 9.

IBRAC. Base de dados de casos de Fusões Verticais analisados pelo Tribunal do Cade 2012-2022, Versão 1.0, 2023.

JONES, Alison; SLANEY, Karen. (2022) The New EU AND UK Verticals Regimes: Improvements, Divergences, and Missed Opportunities?. *CPI Antitrust Chronicle*, September.

KWOKA, John E. et al. (2008) *The Antitrust Revolution: Economics, Competition, and Policy. OUP Catalogue.*

KWOKA, John; SLADE, Margaret (2019). Second thoughts on double marginalization. *Antitrust*, v. 34, p. 51.

LAFONTAINE, Francine; SLADE, Margaret E. (2021) Presumptions in vertical mergers: The role of evidence. *Review of Industrial Organization*, v. 59, n. 2, p. 255-272.

MORESI, Serge; SALOP, Steven C. (2013) vGUPPI: Scoring unilateral pricing incentives in vertical mergers. *Antitrust LJ*, v. 79, p. 185, 2013.

PITTMAN, Russell. (2017) Three economist's tools for antitrust analysis: a non-technical introduction. *Competition Authorities in South Eastern Europe*, p. 155.

SALINGER, Michael A. Vertical Mergers. *In*: *The Oxford Handbook of International Antitrust Economics*

SALOP, S. MORESI, S. (2009) Updating the Merger Guidelines: Comments, p. 1-28.

SALOP, Steven C. (2018) Invigorating vertical merger enforcement. *The Yale Law Journal*, p. 1962-1994.

SLADE, Margaret E. (2021) Vertical mergers: A survey of ex post evidence and ex ante evaluation methods. *Review of Industrial Organization*, v. 58, n. 4, p. 493-511.

WHINSTON, Michael D. et al. (2008) Lectures on antitrust economics. *MIT Press Books*, v. 1.

REMÉDIOS CONCORRENCIAIS EM FUSÕES VERTICAIS: UMA ANÁLISE DA PRÁTICA DECISÓRIA DO CADE SOB A LEI Nº 12.529/2011

COMPETITIVE REMEDIES IN VERTICAL MERGERS: AN ANALYSIS OF CADE'S CASE LAW UNDER LAW N. 12.529/2011

Fernando Stival[1]
Fernanda Monteiro Barroso de Castro

Resumo: Este artigo tem como objetivo analisar detalhadamente os remédios aplicados em fusões verticais que levantaram preocupações por parte do Conselho Administrativo de Defesa Econômica (Cade) desde 2012 até agosto de 2023. Foi realizada uma análise exaustiva das operações envolvendo integração vertical que foram examinadas pelo Cade nesse período e cuja aprovação foi condicionada à imposição de remédios estruturais, comportamentais ou ambos. A análise busca correlacionar os problemas identificados pela autoridade e os remédios aplicados com a finalidade de endereçá-los. Dessa forma, o exame dos dispositivos de Acordos de Controle de Concentração ("ACC"), ou de medidas unilaterais impostas pelo Cade foi feita em conjunto com as preocupações concorrenciais identificadas em cada caso.

Palavras-chave: atos de concentração; fusões verticais; integração vertical; remédios estruturais; remédios comportamentais; acordo em controle de concentração.

Abstract: This article aims to analyze the remedies applied by Administrative Council for Economic Defense (Cade) in vertical mergers which raised competition concerns, from 2012 to August 2023. We conducted an exhaustive analysis of the mergers reviews that were reviewed by Cade during such period, and which were conditionally cleared by means of the application of structural, behavioral, or both remedies. The analysis intends to correlate the problems identified by the authority with the remedies applied to address them. Thus, the examination of Merger Control Agreements ("ACC") provisions, or unilateral measu-

[1] *Disclaimer*: para fins de transparência, o autor representou uma das Requerentes no Ato de Concentração nº 08700.000726/2021-08. Requerentes: Oi S.A. – em recuperação judicial; TIM S.A.; Telefônica Brasil S.A.; e Claro S.A.

res imposed by Cade was carried out in conjunction with the competitive concerns identified in each case.

Keywords: merger review; vertical mergers; vertical integration; structural remedies; behavioral remedies.

1. Considerações iniciais

Atos de concentração envolvendo integrações verticais podem suscitar diferentes tipos de preocupações concorrenciais por parte do Cade, estando usualmente relacionadas a efeitos de fechamento de mercado. Apesar disso, estes efeitos, mesmo que comuns entre si, decorrem de diferentes preocupações concorrenciais associadas a cada tipo de mercado relevante analisado, considerando-se também a própria estrutura organizacional das partes envolvidas em cada operação. O resultado dessa multiplicidade e multilateralidade de preocupações enseja, por vezes, a aplicação simultânea de diferentes tipos de remédios concorrenciais para mitigar os riscos identificados caso a caso.

O presente artigo tem como objetivo analisar os precedentes do Cade em atos de concentração que envolveram preocupações verticais, de modo a verificar a possibilidade de identificação de pontos em comum em todos os casos que permitam criar categorias gerais tanto para as preocupações concorrenciais, quanto para os remédios mais comuns observados em cada caso, correlacionando-os às preocupações e riscos inicialmente identificados. Para tanto, foi selecionada uma amostra de atos de concentração que envolviam integrações verticais aprovados de maneira condicionada pelo Cade a partir da vigência da Lei nº 12.529/2011. Tais precedentes foram analisados de acordo com a metodologia exposta na Seção 2 abaixo, sendo que os resultados da análise são descritos na Seção 3. A Seção 4 discute as correlações entre os achado e a última Seção conclui.

2. Metodologia empregada

Primeiramente, foi necessário definir uma amostra para realização da análise acima proposta. Para tanto, foram selecionados os atos de concentração em que foram identificadas integrações verticais. A fonte primária para essa seleção inicial foi a base de jurisprudência preparada pelo Instituto Brasileiro de Estudos da Concorrência, Consumo e Comércio Internacional (IBRAC), compreendendo os atos de concentração analisados pelo Cade entre maio de 2012 e dezembro de 2022.

A partir da base do IBRAC, foram identificados os casos aprovados de maneira condicionada pelo Cade para compor a amostra, considerando-se tanto os casos em que houve a celebração de Acordos em Controle de Concentrações entre o Cade e as requerentes, assim como aqueles em que foram impostas restrições unilaterais pelo Cade.

Esta base foi complementada por meio de pesquisa autônoma, em que se buscou inicialmente identificar os casos aprovados de maneira condicionada pelo Cade de janeiro de 2023 até agosto de 2023, seguida pela aplicação de novo filtro para identificação daqueles atos de concentração em que foram identificadas integrações verticais. A amostra resultante de tal processo é composta por 29 casos analisados pelo Cade que (i) envolvem integrações verticais; e (ii) foram aprovados de forma condicionada pelo Cade, com aplicação de remédios relacionados às preocupações concorrenciais relacionadas a preocupações de cunho vertical.

A esse respeito, cumpre destacar que há casos em que as integrações verticais diretamente decorrentes das operações analisadas, a princípio, não ensejariam preocupações concorrenciais. Porém, ao analisar as estruturas dos mercados afetados, as atividades desempenhadas pelas partes e a existência de estruturas verticalizadas das partes envolvidas em determinado ato de concentração, o Cade manifestou possíveis preocupações relacionadas a este aspecto, estabelecendo condicionantes com o objetivo de afastar tais preocupações. De tal modo, tais casos também foram considerados para a presente análise e compõem a amostra selecionada.

Esta base de casos pode ser consultada no Apêndice I ao presente artigo[2], que também apresenta informações específicas a respeito das preocupações concorrenciais e remédios identificados em cada um deles.

Em seguida, foi empreendida uma análise individual e qualitativa de cada caso, com o objetivo de identificar informações adicionais a respeito da análise conduzida pela autoridade no que tange às integrações verticais identificadas. Para tanto, foram aplicados critérios

---

[2] O Apêndice I pode ser consultado em formato eletrônico no seguinte link: https://docs.google.com/spreadsheets/d/1SthkjKu3Pv00XTTF1uoDAd5enFtQ0aEl/edit?usp=sharing&ouid=101537210646870403421&rtpof=true&sd=true

conforme o tipo de informação que se buscou extrair de cada caso, conforme especificado abaixo:

a) Identificação de informações básicas a respeito do ato de concentração, quais sejam número de registro perante o Cade, requerentes e descrição da operação;

b) Identificação dos *mercados afetados pela operação*: aqui são considerados todos os mercados relevantes identificados na análise conduzida pelo Cade, independentemente de contarem com integrações verticais.

c) Identificação das *integrações verticais* especificas consideradas pelo Cade;

d) Identificação das *preocupações concorrenciais associadas às integrações verticais* decorrentes do ato de concentração, conforme indicado na análise procedida pelo Cade. Nos casos em que não foram identificadas preocupações concorrenciais relacionadas às integrações verticais, não houve análise específica dos remédios concorrenciais aplicados pela autoridade. Em complemento, em determinados casos, muito embora não se tenha identificado preocupações concorrenciais especificamente decorrentes das integrações verticais diretamente relacionadas ao ato de concentração, os níveis de verticalização pré-existentes em determinado(s) mercado(s) relevante(s) foram elementos relevantes para a análise de mérito realizada pelo Cade, na medida em que motivaram análises sobre efeitos conglomerais, poder de portfólio, poder de compra, dentre outros, motivo pelo qual tais atos de concentração também foram considerados para fins da presente análise.

e) *Identificação dos remédios concorrenciais* estabelecidos por meio de ACC ou por meio de restrições unilaterais impostas pelo Cade. Neste caso, considera-se inicialmente as categorias de remédios aplicados, divididas entre *remédios estruturais e remédios comportamentais,* genericamente. Posteriormente, buscou-se especificar os remédios apresentados por categoria, isto é, quais tipos de remédios comportamentais ou estruturais foram aplicados em cada caso (i.e., obrigações de não discriminação, compromissos de desempenho, alienação de unidades produtivas etc.).

f) No caso de *remédios estruturais,* verificou-se, adicionalmente, se os ativos objeto do desinvestimento foram efetivamente alienados para um terceiro, com base nas informações publicamente disponíveis.

g) Por fim, identificou-se a forma de monitoramento do cumprimento das condicionantes estabelecidas para aprovação dos atos de concentração.

A partir desta análise inicial, foi possível produzir dados a respeito da prática decisória do Cade no que tange à aprovação condicionada de atos de concentração envolvendo integrações verticais ou em que a verticalização pré-existente no(s) mercado(s) relevante(s) analisados implicou preocupações concorrenciais adicionais relacionadas às operações sob análise pelo Cade. Estes resultados são apresentados na seção a seguir.

3. Resultados da análise realizada

3.1. Aspectos gerais

No período de maio de 2012 a agosto de 2023 o Tribunal Administrativo do Cade analisou 63 casos envolvendo integrações verticais[3], sendo que 29 destes casos foram aprovados de maneira condicionada. Em 28 casos as condicionantes foram previstas em acordos em controle de concentrações pactuados pelas requerentes com o Cade, ao passo que em 1 caso foram impostas condicionantes unilateralmente pelo Cade.

Em 22 casos as condicionantes estavam relacionadas às preocupações de caráter vertical relacionadas ao ato de concentração analisado, enquanto em 7 casos as integrações verticais resultantes das operações notificadas não ensejaram preocupações concorrenciais por parte do Cade, motivo pelo qual não foram aplicados remédios concorrenciais específicos a elas relacionados. Em razão disso, os dados apresentados a seguir têm como base os 22 atos de concentração em que foram levantadas preocupações decorrentes das integrações verticais e

[3] Este dado considera tanto os casos constantes na Base de Jurisprudência do IBRAC, como demais casos identificados a partir de pesquisa autônoma. Ver IBRAC. Base de dados de casos de Fusões Verticais analisados pelo Tribunal do Cade 2012-2022, Versão 1.0, 2023."

em que foram aplicados remédios concorrenciais com o objetivo de mitigar eventuais riscos delas decorrentes.

3.2. Principais preocupações concorrenciais identificadas pelo Cade associadas a integrações verticais

A partir da amostra selecionada foram levantadas as preocupações concorrenciais externadas pelo Tribunal Administrativo do Cade decorrentes das integrações verticais identificadas em cada caso. Nesse contexto, é importante que se tenha em vista que, de modo geral, casos envolvendo integrações verticais comumente despertam preocupações relacionadas à possibilidade de efeitos de fechamento de mercado a concorrentes em mercados *upstream* ou *downstream*.

Assim, o objetivo da análise constituiu em identificar as especificidades de cada caso em relação à preocupação de fechamento de mercado decorrente de integrações verticais. Ao identificar as nuances de cada caso, foram estabelecidas categorias gerais que permitissem classificar e, em última instância, produzir os dados que serão expostos a seguir, mediante a identificação de pontos comuns entre os precedentes revisados. A tabela abaixo resume os resultados desta análise[4]:

Preocupação concorrencial identificada	**Quantidade de ocorrências**
Discriminação de concorrentes em ou recusa de contratação/ fornecimento de insumo essencial	20
Acesso a informações concorrencialmente sensíveis	6
Efeitos coordenados	5
Alavancagem de poder de mercado	4
Efeitos conglomerais	4
Elevada verticalização das atividades das requerentes pré e pós-operação	4
Vendas casadas e subsídios cruzados	2

[4] Deve-se ter em vista que os casos analisados podem envolver mais de uma preocupação concorrencial simultaneamente, motivo pelo qual os dados constantes na tabela não correspondem exatamente ao número de casos analisados. Assim sendo, identificam-se as ocorrências relacionadas às categorias gerais estabelecidas para os fins da presente análise.

Imposição de exclusividade a segmentos verticalmente relacionados	1
Poder de compra	1
Interlocking directorates	1

3.3. Análise geral quanto aos tipos de remédios aplicados pelo Cade

A tabela abaixo resume os tipos de remédios concorrenciais aplicados pelo Cade com base na amostra analisada:

Tipos de remédios aplicados	**Quantidade de casos**
Comportamentais (exclusivamente)	14
Estruturais e comportamentais	7
Estruturais (exclusivamente)	1

Predominantemente, o Cade tem aplicado remédios exclusivamente comportamentais para casos que envolvem preocupações verticais. Casos em que são aplicados somente remédios estruturais são excepcionais, como visto acima. Em complemento, remédios estruturais excepcionalmente são aplicados de modo exclusivo pelo Cade. Normalmente tais condicionantes são acompanhadas de remédios comportamentais, que servem, também, para garantir sua efetividade e o atingimento dos objetivos vislumbrados pela autoridade por meio de sua imposição em atos de concentração.

3.4. Análise dos remédios comportamentais aplicados pelo Cade

A partir dos precedentes analisados, pode-se identificar os tipos específicos de remédios comportamentais comumente aplicados pelo Cade, com base nas categorias definidas na tabela abaixo:

Tipo de remédio comportamental	**Ocorrências**
Obrigação de não discriminação para o fornecimento de insumo essencial	19
Vedação ao acesso/utilização de informações concorrencialmente sensíveis	6
Obrigação de informação e transparência	5

Restrições à participação em deliberações sociais	5
Separação estrutural de atividades entre empresas verticalmente relacionadas	4
Vedação à celebração de acordos de exclusividade	3
Vedação à venda casada/bundling	3
Implementação de política de compliance antitruste	2
Notificação obrigatória de novos atos de concentração ao Cade	2
Manutenção de condições comerciais ao consumidor final	2
Portabilidade de produtos ou serviços para concorrentes	2
Compromisso de no poach e/ou non-compete	2
Compromisso de desempenho	1
Restrição a novas aquisições no mercado	1

Adicionalmente, é possível verificar que em diferentes casos são adotados mecanismos complementares como forma de assegurar a efetividade dos remédios aplicados. Por exemplo, em casos de obrigações gerais de não discriminação para o fornecimento de determinado insumo, podem ser estabelecidos critérios adicionais relacionados às condições comerciais aplicáveis, com a previsão de fórmulas de precificação, volumes mínimos, níveis de qualidade, dentre outros.

3.5. Análise dos remédios estruturais aplicados pelo Cade

Os dados apresentados a seguir especificam os tipos de remédios estruturais estabelecidos nos precedentes analisados, conforme indicado na tabela abaixo:

Tipo de remédio estrutural	**Quantidade de casos**
Desinvestimento de ativos	3
Desinvestimento de linhas de negócios	2
Desinvestimento de unidades produtivas	1
Obrigação de acesso a infraestrutura essencial	1
Obrigação de desverticalização de atividades após a operação	1

Além disso, com relação à efetividade dos remédios estruturais (i.e., se houve ou não comprador para os ativos), pode-se identificar os seguintes dados:

Total de casos com remédios estruturais	Houve comprador	Não houve comprador
8	5	3

Com base nos dados acima, nota-se um equilíbrio entre os casos em que os remédios estruturais foram bem-sucedidos, no sentido de que houve compradores para os ativos objeto da obrigação.

3.6. *Análise quanto à forma de monitoramento escolhida*

Finalmente, são apresentados dados sobre a forma de monitoramento adotada em cada caso, conforme especificado na tabela abaixo:

Forma de monitoramento	Quantidade de casos
Trustee de monitoramento	12
Relatórios das partes auditados por terceiro	4
Auditor independente	3
Mandatário de monitoramento	1
Terceiro independente	1
Consultor independente	1

Notadamente, muito embora seja possível identificar variações na forma de monitoramento adotada pelo Cade ao longo dos anos, há uma evidente preferência da autoridade pela escolha de um *Trustee de Monitoramento* para desempenho das funções de fiscalização do cumprimento das obrigações estabelecidas pelos respectivos acordos em controle de concentrações celebrados com a autoridade.

4. Correlação entre os riscos concorrenciais identificados e remédios aplicados

A partir dos dados acima apresentados, pode-se correlacionar as preocupações concorrenciais identificadas em cada caso pelo Cade com os remédios aplicados pela autoridade para aprovação dos respectivos atos de concentração. Nesse sentido, vale mencionar que, de modo geral, os casos analisados envolvem mais de uma preocupação concorrencial simultaneamente, motivo pelo qual são aplicados diferentes tipos de remédios concorrenciais em um mesmo caso. Em complemento, mesmo nos casos em que a autoridade expressou apenas um tipo de preocupação concorrencial, pode-se aplicar mais de um remédio simultaneamente.

A tabela abaixo busca estabelecer tal correlação entre os casos, conforme indicado acima[5]:

Preocupação concorrencial identificada	Remédios comportamentais	Remédios estruturais
Discriminação de concorrentes em ou recusa de contratação/ fornecimento de insumo essencial	Obrigação de não discriminação para o fornecimento de insumo essencial Obrigação de informação e transparência Separação estrutural de atividades entre empresas verticalmente relacionadas Vedação ao acesso/utilização de informações concorrencialmente sensíveis Vedação à celebração de acordos de exclusividade Portabilidade de produtos ou serviços para concorrentes Restrições a participação em deliberações sociais Implementação de programas de compliance antitruste	Desinvestimento de linhas de negócios Desinvestimento de unidades produtivas Desinvestimento de ativos Obrigações de acesso a infraestrutura essencial Compromisso de desverticalização de atividades pós-operação
Alavancagem de poder de mercado	Obrigação de não discriminação para o fornecimento de insumo essencial. Vedação à celebração de acordos de exclusividade Obrigação de informação e transparência Vedação à venda casada/bundling Vedação ao acesso/utilização de informações concorrencialmente sensíveis	Desinvestimento de linhas de negócios Desinvestimento de ativos

[5] As operações analisadas também envolveram preocupações de natureza horizontal, além das preocupações relacionadas a integrações verticais. Por este motivo, em determinados casos os remédios estruturais tinham como objetivo precípuo mitigar riscos de concentrações horizontais, muito embora possam ter sido aplicados para lidar com ambos os tipos de riscos simultaneamente. Ambas as hipóteses foram considerados na presente análise..

Preocupação concorrencial identificada	Remédios comportamentais	Remédios estruturais
Imposição de exclusividade a segmentos verticalmente relacionados	Vedação à celebração de acordos de exclusividade	N/A
Efeitos conglomerais	Obrigação de não discriminação para o fornecimento de insumo essencial. Obrigação de informação e transparência Vedação à celebração de acordos de exclusividade Portabilidade de produtos ou serviços para concorrentes. Manutenção de condições comerciais ao consumidor final Restrições à participação em deliberações sociais Vedação à venda casada/bundling	Desinvestimento de linhas de negócios
Efeitos coordenados	Obrigação de não discriminação para o fornecimento de insumo essencial Separação estrutural de atividades entre empresas verticalmente relacionadas. Restrições à participação em deliberações sociais. Vedação ao acesso/utilização de informações concorrencialmente sensíveis Obrigação de informação e transparência	Desinvestimento de ativos
Poder de compra	N/A	Desinvestimento de unidades produtivas
Vendas casadas e subsídios cruzados	Vedação à venda casada/bundling Separação estrutural de atividades entre empresas verticalmente relacionadas.	Desinvestimento de linhas de negócios

Preocupação concorrencial identificada	Remédios comportamentais	Remédios estruturais
Elevada verticalização das atividades das requerentes pré e pós-operação	Obrigação de não discriminação para o fornecimento de insumo essencial. Obrigação de informação e transparência. Portabilidade de produtos ou serviços para concorrentes. Restrição a novas aquisições Notificação obrigatória de novos atos de concentração ao Cade Restrições à participação em deliberações sociais. Vedação ao acesso/utilização de informações concorrencialmente sensíveis	Desinvestimento de linhas de negócios Desinvestimento de unidades produtivas Desinvestimento de ativos
Acesso a informações concorrencialmente sensíveis	Vedação ao acesso/utilização de informações concorrencialmente sensíveis Implementação de programas de compliance antitruste Separação estrutural de atividades entre empresas verticalmente relacionadas Restrição à participação em deliberações sociais	N/A
Interlocking directorates	Restrições à participação em deliberações sociais	N/A

5. Considerações finais

O presente artigo teve como objetivo analisar os precedentes do Cade em atos de concentração envolvendo preocupações concorrenciais relacionadas a integrações verticais aprovados de maneira condicionada pela autoridade. A partir da amostra selecionada, foram produzidos dados gerais a respeito dos remédios e critérios de análise aplicados pelo Cade, conforme as preocupações manifestadas individualmente em cada caso.

O presente estudo demonstrou que o Cade se alinha à doutrina e às melhores práticas antitrustes ao aplicar predominantemente remédios comportamentais para lidar com preocupações verticais, enquanto integrações verticais com remédios exclusivamente estruturais são excepcionais. Em linhas gerais, a imposição de remédios estruturais é acompanhada de remédios comportamentais que podem ser acessórios, ou obrigações autônomas voltadas a reforçar os efeitos dos desinvestimentos ou obrigações de acesso impostas pela autoridade.

Um outro dado que se evidencia, por exemplo, é o fato de preocupações associadas à discriminação para o fornecimento de insumo essencial a cadeias ou segmentos verticalmente relacionados é uma constante nos casos avaliados, sendo que o acesso a informações concorrencialmente sensíveis, análises sobre efeitos coordenados ou sobre efeitos conglomerais também são relevantes. Os dados extraídos a partir dessa análise revelam a prática decisória do Cade a partir de uma perspectiva panorâmica, fornecendo *insights* sobre as principais preocupações concorrenciais aventadas na análise da autoridade, bem como os correspondentes remédios aplicados para afastar os riscos específicos de cada caso.

CLÁUSULAS ARBITRAIS EM FUSÕES VERTICAIS EM ACCs: O IMPACTO DA SOLUÇÃO ALTERNATIVA DE CONTROVÉRSIAS COMO REMÉDIO CONCORRENCIAL

ARBITRATION CLAUSES IN VERTICAL MERGERS: THE IMPACT OF ALTERNATIVE DISPUTE RESOLUTION AS A REMEDY IN MERGER CASES

Isabela Pannunzio
João Victor Freitas

Resumo: Integrações verticais frequentemente geram preocupações relativas a possíveis condutas exclusionárias no cenário pós-fusão. Tais preocupações são agravadas se há a constatação de que, diante da morosidade do judiciário para solução de controvérsias contratuais e consequente demora na responsabilização, há incentivos acentuados para adoção de tais condutas. Autoridades concorrenciais têm se valido de cláusulas arbitrais como remédio comportamental destinado a minimizar os riscos de tais condutas. Este artigo objetiva (i) investigar se adoção de tal remédio pelo Cade, nos últimos dez anos, alcançou o caráter dissuasório almejado, (ii) analisar como a existência de arbitragens discutindo matéria concorrencial afeta a dinâmica investiga e sancionatória pelo Cade e (iii) propor novos parâmetros para adoção desse remédio em sede de ACCs.

Palavras-chave: Fusões verticais; Arbitragem; Remédios Comportamentais; Solução de Controvérsias; Atos de Concentração.

Abstract: This paper analyzes the use by *Conselho Administrativo de Defesa Econômica* (Cade) of arbitration clauses as behavioral remedies in the context of vertical agreements. It debates how a slow response from judicial courts in cases of self-preferencing and discrimination can create incentives for anticompetitive behavior after a vertical merger, pointing out how arbitration clauses have arisen as a solution for sensitive mergers in the international experience. It analyzes the text of clauses negotiated by Cade regarding vertical mergers in order to understand how the authority outlines the commitments required from the parties and the extension of the obligation to bring cases before arbitral tribunals. It further analyzes the interplay between persistent litigation among merged entities and their rival-clients, and official antitrust investigations, discussing how those overlapping jurisdictions coexist.

Finally, this paper suggests some enhancements for Cade to improve the design and monitoring of such remedies.

Keywords: Vertical Mergers; Arbitration; Behavioral Remedies; Dispute Resolution; Merger Cases.

1. Introdução

Fusões verticais têm grande potencial para gerar eficiências e efeitos pró competitivos. Têm, em contraste, possibilidade de diminuir o nível de competitividade nos mercados em que se inserem e podem criar condições propícias para práticas discriminatórias e exclusionárias similares àquelas decorrentes de relações de exclusividade.

Por vezes, a via judicial não é capaz de responder às demandas de concorrentes eventualmente discriminados pela entidade resultante de uma fusão vertical com velocidade suficiente para impedir a realização ou a perpetuação desses efeitos. Nesse cenário, a morosidade do judiciário se torna, ela própria, um incentivo à adoção de condutas anticompetitivas.

É nesse cenário que se insere a adoção de outros sistemas para a solução de controvérsias, notadamente a arbitragem, como remédios em Acordos em Controle de Concentrações (ACC) pelo Conselho Administrativo de Defesa Econômica (Cade). A adoção da arbitragem como método de solução de conflitos pretende dar a agentes de mercado eventualmente afetados pelas práticas anticompetitivas uma via que tenha a dinamicidade que a atividade empresarial demanda.

Desde 2014, o Cade incluiu cláusulas arbitrais em pelo menos 9 ACCs. Este artigo analisa o desenho e o escopo dessas cláusulas e, sempre que possível, seus efeitos.

2. Morosidade do judiciário como incentivo a discriminação em relações verticais

Concentrações verticais têm o potencial de minar a competitividade, em especial, pelo fechamento ou discriminação nos mercados a jusante ou a montante. Isso porque a estrutura de incentivos no cenário pós-operação torna economicamente vantajoso para a entidade criada excluir rivais em um dos mercados por meio do poder de mercado que concentra no outro. Assim, fusões verticais podem ter efeitos anticompetitivos semelhantes a acordos de exclusividade, e têm potencial para facilitar coordenação em oligopólios e eliminar a concorrência horizontal [1].

São inúmeras as estratégias exclusionárias possíveis em um contexto de integração vertical[2]. Por meio da alteração das condições de fornecimento e/ou preço, a entidade verticalmente integrada pode tanto aumentar os custos quanto reduzir a margem de rivais e, assim, provocar fechamento de mercado[3].

Como essas práticas se dão no curso de uma relação contratual ou em vistas de uma nova relação comercial, há instrumentos jurídicos extraconcorrenciais capazes de proteger o interesse legítimo daquele que se vê preterido em razão de uma injustificada assimetria de condições contratuais ou de uma recusa peremptória de obter acesso a bem ou serviço necessário a suas operações. O direito contratual presta-se, nesse caso, a discussões de inadimplemento da avença entre as partes ainda que a matéria tenha fundo concorrencial[4].

A discussão a partir do direito contratual demandaria levar a questão ao Poder Judiciário, a quem caberia a proteção dos interesses legítimos da parte lesada. A litigância no Judiciário, no entanto, tende a ser morosa[5] e, de certa forma, incompatível com a complexidade e dinamicidade da atividade empresarial[6], o que pode levar à fuga dos

---

[1] ELHAUGE, Einer e DAMIEN, Geradin. Global antitrust and economics. 3. Ed. Foundation Press: St. Paul, 2018, p. 1145.

[2] Para diferentes cenários hipotéticos de fechamento de mercadoem fusões verticais: EUA. Vertical Merger Guidelines. 2020.

[3] Para revisão de literatura sobre efeitos competitivos em integrações verticais: RIORDAN, Michael H. Competitive effects on vertical integrations. Columbia University, 2005.

[4] Vide voto da Conselheira Relatora Paula Farani no Processo Administrativo No. 08700.005778/2016-03, em que discutiu-se a coexistência de uma lide privada acerca de questões contratuais e uma investigação de conduta anticompetitiva.

[5] Segundo dados de 2023, uma ação cível demora, em média, dois anos para ser sentenciada e quatro anos e seis meses para execução. Vide: BRASIL. Justiça em números 2023.

[6] HAYES, James V. Arbitration as an Aid in the Enforcement of the Antitrust Laws. Law and Contemporary Problems, v. 17, No. 3, p. 504–517, 1952. DOI: 10.2307/1190207.

litígios empresariais do Judiciário[7] – discussão ampla que não cabe nos limites deste artigo.

Ocorre que se o instrumento que a parte lesada tem a sua disposição para corrigir eventual postura exclusionária é excessivamente lento ou de resposta insuficiente, o resultado é um incentivo à adoção de condutas anticompetitivas. Isto é, se, ao praticar a conduta, a expectativa média da parte perpetradora é que o Judiciário não será capaz de garantir de forma tempestiva um comando capaz de freá-la, a prática anticompetitiva se torna mais vantajosa. Assim, a morosidade do Judiciário não pode ser vista apenas como um elemento paralelo a condutas anticompetitivas, mas como verdadeiro incentivo econômico à adoção de condutas exclusivas por partes verticalmente integradas.

Se é verdade que o recurso ao Judiciário se torna insuficiente para dirimir controvérsias envolvendo condutas anticompetitivas do tipo que se discute aqui, ao pensar em remédios capazes de atenuar as preocupações concorrenciais, é preciso refletir sobre o tempo e a definitividade necessários para alcançar uma decisão capaz de obrigar as partes infratoras a encerrar uma conduta anticompetitiva[8] [9]. É nesse contexto que a adoção de cláusulas arbitrais mandatórias surge como alternativa em atos de concentrações do tipo vertical em que haja preocupação de exclusão de partes não relacionadas em um cenário pós-operação[10].

---

[7] Vide reflexão nesse sentido em: VENOSA, Silvio de Salvo. O desajuste da sentença e a fuga do judiciário. Conjur: 2005.

[8] De forma mais ampla, há certa expansão do uso da arbitragem em demandas concorrenciais. Dentre as vantagens em alguns casos, citam-se a possibilidade de poupar recursos públicos, maior adequação para lidar com questões técnicas e factualmente complexas, maior celeridade e controle dos remédios aplicáveis. Nesse sentido, vide memorando do Departamento de Justiça dos EUA: EUA. Memorandum: Updated Guidance Regarding the Use of Arbitration and Case Selection Criteria. Nov 2020.

[9] Por outro lado, há críticas quanto ao uso de arbitragem para solução de controvérsias entre partes notadamente assimétricas. Nesse sentido, Mark Lemley e Cristopher Leslie sugerem, inclusive, que o abandono de cláusulas arbitrais em contratos consumeristas seja condicionante adotada para aprovação de fusões. Vide: LEMLEY, Mark A. e LESLIE, Cristopher R. Antitrust arbitration and merger approval. In: Northwestern University Law Review. vol 110, n 1. 2015.

[10] OCDE. Policy roundtables: remedies in merger cases. 2011.

3. Cláusulas arbitrais como remédios comportamentais em fusões verticais

O uso de arbitragem como remédio concorrencial tem lastro na experiência de autoridades estrangeiras. Na Comissão Europeia, o primeiro caso em que se fez uso desse instrumento foi Elf/Aquitaine-Thyssen/Minol (Caso No. IV/M.235) ainda em 1992, em que se levantaram preocupações concorrenciais com acesso privilegiado das partes a produtos refinados de petróleo para seus serviços de distribuição[11]. O uso da arbitragem para solução de controvérsias que têm de um lado, partes de um ato de concentração; e, de outro, rivais dependentes de serviços ou produtos oferecidos pelas partes foi, então, refletido em nota sobre remédios antitruste da Comissão Europeia de 2008[12] e, consequentemente, na prática da autoridade europeia[13].

O Guia de Políticas para Remédios em Fusões de 2011 do DOJ dos EUA recomenda que remédios relacionados a não discriminação em fusões verticais incluam, preferencialmente, cláusulas arbitrais que permitam solucionar controvérsias sem a participação direta do DOJ, ainda que este ainda detenha o poder de monitorar e fazer cumprir o acordo firmado pelas partes[14 - 15].

Ao destacar a desnecessidade de participação direta da autoridade, o Guia do DOJ indica outro benefício pretendido com a arbitragem como remédio: a descentralização das medidas de cumprimento e socialização do custo de monitoramento. Ao conferir instrumento supostamente célere e efetivo para coibir condutas anticompetitivas as partes privadas, que detêm o interesse financeiro de ver cessar a conduta e/ou ver cumpridos os remédios concorrenciais impostos a operação, confia-se que essas partes farão um papel de monitoramento mais

---

[11] COMISSAO EUROPEIA. Case No IV/M.235 - ELF AQUITAINE - THYSSEN / MINOL. 1992. Bruxelas: Set. 1992.

[12] COMISSSAO EUROPEIA. Information from European union institution and bodies commission: Commission notice on remedies acceptable under Council Regulation (EC) No 139/2004 and under Commission Regulation (EC) No 802/2004. In: Official Journal of the European Union. Out 2008.

[13] OCDE. Policy roundtables: remedies in merger cases. 2011. p. 26.

[14] EUA. Antitrust division policy to merger remedies. Jun 2011.

[15] O Guia também recomenda a arbitragem como ferramenta relevante para acordos que envolvam licenciamento compulsório de tecnologias ou outros bens, em que também há preocupação com condutas discriminatórias.

próximo e efetivo do cumprimento do acordo, o que é vantajoso para a autoridade diante de seus recursos limitados para fazê-lo[16].

Ainda na experiência internacional, a apuração de conduta anticompetitiva conhecida como "*The Motion Picture Tribunal*" foi solucionada por meio de acordo[17] em que se previa o uso de arbitragem por um tribunal *ad hoc* para solução de controvérsias entre, de um lado, um grupo de empresas dominantes no mercado de produção, exibição e distribuição de filmes; e, de outro, exibidores independentes que necessitavam acesso a infraestrutura e serviços para exibição de peças audiovisuais. Em seus três anos de funcionamento, o Motion Picture Tribunal parece ter sido capaz de reduzir a litigância em cortes e proporcionado maior acesso dos distribuidores à solução de controvérsias. A avaliação de ambas as partes sobre a arbitragem foi positiva[18].

No Brasil, a primeira experiência com esse tipo de condicionante em ACCs foi o Ato de Concentração No. 08700.000344/2014-47, julgado em dezembro de 2014 e referente à saída do Grupo Vale da joint venture Fosbrasil S.A., que passaria a pertencer apenas ao Grupo Israel Corporation (ICL) e Prayon, atuante no mercado de fertilizantes. A operação suscitava preocupações concorrenciais decorrentes da possibilidade de fechamento ou discriminação no fornecimento de insumos[19]. O ACC celebrado com o Cade estabelecia a obrigação de fornecimento, salvo em condições de impossibilidade objetiva. No voto da Conselheira Relatora Ana Frazão, ficou consignado o desejo da autoridade concorrencial de não interferir diretamente na precificação pelas partes. A decisão elegeu o foro arbitral como adequado para determinação do que seriam condições justas de fornecimento em caso de controvérsia entre as partes. Assim, para além das vantagens decorrentes do tempo de resposta da

---

[16] Note-se que o Merger Remedies Manual (2020), que está suspenso, por outro lado, é silente sobre o uso de arbitragem, embora declare que os acordos firmados com as partes da operação devem contemplar mecanismos que garantam seu efetivo cumprimento.

[17] *Consent Decree* de 20 de novembro de 1940.

[18] HAYES, James V. Arbitration as an Aid in the Enforcement of the Antitrust Laws. Law and Contemporary Problems, v. 17, n. 3, p. 504–517, 1952. DOI: 10.2307/1190207.

[19] Especificamente, de PPA de grau alimentício pela ICL (nova controladora da Fosbrasil).

arbitragem, a arbitragem se presta a resolver problema recorrente na solução de condutas anticompetitivas: a determinação de preços.

A seguir, são analisados precedentes para extrair conclusões sobre como o Cade tem delimitado a adoção da clausula arbitral para remediar as preocupações concorrenciais decorrentes da integração vertical. Desde dezembro de 2014, nove atos de concentração envolvendo fusões verticais foram aprovados pelo Cade condicionados à celebração de ACCs que incluíam a arbitragem como ferramenta para a solução de controvérsias.

4. Cláusulas arbitrais como remédios comportamentais em fusões verticais

4.1. Desenho da arbitragem como remédio concorrencial pelo Cade

A experiência do Cade com a adoção de cláusulas arbitrais como remédio comportamental em casos de integração vertical revela certa inconsistência do uso dessa ferramenta. As principais variações identificadas nesta pesquisa dizem respeito à necessidade de um intermediário determinar o início do procedimento arbitral, a limitações de escopo das possíveis arbitragens, ao custeamento do procedimento arbitral e à duração estipulada para os procedimentos arbitrais.

4.1.1. "Terceiro neutro" e etapa prejudicial à instauração do procedimento arbitral

Nos Atos de Concentração No. 08700.000344/2014-47 (ALL/Rumo) e No. 08700.004211/2016-10 (LATAM e IAG), o ACC atribui ao próprio Cade a decisão de instaurar ou não o procedimento arbitral após provocação da parte que se julgasse lesada. Em algumas oportunidades, o Cade delega a um terceiro neutro (o Supervisor[20] ou o *Trustee*[21]) o poder de (i) autorizar a instauração do procedimento arbitral ou (ii) de analisar a plausibilidade das alegações como condição prejudicial à instauração de uma arbitragem. Em outras ocasiões[22], o acordo é

[20] Ato de Concentração No. 08700.005719/2014-65.

[21] Ato de Concentração No. 08700.000726/2021-08.

[22] Ato de Concentração No. 08700.004860/2016-11.

silente sobre a necessidade de um terceiro neutro se manifestar sobre a plausibilidade da demanda ou emitir algum tipo de autorização para início do procedimento arbitral.

O envolvimento direto da autoridade antitruste como "terceiro neutro", mencionado expressamente apenas nos dois precedentes acima implica maior custo administrativo para autoridade antitruste, que passa a ter de analisar a plausibilidade dos pleitos apresentados pelas partes supostamente lesadas. Além disso, deveria criar maior propensão à abertura de investigações sobre as compromissárias, tendo em vista que o fundamento dos pleitos de discriminação poderia ser a ocorrência de uma conduta anticompetitiva. Ao pedir a instauração do procedimento arbitral, a conduta seria reportada diretamente ao Cade. Nos 2 casos em que o ACC foi desenhado dessa maneira, não foram identificadas investigações que tratem de condutas anticompetitivas posteriores às operações analisadas pelo Cade.[23]

Nos casos em que é apontado um *trustee* ou supervisor para monitoramento da execução das condições pelas compromissárias, parece haver tendência da autoridade antitruste de negociar a participação dessa figura na solução da controvérsia entre as compromissárias e o terceiro que alega exclusão ou discriminação. A participação do *trustee* pode ser mais ou menos proativa. Enquanto no Ato de Concentração No. 08700.005719/2014-65 (ALL/Rumo) cabia ao Supervisor, nos termos do ACC, emitir manifestação inicial sobre possível prática discriminatória; no Ato de Concentração No. 08700.000726/2021-08 (Claro, Tim e Telefônica), o ACC estabelece como condição para instauração do procedimento arbitral prévia mediação pelo *trustee*.

Os dois ACCs mais recentes celebrados pelo Cade em fusões verticais com cláusula de arbitragem[24] não indicam a participação de um terceiro neutro como condição prejudicial à formação da arbitragem. Assim, não é possível dizer que se consolidou uma preferência por etapa obrigatória prévia à instauração da arbitragem, mas que a participa-

---

[23] Pouco tempo após a aprovação do Ato de Concentração nº 08700.000344/2014-47 (ALL/Rumo), foi instaurada investigação para apurar prática discriminatória supostamente perpetrada pela Rumo-ALL, entidade resultante da fusão, contra a concorrente Agrovia S.A. Os fatos apurados eram, no entanto, anteriores à fusão e, apesar da condenação da Rumo-ALL no Processo Administrativo, o Cade não considerou a conduta como uma violação ao ACC.

[24] Atos de Concentração Nos. 08700.006512/2021-37, Ream e Petrobras, e 08700.004304/2022-84, Grepar e Petrobras.

ção de um terceiro neutro é recurso utilizado quando os demais remédios impostos já exigem algum tipo de monitoramento independente das compromissárias.

4.1.2. Limitações de escopo ao procedimento arbitral

O Ato de Concentração No. 08700.004860/2016-11 (BM&FBovespa/Cetip) foi, nos termos do voto vogal do Cons. Paulo Burnier, paradigmático no uso da arbitragem como remédio antitruste pelo Cade. Isso porque não houve predefinição de escopo de possíveis arbitragens entre terceiros e as compromissárias. Nos termos da Cláusula 2.13 do ACC, o Tribunal Arbitral poderia decidir sobre "*quaisquer aspectos relativos ao preço e/ou o escopo das regras de acesso à Prestação de Serviços CSD, desde que esses elementos tenham sido objeto de efetiva negociação entre as partes durante o período de negociação, com vistas a obter um acordo que seja comercialmente razoável*".

Enquanto nos dois precedentes anteriores[25], houve ou uma limitação do escopo da arbitragem[26], no Ato de Concentração No. 08700.004860/2016-11 (BM&FBovespa/Cetip), houve opção ampla pelo procedimento arbitral no cenário pós-operação. A amplitude de escopo se justifica, em parte, pelo tipo dos serviços afetados pela fusão vertical[27], que são de natureza plural e em que a formatação e condições do fornecimento têm tanto relevo quanto a variável preço.

Já no Ato de Concentração No. 08700.004211/2016-10 (LATAM e IAG), o ACC é deliberadamente restritivo, elegendo apenas um tipo de controvérsia que estaria submetido à arbitragem compulsória. Nos termos da Cláusula III.11.3 do ACC:

> Para que não restem dúvidas, o processo arbitral referido na Cláusula III.11.1 é aplicável somente no caso de disputa relacionada à compatibilidade com os Com-

---

[25] Ato de Concentração No. 08700.000344/2014-47 (Fosbrasil) e 08700.005719/2014-65 (ALL/Rumo).

[26] Existência de justificativa objetiva de recusa em contratar e discriminação da contratação ou prestação de serviços.

[27] Nos termos da Cláusula 2.9 do ACC: "prestação de serviços, pela central depositária da BVMF, de transferência de valores mobiliários objeto de operações compensadas e liquidadas por intermédio de outra IMF, bem como as funcionalidades acessórias para a prestação do serviço principal".

> promissos da(s) classes(s) tarifária(s) oferecida(s) à(s) qual(is) se aplicará(ão) o Acordo Especial Pro Rata (SPA), na medida que todos os outros meios de solução negocial entre as partes tenham sido exauridas.

Nos demais casos analisados, embora com linguagem variada, há uma tendência de que a arbitragem obrigatória trate tanto discussões de preço, quanto discussões de condições. Essa é uma medida meritória, tendo em vista que as preocupações decorrentes de integrações verticais não se restringem a um simples aumento de preço para partes não relacionadas, mas frequentemente à imposição de condições discriminatórias que resultem em fechamento de mercado.

4.1.3. Custeamento e duração do procedimento arbitral

A adoção da solução arbitral como remédio comportamento tem por objetivo, como já salientado, enfrentar a morosidade ou inadequação da via judicial como resposta a condutas discriminatórias após fusões verticais.

Dois aspectos importantes no desenho do remédio, portanto, são os custos de litigar e a tempestividade da resposta. No Ato de Concentração No. 08700.000344/2014-47 (ALL/Rumo), o Voto do Cons. Relator Gilvandro Araujo destaca que foi estipulado o prazo de seis meses de duração máxima para o procedimento arbitral como garantia de celeridade, assim como a previsão de que, confirmada a discriminação, os custos da arbitragem ficariam a cargo das compromissárias. As medidas servem como desincentivo a condutas discriminatórias.

Em outros precedentes, a definição de seis meses como prazo ideal também é estipulada, mas flexibilizado como prazo preferencial[28], havendo ainda menção a três meses em outro precedente[29]. Quanto ao custeamento do procedimento arbitral, o Ato de Concentração No. 08700.001390/2017-14 (AT&T/Time Warner) guarda uma peculiaridade por ter estabelecido que as compromissárias arcariam com os custos da arbitragem apenas se o grupo econômico da outra parte não detivesse mais de 20% de participação em qualquer mercado relevante Essa previsão pretendeu modular o remédio adotado por se tratar de mercado

---

[28] Vide Ato de Concentração No. 08700.004860/2016-11 (BMF&Bovespa/Cetip) e Ato de Concentração No. 08700.001390/2017-14 (AT&T/Time Warner).

[29] Vide Ato de Concentração No. 08700.004211/2016-10 (LATAM e IAG)

oligopolizado com franjas competitivas representadas por competidores locais.

4.2. Independência entre instâncias arbitral e concorrencial

De acordo com informações públicas, foram instauradas investigações pós-operação para apurar condutas anticompetitivas em conexão com apenas 2 dos 9 precedentes analisados. Em relação ao Ato de Concentração no. 08700.000344/2014-47 (ALL/Rumo), tem-se notícia da instauração de procedimento arbitral em que a Agrovia S.A. alegava descumprimento contratual pela Rumo pela não disponibilização de vagões suficientes para transporte de carga, resultando no injustificado impedimento de acesso a transporte de cargas na Malha Paulista. O requerimento de instauração de procedimento arbitral, no entanto, data de abril de 2013 – ou seja, é anterior à celebração do ACC. De toda sorte, na arbitragem houve reconhecimento do inadimplemento contratual pela Rumo e os mesmos fatos, quando apreciados pelo Cade[30], resultaram na condenação de Rumo e ALL por infração da ordem econômica.

Embora a arbitragem não decorra diretamente da previsão do ACC, ilustra como o foro arbitral e as constatações feitas ali sobre inadimplemento contratual podem informar a discussão perante o Cade sobre a ocorrência de condutas anticompetitivas. Mais importante é que trata-se de precedente em que o Cade discutiu a independência entre as instâncias arbitral e administrativa[31]. Dessa forma, parece inadequado discutir delegação de poderes de *enforcement* concorrencial pelo Cade ao tribunal arbitral, ainda que se trate de arbitragem ampla e vinculante para as partes[32]. No limite, a arbitragem suplanta a discussão judicial do litígio privado.

Por outro lado, cria-se um somatório de comandos de não discriminação (neste caso, decisão arbitral, da ANTT e do próprio Cade no

---

[30] Vide Processo Administrativo No. 08700.005778/2016-03.

[31] Vide voto da Conselheira Relatora Paula Farani no Processo Administrativo No. 08700.005778/2016-03 apontando a independência das discussões em âmbito regulatório, privado (arbitral) e concorrencial.

[32] Em sentido contrário: FUCKNER, Mariana Hofmann. A arbitragem no controle de estruturas como mecanismo de reforço ao monitoramento do Cade: cabimento e vinculação da autarquia. In: Revista de defesa da concorrência. v. 10. No. .2. Brasília: Jul/Dez, 2022.

julgamento do Ato de Concentração), que pode levar ao questionamento da efetividade real de se privilegiar medidas comportamentais e/ou supervisão regulatória em casos de fusões verticais com fortes incentivos à discriminação em detrimento da própria reprovação de operações.

Já no Ato de Concentração No. 08700.004860/2016-11 (BM&FBovespa/Cetip), houve instauração de inquérito administrativo culminando na celebração de um Termo de Compromisso de Cessação (TCC) entre a BMVF e o Cade. No TCC, a compromissária assumiu determinadas obrigações de acesso a prestação de serviços por terceiros[33]. Embora fora da esfera concorrencial a representante[34] e a representada também travassem litígio arbitral, e embora o ACC tenha adotado linguagem ampla quanto ao escopo e a cogência do procedimento arbitral, o papel do Cade no controle de condutas permaneceu inabalado. A autoridade concorrencial pode decidir sobre matérias que também são objeto do procedimento arbitral. Por fim, em 2022, o Departamento de Estudos Econômicos do Cade elaborou o Documento de Trabalho No. 005/2022 concluindo que "*não foram verificados efeitos adversos (relativos a aumentos no valor das tarifas e negociações) como decorrência do ato de concentração*"[35].

5. Conclusões

A adoção da arbitragem como remédio concorrencial pelo Cade, embora em linha com a prática internacional, ainda indica certa inconsistência no controle de fusões verticais. Como a solução é, no geral,

[33] Nos termos da Cláusula 3.3. do TCC: "*A Compromissária compromete-se ainda a, por um período de 5 (cinco) anos, contados da data de publicação da homologação deste TCC no Diário Oficial da União, especificamente no que se refere à Prestação dos Serviços de CSD: Garantir à potencial interessada a possibilidade de optar pelo modelo no qual os Serviços de CSD prestados pela B3 sejam cobrados diretamente da IMF que solicitar a movimentação de ativos, e não do usuário final, enquanto perdurar eventual procedimento arbitral, instaurado na forma do ACC, que tenha por objeto questionar tal modelo de cobrança, sempre respeitado o tratamento isonômico e não discriminatório na oferta dos Serviços de CSD a todas às potenciais interessadas*".

[34] Americas Clearing System S.A.(ACS).

[35] PORDEUS, Lucas Silveira e RESENDE, Guilherme Mendes. Documento de Trabalho No. 005/2022: Avaliação ex-post de ato de concentração: o caso BVMF--CETIP. Brasilia, nov 2022.

negociada entre as partes, as discrepâncias entre precedentes se justificam pela especificidade de cada caso e pela barganha ocorrida no momento da negociação. As definições de escopo mais amplo ou mais restrito, no entanto, não prejudicaram a habilidade da autoridade concorrencial de exercer tanto o monitoramento do cumprimento do ACC em fusões verticais quanto eventual investigação das partes por condutas anticompetitivas.

Seria proveitoso que a autoridade concorrencial monitorasse os procedimentos arbitrais instaurados em decorrência do controle de estruturas e divulgasse dados sobre esses litígios, ainda que de forma anonimizada. Embora as arbitragens, no geral, tenham natureza confidencial, sua ocorrência por meio dos mecanismos impostos pelo ACC exige algum grau de publicidade, considerando o interesse público na preservação da livre concorrência.

No entanto, a adoção de remédio arbitral pelo Cade tem limitação no tempo[36]. Fusões verticais complexas com frequência envolvem mercados de quase monopólio e com baixa perspectiva de entrada, mesmo no longo prazo. Assim, o incentivo à discriminação tende a persistir mesmo findo o período de monitoramento[37].

Para alguns casos, a autoridade concorrencial pode considerar exigir a inclusão de compromissos arbitrais em contratos de fornecimento ou prestação de serviços por períodos mais longos, replicando a estrutura de incentivos presente nos ACCs.

6. Referências bibliográficas

BRASIL. Justiça em números 2023. Disponível em: < https://www.cnj.jus.br/wp-content/uploads/2023/09/justica-em-numeros-2023-010923.pdf>

COMISSAO EUROPEIA. Case No IV/M.235 - ELF AQUITAINE - THYSSEN / MINOL. 1992. Bruxelas: Set. 1992.

COMISSSAO EUROPEIA. Information from European union institution and bodies commission: Commission notice on remedies accepta-

[36] Em regra, as obrigações relacionadas à arbitragem permanecem em vigor apenas durante a vigência do ACC.

[37] A duração das obrigações é cinco a sete anos na experiência brasileira aqui analisada.

ble under Council Regulation (EC) No 139/2004 and under Commission Regulation (EC) No 802/2004. In: Official Journal of the European Union. Out 2008.

ELHAUGE, Einer e DAMIEN, Geradin. Global antitrust and economics. 3. Ed. Foundation Press: St. Paul, 2018, p. 1145.

EUA. Antitrust division policy to merger remedies. Jun 2011.

EUA. Memorandum: Updated Guidance Regarding the Use of Arbitration and Case Selection Criteria. Nov 2020.

EUA. Vertical Merger Guidelines. 2020.

HAYES, James V. Arbitration as an Aid in the Enforcement of the Antitrust Laws. Law and Contemporary Problems, v. 17, No. 3, p. 504–517, 1952. DOI: 10.2307/1190207.

LEMLEY, Mark A. e LESLIE, Cristopher R. Antitrust arbitration and merger approval. In: Northwestern University Law Review. vol 110, n 1. 2015.

OCDE. Policy roundtables: remedies in merger cases. 2011.

PORDEUS, Lucas Silveira e RESENDE, Guilherme Mendes. Documento de Trabalho No. 005/2022: Avaliação ex-post de ato de concentração: o caso BVMF-CETIP. Brasilia, 2022.

RIORDAN, Michael H. Competitive effects on vertical integrations. Columbia University, 2005.

VENOSA, Silvio de Salvo. O desajuste da sentença e a fuga do judiciário. Conjur: 2005.

INTEGRAÇÕES VERTICAIS NOS MERCADOS FINANCEIRO E DE CAPITAIS: ANÁLISE DO CASO ITAÚ/XP PELO CADE

VERTICAL INTEGRATIONS IN FINANCIAL AND CAPITAL MARKETS: CADE'S ANALYSIS OF THE ITAÚ/XP CASE

Anderson Damasio Pessoa da Silva
Vitória Ribeiro Vieira de Faria[1]

Resumo: O presente trabalho consiste em estudo sobre a postura adotada pelo Cade para a aprovação ou reprovação de Atos de Concentração envolvendo integrações verticais nos mercados financeiro e de capitais. Para essa finalidade, foi estudado o processo de nº 08700.004431/2017-16, submetido à análise pelo Cade, envolvendo a aquisição, pelo Itaú Unibanco S.A., de participação minoritária da XP Investimentos S.A. A partir do exame deste caso, e orientando-se pela legislação concorrencial e dos mercados financeiro e de capitais, verificou-se que a ponderação entre a preservação das eficiências econômicas decorrentes do reforço das integrações verticais entre as empresas e a mitigação das preocupações concorrenciais decorrentes dessa operação foi considerada pelo Tribunal. Desse modo, concluiu-se que, no caso estudado, a autoridade de defesa da concorrência observou as finalidades previstas na legislação específica, quais sejam: a preservação da competição nos mercados, a eficiência econômica em prol do desenvolvimento social e econômico nacional, não sem deixar de considerar que foi a reflexão sobre a possibilidade de ingerência da adquirente sobre a vendedora o que pautou a aprovação.

Palavras-Chave: concorrência; integração vertical; mercados financeiro e de capitais; eficiência; Cade; Banco Central do Brasil, caso Itaú/XP.

Abstract: This work consists of a study on the stance adopted by Cade for the approval or disapproval of transactions involving vertical integrations in the financial and capital markets. For this purpose, the case No. 08700.004431/2017-16, submitted for analysis by the Brazilian antitrust authority (Cade), involving the acquisition by Itaú Unibanco S.A. of a minority stake in XP Investimentos S.A. was studied. Based on the examination of this case and guided by the competition legislation and the legislation of the financial and capital markets, it was

[1] Os autores não tiveram envolvimento direto com o caso discutido neste artigo.

found that the Court considered the balance between the preservation of economic efficiencies resulting from the strengthening of vertical integrations between companies and the mitigation of competitive concerns arising from this operation. Thus, it was concluded that, in the case studied, the antitrust authority observed the purposes provided for in the specific legislation, namely, the preservation of competition in the markets, accompanied by economic efficiency, in favor of national social and economic development, without forgetting that it was the reflection on the possibility of interference by the acquirer over the seller that guided the approval.

Keywords: competition; vertical integration; financial and capital markets; efficiency; Brazilian Central Bank; Itaú/XP case, Cade.

1. Introdução

O presente trabalho consiste em estudo sobre a postura adotada pelo Cade para a aprovação ou reprovação de Atos de Concentração envolvendo integrações verticais nos mercados financeiro e de capitais. Para essa finalidade, foi estudado o processo de nº 08700.004431/2017-16, submetido à análise pelo Cade, envolvendo a aquisição, pelo Itaú Unibanco S.A., de participação minoritária da XP Investimentos S.A. A partir do exame deste caso, e orientando-se pela legislação concorrencial e dos mercados financeiro e de capitais, verificou-se que a ponderação entre a preservação das eficiências econômicas decorrentes do reforço das integrações verticais entre as empresas e a mitigação das preocupações concorrenciais decorrentes dessa operação foi considerada pelo Tribunal. Desse modo, concluiu-se que, no caso estudado, a autoridade de defesa da concorrência observou as finalidades previstas na legislação específica, quais sejam: a preservação da competição nos mercados, a eficiência econômica em prol do desenvolvimento social e econômico nacional, não sem deixar de considerar que foi a reflexão sobre a possibilidade de ingerência da adquirente sobre a vendedora o que pautou a aprovação.

Este artigo está dividido em quatro seções, sendo esta introdução a primeira. A segunda seção descreve o contexto institucional em que o mercado financeiro está inserido. A terceira seção descreve e analisa a operação de aquisição pelo Itaú Unibanco S.A. de participação minoritária da XP Investimentos. A quarta seção conclui o trabalho.

2. Contexto institucional

Esta seção descreve o contexto institucional em que o setor financeiro está inserido, e é dividida em três subseções. A primeira descreve o Sistema Brasileiro de Defesa da Concorrência ("SBCD"); a segunda, o sistema financeiro e de mercado de capitais. A terceira e última subseção descreve a relação entre o Cade e o Banco Central do Brasil ("Bacen").

2.1. Sistema Brasileiro de Defesa da Concorrência

O Sistema Brasileiro de Defesa da Concorrência tem como finalidade a proteção da competição e da concorrência nos mercados, visando ao benefício indireto dos consumidores e ao atendimento do interesse da coletividade no desenvolvimento social e econômico nacional, nos termos do art. 1º da Lei nº 12.529/2011 ("Lei de Defesa da Concorrência" ou "LDC").

Para cumprir essas finalidades, o Conselho Administrativo de Defesa Econômica ("Cade"), autoridade de defesa da concorrência, opera em dupla função, regulando, de maneira repressiva, o controle de condutas e, de maneira preventiva, o controle de estruturas. Isso se opera, no primeiro caso, mediante a identificação e a análise de comportamentos que configuram infração à ordem econômica, nos termos do art. 36 da LDC, para posterior sancionamento; e, no segundo caso, pelo controle de atos de concentração pela Autarquia.

A concentração de agentes econômicos pode acontecer em dimensão horizontal, quando consiste na operação entre agentes que atuam no mesmo elo da cadeia de produção, bem como em dimensão vertical, ou seja, entre agentes que operam em elos distintos, internos a uma mesma cadeia de produção. São meios para as integrações verticais, entre outros, a fusão entre dois ou mais agentes (Art. 90, inc. I da LDC) e a aquisição de participação no capital social de uma empresa por outra (Art. 90, inc. II), como ocorreu no caso examinado neste trabalho.

É tradicional a concepção da Escola de Chicago de que integrações verticais tendem a gerar eficiências econômicas, sobretudo em razão da suposta redução de custos para o consumidor final, derivada da supressão de dupla margem[2]. No entanto, essa concepção não é isenta

---

[2] AZEVEDO, Paulo Furquim de. Restrições Verticais e Defesa da Concorrência: a

de contestações: ficou indicado, na minuta publicada pelo Cade para o Guia de Análise de Atos de Concentração Não Horizontais[3], que a supressão da dupla margem não pode ser inferida, mas que deve ser verificado o preenchimento de certos requisitos para a constatação de geração de eficiências pela operação[4].

Nesse sentido, a análise do Cade precisa ser minuciosa para a verificação de eficiências decorrentes das operações, mesmo porque o diagnóstico dessas deve modular eventuais restrições aplicadas em decisões de aprovação de atos de concentração, para que não limitem a geração de eficiências, já que essa limitação poderia comprometer o "saldo positivo" que se obtém quando se subtrai das eficiências geradas os potenciais prejuízos decorrentes da restrição da concorrência.

Nesse sentido, o presente trabalho consiste em estudo de caso concreto para verificar como o Cade analisou relações de integração vertical nos mercados financeiro e de capitais brasileiro, a fim de observar se o equilíbrio entre a preservação da competição nesses mercados e a geração de eficiências econômicas decorrentes das operações foi observado.

Para cumprir este objetivo, será feita breve exposição sobre a composição do mercado financeiro, passando-se ao exame do Ato de Concentração nº 08700.004431/2017-16 entre Itaú Unibanco S.A. ("Itaú") e XP Investimentos S.A. ("XP Investimentos" ou "XP"), com avaliação da análise feita pelo Tribunal e da reflexão sobre se houve observância do equilíbrio referido (entre a preservação da concorrência

---

experiência brasileira. Textos para Discussão da Escola de Economia de São Paulo da Fundação Getulio Vargas. São Paulo. v. 264, 36 pp. jul. 2010. Disponível em: Biblioteca Digital FGV.

[3] Conselho Administrativo de Defesa Econômica. Guia V+: Guia de Análise de Atos de Concentração Não Horizontais.

[4] "Todavia, o Cade não presume que a eliminação da dupla marginalização ocorrerá ou que será suficiente para reverter os incentivos para aumentar o preço ou os danos competitivos identificados. Deve-se tratar a eliminação da dupla marginalização da mesma forma que outras reivindicações de benefícios competitivos potencialmente reconhecíveis feitas pelas partes. As partes devem demonstrar que os benefícios são específicos da operação, verificáveis e suficientes para reverter quaisquer danos anticompetitivos nos mercados relevantes. Os benefícios verificados podem não ser suficientes para evitar danos competitivos". Conselho Administrativo de Defesa Econômica. Guia V+: Guia de Análise de Atos de Concentração Não Horizontais.

e a otimização da eficiência econômica). Portanto, a metodologia de produção do artigo é fundada, na primeira parte, na exposição dos campos de estudo e, na segunda parte, em análise jurisprudencial, ambas envolvendo análise das legislações pertinentes.

2.2. Disposições acerca do Sistema Financeiro Nacional e dos Mercados Financeiro e de Capitais

De acordo com a Lei nº 4.595/64, o Sistema Financeiro Nacional ("SFN") é responsável por fomentar a ordem e o desenvolvimento econômico do país, o que se opera mediante as instituições normativas e fiscalizadoras, de um lado; e, de outro, os intermediários financeiros. É neste ambiente que os agentes que precisam de dinheiro (ou deficitários) e aqueles que emprestam recursos (superavitários) se encontram. Portanto, o SFN serve para garantir que essas transações ocorram conforme a lei. Além de envolver as áreas de seguro privado e de previdência privada, o SFN engloba as áreas de moeda, crédito, capital e câmbio, sendo estas as entendidas como as mais importantes, e que constituem o mercado financeiro.

Nesse sentido, o mercado financeiro é formado por quatro importantes mercados, quais sejam: (i) mercado monetário, responsável pelo controle de liquidez monetária da economia; (ii) mercado de câmbio, em que ocorre transações envolvendo a conversão de moedas nacionais em estrangeiras e vice-versa; (iii) mercado de crédito, que possibilita a satisfação de necessidades de curto e médio prazo, intermediando relações entre poupadores e tomadores de recursos; e (iv) mercado de capitais, por meio do qual as empresas buscam financiamento de longo prazo para atender às suas necessidades.

Esses mercados envolvem a atuação de diversos agentes, que podem participar, concomitantemente, de todos eles, conforme as atividades que assumem. Entre eles, estão os agentes corretores e distribuidores de produtos de investimento, bem como os administradores de recursos de terceiros. Destaca-se, neste trabalho, apenas estes, tendo em vista serem essas as atividades pertinentes para a presente análise. Isso porque os esforços de integração vertical verificados no caso Itaú/XP envolvem essas atividades.

As atividades de corretagem e de distribuição de produtos de investimento são realizadas pelas sociedades corretoras e, desde 2009[5], pelas sociedades distribuidoras de títulos e valores mobiliários também - essas podem atuar nos mercados financeiro, de câmbio e de capitais. Trata-se de atividade de intermediação da negociação de títulos e outros valores mobiliários entre fornecedores de serviços e de produtos de investimentos e investidores, nos termos do art. 8º da Lei 4.728/1965 e do art. 18º da Lei 6.385/1976.

Além dessas, há as corretoras de seguros, que realizam a intermediação entre companhias seguradoras e clientes. Já a administração de recursos de terceiros consiste na atividade de administração fiduciária (art. 1º, III[6]), gestão de recursos de terceiros (art. 1º, LII[7]) e gestão de patrimônio financeiro (art. 1º, LI[8]), nos termos do Código de Administração de Recursos de Terceiros da Associação Brasileira das Entidades dos Mercados Financeiro e de Capitais - Anbima.

2.3. *Cooperação Cade-Bacen*

Apresentadas as atribuições do SBDC e do SFN, importa destacar que, enquanto o Cade tem competência, conferida pela LDC, para atuar em relação a questões concorrenciais no território nacional, em benefício dos consumidores e da sociedade em sentido amplo, o Banco Central do Brasil, possui competência em matéria concorrencial no âmbito do SFN, motivo pelo qual houve um tempo em que se entendeu que essas competências conflitavam.

Tendo em vista que ambas as instituições visam à garantia do funcionamento eficiente e sustentável do Sistema Financeiro em prol dos mesmos beneficiários e em observância à segurança jurídica e à

---

[5] A partir de 2 de março de 2009, A CVM e BCB publicaram a Decisão Conjunta nº 17, por meio da qual autorizaram que as sociedades distribuidoras também realizassem a distribuições de títulos e valores mobiliários, atividade até então permitida apenas às sociedades corretoras.

[6] "Conjunto de serviços relacionados direta ou indiretamente ao funcionamento e à manutenção do Fundo, desempenhada por pessoa jurídica."

[7] Gestão profissionais de ativos integrantes da carteira de veículos de investimento, desempenhada por pessoa jurídica autorizada pela CVM [...]"

[8] "Compreende [...] a gestão dos veículos de investimento com foco individualizado nas necessidades econômico-financeiras do investidor, presentes e futuras, mediante o entendimento de suas expectativas, restrições e objetivos."

manutenção da competição, firmaram memorando de entendimentos, em 2018, comprometendo-se a cooperarem para o estabelecimento de regras específicas para a análise de concentrações envolvendo instituições financeiras e de apuração de infrações à ordem econômica envolvendo instituições supervisionadas pelo Bacen.

Ficou estabelecido, no memorando, que o Bacen pode aprovar unilateralmente atos de concentração do mercado financeiro, desde que sejam de "natureza prudencial", isto é, desde que a aprovação seja considerada muito relevante para a estabilidade do Sistema Financeiro Nacional. Nesses casos, o Bacen deve notificar o Cade de sua decisão, apresentando seus fundamentos, e essas razões serão aproveitadas para o embasamento da aprovação, sem restrições, no rito da Autarquia, que não é anulado pela deliberação do Bacen.

No escopo do Ato de Concentração julgado pelo Cade que será analisado na segunda parte desse trabalho houve colaboração do Bacen e da Comissão de Valores Mobiliários para a análise econômica das condições da operação, o que exemplifica e demonstra a importância da cooperação estabelecida entre os órgãos para a modulação do SFN. Trata-se do primeiro ato de concentração analisado nos termos do acordo.

3. Análise do caso ITAÚ/XP

Feita a apresentação dos campos de estudo que subsidiam a ocorrência do Ato de Concentração entre Itaú e XP, passa-se à exposição da análise concorrencial da operação, nos termos do voto do Conselheiro-Relator Paulo Burnier da Silveira (SEI nº 0454445), que orientou a aprovação pelo Tribunal. Ainda, será feita avaliação acerca desse exame, para verificar se a Autarquia considerou o necessário equilíbrio entre a proteção da concorrência e a preservação da potencial geração de eficiência decorrentes do ato de concentração.

Em 18 de julho de 2017, Itaú e XP Investimentos, controladora indireta da XP Investimentos Corretora de Câmbio, Títulos e Valores Imobiliários ("XP Corretora") notificaram ao Cade a aquisição, pelo Itaú, de participação minoritária da XP Investimentos. Em 28 de dezembro de 2017, a SG ofereceu impugnação da operação ao tribunal, recomendando a aprovação condicionada ao Acordo de Controle em Concentrações ("ACC") proposto pelas Requerentes. Nesses termos, a operação foi aprovada pelo tribunal em 20/03/2018 condicionada à celebração de ACC.

Em razão, sobretudo, do aumento de operações de fusão e aquisição no setor bancário nacional entre os anos de 1995 e 2016, a estrutura nesse setor se concentrou em cinco grandes bancos, Itaú inclusive, que passaram a representar cerca de 86% dos depósitos do país[9]. Trata-se de mercado tradicional e historicamente tendente à concentração.

Ocorre que, com o surgimento de *marketplaces* no mercado financeiro nacional, destacadamente de plataformas de distribuição, como a XP - primeira plataforma de produtos financeiros do país - começou-se a observar certa pulverização nesse cenário concentrado. Isso porque, antes, os bancos tradicionais operavam em sistema de "arquitetura fechada", o que significa que apenas distribuíam os produtos de investimentos desenvolvidos internamente. No âmbito da plataforma distribuidora, são escoados produtos desenvolvidos por diversos agentes ofertantes, o que estimula a competição nesse lado da relação.

A XP funciona como plataforma de dois lados de distribuição de produtos de investimentos, intermediando a relação entre ofertantes e investidores. Nos termos do voto do Relator[10], do lado dos investidores, instituições do Grupo XP concorrem com bancos tradicionais, como o Itaú, pois todos têm interesse na atração de clientes nesse sentido; mas, do lado da oferta, os bancos não podem ser considerados agentes atuantes porque apenas as plataformas podem distribuir produtos de investimento.

A operação proposta, na avaliação do Cade, afetaria, destacadamente, três mercados relevantes na dimensão produto (tratando-se, na dimensão geográfica, do mercado financeiro nacional), nos quais foi examinada preocupação concorrencial decorrente dos potenciais efeitos do reforço das relações verticais; quais sejam: (i) o mercado de distribuição de produtos de investimento, (ii) o mercado de gestão de recursos de terceiros e de administração fiduciária e (iii) o mercado de corretagem e prestação de serviços de seguro.

Preliminarmente, observou-se que a avaliação de capacidade de fechamento de mercado em "i", "ii" e "iii" é regida pelos mesmos fatores, o que justifica tratá-los de forma conjunta. Assim, é relevante que, do lado da oferta, a XP possui cerca de 50% de participação de

---

[9] Cade, Processo Administrativo nº 08700.004431/2017-16, Conselheiro Relator Paulo Burnier da Silveira, julgado em 14 de março de 2018.Voto do Conselheiro--Relator (SEI nº 0454445) §17.

[10] Ibidem §19.

mercado nessas atividades[11]. Dessa forma, em relação ao mercado de distribuição de produtos de investimento, observa-se três potenciais riscos decorrentes da operação.

Trata-se de (i) risco de discriminação, por parte do Itaú, das plataformas concorrentes da XP para o escoamento dos produtos de investimento desenvolvidos pelo banco; além de (ii) possível direcionamento de clientes do Itaú para a XP, o que reforçaria ainda mais a posição dessa entre as plataformas abertas. Em contrapartida, (iii) concorrentes do Itaú poderiam ser discriminados pela XP na distribuição de produtos de investimento.

Segue-se indicando que Itaú e XP atuam no mercado de gestão de recursos de terceiros e administração fiduciária. A participação da XP nesses mercados é menor que 1%[12], e a participação conjunta decorrente da operação seria de 19,6% no mercado de gestão de recursos de terceiros e de 16,39% no mercado de administração fiduciária[13], de forma que, a princípio, em termos de *marketshare*, não há possibilidade de exercício de poder de mercado decorrente da operação.

Por fim, nos mercados de seguros e de corretagem de seguros, o Itaú tem participação de mercado inferior a 20% em ambos os mercados, e a XP tem participação inferior a 1% no mercado de corretagem, único em que atua. Nesse sentido, também não há perspectiva de risco de adoção de práticas verticais que impliquem fechamento de mercado[14].

Diante disso, conclui-se que, da perspectiva da análise de participação de mercado, haveria preocupação concorrencial apenas em relação ao mercado de distribuição. No entanto, essa percepção não se sustenta neste caso, conforme se demonstra nos parágrafos que seguem. Nos termos do voto, há situações em que o *marketshare* não revela a verdadeira capacidade competitiva do agente econômico, e a exceção a essa metodologia é aceita no âmbito no Guia H[15], entre outras hipóteses,

---

[11] Ibidem §93.

[12] Ibidem §115.

[13] Ibidem §116.

[14] Ibidem §119.

[15] Guia para análise de atos de concentração horizontal.Cade, 2016.

quando uma das Requerentes é *maverick*[16] ou quando apresenta estratégia disruptiva, como é o caso da XP.

Sendo que a XP exerce função de *maverick* nos mercados de corretagem e de distribuição de produtos de investimentos, é impossível afastar a possibilidade de exercício de poder de mercado nestes segmentos. Essa situação é diferente do que ocorre em relação ao mercado de gestão de produtos e de administração fiduciária, em que a baixa participação de mercado das Requerentes justifica o afastamento da preocupação de exercício de poder de mercado.

Sobre o fato de a XP consistir em plataforma de dois lados, para fins de análise concorrencial, foi explorado no voto (i) as condições de entrada nos mercados de corretagem e de distribuição de produtos de investimento, (ii) os efeitos de rede indiretos, que tornam a análise antitruste complexa, (iii) as barreiras legais e regulatórias, (iv) economias de escala, (v) acesso a insumos e (vi) a canais de distribuição.

Em relação às condições de entrada, tendo em vista os efeitos de rede, conclui-se que dificilmente uma entrante ofertaria plataforma mais atrativa e vantajosa para os usuários do que a XP, já que se trata de sistema de retroalimentação, em que quanto maior a quantidade e a qualidade dos ofertantes de produtos, maior a quantidade de investidores aderidos (mais investidores e maior variedade de produtos de investimento).

Ressalva-se que, pela possibilidade de *multihoming* (operação dos mesmos usuários em múltiplas plataformas) o risco de fechamento seria mitigado, mas contrapõe-se que essa alternativa poderia ser dificultada pela XP mediante imposição de exclusividade, e conclui-se que os efeitos de rede de fato se põem como barreiras à entrada, nesse sentido[17].

---

[16] Trata-se de, nas palavras de Patrícia Serson Deluca, de "[...] *agentes que possuem alguma característica que os diferenciam dos demais, como por exemplo, pela oferta de um produto inovador ou de qualidade diferenciada, pela presença de uma rede de distribuição específica, por uma política de preços agressiva etc.*" In: O Papel de Empresas Maverick no Controle de Concentrações Econômicas. Texto disponível em "Direito da Concorrência, Consumo e Comércio Internacional, IBRAC-TIM, 2018, p. 144. As Requerentes não entenderam que a XP atua nessa função, mas a Superintendência-Geral e o Tribunal do Cade, sim.

[17] Supra Nota 9, §165.

Também são considerados possíveis barreiras à entrada os requisitos de autorregulação para atuar nos mercados de corretagem e de distribuição de produtos de investimento. E, por fim, são verificados elementos dos mercados de corretagem e de distribuição de produtos de investimento que permitem o reconhecimento de economias de escala, porque, tendo em vista os investimentos iniciais necessários para a alavancagem nesse setor, um agente dominante como a XP possui vantagem em relação a potenciais rivais.

Feita a análise relativa às preocupações concorrenciais acerca dos efeitos do reforço das integrações verticais, avalia-se os mecanismos mobilizados nesse caso para a mitigação dos riscos identificados. O próprio Acordo de Acionistas firmado pelas partes (SEI nº 0364412) prevê a limitação dos poderes de influência do Itaú sobre a vendedora.

Além disso, o valor futuro a ser pago pelo Itaú em eventuais novas aquisições de ações da XP, estará atrelado aos resultados financeiros desta empresa, e isso deve estimular a XP a desenvolver negócios independentes do Itaú, visando lucro não alinhado com o novo acionista. Condutas intentadas pelo Itaú, que eventualmente visem ao favorecimento da XP, tendem a não ser aceitas pelos controladores desta, porque isso pode repercutir na redução do lucro e do valor de mercado da XP. Esses dois aspectos, combinados, justificam a mitigação da preocupação de arrefecimento da pressão competitiva.

Entretanto, da perspectiva de remediação dos riscos de concentração de mercado, a solução destacada é o ACC firmado pelas partes com o Cade, que disciplina, em síntese, (i) a vedação da discriminação, pela XP, de ofertantes de produtos de investimento que sejam potenciais concorrentes do Itaú; (ii) a previsão de mecanismos de facilitação de entrada de plataformas concorrentes; (iii) a proibição de imposição de exclusividade, pela XP, a ofertantes de produtos de investimento; (iv) a obrigação de facilitar portabilidade do investidor (mudança do investidor de um ofertante para outro); (v) o compromisso do Itaú de não discriminar plataformas concorrentes da XP; (vi) a vedação ao direcionamento de clientes do Itaú para a XP e (vii) a proibição, ao Itaú, de exercer influência sobre a contratação de ofertantes de produtos de investimento pela XP.

4. Conclusões

Retomando o propósito de diagnóstico desse trabalho, observou-se que a metodologia de análise utilizada pelo Tribunal do Cade para os efeitos do reforço das integrações verticais (na pessoa do Conselheiro-Relator) foi a seguinte: (i) estudo da participação de mercado dos agentes em cada setor potencialmente afetado, em que se concluiu que esse método é insuficiente para a análise dessa operação. Então, procedeu-se à (ii) análise das especificidades das estruturas e das atividades das Requerentes, particularmente da XP, que ficou compreendida como empresa *maverick* e de estratégias empresariais destacadas.

A recorrência a esse método demonstra a relevância da discussão sobre os critérios de avaliação de fusões verticais. Isso porque, dada a complexidade econômica das integrações, faz-se necessário o exame minucioso das implicações desses fatores estruturais e operacionais, para evitar o descarte de preocupações de maneira pouco diligente, bem como para não comprometer integrações potencialmente geradoras de eficiência; e, ao mesmo tempo, prevenir a aprovação de concentrações com potencial anticompetitivo. No caso examinado, procedeu-se a esse exercício, e concluiu-se pela ausência de ingerência do Itaú sobre a XP após a operação como principal fator viabilizador da aprovação.

Essa conclusão decorreu da constatação de que, embora o Itaú adquirisse participação relevante do capital votante da XP (até 49,9%), nos termos do Acordo de Acionistas firmado pelas partes, o adquirente não teria ingerência sobre a tomada de decisões empresariais da vendedora.

Para além das reflexões sobre a mobilização do método de análise de participação de mercado, sobre o segundo exame, que considera as particularidades da operação, e sobre a adoção de remédios para viabilizar a aprovação, nota-se que há uma questão de cunho concorrencial que não foi examinada no voto: a preocupação acerca da troca de informações concorrencialmente sensíveis entre as instituições, que é importante no contexto das relações entre instituições financeiras (SAITO, 2013).

Embora trate-se de operação de aquisição de participação minoritária, de que se depreende a baixa ingerência do Itaú sobre o funcionamento interno da XP Investimentos, atos contratuais imprescindíveis para a consolidação de operações como essa tendem a englobar transferência de dados e compartilhamento de estratégias empresariais, o que pode contribuir para a alavancagem de uma Requerente e/ou de outra, seja nos mercados afetados pela operação, seja em outros em que estas atuem.

Por fim, feita essa ressalva, vale destacar a indicação, no voto do Relator, de que, a despeito da aprovação da aquisição de participação minoritária, em caso de nova operação que implique a obtenção de controle do Itaú sobre a XP, deve haver nova submissão à análise pela autoridade. Isso se justifica tendo em vista que a não configuração de ingerência do Itaú sobre a XP foi o que viabilizou a aprovação.

5. Referências bibliográficas

ASSOCIAÇÃO BRASILEIRA DAS ENTIDADES DOS MERCADOS FINANCEIRO E DE CAPITAIS. Código de Administração de Recursos de Terceiros, 2022.

AZEVEDO, Paulo Furquim de. Restrições Verticais e Defesa da Concorrência: a experiência brasileira. Textos para Discussão da Escola de Economia de São Paulo da Fundação Getulio Vargas. São Paulo. v. 264, 36 pp. jul. 2010.

BRASIL. Lei nº 4.595, de 31 de dezembro de 1964. Brasília, DF: Presidência da República.

_______. Lei 4.728, de 14 de julho de 1965, Brasília, DF: Presidência da República [2023].

_______. Lei 6.385, de 7 de dezembro de 1976, Brasília, DF: Presidência da República [2023].

_______. Lei 12.529, 30 de novembro de 2011, Brasília, DF: Presidência da República [2023].

Cade, Processo Administrativo nº 08700.004431/2017-16, Conselheiro Relator Paulo Burnier da Silveira, julgado em 14 de março de 2018. Voto do Conselheiro-Relator (SEI nº 0454445).

Cade. Minuta do Guia V+: Guia de Análise de Atos de Concentração Não Horizontais, 2023.

Cade, Guia para análise de atos de concentração horizontal.Cade.gov.br, 2016.

SAITO, Carolina. Gun Jumping e troca de informações sensíveis entre concorrentes com o controle prévio de estruturas do SBDC. Revista de Direito Concorrencial, Vol. 1, nº 2, novembro de 2013, pp. 92-118.

SEMINÁRIO INTERNACIONAL DE DEFESA DA CONCORRÊNCIA, nº 25, 2019, Campinas-SP, Brasil. Novas Perspectivas para análise de fusões verticais: desafios na aplicação de remédios e utilização de métodos quantitativos. São Paulo, IBRAC, 2019. 9 pp.

ASPECTOS RELEVANTES DA ANÁLISE CONCORRENCIAL ENVOLVENDO INTEGRAÇÃO VERTICAL NO SETOR PORTUÁRIO

RELEVANT ASPECTS IN THE ANTITRUST ANALYSIS INVOLVING VERTICAL INTEGRATION IN THE PORT SECTOR

Rafael Oliveira
Gabriel Poveda
José Matheus Andrade

Resumo: O artigo tem como objetivo contribuir com o debate a respeito das análises antitruste envolvendo integração vertical no setor portuário brasileiro. Para tanto, realiza-se uma análise comparativa diferenciando modelos de integração vertical comumente analisados pelo Conselho Administrativo de Defesa Econômica (Cade), quais sejam, do tipo ferrovia-terminal ou terminal-armador, de modelos associados a desestatizações da gestão e exploração de complexos portuários e que fogem de sua competência, mas, ainda assim, têm o potencial de gerar efeitos relevantes sobre a concorrência. Em particular, discute-se a experiência recente envolvendo o projeto de desestatização da Companhia Docas do Espírito Santo (CODESA), a primeira desestatização de uma companhia de docas já feita no Brasil.

Palavras-chave: Integração Vertical, Setor Portuário, Desestatização, CODESA.

Abstract: The article aims to contribute to the debate regarding antitrust analysis involving vertical integration in the Brazilian port sector. To this end, it will carry out a comparative analysis differentiating among vertical integration models commonly analyzed by the Administrative Council for Economic Defense (Cade), namely, the railroad-terminal or terminal-shipping type, from models associated with the privatization of the management and operation of port complexes, which are beyond its competence, nonetheless, have the potential to generate relevant effects on competition. In particular, it discusses a recent experience involving the privatization project of Companhia Docas do Espírito Santo (CODESA), the first privatization of a dock company ever conducted in Brazil.

Keywords: Vertical Integration, Port Sector, Privatization, CODESA.

1. Introdução

O setor portuário no Brasil tem ganhado destaque no debate público nos últimos anos em virtude da realização de estudos e estruturação de projetos de desestatização da gestão e exploração de complexos portuários, bem como de concessões de terminais portuários em diferentes regiões do país. Tendo em vista seus potenciais efeitos sobre a concorrência, em particular, aqueles associados a integrações verticais, o Conselho Administrativo de Defesa Econômica (Cade) tem se posicionado a respeito e procurado contribuir com o desenho pró-competitivo de um edital de licitação.

Tais processos licitatórios e de planejamento estratégico e macroeconômico de médio e longo prazo da infraestrutura nacional fogem da competência do Cade, além de possuírem características distintas dos casos típicos de atos de concentração (ACs) no setor portuário e que envolvem integrações verticais (tais como ferrovia-terminal ou terminal-armador) analisados pela autoridade de concorrência. Assim, em que pese a notória expertise do Cade na seara concorrencial no Brasil, a metodologia de análise comumente adotada pelo órgão não deve ser integral e mecanicamente importada para a avaliação de casos desta natureza.

Dentre outras razões, pelo fato de a estrutura operacional e organizacional do setor portuário estar associada – no Brasil e no mundo – a elevados volumes de investimento, a maioria do tipo *greenfield* ou que estão associados a maiores níveis de concentração (horizontal e vertical), visando à maior eficiência logística. Trata-se, ademais, de um setor de infraestrutura marcado por elevadas barreiras à entrada, significativos custos de transação e enormes economias de escala.

Diante das características estruturais do setor portuário e da sua relevância para o crescimento econômico, é fundamental discutir as particularidades da análise antitruste em processos de desestatização no setor. Este artigo busca contribuir com esse debate ainda recente no Brasil focando nos efeitos sobre a concorrência de integrações verticais.

Para tanto, este documento está organizado da seguinte forma, além desta Introdução. A Seção 2 trata das diferenças entre os conceitos de hinterlândia e mercado relevante, as quais pautam as análises concorrenciais em processos de licitação e ACs tradicionais no setor portuário. A Seção 3 aborda os aspectos teóricos relevantes na análise de integrações verticais no setor, diferenciando os casos típicos de integração entre o modal ferroviário, terminais portuários e linhas de navegação (armadores) daqueles envolvendo a gestão dos complexos portuários. A Seção 4 trata brevemente de um AC no Porto de Vitória e do caso recente da desestatização da Companhia das Docas do Espírito Santo (CODESA) para ilustrar a diferença entre as abordagens. Uma seção final resume as principais conclusões deste artigo.

2. Conceitos de hinterlândia e mercado relevante no setor portuário

A diferença da análise concorrencial em casos de desestatização para casos típicos de ACs analisados pelo Cade começa na própria delimitação das dimensões em que os *players* operam e concorrem entre si.

Segundo a Agência Nacional de Transportes Aquaviários (ANTAQ), agência que atua como poder concedente em casos de licitação no setor portuário, a definição de área de influência, ou, conforme conhecido na literatura acadêmica, hinterlândia, diferencia-se por importação, exportação e cabotagem[1]: (i) importação é a região servida por meios ou vias de transporte terrestres, fluviais ou lacustres para onde se destinam os fluxos de cargas decorrentes das operações de descarga de navios e embarcações; (ii) exportação é de onde se originam os fluxos de carga para o carregamento de navios e embarcações, destinados ao comércio exterior; e (iii) cabotagem engloba os portos nacionais.

O mercado relevante, por sua vez, é definido pelo Cade como a unidade de análise para avaliação de poder de mercado[2] e o que define a fronteira de concorrência entre as firmas. Para sua definição, são levadas em consideração duas dimensões: produto e geográfica. O órgão já se debruçou sobre o mercado de movimentação portuária em diversos precedentes[3] e as conclusões gerais sobre os critérios comumente adotados são resumidos na Tabela 1.

Vale destacar que o Cade tem visto com cautela a possibilidade de concorrência interporto, tendo em vista que: (i) o atendimento pelo

[1] Disponível em: https://www.gov.br/infraestrutura/pt-br/centrais-de-conteudo/glossario_antaq_marco_2011.pdf. Acesso em: 15/09/2023.

[2] Cade. *Cartilha do Cade*. Brasília, atualizada em maio de 2016.

[3] Ver, por exemplo, Cade (2017), disponível em: https://cdn.Cade.gov.br/Portal/centrais-de-conteudo/publicacoes/estudos-economicos/Cadernos-do-Cade/mercado-de-servicos-portuarios-2017.pdf.

armador depende da quantidade de carga e dos custos associados com rebocador, praticagem e consumo adicional de combustível, isto é, depende de economias de escala; e (ii) a relação entre armador e terminal é regulada por contrato, o que impõe dificuldades de mudanças imediatas de porto. Assim, de modo geral, a autoridade de concorrência tem dado preferência à abordagem mais conservadora, adotando o mercado relevante geográfico intraporto.

Tabela 1: Critérios gerais de análise de mercado relevante no setor de serviços portuários

Produto	Geográfico
Duas atividades principais, ora analisadas de forma separada, ora conjunta: (i) movimentação de carga; e (ii) armazenagem de carga	Duas dimensões principais: (i) Intraporto (mais comum): oferta de serviços por diferentes agentes do mercado estabelecidos na área do mesmo porto ou em área adjacente (retroporto); e (ii) Interporto: concorrência entre diferentes portos que possam se colocar como alternativas igualmente viáveis para a empresa que deseja transportar suas mercadorias em navios
Fatores que dificultam / impossibilitam substituição de serviços portuários: (i) Dificuldade de compatibilização no carregamento; (ii) Normas específicas de transporte, manuseio e condicionamento; e (iii) Regras de zoneamento portuário limitam o tipo de produto	Fatores considerados na substituição entre portos: (i) Distância entre eles e em relação aos polos consumidores; (ii) Preços praticados pelos operadores; (iii) Vias de acesso (rodoviárias ou ferroviárias) que impactam significativamente os custos de transporte; e (iv) Vantagens comparativas de cada porto[4]

[4] De acordo com o Cade (2017), tais vantagens comparativas podem ser divididas em duas categorias: (i) facilidades marítimas e terrestres: profundidades (calado), número de berços, especialização dos berços (terminais), áreas de estocagem, fatores de produção adequados: mão de obra e equipamentos, custos operacionais, acessos terrestres adequados; e (ii) administração portuária: estruturas enxutas; estruturas voltadas para o cliente portuário; atuação comercial; forte marketing; preservação do meio ambiente; parcerias privadas; interfaces adequadas (autoridades e sociedade).

Possível segmentação por tipo de carga: granéis sólidos, granéis líquidos, carga geral não conteinerizada e carga conteinerizada	Características estruturais do mercado, tais como: (i) Custos de acesso (rebocador, praticagem, consumo adicional de combustível) para baixos volumes de mercadorias, e (ii) Prazo de duração do contrato entre armadores e operadores.
Contratos de arrendamento	

Fonte: Cade (2017). Elaboração própria.

Verifica-se, ainda, da jurisprudência do órgão, que as atividades de administração e exploração dos serviços portuários correspondentes à atuação de autoridades portuárias, como é o caso a ser tratado mais adiante da CODESA, não costumam ser discutidas nos precedentes envolvendo o setor devido à ausência de competência da autarquia para atuar em casos desta natureza. Não à toa, quase que a totalidade dos precedentes são de operações envolvendo arrendamento de terminais portuários. Para estes casos, o Cade pauta sua atuação na definição de mercado relevante, a qual é mais restrita e precisa do que a de hinterlândia, em parte devido à vasta jurisprudência do órgão e em parte devido ao escopo concorrencial mais bem definido das suas análises.

3. Aspectos relevantes na análise de integrações verticais no setor portuário

A característica de infraestrutura de "nó" dos portos – ao contrário de "redes", como é o caso de rodovias e ferrovias – faz com que haja diferentes modelos de relação vertical envolvendo o setor. Os dois modelos mais comumente analisados pelo Cade são os que tratam de relações verticais envolvendo ferrovias e terminais portuários, ou terminais portuários e armadores.

Segundo Cade (2017), a integração vertical entre operadores portuários e empresas dos demais elos da cadeia produtiva foi a questão que mais demandou aprofundamento da análise concorrencial por parte do órgão neste setor. Essa análise mais detalhada decorre do fato de que a integração vertical pode gerar, simultaneamente, benefícios e prejuízos do ponto de vista econômico e concorrencial.

Nesse sentido, no documento são destacados como possíveis benefícios geradores de eficiência, a depender da estrutura do mercado: (i) a diminuição dos custos de transação; e (ii) eliminação do duplo *mark-up* de monopólios em mercados sucessivos, uma vez que o processo verticalizado permite a supressão de intermediários. Ao mesmo tempo, a verticalização tal qual em outros setores pode gerar prejuízos à concorrência uma vez que: (i) aumenta o incentivo dos agentes a fechar o mercado; (ii) aumenta incentivos dos agentes de elevar o custo dos rivais; e (iii) pode facilitar acordos colusivos.

Do ponto de vista dos produtos, os casos de integração vertical mais frequentes são os de exportação de granéis vegetais e os de serviços de armazenagem e movimentação destes produtos dentro do terminal. Isso porque é comum que exportadores de *commodities* detenham participações societárias (ou o controle total) em terminais portuários para escoamento da sua produção. Tais casos, segundo Cade (2017), costumam chamar a atenção do órgão dada a possibilidade de discriminação de produtores não verticalizados.

No entanto, os casos que levaram a autoridade a efetivamente impor algum tipo de restrição ao processo de integração vertical previam a integração de terminais portuários com ferrovias. Isso porque tal modal costuma ser entendido como estrutura essencial de acesso aos portos pela sua atratividade econômica para transporte de grandes volumes de carga, como é o caso dos granéis sólidos vegetais e minerais. Dada a natureza do serviço de transporte rodoviário, relativamente menos atraente em termos de volume de carga e com menos controle de acesso à infraestrutura, tal fator não costuma preocupar para esse tipo de modal. Assim, com relação à integração vertical entre concessionárias dos acessos terrestres (ferrovias ou rodovias) e terminais portuários, apenas o caso das ferrovias é que tem levantado preocupações concorrenciais[5].

Já no caso da relação entre terminais e armadores, os efeitos concorrenciais não são claros, vide o debate recente envolvendo o caso do STS10 no Porto de Santos[6]. Às vezes surgem preocupações com even-

---

[5] Como exemplo, cita-se o AC nº 08700.005719/2014-65 (Requerentes: Rumo Logística Operadora Multimodal S.A. e ALL – América Latina Logística S.A.), cuja celebração foi condicionada a Acordo em Controle de Concentrações. Consultado na base de dados de casos de Fusões Verticais analisados pelo Tribunal do Cade 2012-2022", Versão 1.0, 2023. IBRAC.

[6] Vide, por exemplo: https://www.agenciainfra.com/blog/integracao-vertical-entre-empresas-de-navegacao-e-terminais-os-bons-argumentos-que-nao-teimam-com-os-fatos/; e https://www.agenciainfra.com/blog/relator-da-desestatizacao-do-porto-de-santos-indica-querer-manter-restricoes-em-novo-terminal-de-conteiner/. Acesso em: 15/09/2023.

tual risco de fechamento de mercado em desfavor de outros armadores não verticalizados, mas a materialização de tal risco passa pela correta definição do mercado relevante, da dinâmica concorrencial entre armadores, sua capacidade de efetivamente desviar cargas para outros terminais, da existência ou não de projetos *brownfield* ou *greenfield* (os quais poderiam gerar efeitos positivos por elevar a oferta), entre outros fatores relevantes. Mesmo que se vislumbrem reais riscos à concorrência, ainda há que se considerar potenciais eficiências do processo de verticalização, as quais costumam ser relevantes na relação armador-terminal.

Os casos de integração vertical que envolvem a exploração e gestão dos serviços portuários possuem problemas distintos, implicando avaliação também distinta. Nestes modelos, nota-se maior probabilidade de riscos de conflito de interesse entre o administrador e os operadores de terminais que atuam nos complexos portuários. Isso porque, caso um dos *players* que opere nos portos de interesse vença a licitação, este teria incentivos a beneficiar de alguma forma sua operação, em detrimento de seus concorrentes. Tais benefícios poderiam advir da elevação de custos, discriminação de concorrentes ou até fechamento de mercado, práticas que poderiam ser facilitadas, inclusive, mediante acesso a alguma informação potencialmente sensível de concorrentes que operam no mesmo complexo.

Para estes casos faz sentido avaliar medidas restritivas na fase de pré-qualificação, as quais devem ser capazes de reduzir o poder de mercado do vencedor de certame caso ele seja também um *player* que opere em algum dos complexos portuários envolvidos. Tal avaliação deve considerar as potenciais eficiências advindas da integração vertical e a importância de se estimular a concorrência *pelo mercado (ex-ante)* (Cade, 2016), e não só a concorrência *no mercado (ex-post).* A ideia não é impedir o processo de verticalização, mas apenas garantir que sua operacionalização não gere prejuízos à concorrência.

4. Estudo de caso: CODESA

O caso da Companhia de Docas do Espírito Santo (CODESA) é ilustrativo sobre as diferenças entre as análises do Cade e aquelas envolvendo a desestatização da gestão dos complexos portuários. Analisam-se brevemente dois casos envolvendo a empresa estatal localizada no Espírito Santo e que foi desestatizada em 2022.

Para ilustrar a análise do Cade, cita-se o AC envolvendo o arrendamento pela TVV – Terminal Vila Velha S/A de berços do cais de Capuaba, do Porto de Vitória, da CODESA (AC 08012.007405/1998-47). Nesse caso, discutiu-se se a nova dinâmica logística proposta pelas requerentes traria eficiências ao porto, uma vez que integraria o sistema interno de movimentação de contêineres, do porto ao serviço de movimentação (entendido como sendo mais eficiente do que o sistema anteriormente praticado, em que os importadores recebiam a carga e levavam-na diretamente dos navios para as transportadoras autorizadas).

Em um primeiro momento, o entendimento do Cade foi de que tal procedimento representava um aumento de custo para os importadores, de forma que a aprovação da operação foi condicionada à cessação da nova prática pelas requerentes[7]. Posteriormente, no entanto, o Cade entendeu que tal sistema, de fato, aumentava a eficiência operacional do porto, permitindo a movimentação mais racional das cargas e diminuindo o tempo de atracação dos navios. Sendo assim, decidiu-se pela retirada das restrições impostas às requerentes inicialmente como condição de aprovação da operação.

O processo de desestatização da CODESA, primeiro caso brasileiro de transferência da gestão portuária para a iniciativa privada, levantou preocupações diferentes. Em termos das eficiências que motivaram a licitação, destacam-se a realização de investimentos, melhorias na qualidade da gestão do operacional, qualidade dos serviços e desempenho econômico-financeiro[8]. O consórcio vencedor pagou uma outorga de R$ 106 milhões e se comprometeu a realizar investimentos de R$ 855 milhões no prazo de 35 anos[9].

---

[7] Página 45 de Cade (2017).

[8] *Conforme o Edital do leilão nº 01/2022:*

"1.3.5. A desestatização da CODESA justifica-se diante da necessidade de reestruturação dessa companhia, a fim de proporcionar um *aumento dos investimentos, melhorias de gestão operacional, aumento da qualidade dos serviços prestados e melhoria do seu desempenho econômico-financeiro*, gerando aumento do retorno financeiro para o capital investido pelos acionistas, expansão de economia por meio da abertura de novos negócios e expansão dos empreendimentos existentes nas áreas de Porto Organizado." (grifos nossos).

[9] Disponível em: https://www.bndes.gov.br/wps/portal/site/home/imprensa/noticias/conteudo/com-projeto-do-bndes-fip-shelf-119-compra-codesa. Acesso em: 15/08/2023

No entanto, devido aos potenciais riscos à concorrência derivados de possível conflito de interesse, o edital do leilão nº 01/2022[10] restringia *ex-ante* a participação de determinados *players* que já operavam por meio de contratos de arrendamento ou de adesão nos Portos Organizados de Vitória e Barra do Riacho[11]. Tais licitantes seriam admitidas apenas caso fossem respeitados determinados critérios de participação no consórcio e de controle da CODESA.

Os critérios foram embasados no total de participação individual dos *players* que movimentam "cargas relevantes" (com representatividade de volume acima de 10% do total de movimentação anual). Tais critérios foram: (i) participação individual não superior a 15% no consórcio; (ii) soma das participações do consórcio não superior a 40%; e (iii) impossibilidade de participar do grupo de controle da CODESA[12].

---

[10] Disponível em: https://ww69.itau.com.br/fileserver/relatorios/00_Edital_CODESA_18012022.pdf. Acesso em: 15/09/2023.

[11] Nos termos do edital do leilão nº 01/2022:

"*3.5. Não poderão participar deste Leilão Proponentes que:*

3.5.8. pessoa jurídica que, na data da entrega da proposta, figure como (i) *titular de Contrato de Arrendamento de área operacional* nos Portos Organizados de Vitória e Barra do Riacho; (ii) *detentora de contrato de adesão,* localizada no complexo portuário do Espírito Santo, que utilize o canal de navegação dos Portos Organizados ou que movimente, majoritariamente, cargas relevantes esses Portos Organizados, exceto na hipótese do item 3.5.8.2.

3.5.8.1. Aplica-se a restrição de que trata o item 3.5.8 a *qualquer pessoa jurídica controladora, direta ou indiretamente, da arrendatária e/ou da detentora de contrato de adesão*, ou controlada, direta ou indiretamente, pela arrendatária e/ou pela detentora de contrato de adesão, ou sociedade sob controle comum, entendida como tal a sociedade na qual a controladora, diretamente ou por meio de outras controladas, é titular de direitos de sócio ou acionista que lhe assegurem, de modo permanente, preponderância nas deliberações sociais e poder de eleger a maioria dos administradores da controlada, nos termos do art. 243, § 2º, da Lei nº 6.404/1976." (grifos nossos)

[12] Conforme o edital do leilão nº 01/2022:

"3.5.8.2. É admitida a participação de arrendatárias e/ou detentoras de contrato de adesão, suas controladoras e/ou controladas, como membro de Consórcio, observadas as seguintes disposições:

a) *a participação individual não poderá ser superior a 15%* (quinze por cento) no Consórcio;

b) *a soma das participações não poderá ser superior a 40%* (quarenta por cento) no Consórcio; e

A despeito de o critério de carga relevante ser similar ao critério utilizado pelo Cade para definição de rito sumário e ordinário, não houve uma análise específica sobre aspectos microeconômicos de entrada e rivalidade como é usual para a autoridade antitruste.

5. Considerações finais

Em suma, observam-se diferenças relevantes entre as análises comumente realizadas pelo Cade nos ACs no setor portuário envolvendo integrações verticais e aquelas de processos licitatórios envolvendo desestatização da gestão e exploração de complexos portuários. Tais diferenças, resumidas na Tabela 2, podem ser explicadas pelas características do setor portuário e pela própria natureza distinta da integração vertical entre os dois modelos.

Por envolver elevados volumes de investimento, barreiras à entrada, custos de transação e economias de escala, é esperado que haja no setor portuário maiores níveis de concentração (horizontal e vertical). Ademais, processos de desestatização fazem parte de um planejamento estratégico de médio e longo prazo da infraestrutura nacional. Assim, em que pese a notória expertise do Cade na seara concorrencial, a metodologia de análise comumente adotada pelo órgão não deve ser integral e mecanicamente importada para a avaliação de casos desta natureza.

Outro fator relevante é a natureza distinta da integração vertical nos casos de desestatização. Nestes casos, o que pode levantar preocupações concorrenciais é a possibilidade de haver riscos de conflito de interesse entre o administrador e os operadores de terminais que atuam nos complexos portuários. A despeito das inúmeras eficiências que podem ser geradas pelo *player* privado, os riscos à concorrência são significativos devido aos incentivos do vencedor do certame em beneficiar de alguma forma sua operação, em detrimento dos concorrentes.

---

c) tais companhias *não poderão participar*, por meio de acordo de acionistas ou instrumento congênere, *do grupo de controle da CODESA*, caso o Consórcio sagre-se vencedor do certame, devendo tal obrigação constar do respectivo instrumento de constituição de consórcio.

3.5.8.2.1 Para fins do disposto no item 3.5.8 do presente Edital, entende-se por *carga relevante* o grupo de mercadoria movimentada - 27 - *que represente, ao menos, 10% (dez) do volume total de movimentação anual* de carga pelo Porto Organizado. (grifos nossos)

Tabela 2: Comparação entre as análises dos modelos de integração vertical no setor portuário

	ACs analisados pelo Cade	**Desestatização da gestão e exploração de complexos portuários**
Players tipicamente analisados	Ferrovia-terminal / Terminal-armador	Autoridade portuária
Foco da análise	Concorrencial (microeconômica)	Estratégica (macroeconômica)
Espaço de concorrência	Mercado Relevante	Hinterlândia / Mercado Relevante
Prazos	Curto e médio prazo	Médio e longo prazo
Eficiências	Tendem a ser específicas da relação entre as requerentes (como eliminação de duplo *mark-up*)	Associadas ao funcionamento do complexo portuário (investimentos e redução de custos de transação)
Risco de conflito de interesse	Depende de uma análise caso a caso	Tende a ser significativo por envolver a autoridade portuária
Restrições *ex-ante* em defesa da concorrência	Possível	Provável

Elaboração própria.

Ao contrário da vasta jurisprudência do Cade no setor portuário, a qual é pautada por critérios concorrenciais consolidados após décadas de atuação do órgão no Brasil, o histórico de desestatizações é recente: a CODESA é a primeira autoridade portuária privatizada no país, em 2022. Assim, é importante que a análise concorrencial de futuras licitações envolvendo a gestão de complexos portuários e possíveis integrações verticais se aproveite da experiência da autoridade antitruste, mas sem desconsiderar as particularidades de cada modelo.

6. Referências bibliográficas

IBRAC. Base de dados de casos de Fusões Verticais analisados pelo Tribunal do Cade 2012-2022, Versão 1.0, 2023. IBRAC.

BNDES. Edital de leilão nº 01/2022. Banco do Desenvolvimento Econômico e Social (BNDES). Brasília: 2022.

CADE. *Medidas para estimular o ambiente concorrencial dos processos licitatórios:* Contribuições do Cade. Brasília, 2016.

CADE. *Cadernos do Cade*: Mercado de transporte marítimo de contêineres. 2017.

ANÁLISE DE FUSÕES VERTICAIS NO CADE À LUZ DO CASO AT&T/TIME WARNER: O QUE ESPERAR PARA O FUTURO?

ANALYSIS OF VERTICAL MERGERS AT CADE IN LIGHT OF THE AT&T/TIME WARNER CASE: WHAT TO EXPECT IN THE FUTURE?

Camila Lisboa Martins
Carolina Furlani Adriano

Resumo: As empresas ao redor do mundo têm buscado expandir sua área de atuação não apenas de forma orgânica como também por meio de fusões e aquisições. As fusões que envolvem empresas em diferentes níveis da cadeia de produção, denominadas fusões verticais, eram tradicionalmente vistas como pró-competitivas, na medida em que poderiam gerar eficiências e não haveria alteração imediata nos mercados relevantes envolvidos. No cenário econômico atual, no entanto, as autoridades antitruste têm demonstrado preocupações relacionadas aos potenciais efeitos anticompetitivos dessas operações. A análise de casos emblemáticos, como a operação entre AT&T e Time Warner, é necessária, dessa forma, para que se verifique quais são os métodos mais utilizados pelas autoridades antitruste, e assim trazer um direcionamento mais claro às empresas quando da notificação desse tipo de operação.

Palavras-chave: Fusões verticais; fusões de conglomerado; teorias de dano; fechamento de mercado; métodos de análise; Caso ATT/Time Warner.

Summary: Companies around the world have been seeking to expand their operations not only organically but also through mergers and acquisitions. Mergers involving companies at different levels of the production chain, known as vertical mergers, were traditionally seen as pro-competitive, as they could generate efficiencies and would not result in an immediate change in the relevant markets involved. However, in the current economic landscape, antitrust authorities have shown concerns regarding the potential anticompetitive effects of these operations. The analysis of emblematic cases, such as the merger between AT&T and Time Warner, is necessary to determine the most commonly used methods by antitrust authorities and provide clearer guidance to companies when notifying such operations.

Keywords: Vertical mergers; conglomerate mergers; theories of harm; market foreclosure; analysis methods, ATT/Time Warner case.

1. Introdução

Grandes empresas ao redor do mundo têm expandido seus negócios para diversos produtos e serviços não apenas de forma orgânica, mas também por meio de operações de fusões e aquisições. Tais operações podem envolver empresas que operam nos mesmos setores (i.e., fusões horizontais), em diferentes níveis da cadeia de produção (i.e., fusões verticais), ou ainda, empresas que não possuem relações horizontais ou verticais, mas cujas atividades estão de alguma forma relacionadas (e.g., fusões de conglomerado, que envolvem fornecedores de produtos complementares, pertencentes a uma mesma classe, destinados aos mesmos clientes etc.).

As fusões verticais e de conglomerado têm sido objeto de estudo de autoridades antitruste de diversos países devido ao crescente número de operações entre empresas verticalmente relacionadas nos mais diversos setores, como de tecnologia, mídia e telecomunicações. Embora tais operações fossem consideradas tradicionalmente como pró-competitivas, já que as preocupações concorrenciais eram descartadas após a análise de eficiências, .e.g., eliminação do problema da dupla-margem[1], redução de custos de transação e incentivos para investimento e inovação, verificou-se que, em determinados mercados, as operações poderiam gerar danos indiretos ao ambiente concorrencial, facilitando condutas anticompetitivas.

De acordo com Motta[2], em alguns setores, a empresa resultante da fusão poderia, por exemplo, ter condições de exercer poder de mercado e manter preços em patamares mais altos, não repassando eficiências ao consumidor final ou mesmo para o elo seguinte da cadeia produtiva. Para além disso, essas operações poderiam favorecer o fechamento de mercado, na medida em que poderiam elevar barreiras à entrada. Pode-se citar como exemplos dessas condutas de fechamento de mercado o

[1] A eliminação de dupla-margem visa garantir um saldo positivo para o bem-estar do consumidor, na medida em que há eliminação do exercício de poder de compra ou poder de venda de insumo, de modo que o preço da transação entre os dois elos se iguala ao custo marginal.

[2] MOTTA, Massimo. 2004. Competition Policy. p. 338.

impedir de acesso de concorrentes a fontes de insumo, a discriminação de preços e a facilitação de coordenação tácita entre concorrentes.

Este trabalho, nesse sentido, tem como objetivo investigar como o Conselho Administrativo de Defesa Econômica ("Cade") tem analisado operações envolvendo fusões verticais e identificar possíveis medidas a serem adotadas pela autoridade para dirimir as dificuldades relacionadas à efetiva análise dessas operações.

Para este fim, serão examinados os principais aspectos do voto do Cade no âmbito da operação envolvendo a aquisição da Time Warner Inc. ("Time Warner") pela AT&T Inc. ("AT&T") ("Caso AT&T e Time Warner"), especialmente no que tange aos efeitos concorrenciais analisados, as teorias de dano utilizadas, as eficiências alegadas e os remédios propostos.

A partir dessa análise interpretativa, verificar-se-á as principais semelhanças e diferenças entre a decisão do Cade no Caso AT&T/Time Warner e as decisões das autoridades antitruste dos Estados Unidos e da União Europeia. Por fim, serão abordados tanto os possíveis próximos passos e as medidas que já vêm sendo adotados pelo Cade para aprimoramento da análise de fusões verticais, considerando as principais preocupações externalizadas pelas autoridades antitruste no exterior, especialmente, nos Estados Unidos e na União Europeia.

2. O que são fusões verticais e como elas podem afetar o mercado?

De acordo com o Guia da Comissão Europeia de Avaliação de Fusões Não-horizontais[3]: fusões verticais envolvem empresas que operam em diferentes níveis da cadeia. Por exemplo, *"quando um fabricante de determinado produto (a 'empresa a montante') se funde com um de seus distribuidores (a 'empresa a jusante')..."* (tradução livre)[4].

Para além das fusões puramente verticais, existem as fusões com efeitos conglomerais, que envolvem empresas que não possuem rela-

---

[3] EUROPEAN COMMISSION. Commission Notice. Guidelines on the assessment of non-horizontal mergers under the Council Regulation on the control of concentrations between undertakings.

[4] (EUROPEAN COMMISSION. Commission Notice. Guidelines on the assessment of non-horizontal mergers under the Council Regulation on the control of concentrations between undertakings.

ções horizontais (i.e., como concorrentes em um mesmo mercado relevante) nem verticais (como fornecedores e clientes).

Como explicado acima, embora os efeitos anticompetitivos relacionados a essas operações sejam normalmente descartados após a análise das eficiências, operações recentes em mercados específicos demonstraram que é possível que os efeitos pró-competitivos não justifiquem a aprovação sem restrições. Do ponto de vista antitruste, a investigação de possíveis efeitos negativos leva em consideração etapas sequenciais com o objetivo de testar se o exercício de poder de mercado poderá afetar de forma negativa a concorrência, aplicando determinadas teorias de dano - que variam a depender do caso analisado -, e, ao final, se existe um nexo de causalidade entre uma provável ação da empresa resultante da fusão e uma conduta anticompetitiva.

Na União Europeia, o Guia da Comissão Europeia de Avaliação de Fusões Não-horizontais supracitado, de 2008, fornece diretrizes sobre a forma de análise desse tipo de fusão, ao passo que, nos Estados Unidos, o antigo guia sobre fusões verticais foi revogado, como resultado de uma abordagem cada vez mais rígida das autoridades antitruste naquele país, que busca analisar de forma mais minuciosa esses tipos de fusões, inclusive por meio de contestações judiciais.

Kowarski e Fortes[5] destacam que a minuta do novo guia proposto pelo Departamento de Justiça ("DoJ") e pela Federal Trade Commission ("FTC") no início de agosto impõe um pesado ônus da prova para as empresas que submetem operações, aumentando o rigor na avaliação das eficiências apresentadas.

Fusões verticais nos mais diversos setores da economia têm demonstrado que, de fato, as eficiências apresentadas muitas vezes não são suficientes para justificar uma aprovação sem a adoção de remédios – sejam eles comportamentais ou estruturais – sendo necessária a aplicação desses em alguns casos.

[5] KOWARSKI Ilana e FORTES, Flavia. Comment: New US draft merger guidelines narrow range of deal defenses, set high bar for evidence.

2.1. Análise de fusões verticais pelo Cade: um breve panorama desde a entrada em vigência da Lei 12.529/2011

De acordo com Hernandez Perez et al[6], desde a entrada em vigência da Lei 12.529/11 ("Lei da Defesa da Concorrência"), em maio de 2012, o número de casos envolvendo integrações verticais em relação ao total de fusões e aquisições quase triplicou, saltando de 14% para 46% em dezembro de 2022, o que totaliza 1.599 casos no período de observação. Dentre estes casos, 298 (18,6%) receberam uma análise mais detalhada pela autoridade concorrencial brasileira.

Com relação às principais teorias de dano analisadas pela autoridade antitruste, Hernandez Perez et al[7] identificaram que a mais utilizada foi a de fechamento de mercado (em 83% dos casos), seguida pela teoria de discriminação de concorrentes (em 41% dos casos), efeitos coordenados (em 30% dos casos) e troca de informações sensíveis (em 23% dos casos).

Ainda de acordo com Hernandez Perez et al[8], dos 61 casos de fusões verticais analisados pelo Cade, foram adotados remédios em 42% deles, sendo que em mais da metade (66%) a principal preocupação estava relacionada a efeitos diretamente verticais das atividades. Embora o Cade tenha analisado esses casos com base em práticas antitruste internacionais e nas mais diversas teorias de dano, ainda não existe um guia que estabeleça os critérios levados em consideração pela autoridade antitruste brasileira para a análise de fusões verticais.

É certo que esse panorama será alterado muito em breve, considerando que desde julho de 2023 o Cade disponibilizou para consulta pública a minuta de um guia para análise de fusões verticais[9]. Por outro lado, a análise de casos emblemáticos ainda se faz necessária para que se verifique quais são os métodos mais utilizados pelo Cade e, principalmente, trazer um direcionamento mais claro às empresas quando da notificação desse tipo de operação.

---

[6] HERNANDEZ PEREZ, Adriana et al. Insights sobre uma década de jurisprudência do Cade em fusões verticais.

[7] HERNANDEZ PEREZ, Adriana et al. Op. cit.

[8] HERNANDEZ PEREZ, Adriana et al. Op. cit.

[9] Disponível em: https://www.gov.br/participamaisbrasil/guia-v. Acesso em 10 de agosto de 2023.

3. Análise do Caso AT&T e Time Warner pelo Cade

A operação entre a AT&T e a Time Warner tratou da aquisição do controle unitário da Time Warner pela AT&T e, de acordo com as requerentes, no Brasil, a operação resultaria *"essencialmente em uma relação vertical entre as atividades de programação de canais de televisão por assinatura do Grupo TW e os serviços de televisão por assinatura via satélite prestados pela Sky, empresa do Grupo AT&T"*[10]. A operação envolveu os setores de telecomunicações (televisão por assinatura) e de produção de mídia e entretenimento, sendo que o principal efeito no país estaria relacionado a uma relação vertical entre as atividades de licenciamento de canais para operadoras de TV por assinatura do Grupo Time Warner (programadora), de um lado, e os serviços de TV por assinatura via satélite prestados pela operadora Sky Brasil, controlada pelo Grupo AT&T (empacotamento e distribuição), de outro.

O caso foi notificado em 7 de março de 2016 e julgado pelo Tribunal do Cade em 18 de outubro de 2017, completando 204 dias de análise. A operação em questão envolveu dois dos maiores grupos econômicos de TV por assinatura e, por essa razão, outras agências reguladoras – mais especificamente a Agência Nacional de Telecomunicações ("ANATEL") e a Agência Nacional de Cinema ("ANCINE") -, apresentaram suas considerações sobre eventuais efeitos negativos e/ou anticompetitivos a ela relacionados.

De acordo com a ANATEL, do ponto de vista concorrencial, os efeitos anticompetitivos seriam dirimidos em razão da pressão competitiva exercidas pelos serviços OTTs[11] e a baixa probabilidade de discriminação das demais prestadoras de TV por assinatura. Por outro lado, a ANATEL entendeu haver indícios de violação da Lei nº 12.485/2011 ("Lei do Serviço de Acesso Condicionado – SeAC"), reconhecendo a possibilidade de ocorrência de comportamentos nocivos à concorrência no mercado de TV por assinatura que poderiam gerar efeitos negativos no mercado afetado, que poderiam, entretanto, ser mitigados com a adoção de remédios. Além de determinar

---

[10] Conforme § 11 do Voto proferido pelo então conselheiro Gilvandro Araújo em 23.10.2017 (Documento SEI nº 0399995).

[11] De acordo com o § 75 do Parecer nº 05/2017/CGAA4/SGA1/SG/Cade, os serviços over-the-top ("OTTs") *"se referem a produtos ou serviços que se valem da estrutura de transmissão da internet (fixa ou móvel) para distribuição."* (Documento SEI nº 0377280.

que o Cade realizasse uma interpretação dos artigos da Lei do SeAC a fim de averiguar se a operação resultaria em controle societário cruzado vedado por referida lei, a ANATEL também deferiu medida cautelar proibindo a Sky de trocar dados concorrenciais ou celebrar contratos com a Time Warner e suas coligadas.

Com relação à ANCINE, a agência entendeu que a aprovação da operação e consequente integração vertical entre dois dos principais grupos econômicos nos elos de programação e de empacotamento teria grande potencial de resultar em efeitos anticompetitivos no segmento de TV por assinatura brasileiro, já que a AT&T fusionada com a Time Warner resultaria na detenção de controle simultâneo na empacotadora Sky e nas programadoras pertencentes originalmente à Time Warner. A Ancine ainda destacou que a integração vertical entre os dois grupos aprofundaria os problemas decorrentes da já existente concentração entre essas atividades, considerando que a imposição de restrições verticais – como a discriminação de preço no licenciamento de canais e limitação do acesso às programadoras concorrentes aos pacotes de TV por assinatura -, se tornariam mais vantajosas se o grupo atuasse nos dois elos da cadeia, já que eventuais perdas de receita no mercado de programação poderiam ser compensadas por meio do aumento de vendas no mercado de bens finais, aumentando incentivos para que as empresas adotassem tais condutas.

No voto da operação, o conselheiro-relator destacou que, de fato, a integração vertical entre as empresas, que possuíam alta participação de mercado, poderia resultar no alinhamento de interesses que prejudicariam concorrentes em ambos os segmentos, tanto por meio da troca de informações sensíveis, como também por meio de condições de negociação mais benéficas para as empresas do mesmo grupo. Especificamente com relação ao mercado de TV por assinatura, o conselheiro-relator entendeu que este já possuía elevada tendência à concentração, visto que empresas recorriam a estratégias de integração com o intuito de obter maior poder de mercado, ganhos de escala e escopo, ingressas em novos mercados, diminuir custos de transação etc.

O conselheiro-relator se baseou nas principais teorias de dano analisadas pela Superintendência-Geral do Cade, a saber: fechamento de mercado, discriminação de concorrentes, probabilidade de exercício de poder coordenado e troca de informações concorrencialmente sensíveis.

Após longa análise dos potenciais efeitos anticompetitivos, o Tribunal do Cade entendeu que a operação poderia ser aprovada após a celebração de um Acordo em Controle de Concentrações ("ACC") em que a AT&T assumiu o compromisso de manter a Sky Brasil e as programadoras de canais Time Warner como pessoas jurídicas separadas e com estruturas de administração e governança próprias, de modo que não fosse permitida a troca de informações concorrencialmente sensíveis ou trocas que pudessem implicar discriminação entre agentes que não fizessem parte do grupo econômico das empresas envolvidas na operação. Além disso, a AT&T também assumiu a obrigação de fazer com que as programadoras de canais Time Warner oferecessem às empacotadoras e prestadoras de TV por assinatura não-afiliadas todos os canais de programação licenciados à Sky, mediante condições não discriminatórias. Destaca-se, a respeito desse último ponto, que o ACC firmado também previu um mecanismo de desestímulo à adoção de condutas discriminatórias/exclusionárias: as requerentes se comprometeram a adotar um recurso da arbitragem, de modo que qualquer programadora de canal de programação ou prestadora de TV por assinatura não afiliada à AT&T ou à Sky poderia acionar esse mecanismo para resolver conflitos relacionados às condições comerciais de contratação.

O ACC também previu, por fim, a nomeação de um consultor independente que monitoraria o cumprimento das obrigações assumidas pelas compromissárias no ACC, reportando ao Cade eventuais descumprimentos e a obrigação de as requerentes informar a autoridade antitruste sobre qualquer pedido de investigação ou denúncia no setor, assim como eventuais reclamações por estarem agindo de forma discriminatória.

Embora à época não houve um guia específico para análise de fusões verticais, a análise levou em consideração as etapas tradicionais de análise: (i) definição dos mercados relevantes; (ii) determinação da participação nos mercados e dos índices de concentração; (iii) probabilidade do uso de poder de mercado para realizar práticas anticompetitivas; (iv) ponderação das eficiências econômicas; e (iv) aplicação de remédios para dirimir as preocupações concorrenciais.

4. Análise do caso AT&T/Time Warner em outras jurisdições: quais as diferenças e semelhanças com a análise do Cade?

Além do Brasil, a operação foi notificada no Chile, México, Colômbia, Equador, Austrália, Canadá, China, União Europeia, Índia, Japão, Macedônia, Paquistão, Filipinas, Rússia, África do Sul, Coréia do Sul, Turquia e Estados Unidos.

No âmbito da União Europeia, a operação foi aprovada sem imposição de remédios, por meio de procedimento simplificado[12]. De acordo com a Comissão Europeia, a operação não geraria preocupações na União Europeia porque as empresas não eram concorrentes em mercados europeus: enquanto a AT&T apenas atuava no ramo de telecomunicações, a Time Warner operava apenas no setor de mídia e entretenimento.

Não obstante, em algumas jurisdições a operação foi aprovada apenas após a imposição de remédios. Como destacado no Voto da operação do Cade[13], no Chile, a autoridade antitruste detectou problemas relacionados a estratégias de fechamento de mercado a jusante e a montante, transferência de informações confidenciais relativas aos custos e/ou rendas de concorrentes e estratégias de bloqueio (total ou parcial) de insumos. Assim, as requerentes firmaram compromissos relacionados à troca de informações sensíveis (i.e., seriam inseridas cláusulas de confidencialidade como resultado de negociações ou acordos com operadoras de TV por assinaturas não pertencentes ao mesmo grupo econômico, de modo que tais dados não fossem transmitidos à DirecTV Chile ou DirecTV LA), não discriminação de concorrentes e resolução de conflitos via arbitragem para problemas relacionados a negociações, renovação ou celebração de novos acordos de licenciamento.

No México, por sua vez, a autoridade antitruste destacou preocupações relacionadas a eventual compartilhamento de informações entre membros do conselho de administração da SKY México e do Grupo AT&T, compartilhamento de informações entre a HBO LAG e o Grupo

---

[12] A decisão acerca da aprovação da operação está disponível em: https://ec.europa.eu/competition/mergers/cases/decisions/m8323_110_3.pdf. Acesso em 12 de agosto de 2023.

[13] Conforme §§ 181 a 189 do Voto proferido pelo então conselheiro Gilvandro Araújo em 23.10.2017 (Documento SEI nº 0399995).

AT&T e a dificuldade de monitoramento do cumprimento de obrigações firmadas no ACC. A operação foi aprovada mediante as seguintes condições: (i) separação da administração da AT&T/Time Warner com a administração da Sky México e da HBO Lag, de modo a evitar o contato entre membros do conselho de administração e trocas de informações sensíveis; (ii) compromisso de que nenhum empregado ou membro do conselho de administração da Sky México que recebesse informações confidenciais da SKY México fizesse parte do conselho de administração da HBO Lag; e (iii) compromisso de que nenhuma informação confidencial da HBO Lag fosse compartilhada, direta ou indiretamente, com qualquer membro do conselho de administração da Sky México.

Por fim, a Time Warner também se comprometeu a negociar de boa-fé todos os pedidos de acesso aos seus canais dentro do México, oferecendo termos e condições comparáveis aos ofertados aos outros operadores, além de conservar um registro dos contratos firmados e reportá-los à autoridade.

Nos Estados Unidos, por sua vez, a operação recebeu grande destaque, isso porque, de acordo com o DoJ, a fusão permitiria que a empresa resultante tivesse poder de mercado suficiente para aumentar os preços e discriminar concorrentes.

Para o DoJ, a empresa combinada usaria seu controle sobre as populares redes da Time Warner para prejudicar os concorrentes no mercado de distribuição de programação, forçando-os a pagar mais pelo direito de distribuir essas redes, ou mesmo impedir o acesso a seus canais.

O tribunal que analisou o caso entendeu que o DoJ não conseguiu comprovar a probabilidade de a operação diminuir a concorrência, já que não houve comprovação de que as preocupações concorrenciais decorrentes da operação seriam maiores que as eficiências geradas. Destaca-se, ainda, que embora o DoJ tenha argumentado que deveriam ser aplicados remédios estruturais para que o caso não gerasse preocupações concorrenciais (e.g., venda de canais da Turner Broadcasting, parte do Grupo Time Warner), decidiu-se pela aprovação da operação, já que a Turner ofereceu aos distribuidores de vídeo a oportunidade de negociar contratos por meio de arbitragem e garantir acesso continuado à programação durante o processo de arbitragem (apenas remédio comportamental).

Por se tratar de uma operação global, a operação entre AT&T e Time Warner oferece um importante panorama sobre as teorias de dano a serem utilizadas pelas autoridades antitruste, não só no Brasil como em diversas outras jurisdições.

Como pode-se observar, as teorias de dano adotadas pelos Estados Unidos, México e Chile estavam em linha com as principais teorias adotadas pelo Cade, ou seja, fechamento de mercado e discriminação de concorrentes, além dos efeitos coordenados e, em menor escala, a troca de informações sensíveis.

Por outro lado, ainda não há um consenso sobre como endereçar possíveis problemas anticompetitivos relacionados às fusões verticais quando os remédios disponíveis são pouco eficazes e/ou requerem alto monitoramento. Isso porque, quando apenas remédios comportamentais estão disponíveis, a autoridade antitruste pode não dispor de recursos suficientes para realizar seu monitoramento, o que poderia ensejar na reprovação da operação. No entanto, considerando que nenhuma mudança imediata ocorre nos mercados envolvidos em casos de fusões verticais, seria razoável optar pelo bloqueio da operação?

5. Dificuldades relacionadas à análise de fusões verticais e possíveis soluções com base nas experiências dos EUA e da Europa

Como demonstrado ao longo deste artigo, as fusões verticais têm sido, tradicionalmente, consideradas pró-competitivas, já que não geram nenhuma alteração imediata nos mercados relevantes envolvidos. Não obstante, tais operações podem gerar impactos indiretos ao ambiente concorrencial, já que as teorias de dano comumente utilizadas demonstram a possibilidade de a empresa resultante possuir incentivos para praticar condutas anticompetitivas como discriminação de preços e fechamento de mercado.

Nessa linha, as autoridades antitruste têm demonstrado preocupações relacionadas à avaliação das eficiências vis-à-vis os possíveis impactos nos mercados relevantes envolvidos. Nos Estados Unidos, por exemplo, a minuta do novo guia para análise de fusões verticais reflete o ceticismo de longa data das autoridades antitruste com relação às alegações de eficiência: o documento busca impor um pesado ônus de prova sobre as empresas ao aumentar o rigor na análise de eficiências apresentadas pelas partes por meio de uma avaliação detalhada dos benefícios gerados, como eles serão atingidos e a que custo seriam atingidos[14].

A maior mudança no guia é com relação à tese de que uma fusão com resultados anticompetitivos em qualquer mercado é ilegal, independentemente da sua influência em outros mercados. Nesse sentido, para demonstrar que a operação não irá gerar problemas concorrenciais, as partes deverão demonstrar que as eficiências são tão suficientes e prováveis que não haverá diminuição da concorrência. Em outras palavras, eficiências que não demonstrem que não haverá a criação de um monopólio não poderão justificar a aprovação de uma operação que tenda a criar um monopólio.

A Comissão Europeia, seguindo a mesma abordagem de *"big is bad"* dos Estados Unidos, tem demonstrado uma preocupação maior com fusões verticais, passando a aplicar diferentes teorias de danos em suas análises, sobretudo em mercados digitais. Na operação entre Illumina e Grail[15], por exemplo, a autoridade europeia aplicou a teoria de dano baseada na inovação: no caso em questão, a Comissão focou sua análise no impacto da operação nos esforços de inovação de terceiros, entendendo que os remédios propostos pelas partes (i.e., fornecer acesso à tecnologia GRAIL da Illumina a seus concorrentes) eram complexos e de difícil monitoramento.

Ainda com relação à Comissão Europeia, a entrada em vigor do Digital Markets Act[16] demonstra a preocupação da autoridade antitruste em analisar de forma específica operações envolvendo mercados digitais, buscando, sobretudo, evitar o fechamento de mercado e a discriminação de concorrentes. A título de exemplo, ressalta-se que, dentre 69 casos envolvendo mercados digitais na Europa, 27 deles foram analisados com base na teoria de fechamento de mercado de insumos (*input foreclosure*) e 11 deles na teoria de fechamento de mercado de clientes (*customer foreclosure*)[17].

---

[14] KOWARSKI Ilana e FORTES, Flavia. Op. cit.

[15] EUROPEAN COMMISSION. Mergers: Commission prohibits acquisition of GRAIL by Illumina.

[16] Disponível em : https://digital-markets-act.ec.europa.eu/index_en. Acesso em 10 de agosto de 2023.

[17] OECD. Digital Merger Control: Adapting Theories of Harm – Note by Viktoria Robertson. 16 de junho de 2023.

No Brasil, a publicação da versão preliminar do Guia de Análise de Atos de Concentração Não Horizontais em julho de 2023 lista como objetivos do documento dar maior transparência à análise empreendida pelo Cade, além de auxiliar os agentes de mercado a compreender as etapas empreendidas pela autoridade.

O documento destaca que a instrução do Cade leva em consideração tanto efeitos coordenados como unilaterais nesses tipos de fusões, destacando que os efeitos coordenados das integrações verticais podem advir do fornecimento à colusão e os efeitos unilaterais estão relacionados especialmente à possibilidade de fechamento de mercado. Embora o guia não represente nenhuma mudança na forma de a autoridade analisar casos de fusões verticais, há uma explicação organizada e detalhada da análise realizada pela autoridade no Brasil, que leva em consideração muitas das preocupações externalizadas pelas autoridades no exterior.

6. Conclusão

O presente trabalho buscou detalhar a forma e métodos de análise de fusões verticais no Brasil . Embora as operações envolvendo fusões verticais tenham sido consideradas benéficas, o cenário vem se alterando no mundo todo em decorrência do crescente número de operações envolvendo conglomerados nos mais diversos setores da economia.

Com base em um dos casos recentes mais emblemáticos - a operação envolvendo AT&T e Time Warner -, demonstrou-se que fusões verticais podem gerar preocupações por conta da possibilidade de práticas anticompetitivas – ainda que não haja alteração imediata nos mercados envolvidos. A operação em questão foi notificada em diversas jurisdições e as preocupações concorrenciais das autoridades estavam relacionadas, principalmente, à capacidade de a empresa resultante ter incentivos para praticar condutas anticompetitivas relacionadas, sobretudo, ao fechamento de mercado e discriminação de concorrentes.

Embora nos Estados Unidos e na União Europeia as autoridades já contassem com guias para balizar a análise dessas operações, o cenário econômico atual confirma que a simples indicação de eficiências geradas muitas vezes não é suficiente para dirimir as preocupações concorrenciais. Tem sido cada vez mais necessário aprofundar a análise das fusões verticais por meio das mais diversas teorias de dano, que têm sido cada vez mais sofisticadas – como na União Europeia, que tem se levado em consideração até mesmo a teoria da capacidade de inovação.

Ao passo que nos Estados Unidos foi publicado um novo guia cujo objetivo é "endurecer" a análise realizadas pelas autoridades antitruste daquele país, a entrada em vigor do *Digital Markets Act* na União Europeia também demonstra a preocupação em realizar uma análise mais robusta e endereçar condutas anticompetitivas em potencial. No Brasil, por fim, foi publicada uma versão preliminar do Guia V+, que busca consolidar a forma de análise realizada pelo Cade e, sobretudo, detalhar as principais preocupações concorrenciais relacionadas às fusões verticais, que estão em linha com as preocupações externalizadas pelas autoridades antitruste de outros países.

ANÁLISE DE EFICIÊNCIAS EM FUSÕES VERTICAIS NO MERCADO DE ENERGIA ELÉTRICA NO BRASIL: ESTÁGIO INCIPIENTE

THE ANALYSIS OF EFFICIENCIES IN VERTICAL MERGERS IN THE BRAZILIAN ELECTRICITY MARKET: INCIPIENT STAGE

José Alexandre Buaiz Neto
Giovana Vieira Porto
Catarina Lobo Cordão[1]

Resumo: Atos de concentração no setor de energia elétrica são relevantes nas estatísticas recentes do Cade e tratam de mercados que, quando segmentados, revelam importantes características de verticalização por envolver geração, transmissão, distribuição e comercialização de energia elétrica. Nesse contexto, e considerando as recentes discussões do Cade sobre o Guia de Atos de Concentração Não Horizontais (Guia V+), este artigo tem como objetivos principais identificar (i) se o Cade realizou análise de eficiências em fusões verticais no Brasil envolvendo o mercado de energia elétrica; (ii) quais métodos de análise de eficiências foram adotados pelo Cade, se existentes; e (iii) se o Cade considerou as eficiências um critério determinante para aprovação da operação vis-à-vis potenciais efeitos negativos resultantes das operações propostas. Pela análise realizada neste trabalho, foi possível verificar que a análise de eficiências em integrações verticais é bem limitada pelo Cade e que há espaço para exames de eficiências mais detalhados, claros e objetivos pelo Cade quando identificar possíveis efeitos anticompetitivos em operações no setor de energia elétrica.

Palavras-chave: Direito Antitruste; Atos de concentração; Mercado de energia elétrica; Análise de eficiências; Fusões verticais.

Abstract: Mergers in the electric power sector are relevant in recent statistics from Cade and are related to markets that, once segmented, reveal important verticalization characteristics, as they involve generation, transmission, distribution and commercialization of electric po-

[1] Disclaimer: ainda que o escritório do qual os autores são integrantes tenha atuado em ato de concentração explorado neste artigo, os autores confirmam a ausência de conflito de interesses e que apenas informações publicamente disponíveis foram utilizadas para elaboração deste artigo.

wer. In this context, and considering the recent discussions from Cade on the Guidelines for Non-Horizontal Mergers (Guia V+), this study mainly aims to identify (i) whether Cade has conducted efficiency analysis in vertical mergers in Brazil involving the electricity market; (ii) which methods of efficiency analysis were adopted by Cade, if any; and (iii) whether Cade considered efficiencies a determining criterion for transaction approval in face of potential negative effects resulting from the proposed transactions. Based on the analysis conducted in this study, it was possible to identify that the review of efficiencies in vertical mergers is very limited at Cade and that there is room for more detailed, clear and objective review of efficiencies by Cade, whenever possible to identify anticompetitive effects in mergers in the electric power sector.

Keywords: Antitrust Law; Merger filings; Electricity market; Efficiency analysis; Vertical mergers.

1. Introdução

O Anuário de 2022 do Conselho Administrativo de Defesa Econômica (Cade), indica que, em 2022, o Cade decidiu 669 atos de concentração.[2] Conforme dados de jurisprudência do Cade, pelo menos, 15% dos referidos atos de concentração envolviam o setor de energia elétrica no Brasil.[3] No referido Anuário, o Cade também destacou que, dos 660 atos de concentração notificados ao Cade em 2022, o setor de geração de energia elétrica foi um dos principais setores notificados. O trabalho se insere nesse contexto de relevância do setor de energia elétrica em operações analisadas pelo Cade.

As discussões sobre o setor são importantes também em seu aspecto qualitativo. Conforme diversos precedentes do Cade,[4] o setor de

---

[2] CADE. Anuário Cade 2022.

[3] A pesquisa foi realizada com base na página de pesquisa avançada de atos de concentração do CADE, por atos de concentração decididos de 1.1.2022 a 31.12.2022, com Classificação Nacional de Atividades Econômicas (CNAE) envolvendo o setor de energia elétrica, notadamente: 3511-5/00 – Geração de Energia Elétrica; 3513-1/00 – Comércio Atacadista de Energia Elétrica; 3514/0-00 – Distribuição de Energia Elétrica; e 3512-3/00 – Transmissão de Energia Elétrica.

[4] Tal entendimento foi identificado, pelo menos, nos Atos de Concentração nºs 08700.004268/2020-97; 08700.005174/2018-11; 08700.005393/2018-08; 08700.005391/2018-19 e 08700.004251/2018-15.

energia elétrica pode ser segmentado em, pelo menos, quatro mercados que podem ser verticalmente relacionados: (a) geração de energia elétrica, que envolve o processo de conversão de outras fontes primárias de energia em energia elétrica; (b) transmissão de energia elétrica, que envolve a transmissão de eletricidade de alta voltagem do ponto de geração até as subestações que reduzem a voltagem; (c) distribuição de energia elétrica, que envolve o transporte de energia elétrica das subestações que reduzem a voltagem aos consumidores finais;[5] e (d) comercialização de energia elétrica, que envolve a intermediação financeira relacionada a transações de atacado e de compra de energia elétrica.[6]

Sobre a análise de fusões verticais, recentemente, o Cade lançou versão preliminar do Guia de Atos de Concentração Não Horizontais (também conhecido como Guia V+), dentre outros, resumindo teorias do dano em concentrações não horizontais normalmente avaliadas, como fechamento de mercado, elevação de custos, poder de barganha, acesso a informações concorrencialmente sensíveis, questões envolvendo interoperabilidade, entre outros; bem como incluindo informações sobre análise de efeitos concorrenciais das operações verticais. O Guia V+ não diferencia expressamente efeitos de eficiências concorrenciais. De todo modo, menciona que eficiências devem ter seus ganhos apurados da seguinte forma: probabilidade, verificabilidade, especificidade em relação à operação, tempestividade (em até dois anos) e resultar em benefícios aos consumidores; além de indicar como exemplo de eficiência a eliminação da margem dupla ("a empresa integrada pode suprir eficientemente o insumo para si mesma").[7] Ademais, eficiências foram

---

[5] No Brasil, os processos de geração, transmissão e distribuição de energia elétrica ocorrem no âmbito do Sistema Interligado Nacional – SIN, que atende a todos os estados brasileiros por meio de múltiplos complexos de distribuição interligados. Para mais informações: https://www.ons.org.br/paginas/sobre-o-sin/o-que-e-o-sin. Acesso em 20.9.2023.

[6] A comercialização de energia elétrica pode basear-se em dois modelos contratuais distintos: (i) o Ambiente de Contratação Regulada, por meio de leilões públicos promovidos pela Agência Nacional de Energia Elétrica – ANEEL e operacionalizados pela Câmara de Comercialização de Energia Elétrica – CCEE; e (ii) o Ambiente de Contratação Livre, no qual a energia pode ser ofertada irrestritamente e fornecedores são capazes de estabelecer preços e volume de vendas.

[7] Na versão preliminar do Guia V+, o Cade definiu integração vertical como: "*quando, em decorrência de uma dada operação de concentração econômica, uma organização produtiva passa a atuar em níveis diferentes de uma mesma cadeia produtiva e interligadas, de modo que a concorrência em um mercado*

indicadas como analisadas na etapa de análise de benefícios líquidos, caso efeitos negativos tenham sido identificados e não mitigados na etapa anterior de análise do Cade.

A Organização para a Cooperação e Desenvolvimento Econômico (OCDE), ao tratar de fusões verticais, mencionou que possíveis eficiências estariam, pelo menos, dentro de algum dos três grupos a seguir, podendo ter exemplos diversos: eficiências de produção e de custos;[8] internalização de externalidades verticais e alinhamento de incentivos; e redução nos custos de transação.[9] Considerando a minuta de Guia V+, a relevância do setor de energia elétrica no Brasil e a existência de discussões, inclusive internacionais, sobre eficiências em fusões verticais, este trabalho busca identificar: (i) se o Cade realizou análise de eficiências em fusões verticais no Brasil envolvendo o mercado de energia elétrica; (ii) quais métodos de análise de eficiências foram adotados pelo Cade, se existentes; e (iii) se o Cade considerou as eficiências um critério determinante para aprovação da operação vis-à-vis potenciais efeitos negativos resultantes das operações propostas.

A fim de buscar respostas aos questionamentos acima, este trabalho considerou a base de dados preparada pelo Grupo de Trabalho de Fusões Verticais do Instituto Brasileiro de Estudos de Concorrência, Consumo e Comércio Internacional (IBRAC),[10] com dados de fusões verticais analisadas de 1.5.2012 até 31.12.2022 ("Base de Dados"). Os dados foram atualizados até 15.7.2023, com pesquisa pública de jurisprudência do Cade. Especificamente, foram analisados neste trabalho

---

pode ser diretamente afetada pelos resultados do outro". (CADE, Guia V+. Guia de Análise de Atos de Concentração Não Horizontais. Minuta de julho de 2023.

[8] A OCDE apresentou exemplos de eficiências de produção e custos no documento *Competition Policy and Efficiency Claims in Horizontal Agreements*, citando redução de economias de escala e escopo, redução nos custos de transporte, racionalização do mix de produtos entre plantas ou transferência de técnicas produtivas, bem como reduções em atividades não relacionadas à fabricação, como distribuição e pesquisa. Apesar de o documento tratar de atos de concentração horizontais, nota-se que o documento também mencionou a existência de eficiências dinâmicas (como melhoria na qualidade de produtos ou serviços) e reduções pecuniárias, como economias de impostos e redução de custos de matérias-primas em razão de poder de barganha (OCDE. Competition Policy and Efficiency Claims in Horizontal Agreements. 1995, p. 4.

[9] OCDE. Vertical Mergers. 2007, p. 18.

[10] IBRAC. Base de dados de casos de Fusões Verticais analisados pelo Tribunal do Cade 2012-2022, V. 1, 2023.

seis atos de concentração, decididos pelo Tribunal do Cade, que trataram de integrações verticais no setor de energia elétrica.[11] No entanto, o exame de tais operações pelo Tribunal não se limitou à análise de efeitos no setor de energia elétrica.

Com base na metodologia acima, este artigo será estruturado da seguinte forma: no capítulo 2, será estudado o estado da arte de análise de eficiências pelo Cade em atos de concentração no setor de energia. No capítulo 3, será feita a análise de possíveis perspectivas futuras, com base na experiência internacional. No capítulo 4, será feita a conclusão, com possíveis aprendizados envolvendo a análise nacional e internacional.

2. Estado da arte sobre fusões verticais no setor de energia elétrica

2.1. Panorama geral

Os seis casos identificados, com base na metodologia acima, envolvendo integrações verticais no setor de energia elétrica foram decididos pelo Tribunal do Cade entre os anos de 2015 e 2022; e notificados ao Cade entre os anos de 2014 e 2021. Sobre o procedimento de análise, cinco dos seis atos de concentração foram analisados pelo procedimento ordinário, enquanto um foi analisado sob o procedimento sumário. Quatro dos atos de concentração foram aprovados sem restrições pelo Cade, enquanto dois foram aprovados condicionados à celebração de Acordo em Controle de Concentração (ACC).

As integrações verticais analisadas nos referidos atos de concentração envolviam, segundo os votos dos respectivos Conselheiros relatores: (a) fabricação de equipamentos elétricos e industriais (especialmente transformadores e máquinas rotatórias) e manutenção e reparação de tais equipamentos; (b) design, fabricação e fornecimento de pás para turbinas eólicas e fabricação e fornecimento de turbinas eólicas; (c) sistemas auxiliares (mercados *downstream* de turbinas a vapor, redutores turbo e redutores industriais / e mercados *upstream* de motores elétricos trifásicos de baixa tensão e motorredutores) e tintas

---

[11] Atos de Concentração nºs 08700.008578/2014-32, 08700.007629/2016-71, 08700.008483/2016-81, 08700.002165/2017-97, 08700.000108/2019-35 e 08700.004540/2021-10.

industriais (mercados *downstream* de redutores industriais, redutores turbo e turbinas a vapor / e mercado *upstream* de tintas industriais); (d) integração vertical entre o mercado de fio-máquina e os mercados de CA-60, telas eletrosoldadas, treliças e arame recozido; bem como integrações no fornecimento de matérias-primas (carvão vegetal, minério de ferro, ferro-gusa; e energia elétrica); (e) distribuição de combustíveis e locação de equipamentos de geração de energia elétrica; e atividades de locação de equipamentos de geração de energia elétrica e distribuição de energia em sistemas isolados; e (f) projetos de infraestrutura e geração de energia elétrica.

O Cade procedeu à análise de eficiências em 50% dos casos analisados neste trabalho. Nos demais, eficiências não chegaram a ser avaliadas em razão da participação de mercado inferior a 30% nos segmentos envolvidos ou da ausência de efeitos negativos concorrenciais, etapa anterior à análise de eficiências. A fim de analisar especificidades dos casos envolvendo setor de energia elétrica, os casos serão segmentados nos subtópicos a seguir com base em como e quais efeitos negativos foram analisados (cinco casos) e em como e quais eficiências foram analisadas (três casos).

2.2. *Análise de possíveis efeitos anticompetitivos nas operações do setor de energia elétrica*

Para a análise deste subtópico, é feita a divisão dos cinco casos com base nos que concluíram que análise de eficiências não seria necessária e os que decidiram continuar com a etapa de análise de eficiências. Para o primeiro grupo, os possíveis efeitos anticompetitivos derivados das operações analisados foram: compartilhamento de informações sensíveis, fechamento de mercado, adoção de condutas exclusionária, assimetria de informação, abuso de posição dominante, repasse de baixa eficiência de geradores e de operação de geração de energia e atraso na implementação de Produtores Independentes de Energia (PIEs). Como foram efeitos superados na análise, o Cade concluiu sua respectiva análise com aprovações sem ou com restrições.

Para os casos em que os efeitos anticompetitivos não foram superados com a análise, os seguintes possíveis efeitos foram analisados, ainda que não expressamente em relação às integrações verticais resultantes das respectivas operações: probabilidade de exercício de poder de mercado, probabilidade de exercício do poder de portfólio, probabilidade de aumento de poder coordenado e poder de compra. Tais poderes foram identificados pelos seguintes efeitos, não necessariamente cumulativos em todos os casos: ausência de rivalidade no mercado, ausência de pressão exercida por importações; improbabilidade de entrada de agente capaz de competir efetivamente; poucas opções de fornecedores; existências de barreiras à entrada, discriminação de concorrentes, venda casada e subsídios cruzados.

Considerando a análise de possíveis efeitos anticompetitivos resultantes das operações analisadas, o Cade realizou a análise de eficiências em três casos e tais análises não foram necessariamente relacionadas às integrações verticais resultantes da operação proposta.

2.3. Análise do Cade de eficiências

De modo geral, a análise de eficiências feita pelo Cade em fusões verticais envolvendo mercados de energia elétrica é bastante limitada, como será visto a seguir. Ademais, destaca-se que dois dos três casos identificados resultaram na imposição de remédios pelo Tribunal do Cade. Considerando a relevância dos três casos para análise deste artigo, cada um dos atos de concentração será analisado individualmente a seguir.

2.3.1. Ato de Concentração nº 08700.008483/2016-81

No referido ato de concentração, a WEG Equipamentos Elétricos S.A. pretendia adquirir a totalidade das atividades desenvolvidas pela TGM Indústria e Comércio de Turbinas e Transmissões Ltda. No caso, o Cade analisou as eficiências especificamente em relação à probabilidade de exercício do poder de portfólio, envolvendo especificamente a complementação do portfólio da WEG em relação a turbogeradores (de modo que a WEG pudesse ofertar solução integrada do turbogerador com base nos produtos fabricados pela TGM). As Requerentes do ato de concentração mencionaram especificamente que a operação poderia gerar sinergias de economias de escala, economias de escopo, economias promocionais, economias de custo de capital, economia de custos de transação e melhores práticas. Contudo, o Cade entendeu que não foi possível mensurar a potencialidade de ocorrência das eficiências alegadas por meios razoáveis, destacando que as eficiências decorrentes da operação são essencialmente qualitativas, o que é admitido pelo Cade, mas que não teria sido suficiente no caso concreto. Por fim, recomendada a assinatura de ACC pelas Requerentes.

2.3.2. Ato de Concentração nº 08700.002165/2017-97

A operação tratava de aquisição, pela ArcelorMittal Brasil S.A., da integralidade das ações representativas do capital social da Votorantim Siderurgia S.A. Considerando que o Cade não identificou efeitos anticompetitivos resultantes de integrações verticais envolvendo geração de energia elétrica, uma vez que entendeu que a capacidade de geração de energia das Requerentes era baixa se comparada com a potência total instalada no Brasil e que os investimentos em geração de energia não faziam parte do escopo da operação, a análise de eficiências teve enfoque nas sobreposições horizontais resultantes da operação – e não na questão da geração de energia elétrica.

Em sua análise, o Tribunal do Cade mencionou estudo do Cade, contando com o auxílio do Departamento de Estudos Econômicos (DEE) com testes GUPPI[12] e PC-AIDS,[13] sem qualquer consideração específica à integração vertical. Em síntese, concluiu-se que as eficiências geradas não eram específicas da operação, não eram suficientes e não eram repassáveis aos consumidores, portanto, insuficientes para superar a perda de bem-estar agregado resultante do aumento de concentração. O Cade aprovou a operação com restrições, nenhuma delas relacionada a essa integração vertical identificada.

2.3.3. Ato de Concentração nº 08700.004540/2021-10

O ato de concentração tratava da aquisição, pela Compass Gás e Energia S.A. ("Compass"), da totalidade de participação societária da Petróleo Brasileiro S.A. ("Petrobras") na Petrobras Gás S.A. ("Gaspetro"), como consequência dos compromissos assumidos pela Petrobras em Termo de Compromisso de Cessação (TCC) para desverticalização

---

[12] Conforme o Caderno do Cade de Mercado de Instrumentos de Pagamento, "*Gross Upward Pricing Pressure Index (GUPPI), por sua vez, também assume que há competição por preços e os produtos são diferenciados, mas não pondera a existência de eficiências, tal como o modelo UPP. O resultado desse teste representa o nível de eficiências requerido para que a operação não gere problemas concorrenciais. As duas simulações exigem a obtenção das margens (Índice de Lerner)*" (Cade. Caderno de Mercado de Instrumentos de Pagamento. 2019, p. 57).

[13] "*A proposta central do modelo PC-AIDS é estudar efeitos unilaterais de atos de concentração através de dados de fácil obtenção*" (CARDOSO, Marcelo Ranieri; FILHO, Arthur Barrionuevo. Uso de simulação de efeitos unilaterais em concentrações. 2007. Anais do XXXV Encontro Nacional de Economia, p. 2).

do setor de gás natural no país. Na análise da operação, houve intensa análise se os objetivos do TCC da Petrobras para desverticalização do setor foram cumpridos. Terceiros interessados também levantaram preocupações sobre integrações entre as atividades de distribuição de gás natural e a geração de energia elétrica, uma vez que o gás natural poderia ser utilizado como fonte de geração de energia elétrica.

Ao aprovar a operação sem restrições, o Cade afirmou que não há vedação legal para um *player* atuar em geração de energia de forma concomitante à distribuição de gás natural. Ademais, concluiu-se que integrações verticais não são um ilícito concorrencial *per se*, podendo gerar eficiências econômicas por meio da redução de assimetrias informacionais, de custos de transação, redução de dupla marginalização, dentre outros. Não houve discussão mais aprofundada de eficiências no caso. Concluiu-se que a saída da Petrobras do elo de distribuição do gás natural representa um ganho ao ambiente concorrencial e que eventuais condutas que minem o desenvolvimento do mercado por parte da Compass poderiam ser endereçadas por meio da regulação setorial.

3. Possíveis perspectivas futuras na análise de fusões verticais no setor de energia elétrica com base na experiência internacional

A doutrina estrangeira tem se dedicado ao estudo de análise de eficiências resultantes de integrações verticais, também as envolvendo o setor de energia elétrica.

James C. Cooper *et al.*, por exemplo, apresenta algumas perspectivas sobre integrações verticais ou práticas verticais. A primeira seria a de teorias do dano, notadamente (a) o aumento de custos de rivais (os autores mencionam as conclusões de Salpo e Scheffman no sentido de que não há necessariamente incentivo geral para aumento de custos de rivais a partir de integrações verticais e, mesmo que aconteça, o bem-estar do consumidor pode ainda ser positivo, o que pode aumentar ou diminuir preços); (b) formulações de teoria dos jogos (os autores identificaram três temas principais que surgem em literatura sobre teoria dos jogos em integrações verticais: quando preços de insumos são lineares, integrações verticais afetam externalidade de dupla marginalização, piorando-a ou mitigando-a; os resultados dependem da habilidade de concorrentes em observarem preços de atacado; e as previsões dos modelos dependem da natureza do oligopólio analisado); e (c) efeitos dinâmicos (teorias que analisam efeitos de integrações verticais na entrada, na saída e nos investimentos de longo prazo, focando principalmente em teorias de venda casada e exclusividade).

Os autores então analisaram artigos com evidência empírica de efeitos competitivos de integrações verticais, demonstrando que, há escassez de justificativas para conclusão de integrações ou práticas verticais provavelmente prejudicarão consumidores; e que grande parte dos estudos analisando integrações verticais demonstraram aumento de bem-estar do consumidor de forma clara. Ao concluírem o trabalho, mencionaram que foi identificado um problema de inferência na análise de evidências sobre efeitos de integrações verticais. Avaliaram que possibilidades para o problema de inferência seria a definição de cenários em que dado que certa condição é atingida, o dano seria presumido. Outra possibilidade seria um modelo econômico de restrições verticais. A possibilidade recomendada pelos autores foi a utilização de experimentos naturais em economia para identificação dos efeitos.[14]

No âmbito do setor de energia elétrica especificamente, Graham Shuttleworth identificou que há duas preocupações concorrenciais principais em integrações verticais no setor, com base na experiência Australiana: a baixa liquidez de mercados descentralizados nos contratos de energia e o acesso limitado a contrato de gerenciamento de riscos (*hedging*). Com base nas experiências do Reino Unido, da Holanda, da Nova Zelândia e da Irlanda, o autor concluiu que muitas das preocupações com integrações verticais no setor não possuem justificativas. Sobre liquidez, mencionou que integrações verticais não necessariamente reduzem liquidez nos contratos. Em alguns mercados, integrações poderiam resultar em geradores e distribuidores de energia perderem acesso aos contratos de *hedging*, o que seria raro e não aplicável para o caso da Austrália. De todo modo, não seria a integração vertical em si que geraria tal efeito, mas uma combinação de fatores[15].

Paul Simshauser também analisou integrações verticais no setor de energia elétrica na Austrália. Segundo o autor, houve reformas ao longo do tempo no setor de energia elétrica, mas que muitos regulado-

---

[14] COOPER, C. James. FROEB, Luke M., O'Brien Dan; VITA, Michael G. Vertical Antitrust Policy as a Problem of Inference. International Journal of Industrial Organization, 2005, vol. 23, issue 7-8, p. 639-664.

[15] NERA ECONOMIC CONSULTING. International Experience of Vertical Integration in the Electricity Sector: a Report for AGL Energy Ltd. 2017.

res viam integrações verticais como potencialmente anticompetitivas, com risco de aumento de capacidade, aumento de preços, barreiras à entrada, fechamento de mercado e prejuízo ao bem-estar do consumidor. O autor concluiu que evidências teóricas e empíricas demonstram o contrário em relação aos efeitos das integrações verticais.[16]

De acordo com a doutrina analisada acima no âmbito internacional, parece haver preocupação com a metodologia de análise de efeitos resultantes de integrações verticais e receio de inferências no setor de energia elétrica. Portanto, há um esforço de se buscar metodologias e critérios para análise de evidências para que as análises concorrenciais de integrações verticais no setor de energia elétrica possam ser mais robustas.

4. Conclusão

Como mencionado, este trabalhou buscou identificar o estado da arte da análise de eficiências pelo Cade, mais especificamente pelo Tribunal do Cade, em atos de concentração envolvendo integrações verticais no setor de energia elétrica. Ocorre que a quantidade de casos identificados demonstrou que tais integrações não são frequentes de serem analisadas pelo Tribunal do Cade e que as eficiências analisadas não foram necessariamente para sopesar efeitos anticompetitivos no setor de energia elétrica em si, mas de eventuais outros mercados que geravam análises mais detalhadas do Cade. Portanto, foi identificado que há um estágio muito incipiente sobre tema na jurisprudência do Cade, pelo menos, desde 2012.

Considerando o estágio incipiente, foi feita a análise de doutrina internacional sobre integrações verticais no setor de energia elétrica e como examiná-las no âmbito concorrencial. Na doutrina analisada, foi possível identificar a necessidade de que haja metodologia e critérios de análise de integração vertical considerando especificidades do setor de energia elétrica, sem que haja inferências de que integrações verticais por si sós são prejudiciais à concorrência. A fim de complementar os resultados desta pesquisa, é recomendável a análise de atos de concentração analisados apenas pela Superintendência-Geral do Cade no

[16] SIMSHAUSER, Paul. Merchant utilities and boundaries of the firm: vertical integration in energy-only markets. Cambridge Working Papers in Economics. 2020.

setor de energia elétrica para se identificar como e se houve análise de eficiências no setor específico.

5. Referências bibliográficas

CADE, Guia V+:Minuta Guia de Análise de Atos de Concentração Não-Horizontais. Julho, 2023.

_______. Anuário CADE 2022.

_______. Caderno de Mercado de Instrumentos de Pagamento. 2019.

_______. Pesquisa Avançada de Ato de Concentração.

CARDOSO, Marcelo Ranieri; FILHO, Arthur Barrionuevo. Uso de simulação de efeitos unilaterais em concentrações. 2007. Anais do XXXV Encontro Nacional de Economia.

COOPER, C. James. FROEB, Luke M., O'Brien Dan; VITA, Michael G. Vertical Antitrust Policy as a Problem of Inference. International Journal of Industrial Organization, 2005, vol. 23, issue 7-8, p. 639-664.

IBRAC. Base de dados de casos de Fusões Verticais analisados pelo Tribunal do CADE 2012-2022, Versão 1.0, 2023.

NERA ECONOMIC CONSULTING. International Experience of Vertical Integration in the Electricity Sector: a Report for AGL Energy Ltd. 2017.

OCDE. Competition Policy and Efficiency Claims in Horizontal Agreements. 1995.

_______. Vertical Mergers. 2007.

SIMSHAUSER, Paul. Merchant utilities and boundaries of the firm: vertical integration in energy-only markets. Cambridge Working Papers in Economics. 2020.

PARTE III

PANORAMA INTERNACIONAL

CONCENTRAÇÕES VERTICAIS NO RADAR CONCORRENCIAL: PANORAMA INTERNACIONAL E CAMINHOS PARA A REGULAMENTAÇÃO NO BRASIL

VERTICAL MERGERS IN THE ANTITRUST RADAR: INTERNATIONAL OVERVIEW AND PATHWAYS FOR REGULATION IN BRAZIL

Anna Binotto
Julia Braga

Resumo: Determinadas visões clássicas do controle de concentrações econômicas pelo direito da concorrência não raramente afastavam qualquer preocupação com operações não-horizontais, i.e., entre agentes não-concorrentes. Mas, há tempos este paradigma vem sofrendo críticas, trazendo a atenção de autoridades de defesa da concorrência ao redor do mundo para concentrações com efeitos verticais. Especialmente diante do escrutínio de autoridades centrais (notadamente, dos Estados Unidos, Europa e Reino Unido), novas teorias de dano foram sendo desenvolvidas e aprimoradas; e testadas em casos práticos que suscitaram análise detida e, inclusive, intervenção antitruste. Seguindo-se à experiência prática, estes países lançaram e atualizaram guias voltados especificamente para detalhar o tema. O Brasil hoje segue essa onda, elaborando seu primeiro guia para análise de operações verticais. Este artigo pretende fomentar o debate sobre o tema, discutindo a importância da convergência internacional entre autoridades de defesa da concorrência. Apresenta-se o panorama internacional, de forma a jogar luz para tópicos importantes que podem ser considerados pela autoridade brasileira em sua contribuição que está por vir.

Palavras-chave: concentrações verticais; efeitos verticais; panorama internacional.

Abstract: Certain classic views of merger control in competition law often dismissed concerns related to non-horizontal transactions, i.e., between non-competing players. However, this paradigm has long been under criticism, bringing the attention of antitrust authorities around the world to mergers with vertical effects. Especially under the scrutiny of main authorities (notably in the United States, Europe and the United Kingdom), new theories of harm have been developed and improved; and tested in practical cases that have prompted detailed analysis and even antitrust intervention. Following the practical experience, these countries launched and updated guidelines specifically aimed at detailing such topic. Today, Brazil is following this wave, drafting its first guideline for the analysis of vertical transactions. This article aims to foster the debate on the matter, discussing the importance of international convergence between antitrust authorities. The international panorama is presented, in order to shed light on important topics that may be considered by the Brazilian authority in its upcoming contribution.

Keywords: vertical mergers; vertical effects; international overview.

1. Introdução: origem e retomada das sensibilidades concorrenciais em concentrações verticais

Nos últimos tempos, a análise de fusões verticais[1] vem ganhando relevância no cenário antitruste mundial, assim como no Brasil. A publicação de guias sobre o tema se sucedeu a casos complexos envolvendo integrações verticais, que apresentaram importantes desafios para as autoridades de defesa da concorrência, incluindo debates sobre desenho e implementação de remédios e cooperação e coordenação em decisões de casos multijurisdicionais. O tema voltou à ordem do dia e nos coloca em um momento relevante para consolidação (de métodos de análise e teorias de dano já muito estabelecidas na prática decisória), ao mesmo tempo em que joga luz sobre flancos e pontos de potencial divergência entre autoridades.

O tema das fusões verticais é provavelmente um dos mais influenciados pelos ensinamentos da tradição ligada à Escola de Chicago. Historicamente, essa literatura buscou dar foco às eficiências econômicas relacionadas às integrações verticais, defendendo, como regra, a ausência de preocupações concorrenciais decorrentes de concentrações verticais[2]. De modo geral, acreditava-se que eventuais prejuízos advin-

[1] Como explica Paula Forgioni, "As concentrações são ditas verticais se os partícipes desenvolvem suas atividades em mercados relevantes 'a montante' ou 'a jusante', ou seja, concatenados no processo produtivo ou de distribuição do produto" (FORGIONI, Paula. *Os Fundamentos do Antitruste.* 12a ed., São Paulo, Revista dos Tribunais, 2022, p. 416).

[2] Como explica Silvia Fagá e Anna Olímpia, "A escola de Chicago, já nos anos 1970 e 80, critica esta interpretação e busca demonstrar o lado pró-competitivo das integrações verticais. Bork (1978) e Posner (1978) sugerem que um monopolista upstream, que detivesse controle de um player downstream, poderia fechar o mer-

dos de operações seriam compensados por ganhos de eficiência, motivo pelo qual o ônus argumentativo para se investigar ou impugnar uma integração vertical era muito mais alto[3].

Os desenvolvimentos da Nova Economia Institucional, que sucederam os primórdios da Escola de Chicago, fortaleceram esta tese. Como explica Vinicius Marques de Carvalho a "ideia de custos de transação forneceu uma justificativa plausível e lícita para as integrações verticais e para condutas de imposição de restrições a distribuidores, por exemplo"[4]. Nesse sentido, dentre as eficiências desmembradas em casos de integrações verticais, incluíam-se economias de escopo, a redução de assimetria de informação e de custos de transação, o aprimoramento da qualidade de produtos e, a principal delas, a eliminação de dupla-margem[5]. Foi em relação a este tema que, particularmente, pode-se testemunhar o avanço dos argumentos baseados em complexas metodologias da ciência econômica, exportados dos EUA em direção a outras jurisdições, o que muitos denominaram como uma agenda "mais econômica" ("*more economic approach*") para a defesa da concorrência, especialmente em solo europeu.[6]

---

cado, mas não teria incentivos para tal. Segundo os autores, negociar com empresas rivais downstream mais eficientes geraria maiores lucros para o monopolista upstream, não havendo incentivo para restringir acesso a um determinado insumo. Ademais, só haveria um lucro de monopólio a ser extraído, sendo a integração vertical um mero rearranjo entre fornecedor e consumidor. Neste sentido, as decisões de integrações verticais seriam, quase que exclusivamente pró-competitivas, dada a geração de eficiências, principalmente em virtude da eliminação de dupla margem. Dessa forma, a escola de Chicago considera, de maneira geral, desnecessária a aplicação de restrições para integrações verticais". (FAGÁ, Silvia; LEITE, Anna Olímpia de Moura. *Remédios Comportamentais em Fusões Verticais: Problema ou Solução?* Mulheres no Antitruste – Volume I, São Paulo, Editora Singular, 2018. p. 95).

[3] FRAZÃO, Ana de Oliveira. *Direito da Concorrência: Pressupostos e Perspectivas*. Ed. Saraiva, São Paulo, 2017, p. 118.

[4] CARVALHO, Vinicius Marques. *Defesa da Concorrência: Da Crítica aos Fundamentos Teóricos à Implementação como Política Pública no Brasil*. Universidade de São Paulo. Tese (Livre Docência), 2022, p. 99.

[5] AZEVEDO, Paulo Furquim de. *Restrições Verticais e Defesa da Concorrência: A Experiência Brasileira*. Escola de Economia de São Paulo da Fundação Getúlio Vargas, 2010, p. 5.

[6] Fazendo-se referência ao movimento iniciado pela Comissão Europeia na década de 1990, na tentativa de tornar suas decisões mais aderentes ao moderno desen-

Com o passar dos anos, e o aprofundamento da pesquisa econômica, entretanto, atingiu-se um razoável consenso de que concentrações verticais poderiam sim, em determinadas circunstâncias, gerar preocupações concorrenciais. Isso não implicou, contudo, a adoção de presunções absolutas ou relativas, mantendo-se as avaliações aprofundadas a respeito do efeito líquido deste tipo de operação. Assim, mesmo em um contexto de "síntese pós-Chicago"[7], discussões sobre as "complexas questões internas à teoria econômica do bem-estar, ou, quando muito, no debate acerca dos padrões de bem-estar do excedente do consumidor e do excedente total"[8] continuaram a permear a análise de integrações verticais.

Em especial, passou-se a questionar se necessariamente as empresas repassariam as eficiências geradas para os consumidores finais ou ao elo seguinte da cadeia produtiva[9]; bem como se, a depender da estrutura do mercado, seriam identificados – dentre outros – riscos de fechamento de mercado, em razão de elevação de barreiras à entrada de novos *players* tanto no *upstream* quanto no *downstream*; e riscos de facilitação de efeitos coordenados,[10] que, mesmo diante de inegáveis eficiências, gerariam restrições e dano potencial à concorrência.

Mas, mesmo diante desse aparente consenso técnico sobre os riscos e as eficiências das concentrações verticais, casos recentes jogaram luz sobre as complexidades práticas de se lidar com fusões de grande magnitude, sobretudo a nível multinacional. Neste breve artigo, buscamos delinear algumas dessas complexidades, chamando a atenção para a relevância do tema e para a importância de uma regulamentação

volvimento da economia. Sobre o tema, por exemplo, WITT, Anne C. *The More Economic Approach to EU Antitrust Law*.The Bloomsbury Publishing, 2019.

[7] KOVACIC, William E.; SHAPIRO, Carl, *Antitrust Policy: A Century of Economic and Legal Thinking*, Journal of Economic Perspectives, 2000, p. 55

[8] CASTRO, Bruno Braz. *Eficiência e ideologia: inovação, desigualdade e o custo dos erros na tecnocracia antitruste.* In: Revista de Defesa da Concorrência, V.6, N. 2, 2018, pp. 58-88

[9] Discussões no sentido de que os *players* tendem a não repassar adiante, ao longo da cadeia produtiva, reduções de custo tem ganhado força, inclusive, em debates envolvendo mercados de trabalho (POSNER, Eric A. *How Antitrust Failed Workers.* Oxford: Oxford University Press, 2021, p. 23).

[10] GELLHORN, et al. *Antitrust Law and Economics in a Nutshell.* 2004. Thomson West. 5th edition, p. 413.

precisa, clara e – em certa medida, conservadora – pelo Conselho Administrativo de Defesa Econômica (Cade).

2. O atual estado da arte: concentrações verticais em foco

2.1. Concentrações verticais na mira das autoridades de defesa da concorrência: casos práticos, remédios e reprovações

Os desafios mapeados pela literatura antitruste das Escolas de Chicago e Pós-Chicago para fusões verticais se refletiram em casos paradigmáticos. De fato, no contexto do tradicional debate sobre convergência procedimental, substancial e cultural das políticas de defesa da concorrência em diferentes países, não raro as concentrações com efeitos não-horizontais aparecem entre casos que levam a decisões divergentes entre autoridades.[11]

Para ilustrar, pode-se mencionar desde o caso General Eletric/ Honeywell, aprovado nos EUA e reprovado pela autoridade Europeia no início dos anos 2000, gerando uma das primeiras grandes divergências no período Pós-Chicago; ao famoso AT&T/Time Warner, aprovado pela Comissão Europeia e sujeito a intenso litígio nos EUA, com pressões do governo americano pela reprovação; mais recentemente, o caso Illumina/Grail, questionada pela Federal Trade Commission (FTC), que apresentou pedido de desinvestimento do negócio adquirido em 2021, e que levou à estrondosa multa de EUR 432 milhões por ter sido consumada na Europa sem aprovação prévia da autoridade concorrencial; além do caso Facebook/Giphy, reprovado pela autoridade Competition & Markets Authority (CMA) do Reino Unido e que precisou ser desfeita no restante do mundo.

Estes são apenas exemplos dos casos que pressionaram por maior clareza nas teses de risco concorrencial exploradas pelas autoridades de defesa da concorrência; bem como dos custos astronômicos (e possíveis prejuízos) impostos às empresas que precisam buscar aprovação de

---

[11] Nesse sentido, BINOTTO, Anna. *Efeitos conglomerais em concentrações econômicas: caracterização e desdobramento.* Mulheres no Antitruste, Volume 1, 2019, pp. 48-65, p. 57; WEITBRECHT, A., FLANAGAN, R. *The Control of Vertical and Conglomerate Mergers Before and After GE/Honeywell* – The Commission's Draft Guidelines for Non-Horizontal Mergers, Bloomberg European Business Law Journal, V. 1, 2007.

múltiplas autoridades, com posicionamentos potencialmente distintos sobre este risco.

2.2. *Concentrações verticais e convergência material entre políticas de defesa da concorrência*

Como indicamos, a ideia de que normas sobre controle de concentrações devam se convergir costuma justificar-se por necessidades dos fluxos internacionais de comércio[12], especialmente no que tange à economia de custos e à necessidade de enfrentar decisões incompatíveis entre diferentes autoridades antitruste que analisem o caso.[13] Assim, a internacionalização do direito antitruste é um reflexo direto da globalização e da internacionalização dos negócios.[14]

A convergência internacional em direito antitruste, e sobretudo em matéria de controle de concentrações, pode se desenvolver em três frentes: (*i*) procedimental; (*ii*) material; e (*iii*) normativa.[15] A face procedimental compreende, por exemplo, a padronização de formulários de notificação, cronograma de análise, padrões de transparência e divulgação de decisões.[16] A face substancial compreende, por exemplo, a determinação de metodologia econômica relativamente padronizada para análise de transações globais. Por fim, a face normativa é mais complexa e dificilmente atingível pois implica alinhamento de cultura concorrencial (*cultural norms*), in-

---

[12] KOVACIC, William E. *Extraterritoriality, Institutions, and Convergence in International Competition Policy*, 2003, p. 3.

[13] SILVEIRA, Paulo B. *Le contrôle des concentrations transnationales: perspectives comparées.* Revue Inovations, n. 35, 2011, pp. 139-158; GERADIN, Damien. *The Perils of Antitrust Proliferation: The Process of 'Decentralized Globalization' and the Risks of Over-Regulation of Competitive Behavior.* Chicago Journal of International Law, Chicago, 2009, p. 5; GERBER, David J. *Competition Law and the WTO: Rethinking the Relationship,* Journal of International Economic Law 10.3, 2007.

[14] SILVEIRA, P. B. *L'Internationalisation du Contrôle des Concentrations.* Paris: Université Panthéon-Assas, Tese (Doutorado), 2011, p. 216.

[15] CHENG, T. K. Convergence and Its Discontents: A Reconsideration of the Merits of Convergence of Global Competition Law. *Chicago Journal of International Law,* V. 12, n. 2, 2012, p. 438.

[16] CLARKE, Julie. Multi-Jurisdictional Merger Review Procedures – A Better Way. *Trade Practices Law Journal,* v. 14, n. 2, 2006, p. 22

cluindo, por exemplo, a definição dos objetivos da política antitruste e sua compatibilização com outros ideais como desenvolvimento, crescimento econômico, inovação e bem-estar social.

Na prática, este fenômeno conta com dois grandes tipos de instrumentos: instituições de *hard law* e instituições de *soft law*[17]. As iniciativas de *soft law*, principalmente, são mais facilmente alcançáveis, especialmente porque seriam dotadas de maior flexibilidade e adaptabilidade em sua criação e se basearia principalmente em padrões reputacionais de "sancionamento" e incentivo de conformidade (*compliance*). Guzman as diferencia das iniciativas de convergência do tipo *hard law*, ou seja, aquelas baseadas em um modelo de governança formalizado baseado em normas de caráter vinculativo aos Estados e suas "sub-unidades" (*e.g.*, autoridades antitruste). Dentre as instituições de *soft law*, destacam-se as chamadas melhores práticas internacionais (*best practices*).[18]

A agenda das *best practices* em direito antitruste surgiu nos anos 1990, buscando enfrentar as incongruências entre os vários sistemas de defesa da concorrência existentes mundo afora e, inclusive inexistentes em alguns países.[19] Como indicamos anteriormente, este movimento é contemporâneo à ampliação da agenda Pós-Chicago e ao recurso mais recorrente a complexos métodos econômicos para ponderar riscos e eficiências de integrações verticais.

De maneira geral, o que entendemos ser relevante é a convergência normativa entre diferentes autoridades de defesa da concorrência no que diz respeito aos seus padrões de análise de atos de concentração com efeitos não-horizontais. Essa demanda não existe em um vácuo: muito pelo contrário – relaciona-se a anos de reflexões acadêmicas e desafios práticos. Em tema de fusões verticais, vislumbramos um caminho potencialmente profícuo, dada a urgência de diferentes autoridades de defesa

---

[17] SOKOL, D. Daniel. *Monopolists Without Borders: The Institutional Challenge of International Antitrust in a Global Gilded Age.* Berkeley Business Law Journal, v. 4. Berkeley: Berkeley Business Law Journal, p. 81.

[18] GUZMAN, A. T. *The Case for International Antitrust.* UC Berkeley School of Law Public Law and Theory Research Paper no. 128, 2003, p. 182.

[19] CARVALHO, Vinícius Marques de. *A política de defesa da concorrência quatro anos depois: ainda em busca de melhores práticas*. In: CARVALHO, Vinicius M. (org.) *A Lei 12.529/2011 e a Nova Política de Defesa da Concorrência.* São Paulo: Singular, 2015, p. 16.

da concorrência em elaborar e divulgar guias e orientações oficiais para informar o mercado sobre seus padrões materiais de análise.

2.3. Necessidade de regulamentação: guias e orientações em diferentes jurisdições

No Brasil, desde a vigência da Lei nº 12.529/2011, a proporção de casos analisados pelo Cade envolvendo integrações verticais vis-à-vis o total de fusões e aquisições submetidos à autoridade quase triplicou entre os anos de 2012 e 2022[20]. Para ilustrar, pode-se mencionar casos recentemente analisados pelo Tribunal do Cade em que os riscos concorrenciais envolviam, principalmente, efeitos verticais, como as operações Sulamérica/Rede D'Or[21] e Unimed Cuiabá/DASA[22], aprovadas sem restrições no final de 2022; Compass/Gaspetro[23], aprovada sem restrições, por maioria, em março de 2022 – em julgamento bastante apertado no Tribunal; a famosa operação Bayer/Monsanto[24], analisada em, pelo menos, outras 28 jurisdições e, no Brasil, aprovada condicionada à celebração de Acordo em Controle de Concentração (ACC) em 2018, após ampla instrução; o caso Time Warner/AT&T[25], também

---

[20] De acordo com levantamento realizado pelo Grupo de Trabalho de Fusões Verticais do Instituto Brasileiro de Estudos de Concorrência, Consumo e Comércio Internacional – IBRAC.

[21] Ato de Concentração nº 08700.003959/2022-35 (Requerentes: Rede D'or São Luiz S.A. e Sul América S.A.), aprovada com restrições, por maioria, em 14/12/2022.

[22] Ato de Concentração nº 08700.005227/2022-80 (Requerentes: Diagnósticos da América S.A. e Unimed Cuiabá). Houve pedido de avocação do ato de concentração pela Conselheira Lenisa Prado, que não foi aprovado, por unanimidade, pelo Tribunal do Cade.

[23] Ato de Concentração nº 08700.004540/2021-10 (Requerentes: Compass Gás e Energia S.A. e Petróleo Brasileiro S.A. – Petrobrás). O ato de concentração foi aprovado sem restrições, por maioria, nos termos do voto do Conselheiro Relator Luiz Hoffmann, seguido pelos Conselheiros Victor Fernandes e Gustavo Augusto e pelo Presidente Alexandre Cordeiro. Vencidos os Conselheiros Luis Braido, Sérgio Ravagnani e Lenisa Prado.

[24] Ato de Concentração nº 08700.001097/2017-49 (Requerentes: Bayer Aktiengesellschaf e Monsanto Company), aprovada com restrições, por maioria, em 7/2/2017.

[25] Ato de Concentração nº 08700.001390/2017-14 (Requerentes: AT&T Inc. e Time Warner Inc.), aprovada com restrições, por unanimidade, em 18/10/2017.

analisado por outras jurisdições, como pelos EUA e pela Comissão Europeia, e que, no Brasil, foi aprovado condicionado à celebração ACC, em 2017; e as operações Ipiranga/Alesat[26] e BASF/BMW/Henkel[27], reprovadas em 2017 e 2022, respectivamente, principalmente em razão de riscos verticais identificados pela autoridade antitruste brasileira.

É, portanto, diante da crescente valorização de efeitos verticais na análise de atos de concentração que o Cade deu início à elaboração de Guia de Análise de Atos de Concentração Não-Horizontais[28], no intuito de apresentar diretrizes e fomentar o debate relacionado à análise de concentrações não-horizontais (i.e., verticais e conglomerais[29]).

A publicação de diretrizes sobre o tema também é observada em outras jurisdições. Ainda em 2008, a Comissão Europeia publicou guia voltado à avaliação de concentrações não-horizontais[30], no qual reconhece que concentrações verticais são "geralmente, menos propensas a significativamente prejudicar a concorrência do que fusões horizontais"[31], destacando a importância da avaliação dos efeitos pró e anticompetitivos no caso concreto.

Um ponto interessante das diretrizes estabelecidas pela Comissão refere-se ao fato de que a autoridade parte da premissa que operações

---

[26] Ato de Concentração nº 08700.006444/2016-49 (Requerentes: Ipiranga Produtos de Petróleo S.A. e Alesat Combustíveis S.A.), reprovada, por unanimidade, em 2/8/2017.

[27] Ato de Concentração nº 08700.004293/2022-32 (Requerentes: BASF SE, BMW Holding B.V., Henkel AG & Co. KGaA, Mercedes- Benz AG, Robert Bosch GmbH, SAP SE, Schaeffler Invest GmbH, Siemens Industry Software GmbH, T-Systems International GmbH, Volkswagen AG e ZF Friedrichshafen AG.), aprovado com restrições, por unanimidade, em 14/12/2022.

[28] Em 20/7/2023, o Cade disponibilizou versão preliminar do Guia de Análise de Atos de Concentração Não-Horizontais, para consulta pública. O guia está disponível para contribuições da sociedade até o dia 3/9/2023.

[29] Como explica Ana Frazão, concentrações conglomerais "ocorrem entre não concorrentes que atuam em mercados distintos e não relacionados" (FRAZÃO, Ana de Oliveira. *Direito da Concorrência: Pressupostos e Perspectivas*. Ed. Saraiva, São Paulo, 2017, p. 117).

[30] Guidelines on the Assessment of Non-Horizontal Mergers Under the Council Regulation on the Control of Concentrations Between Undertakings, publicado pela European Commission em 18/10/2008.

[31] No original: "*Non-horizontal mergers are generally less likely to significantly impede effective competition than horizontal mergers*".

que apresentam concentração menor que 30% nos mercados envolvidos e HHI abaixo de 2.000 pontos não ensejariam, a princípio, preocupações concorrenciais. De todo modo, em algumas circunstâncias, operações que não atinjam esses critérios podem vir a ser analisadas pela Comissão, em especial quando as requerentes tenham expectativa de crescimento, potencial disruptivo ou histórico de coordenação no mercado, por exemplo.

Por sua vez, o *Merger Assessment Guidelines*[32], atualizado pela CMA em março de 2021, não traz critérios rígidos ou *safe harbours* a partir dos quais se presumiria a inexistência de riscos concorrenciais. Diferentemente do guia da Comissão Europeia, há algumas presunções relativas nas quais se pode presumir efeitos negativos da operação no mercado, cabendo às requerentes a demonstração da ausência de riscos à concorrência. Tais casos podem compreender, principalmente, operações envolvendo mercados sobre os quais não existam amplas informações disponíveis ou não tenham sido objeto de estudos prévios pela autoridade.

Mais recentemente, em julho de 2023, o FTC e o Departamento de Justiça ("DoJ") disponibilizaram nova proposta de *Merger Guidelines* incluindo diretrizes de análise relacionadas a fusões verticais[33]. Além de dar destaque às teorias de dano relacionadas a concentração não-horizontais, o guia inova ao abordar a relevância de outros parâmetros (além do preço) para a definição de mercados relevantes; ao sinalizar como preocupante a obtenção de participação próxima a 50% pela entidade combinada em mercados verticalmente integrados; e ao discutir riscos específicos envolvendo plataformas digitais.

É certo que os guias e diretrizes já publicados pelas autoridades europeias e estadunidense repercutirão na proposta de Guia de Análise de Atos de Concentração Não-Horizontais atualmente em discussão no Brasil. Os guias apresentam diversos aspectos em comum capazes de orientar o debate, destrinchando as principais teorias do dano e as etapas de análise de fusões verticais. Um ponto que vale a atenção das autoridades antitruste e que não chega a ser tratado em detalhe refere-se

[32] *Merger Assessment Guidelines*, publicado pela CMA em 18/3/2021.

[33] Draft Merger Guidelines, disponibilizado pelo FTC e DoJ para consulta pública em 19/7/2023. Vale dizer que o FTC revogou a proposta de guia lançada em 2020, em razão das críticas recebidas em relação ao tratamento teórico mais recente a respeito do tema.

à discussão sobre remédios para mitigar preocupações decorrentes de efeitos verticais, em particular porque eficiências decorrem essencialmente de aspectos estruturais da operação e devem ser consideradas ao se avaliar a adoção de remédios estruturais ou comportamentais.

3. Conclusões: caminho aberto à regulamentação no Brasil

Na esteira das discussões realizadas por diversas autoridades antitruste ao redor do mundo, um dos atuais focos do Cade compreende a elaboração de diretrizes voltados à análise de concentrações verticais. Em julho deste ano, foi disponibilizada versão preliminar do Guia de Análise de Atos de Concentração Não-Horizontais para consulta pública que, embora em muito avance no debate, deixa ainda alguns pontos importantes em aberto.

A proposta de guia brasileiro, por exemplo, apresenta as teorias do dano relacionadas a fusões verticais de forma bastante detalhista, sem necessariamente contextualizá-las ou mencionar precedentes capazes de ilustrar como o Cade historicamente lidou com o tema; define algumas situações como potencialmente anticompetitivas de forma vaga ou demasiadamente ampla; bem como deixa de aprofundar a respeito de provas que se pode utilizar para demonstrar efeitos pró-competitivos da operação, para a avaliação de eficiências. Além disso, teorias de dano aplicáveis especificamente para mercados digitais são incluídas no Guia, a despeito de o documento ter aplicações transversais para diversos e distintos mercados. Estes elementos ficaram pouco claros na versão preliminar do guia, especialmente em razão da ausência de definição de conceitos-chave sobre o assunto e descolamento de uma contextualização sobre a estrutura e o funcionamento desses mercados. Por fim, o Guia não relaciona as teorias de dano com potenciais remédios já adotados na experiência nacional e internacional. Por mais que a autoridade tenha documento específico (o "Guia de Remédios"), seria interessante que os dois Guias pudessem ser relacionados ou aproximados.

Nesse contexto, à luz das reflexões trazidas nesse artigo, entendemos que a minuta de Guia proposta pelo Cade deve ser analisada com cuidado, evitando que se afaste demasiadamente da experiência internacional, obstaculizando a convergência substancial que é buscada por materiais como este. É inegável que o Cade tem envidado esforços no sentido de acompanhar a tendência mundial de aprofundamento das discussões envolvendo fusões verticais e a produção do Guia é iniciativa louvável nesse contexto. Mas não podemos deixar de contextualizar o debate sobre o tema na persecução por maior convergência entre as diversas autoridades de defesa da concorrência, o que é muito relevante no atual cenário de concentrações cada vez mais multijurisdicionais.

4. Referências bibliográficas

AZEVEDO, Paulo Furquim de. *Restrições Verticais e Defesa da Concorrência: A Experiência Brasileira.* Escola de Economia de São Paulo da Fundação Getúlio Vargas, 2010.

BINOTTO, Anna. *Efeitos conglomerais em concentrações econômicas: caracterização e desdobramento.* Mulheres no Antitruste, Volume 1, 2019, pp. 48-65.

CADE. *Guia de Análise de Atos de Concentração Não-Horizontais* (minuta julho/2023). Brasília, 2023.

CARVALHO, Vinicius Marques. *Defesa da Concorrência: Da Crítica aos Fundamentos Teóricos à Implementação como Política Pública no Brasil.* Universidade de São Paulo. Tese (Livre Docência), 2022.

CASTRO, Bruno Braz. *Eficiência e ideologia: inovação, desigualdade e o custo dos erros na tecnocracia antitruste.* In: Revista de Defesa da Concorrência, V.6, N. 2, 2018.

CHENG, T. K. Convergence and Its Discontents: A Reconsideration of the Merits of Convergence of Global Competition Law. *Chicago Journal of International Law,* V. 12, n. 2, 2012.

CLARKE, Julie. Multi-Jurisdictional Merger Review Procedures – A Better Way. *Trade Practices Law Journal,* v. 14, n. 2, 2006.

COMPETITION & MARKETS AUTHORITY. ***Merger Assessment Guidelines.*** United Kingdom, 2021.

DEPARTMENT OF JUSTICE; FEDERAL TRADE COMMISSION. *Draft Merger Guidelines.* Washington D.C., Estados Unidos da América, 2023.

GELLHORN, et al. *Antitrust Law and Economics in a Nutshell.* 2004. Thomson West. 5th edition.

EUROPEAN COMISSION. *Guidelines on the Assessment of Non--Horizontal Mergers Under the Council Regulation on the Control of*

Concentrations Between Undertakings. Official Journal of the European Union, 2008.

FAGÁ, Silvia; LEITE, Anna Olímpia de Moura. *Remédios Comportamentais em Fusões Verticais: Problema ou Solução?* Mulheres no Antitruste – Volume I, São Paulo, Editora Singular, 2018.

FORGIONI, Paula. *Os Fundamentos do Antitruste.* 12a ed., São Paulo, Revista dos Tribunais, 2022.

FRAZÃO, Ana de Oliveira. *Direito da Concorrência: Pressupostos e Perspectivas.* Ed. Saraiva, São Paulo, 2017.

GERADIN, Damien. *The Perils of Antitrust Proliferation: The Process of 'Decentralized Globalization' and the Risks of Over-Regulation of Competitive Behavior***.** Chicago Journal of International Law, Chicago, 2009.

GERBER, David J. *Competition Law and the WTO: Rethinking the Relationship*, Journal of International Economic Law 10.3, 2007.

KOVACIC, William E. *Extraterritoriality, Institutions, and Convergence in International Competition Policy*, 2003.

KOVACIC, William E.; SHAPIRO, Carl, *Antitrust Policy: A Century of Economic and Legal Thinking,* Journal of Economic Perspectives, 2000.

POSNER, Eric A. *How Antitrust Failed Workers***.** Oxford: Oxford University Press, 2021.

SILVEIRA, Paulo B. *Le contrôle des concentrations transnationales: perspectives comparées.* Revue Inovations, n. 35, 2011, pp. 139-158.

_________. *L'Internationalisation du Contrôle des Concentrations.* Paris: Université Panthéon-Assas, Tese (Doutorado), 2011.

SOKOL, D. Daniel. *Monopolists Without Borders: The Institutional Challenge of International Antitrust in a Global Gilded Age***.** Berkeley Business Law Journal, v. 4. Berkeley: Berkeley Business Law Journal.

WEITBRECHT, A., FLANAGAN, R. *The Control of Vertical and Conglomerate Mergers Before and After GE/Honeywell* – The Commission's Draft Guidelines for Non-Horizontal Mergers, Bloomberg European Business Law Journal, V. 1, 2007.

CASO ILLUMINA/GRAIL: AUTORIDADES EUROPEIA E NORTE-AMERICANA CADA VEZ MAIS ATENTAS AOS MOVIMENTOS DE VERTICALIZAÇÃO EM SETORES INOVADORES

THE ILLUMINA/GRAIL CASE: EUROPEAN AND AMERICAN AUTHORITIES EVER ATTENTIVE TO VERTICALIZATION MOVEMENTS IN INNOVATIVE SECTORS

Esther Collet Janny Teixeira Biselli
Mariana Llamazalez Ou
Stephanie Scandiuzzi

Resumo: Este estudo tem por objetivo examinar brevemente os parâmetros de análise de fusões verticais empregados pelas autoridades concorrenciais nos Estados Unidos e Europa e sua aplicação prática na fusão entre Illumina e GRAIL, anunciada em 2021. As autoridades utilizaram ferramentas tradicionais na análise de teorias de danos em fusões verticais, porém de forma conservadora, além de novas teorias de dano antes não consideradas. Destaca-se também, particularmente, o fato de a teoria de dano levantada no caso estar relacionada à inibição de inovação em mercados incipientes.

Palavras-chave: Fusões Verticais, Teorias do Dano, Europa. Estados Unidos, Inovação, Caso Illumina/Grail.

Abstract: This study aims to briefly examine the analysis parameters for vertical mergers employed by competition authorities in the United States and Europe and their practical application in the review of the merger between Illumina and GRAIL, announced in 2021. The authorities employed traditional tools in the analysis of theories of harm in vertical mergers however in a conservative way, in addition to new theories of harm not previously considered. It is also noteworthy the fact that the theory of harm raised in the case referred to inhibition of innovation in incipient markets.

Keywords: Vertical Merger, Theories of Harm, Europe, United States, Innovation, Illumina/Grail case.

1. Introdução

Fusões verticais são geralmente consideradas como menos preocupantes do que as de natureza horizontal, na medida em que permitem a criação de eficiências mais claras, a exemplo da eliminação de dupla margem e redução de custos diversos. Entretanto, esses tipos de operação podem também trazer efeitos deletérios à concorrência, de forma que não estão isentos de escrutínio por parte das autoridades concorrenciais.

Em análises de fusões verticais, as autoridades concorrenciais tipicamente têm aplicado teorias do dano diversas e específicas de modo relativamente uniforme, tais como fechamento de mercado, discriminação, dentre outras. Na análise da operação entre Illumina, Inc. ("Illumina") e GRAIL, Inc. ("GRAIL"), as autoridades analisaram novas teorias de dano, trazendo elementos novos ao arcabouço aplicado por autoridades concorrenciais na análise de fusões verticais, em particular, naqueles mercados relacionados à tecnologia e inovação.

Este artigo está dividido em quatro seções, sendo esta introdução a primeira. A segunda seção descreve brevemente o que são fusões verticais e as teorias do dano aplicáveis. A terceira seção aborda a análise do caso Illumina/Grail pelas autoridades europeia e norte-americana e a última seção traz as conclusões deste artigo.

2. Fusões verticais e teorias do dano

Em termos simples, fusões verticais consistem na fusão entre uma empresa atuante em mercado à montante, e uma empresa atuante em um mercado à jusante. O exemplo mais comum seria o de uma fusão entre um fornecedor e um cliente. Porém, situações de fusões verticais podem ser mais amplas, abarcando, por exemplo uma empresa detentora de licença e uma empresa licenciada. Fusões verticais são geralmente consideradas como menos preocupantes sob a perspectiva concorrencial do que fusões horizontais ao permitirem ganhos de eficiências mais claros, a exemplo da eliminação de dupla margem[1] e redução de custos de coordenação ao longo da cadeia, entre outros.

---

[1] A dupla marginalização ocorre quando agentes da mesma indústria, mas de elos diferentes da cadeia aplicam as suas margens de lucro nos preços implicando preços maiores. Fusões verticais tem o potencial de eliminar essa dupla marginaliza-

De acordo com estudo conduzido pela International Competition Network ("ICN") em 2018,[2] fusões verticais mostram-se menos comuns do que as tradicionais fusões horizontais – em média, entre 2015 e 2017, a cada 10 (dez) casos 1 (um) consistiu em uma fusão vertical. A despeito de ocorrem em menor proporção, de forma geral, as autoridades concorrenciais consideram as fusões verticais igualmente relevantes.

Em geral, autoridades concorrenciais valem-se da aplicação de um arcabouço procedimental de análise que consiste na análise de três fatores gerais, quais sejam: (i) a capacidade que a empresa resultante da fusão teria em prejudicar de forma anticoncorrencial seus rivais (por exemplo, por meio do aumento de preços ou recusa de fornecimento ou compra); (ii) os incentivos para que tal empresa empregue tais práticas que prejudiquem seus concorrentes; e (iii) se os efeitos das práticas anticompetitivas da nova empresa pós fusão efetivamente geram restrição à concorrência nos mercados em ela atua.

A análise dos incentivos costuma ser realizadas através da aplicação de métodos quantitativos ou econométricos como Guppi e análise de margens relativas. A existência de eficiências derivadas da operação também costuma ser levada em consideração pelas autoridades concorrenciais na análise de fusões, a despeito de sujeitas a requisitos como as partes serem responsáveis pela demonstração de tais eficiências e que estas sejam especificas à operação.

Grande parte das autoridades concorrenciais, incluindo as autoridades norte-americana, europeia, inglesa e brasileira, na prática, aplicam teorias de dano semelhantes ao analisar fusões verticais.[3] Por teorias de dano subentende-se a análise de potencial restrição ou dano à concorrência advindo das condutas de uma empresa, das quais se incluir uma operação de fusão entre empresas que atuam em níveis distintos dentro de uma mesma cadeia de fornecimento.

As teorias de dano mais comuns verificadas em análises de fusões concorrenciais consistem naquelas de fechamento de mercado relacionado a insumos (*input foreclosure*) e clientes (*customer foreclosure*). Outras teorias de dano aplicadas com relativa frequência referem-se ao

---

ção ao tornar a cadeia integrada e mais eficiente, gerando uma redução nos preços finais aos consumidores.

[2] *Vide ICN Vertical Mergers Survey Report.*

[3] *Idem*, p. 1.

compartilhamento de informações sensíveis, em que, como resultado de uma fusão vertical, vislumbra-se potencial dano à concorrência na medida em que a empresa verticalmente integrada, de posse de informações estratégicas de concorrentes, pode agir com vistas a prejudicar os rivais, modulando o mercado a seu favor. Por exemplo, a empresa fusionada pode descobrir produtos novos que os rivais estão comercializando e 'pegar carona' na inovação, copiando e tomando os clientes dos rivais a um custo mais baixo.

Há ainda diversas outras possibilidades, incluindo, por exemplo, efeitos coordenados, possibilidade de discriminação e de aumentos de custos de concorrentes.

3. O caso Ilumina/GRAIL

3.1. Histórico do caso

A Illumina é uma empresa global norte-americana de tecnologia genômica, líder no desenvolvimento, fabricação e comercialização de sistemas NGS (Sequenciamento de Nova Geração – *Next-Generation Sequencing*) para análise genética e genômica. Os sistemas NGS da Illumina são usados em diversas aplicações, incluindo por clientes da área de oncologia que desenvolvem/executam exames de sangue para detecção de câncer ou seleção terapias adequadas.[4]

A GRAIL também é uma empresa norte-americana que desenvolve testes para detecção de câncer baseados no sequenciamento genômico e em ferramentas de *Data Science*. A empresa é, portanto, potencial cliente da Illumina.

A análise na Europa inicialmente chamou atenção devido à interpretação do enquadramento da operação no Artigo 22 do Regulamento das Concentrações da União Europeia ("Regulamento"), por meio do qual a autoridade europeia determinou a notificação obrigatória, apesar de a operação não atingir os limites de volume de negócios estabelecidos no Regulamento. Em 19 de abril de 2021, a Comissão Europeia aceitou pedidos de análise concorrencial da operação pela França, Bélgica, Grécia, Islândia, Países Baixos e Noruega e, em 13 de julho de

---

[4] O volume de negócios global da Illumina em 2021 (ano de fechamento da operação) foi de US$ 4,5 milhões.

2022, o Tribunal Geral da União Europeia ("Tribunal") confirmou que a operação deveria ter sido submetida para análise concorrencial.

O Tribunal considerou que a operação se enquadraria na hipótese do artigo 22 do Regulamento pois afetaria o comércio no mercado único e ameaçaria significativamente a concorrência no território dos Estados-Membros que fizeram o pedido de análise.

A Comissão Europeia ("Comissão") decidiu, em 12 de julho de 2023, aplicar multa às partes no valor de EUR432 milhões, a maior multa por *gun jumping* aplicada pela autoridade desde o caso Altice, em 2018 (EUR125 milhões). Atualmente, as partes estão negociando com a autoridade o pacote de alienação da GRAIL e ainda não foi disponibilizada uma versão pública das decisões.

Nos Estados Unidos, a operação foi notificada às autoridades concorrenciais (i.e. *Federal Trade Commission* ("FTC") e o *Department of Justice* ("DoJ")) em outubro de 2020. Em novembro, o FTC enviou às partes um *second request*, aprofundando a análise do caso e, em 31 de março de 2021, decidiu bloquear a operação com base na eliminação de concorrência incipiente. As partes recorreram ao *Federal Court* da Califórnia em agosto de 2021 e, quase um ano depois, o juiz rejeitou a decisão do FTC que contestava a operação. O FTC recorreu e, atualmente, a decisão final ainda está pendente.

3.2. Preocupações analisadas pelas autoridades no caso Illumina/GRAIL

A aquisição da GRAIL pela Illumina tem sido objeto de discussões relevantes envolvendo fusões verticais, em particular devido à adoção de novas teorias de danos na análise do caso. A operação ensejou uma integração vertical entre o fornecimento, pela Illumina, de sistemas NGS e o desenvolvimento de testes para detecção precoce de câncer pela GRAIL, cliente da Illumina. Segundo as autoridades, a aquisição permitiria e incentivaria a Illumina a impedir que os rivais da GRAIL, que dependem da tecnologia da Illumina, tivessem acesso a um insumo essencial para desenvolver e comercializar seus próprios testes. Como resultado, os concorrentes da GRAIL seriam colocados em uma posição de desvantagem.

Uma grande preocupação levantada pelas autoridades concorrenciais a respeito da operação gira em torno de a operação ser considerada uma *killer acquisition*, ou seja, uma operação que inibiria a competição incipiente e a inovação disruptiva no mercado de testes de detecção precoce de câncer. De acordo com a Comissão, a GRAIL e seus concorrentes estariam justamente em momento de corrida por inovação (*innovation race*) e, portanto, a proteção da concorrência atual seria fundamental neste momento para fomentar a inovação neste mercado.

Segundo a Comissão, embora houvesse incerteza sobre os resultados exatos dessa "corrida pela inovação" e sobre a forma futura do mercado de testes de detecção precoce do câncer, a proteção da atual corrida pela inovação seria fundamental para garantir que testes de detecção precoce de câncer com diferentes recursos e faixas de preço chegassem ao mercado.

A Comissão também avaliou os tradicionais fatores de análise de fusões verticais no caso: a capacidade, incentivos e efeitos de um potencial fechamento de mercado decorrente da operação. A teoria do dano avaliada indica que a Illumina poderia, por exemplo, se recusar a fornecer seus sistemas NGS aos rivais da GRAIL, aumentar os preços ou degradar a qualidade e atrasar o fornecimento. A Comissão considerou que essas estratégias resultariam em um efeito prejudicial significativo à concorrência no desenvolvimento e na comercialização de testes de detecção de câncer baseados em NGS no Espaço Econômico Europeu (EEE).[5]

Segundo a autoridade, a Illumina teria *capacidade* de fechamento de mercado considerando que desenvolvedores de testes de detecção de câncer precisam de sistemas NGS de alto rendimento, com uma rede de suporte confiável e um histórico sólido e apenas o equipamento da Illumina atenderia a esses requisitos.[6] A investigação teria mostrado que não existiriam alternativas críveis à Illumina no curto e médio prazo.

---

[5] A investigação teria mostrado que o teste principal da GRAIL (o *Galleri*), embora desfrute da vantagem de ser pioneiro, não é o único, e vários *players* estão atualmente desenvolvendo testes de detecção de câncer que competiriam de perto com o *Galleri* em um futuro próximo, na ausência da operação.

[6] Os principais argumentos levantados pela Comissão para defender que a Illumina teria a capacidade de excluir os rivais da GRAIL são: (i) a GRAIL e seus rivais dependem dos sistemas NGS da Illumina para desenvolver e executar seus testes; (ii) os desenvolvedores de testes de detecção precoce de câncer precisam de sistemas NGS de alto rendimento, com uma rede de suporte confiável e um histórico sólido; (iii) atualmente, somente os equipamentos da Illumina atendem a esses requisitos e a investigação mostrou que não há alternativas confiáveis à Illumina no curto e médio prazo.

Identificou-se, ainda, que as barreiras à entrada seriam significativas e mudar de fornecedor seria um processo longo e custoso para os concorrentes da GRAIL, e sem garantia de sucesso.[7]

Em relação aos *incentivos* que a Illumina teria para excluir os rivais da GRAIL, a Comissão entendeu que, embora as vendas de tecnologia NGS da Illumina para os rivais da GRAIL representassem uma pequena proporção de suas vendas e lucros, esperava-se que os testes de detecção precoce de câncer baseados em NGS se expandissem rapidamente e se tornassem altamente lucrativos.

Dado esse enorme potencial de mercado e a atual concorrência acirrada em termos de inovação no desenvolvimento de testes de detecção precoce de câncer, a Comissão considerou que a Illumina teria incentivos para excluir os rivais da GRAIL de forma imediata, apesar de se beneficiar dessa ação apenas em um estágio posterior.

As partes ofereceram remédios à Comissão como forma de mitigar as preocupações identificadas, mas os remédios oferecidos não foram considerados suficientes para eliminar a capacidade ou os incentivos da Illumina excluir os rivais da GRAIL e, portanto, não evitariam os efeitos prejudiciais à concorrência. O primeiro remédio proposto seria o acesso aberto às licenças e patentes da Illumina e suspensão de ações judiciais nos Estados Unidos e Europa contra a BGI Genomics (China) por três anos. Segundo a Comissão, tal proposta teria pouco impacto, pois as patentes já estariam prestes a expirar e a Illumina já possuiria muitas outras patentes necessárias para o desenvolvimento de um sistema NGS alternativo.

Além disso, outras barreiras significativas impediriam o surgimento de uma alternativa confiável à Illumina para os rivais da GRAIL. Segundo a autoridade, os compromissos não abordaram a preocupação de que, mesmo se surgissem sistemas NGS alternativos, a mudança de fornecedor seria um processo longo e caro para os rivais da GRAIL, sem garantia de sucesso.

---

[7] Segundo a Comissão, isso se deve, em particular, ao risco de litígio de propriedade intelectual, à necessidade de os rivais da GRAIL confiarem em um player de NGS que tenha uma base instalada de instrumentos em laboratórios de terceiros, que possa competir com a inovação contínua da Illumina, que tenha uma tecnologia desenvolvida e estável e que tenha confiabilidade comprovada de serviços de suporte ao longo do tempo.

O segundo remédio proposto foi a celebração de contratos com os concorrentes da GRAIL com disposições aplicáveis até 2033. Segundo a Comissão, os contratos não teriam os efeitos pró-competitivos idealizados, pois não abordavam de forma eficaz todas as possíveis estratégias de exclusão que a Illumina poderia adotar (como diminuição da qualidade do serviço de suporte técnico de seus sistemas). A Illumina poderia acabar contornando suas obrigações e concedendo um tratamento preferencial à GRAIL. Haveria, ainda, dificuldades de monitoramento do cumprimento de tal remédio.

A Comissão propôs, então, medidas de desinvestimento, incluindo (i) a independência completa da GRAIL aos níveis pré-operação; (ii) que a GRAIL continuasse sendo viável e competitiva, permitindo o incentivo à corrida pela inovação; (iii) medidas transitórias que as partes deveriam cumprir até que a operação fosse desfeita; (iv) a separação das partes e (v) o dever de a Illumina manter a viabilidade da GRAIL.

Nos Estados Unidos, o FTC compartilhou das mesmas preocupações identificadas pela Comissão, apontando que a Illumina teria incentivos para prejudicar concorrentes, além de diminuir os níveis de inovação no mercado norte-americano. Assim, o FTC unanimemente concordou pela reprovação da operação, sendo essa a segunda vez em 40 anos que a agência decide contestar uma fusão vertical perante as cortes norte-americanas.[8]

Deve-se notar que a Illumina ofereceu um pacote de remédios comportamentais ao FTC, incluindo compromissos de manter acordos de fornecimento dos produtos de sequenciamento genéticos por 12 anos, garantindo que não iria descontinuar qualquer produto fornecido e que não aumentaria os preços de determinados produtos. No entanto, tais compromissos não foram suficientes e a agência declarou que a operação é "*um exemplo clássico de uma fusão vertical que ameaça sufocar a concorrência*". Além das questões concorrenciais, o litígio entre o FTC e as partes também enfrenta questionamentos constitucionais, que retirariam a legitimidade do FTC em questionar a operação. Essas questões, no entanto, seguem sob análise das cortes norte-americanas.

A operação entre Illumina e GRAIL tornou-se um precedente muito importante para análise de fusões verticais, mesmo antes de o caso sequer ter sido concluído, principalmente por envolver não apenas

---

[8] A única outra contestação de fusão vertical litigada nos últimos 40 anos, e que não foi bem-sucedida pelo DoJ, foi a operação entre Time Warner e AT&T.

os parâmetros tradicionalmente vistos em operações similares, mas por incitar teorias do dano antes não consideradas. As questões materiais e procedimentais que cercam a análise do caso pelas autoridades mostram que as partes sujeitas a processos de notificação similares precisam estar atentas a possíveis atrasos nos cronogramas para fechamento de suas operações, além da possibilidade de enfrentamento de teorias de dano não convencionais e possíveis exigências de remédios comportamentais ou estruturais.

3.3. Autoridades europeia e norte-americana cada vez mais atentas aos movimentos de verticalização em setores inovadores

Embora a Comissão já tivesse um histórico de maior cuidado com fusões verticais, a operação entre Illumina e GRAIL foi a primeira fusão puramente vertical a ser bloqueada pela Comissão. Casos anteriores também estiveram sob maior escrutínio da autoridade, mas a grande maioria ainda tem sido aprovada sem restrições, seja pela comprovação da ausência de incentivos ou baixa capacidade para fechamento de mercado, seja pela confirmação das eficiências esperadas resultantes da operação.[9]

Ainda que a Comissão sinalize maior preferência por remédios estruturais, em casos envolvendo fusões verticais tem se observado uma maior incidência de compromissos comportamentais envolvendo instrumentos como a concessão de acesso à infraestrutura, o licenciamento de conteúdo e a garantia de acesso a aplicativos ou interfaces digitais relevantes. Todavia, ainda há uma preocupação da autoridade com relação à eficácia de tais compromissos.[10]

Além destes, a Comissão também tem apontado preocupações envolvendo o acesso a informações concorrencialmente sensíveis, que têm sido resolvidas mediante compromissos relacionados à imposição de *firewalls*, a alteração na estrutura de governança de *joint ventures*, a não aquisição de determinadas patentes ou de imposição

---

[9] *Vide*, por exemplo, casos M.8788 Apple / Shazam e M.8124 Microsoft / LinkedIn.

[10] *Vide*, por exemplo, casos M.8744 Daimler/ BMW/Car Sharing JV, M.8314 – BroCade/Broadcom, M.8665 – Discovery/Scripps, M.9064 – Telia Company/ Bonnier Broadcasting Holding, M.7995 – Deutsche Boerse/London Stock Exchange Group, entre outros.

dos direitos de patentes, a fim de garantir a concorrência após a implementação dessas operações.[11]

Por fim, a Comissão também tem adotado uma postura mais rígida com relação à análise de fusões verticais, considerando, inclusive, novas teorias de dano também relacionadas à preocupação com a queda no ritmo de inovação como decorrência dessas operações. Nesse sentido, o economista-chefe da Comissão já apontou que espera que "(...) esse tipo de teoria de dano de inovação se torne cada vez mais predominante em fusões verticais, tanto em tecnologia quanto em outros setores".[12]

Em relação aos Estados Unidos, historicamente, as autoridades concorrenciais norte-americanas são conhecidas por possuírem uma abordagem mais liberal em relação à política antitruste. No entanto, recentemente, tem se observado uma mudança nesse comportamento, com declarações que mostram uma maior atenção e rigor com relação a operações societárias, particularmente aquelas envolvendo o setor de tecnologia e empresas nascentes que, no passado, seriam até mesmo consideradas pró-competitivas.

A Presidente do FTC, Lina Khan, tem confirmado esse entendimento e recentemente, em setembro de 2022, declarou perante do Congresso do Judiciário dos Estados Unidos que a agência reorientou seus "esforços de atuação para capturar melhor os danos causados por fusões envolvendo empresas em diferentes níveis da cadeia de suprimentos", como parte de um esforço para garantir que a política concorrencial "corresponda melhor às novas realidades do mercado".[13]

---

[11] *Vide*, por exemplo, casos M.6844 – GE/Avio, M.8314, BroCade/Broadcom, M.8948 – Spirit/Asco, M.8951 – Suzano Papel E Celulose/Fibria Celulose, M.8948 – Spirit/Asco e M.8306 – Qualcomm/NXP.

[12] Tradução livre para o português. Texto original extraído da reportagem publicada pelo portal Mlex, em 15 de março de 2022: *"I think you should be ready for this kind of innovation theory of harm to become more and more prevalent in vertical mergers, both in technology and elsewhere"*.

[13] Tradução livre para o português. Texto original extraído do discurso preparado por Lina Khan em 20 de setembro de 2022 perante o Comitê do Judiciário do Senado dos Estados Unidos, Subcomitê de Antitruste, Política de Concorrência e Direito do Consumidor: "*enforcement efforts to better capture harm from mergers involving firms at different levels of the supply chain,*" e "*better correspond[s] to new market realities.*"

Prova desse novo posicionamento é o aumento do número de operações contestadas pelo FTC e DoJ envolvendo empresas verticalmente relacionadas. Considerando os últimos 10 anos, o FTC questionou seis operações, sem que nenhuma delas tenha resultado em litígios perante as Cortes Norte-Americanas.[14] Em contrapartida, desde 2021, pelo menos quatro operações foram alvo de uma análise rigorosa pelo FTC, com teorias de dano diferentes das já adotadas no passado, resultando em longos processos judiciais e na desistência de duas delas pelas partes.[15]

Esses casos representam mais de 50% do total de casos contestados pelo FTC nos últimos 10 anos, com uma tendência de que esse número só aumente. Em um desses casos envolvendo especialmente o setor de tecnologia, observa-se que a principal preocupação da autoridade não é a redução da concorrência entre as partes, mas o poder potencial que as partes envolvidas em uma operação supostamente terão para diminuir ou eliminar a concorrência em um dos elos dos mercados envolvidos, além de implicar na redução dos níveis de inovação e qualidade dos produtos ofertados aos consumidores.[16]

É importante observar também que esse padrão recente de análise da autoridade norte-americana é acompanhado de um posicionamento institucional, no qual, em setembro de 2021, o FTC anunciou que deixaria de adotar as diretrizes do então Guia de Fusões Verticais, elaborado em 2020, conjuntamente com o DoJ, por considerar que o guia trazia discussões falhas "sobre os benefícios pró-competitivos (ou seja, eficiências) das fusões verticais".[17]

---

[14] *Vide* Complaint, In re Sycamore Partners II, L.P., No. C-4667 (FTC Jan. 28, 2019); Complaint, In re Corpus Christi Polymers LLC, No. 181 0030 (FTC Dec. 21, 2018); Complaint, In re Northrup Grumman Corp., No. C-4652 (FTC June 5, 2018); Complaint, In re Broadcom Ltd., No. 171 0027 (FTC July 3, 2017); Complaint, In re Par Petroleum Corp., No. C-4522, (FTC March 18, 2015); and Complaint, In re General Electric Co., No. 131 0069 (FTC July 19, 2013).

[15] *Vide* Complaint, In re Illumina, No. 9401 (FTC March 30, 2021); Complaint, In re Nvidia Corp., No. 9404 (FTC Dec. 6, 2021); and Complaint, In re Lockheed Martin, No. 9405 (FTC Jan. 26, 2022).

[16] Essa preocupação foi externada pelo FTC particularmente nos casos Nvidia Corporation/Arm, Ltd.

[17] Tradução livre para o português. Texto original extraído da Declaração da presidente Lina M. Khan, sobre a Retirada do Guia de Fusões Verticais.

Atualmente, as autoridades norte-americanas estão elaborando um novo guia para análise de fusões verticais, abordando as diversas maneiras pelas quais as fusões podem enfraquecer a concorrência e prejudicar consumidores, trabalhadores e empresas.[18] A minuta do novo guia tem chamado atenção por trazer propostas de análises mais restritivas e conservadoras, sinalizando que qualquer concentração com uma participação de mercado superior a 30% poderia ser presumivelmente anticompetitiva, o que não constava no guia anterior. A expectativa é que a nova minuta do guia entre em vigor no primeiro semestre de 2024.

Assim, os últimos desdobramentos de casos relevantes, evidenciam que alguns setores continuaram a receber maior escrutínio das autoridades (como os setores de tecnologia e saúde), especialmente se envolverem agentes com considerável poder de mercado, empresas com domínio de infraestruturas essenciais ou que sejam nascentes e potenciais entrantes. É esperado que o foco das autoridades norte-americana e europeia influencie autoridades de outras jurisdições, que poderão também mostrar-se mais atentas a esse tipo de operação.

4. Conclusão

Antes consideradas menos preocupantes devido às eficiências a elas relacionadas, as fusões verticais têm sido analisadas cada vez mais com cautela pelas autoridades concorrenciais europeia e norte-americana. No recente caso Illumina/GRAIL, as autoridades utilizaram ferramentas tradicionais na análise de teorias de danos em fusões verticais, passando por avaliação de capacidade, incentivo e efeitos da relação vertical, além de também considerarem novas teorias do dano antes não adotadas em suas análises. Todavia, a novidade foi o maior conservadorismo na aplicação dessas ferramentas, inclusive na avaliação de necessidade de notificação obrigatória às autoridades.

Destaca-se também, particularmente, o fato de a teoria de dano levantada no caso estar relacionada à inibição de inovação em mercados incipientes. Segundo as autoridades, seria fundamental preservar a concorrência em um estágio crítico de desenvolvimento de tecnologia

[18] A esse respeito, ver artigo "Atualização dos Merger Guidelines dos Estados Unidos" de Eduardo Frade e Esther Biselli. Consultor Jurídico, 12 de dezembro de 2012.

no mercado de testes de detecção de câncer e a operação colocaria tal desenvolvimento em risco.

Os parâmetros utilizados no caso Illumina/GRAIL servem de evidência do atual momento de autorreflexão do antitruste e dizem muito sobre as tendências que devem repercutir no Brasil, quais sejam: a dialética de uma política concorrencial mais ou menos intervencionista e mais ou menos aberta a novos valores desvinculados de uma noção de eficiência econômica, e debates relacionados a mercados pautados por tecnologia e inovação. Por fim, destaca-se o alto grau de interação entre as autoridades antitruste europeia e norte-americana para a análise do caso Illumina e GRAIL, o que possivelmente também ocorreria com as autoridades no Brasil e deve ser considerado como um ponto de atenção para futuras operações semelhantes.

5. Referências bibliográficas

EUROPEAN COMMISSION. Commission prohibits acquisition of GRAIL by Illumina.

_________. Commission opens in-depth investigation into proposed acquisition of GRAIL by Illumina.

_________. Illumina Fined €432M By EU For Jumping Gun on Acquisition of GRAIL.

FEDERAL TRADE COMMISSION. FTC Matter/File Number 201 0144. Matter of Illumina, Inc., and GRAIL, Inc.

_________. Statement of Chair Lina M. Khan, Commissioner Rohit Chopra, and Commissioner Rebecca Kelly Slaughter on the Withdrawal of the Vertical Merger Guidelines Commission File No. P810034.

FRADE, Eduardo. BISELLI, Esther. Atualização dos Merger Guidelines dos Estados Unidos, dezembro, 2022. Revista Consultor Jurídico, 12 de dezembro de 2012.

HATTON, Catriona. DOUDOUNTSAKI, Sofia. Vertical Mergers. Behavioural remedies: Rising trend or wishful thinking – Part I, fevereiro de 2020.

INTERNATIONAL COMPETITION NETWORK. ICN Vertical Mergers Survey Report. 2018.

________. ICN Vertical Mergers Comparison Study. 2019.

MLEX. Expect innovation to feature 'more and more' in EU vertical merger reviews, Régibeau says.

GOOGLE/FITBIT: O POSSÍVEL "EFEITO DMA" NA UNIÃO EUROPEIA E BREVES NOTAS SOBRE O PROJETO DE LEI N° 2.768/2022

GOOGLE/FITBIT: THE POTENTIAL "DMA EFFECT" IN THE EUROPEAN UNION AND BRIEF REMARKS ON BILL No. 2,768/2022

Vitor Jardim Barbosa

Resumo: O artigo explora a abordagem da autoridade antitruste da União Europeia na análise da operação Google/Fitbit - aprovada pela Comissão Europeia no final de 2020 mediante celebração de acordo com o Google -, ressaltando as preocupações concorrenciais e as soluções propostas pelo Google. Inspirado em artigo indicado ao prêmio da Concurrences, relacionado à possível influência do DMA na análise da Comissão Europeia, o trabalho traça duas breves notas prospectivas relacionadas aos impactos da tramitação do Projeto de Lei n° 2.768/2022 na prática do Cade em comparação aos identificados no âmbito da União Europeia.

Palavras-chave: Digital Market Act, Google/Fitbit, antitruste, Comissão Europeia, Cade, Projeto de Lei n° 2.768/2022.

Abstract: This article delves into the approach of the European Union's antitrust authority in its examination of the Google/Fitbit deal - approved by the European Commission at the end of 2020 following an agreement with Google -, highlighting competition concerns and solutions proposed by Google. Inspired by an article nominated for the Concurrences award, which addresses the potential influence of the DMA on the European Commission's analysis, this study offers two brief forward-looking notes on the impacts of the progression of Bill No. 2,768/2022 on Cade's practices compared to those identified within the European Union.

Keywords: Digital Market Act, Google/Fitbit, antitrust, Comissão Europeia, Cade, Bill No. 2.768/2022.

1. Introdução

Com o objetivo de explorar a abordagem da autoridade antitruste da União Europeia na análise da operação Google/Fitbit - aprovada pela

Comissão Europeia no final de 2020 mediante celebração de acordo com o Google, este artigo está dividido em seis seções, sendo esta a primeira. Na segunda seção, a operação entre as empresas Google e Fitbit é descrita, apresentando as partes, os produtos envolvidos e mercados afetados. Na terceira, são apresentados os questionamentos identificados pela Comissão Europeia (CE) acerca das integrações não horizontais decorrentes da operação. Na quarta seção, são discutidos os remédios negociados com a CE para mitigar os problemas concorrenciais decorrentes da operação e, além disso, identificar possíveis impactos do Digital Markets Act (DMA) na análise realizada pela CE. A quinta seção apresenta o Projeto de Lei n° 2.768/2022 e realiza uma análise prospectiva de eventuais impactos do projeto na análise de operações como Google/Fitbit no Brasil. A sexta seção apresenta a conclusão.

2. Descrição do caso

Em novembro de 2019, o Google[1] anunciou a compra da Fitbit por US$ 2,1 bilhões e notificou oficialmente o acordo à Comissão Europeia ("CE") em junho de 2020. A aquisição faz parte de uma série de mais de 200 aquisições realizadas pelo Google, que incluem as compras da Android (2005), do YouTube (2006) e da DoubleClick (2008). Até o caso Google/Fitbit, todas as aquisições anteriores do Google haviam passado sem análise concorrencial ou haviam sido aprovadas sem condições pela CE. Além de ter sido o primeiro acordo negociado pelo Google nesse contexto, essa foi apenas a segunda vez que uma aquisição feita por uma das empresas GAFAM (acrônimo para o conjunto de empresas "Big Tech" Google, Apple, Facebook ou Meta Platforms, Amazon e Microsoft) foi aprovada por meio da celebração de acordo com a CE.[2]

A Fitbit era naquele ano uma empresa americana ativa no desenvolvimento, fabricação e distribuição de *wearable devices* (traduzido como "dispositivos vestíveis" considerando *smartwatches* e rastreado-

[1] O Google, multinacional criada nos Estados Unidos e ativa em uma ampla gama de áreas de produtos, incluindo tecnologia de publicidade *online*, busca na internet, computação em nuvem, *software* e *hardware*, desenvolve sistemas operacionais licenciáveis para *smartphones* e *smartwatches*, bem como aplicações incluindo saúde e *fitness*. A empresa também oferece serviços de TI e informações/pesquisa para a indústria de saúde.

[2] Em 2016, a CE aprovou a compra da LinkedIn pela Microsoft com restrições.

res de *fitness*) e balanças conectadas no setor de saúde e bem-estar, além de fornecimento de *software* e serviços relacionados. De acordo com a CE, a Fitbit tinha uma participação de mercado limitada na Europa no segmento de *smartwatches*, mas em rápido crescimento, em um mercado com diversos concorrentes, como Apple, Garmin e Samsung.

Houve uma extensa investigação realizada pela CE, em que foram identificadas preocupações relacionadas à possível ameaça à concorrência em diversos mercados, incluindo publicidade *online*, acesso a dados de saúde digital e interoperabilidade de dispositivos vestíveis com *smartphones* Android. A operação resultou em sobreposições horizontais limitadas e a investigação da Comissão concentrou-se nos dados coletados por meio dos dispositivos vestíveis da Fitbit e na interoperabilidade desses dispositivos com o sistema operacional Android da Google para *smartphones*.

Para abordar essas preocupações, o Google concordou com uma série de compromissos. Participantes do mercado, defensores da privacidade e acadêmicos haviam sido expressamente contrários ao acordo, alertando sobre consequências para concorrência e a proteção da privacidade.[3] Este artigo fornecerá uma visão geral das preocupações concorrenciais da CE e dos remédios propostos pelo Google, além de traçar breves notas sobre eventuais impactos do Projeto de Lei n° 2.768/2022 na análise de operações como Google/Fitbit.

3. Preocupações concorrenciais

A operação Google/Fitbit pode ser o ponto de partida para uma nova abordagem de remédios comportamentais relacionados a plataformas digitais. Parte da comunidade antitruste da União Europeia es-

[3] Vande Walle, Simon, The European Commission's Approval of Google / Fitbit – A Case Note and Comment (July 25, 2021). CONCURRENCES COMPETITION LAW REVIEW Nr. 3-2021 (section: Chroniques Concentrations), August 2021.

perava a reprovação da operação[4] e a publicação da proposta do DMA[5] um dia antes foi vista como um evento relacionado à aprovação de operação.[6] A decisão da CE teria sido influenciada por essa publicação, já que o processo de aprovação da nova lei, capitaneado pela própria CE, correu em paralelo à análise do caso.[7]

Ao longo da investigação, a CE coletou amplas informações e *feedback* de concorrentes das empresas envolvidas na operação, bem como de outros atores e partes interessadas do mercado, e colaborou com autoridades de concorrência em todo o mundo e com o Conselho Europeu de Proteção de Dados. As principais preocupações concorrenciais relacionadas à operação diziam respeito ao fato de que o Google, que já atuava de maneira significativa no mercado digital de saúde, passaria a deter vantagem competitiva considerável, ao combinar sua base

---

[4] "No entanto, como um sinal de como as opiniões sobre aquisições por parte das gigantes da tecnologia mudaram, muitos observadores receberam a decisão da Comissão com desapontamento. Participantes do mercado, defensores da privacidade e muitos acadêmicos haviam sido veementes em se opor ao acordo. Eles haviam alertado sobre graves consequências para a concorrência e a privacidade." (tradução livre*)* VANDE WALLE, S. (2021). "The European Commission's Approval of Google / Fitbit – A Case Note and Comment." CONCURRENCES COMPETITION LAW REVIEW Nr. 3-2021 (section: Chroniques Concentrations), August 2021.

[5] O Digital Markets Act (DMA) é um marco como o primeiro conjunto de regulamentos destinados a promover a concorrência no contexto digital. Sua versão inicial foi proposta em 15 de dezembro de 2020 e foi aprovada pelo Parlamento Europeu em 5 de julho de 2022. O texto final foi publicado no Jornal Oficial da União Europeia em 12 de outubro de 2022, e passou a ser efetivo a partir de 1º de novembro de 2022, de acordo com as etapas escalonadas estabelecidas em seu artigo 54.

[6] FRANK, Malte; FRANK, Sabrina. Google/Fitbit: The Starting Point for a Revolution in Merger Remedies in Digital Markets? European Competition Law Review, v. 42, n. 6, p. 297, jun. 2021.

[7] "Visto que a Comissão Europeia aparentemente assume que as obrigações do Ato de Mercados Digitais são essenciais para preservar a concorrência efetiva nos mercados digitais e para 'colocar ordem no caos',* a Comissão Europeia teria corrido o risco de minar seu projeto de prestígio se tivesse considerado as soluções propostas pelo Google como ineficazes. Pode ser que, tendo isso em mente, a Comissão Europeia tenha tido que declarar as obrigações assumidas pelo Google como eficazes." (Tradução livre) FRANK, Malte; FRANK, Sabrina. Google/Fitbit: The Starting Point for a Revolution in Merger Remedies in Digital Markets? European Competition Law Review, v. 42, n. 6, p. 301, jun. 2021.

de dados com a da Fitbit (detentora de significativo volume de dados sobre a saúde de seus usuários), de tal maneira que seus rivais não fossem mais capazes de concorrer com o ente resultante da operação. Além disso, a CE entendeu que o mercado de saúde digital era incipiente na Europa e que a Fitbit tinha uma base de usuários pequena no segmento de *smartwatches*.[8] Em publicidade, a aquisição da Fitbit pelo Google daria ao Google acesso aos dados de saúde e condicionamento físico da Fitbit, ampliando sua já vasta quantidade de dados para personalizar anúncios. Isso poderia criar barreiras para a competição nos mercados de publicidade em busca online, publicidade em display online e tecnologia de publicidade, resultando em preços mais altos para anunciantes e opções reduzidas.

Em acesso à API da Web, várias empresas do setor de saúde digital atualmente utilizam a API da Fitbit para acessar dados de saúde e condicionamento físico, oferecendo serviços aos usuários da Fitbit. A preocupação era que o Google, após a operação, pudesse restringir o acesso de concorrentes a essa API, prejudicando especialmente startups no campo em crescimento da saúde digital na Europa. Finalmente, em relação ao mercado de dispositivos vestíveis de pulso, CE levantou preocupações sobre a possibilidade de o Google limitar a interoperabilidade de dispositivos vestíveis de pulso de fabricantes concorrentes com smartphones Android após a aquisição.

Outra preocupação relacionava-se à privacidade, já que alguns participantes de mercado expressaram temores sobre a dificuldade crescente que os usuários teriam em controlar o uso de seus dados de saúde. A investigação da CE[9] concluiu que o Google deverá respeitar as disposições e princípios do Regulamento Geral de Proteção de Dados (RGPD), que proíbem o processamento de dados pessoais de saúde a menos que haja consentimento explícito.[10]

---

[8] Em relação à Austrália, a ACCC incluiu compromissos segundo os quais o Google não poderia utilizar, em seu serviço Google Ads, dados coletados por intermédio dos sensores presentes nos dispositivos da Fitbit e manteria separação técnica dos dados mantidos pelas companhias.

[9] UNIÃO EUROPEIA. COMISSÃO EUROPEIA. Case M.9660 – Google/Fitbit. Commission decision pursuant to Article 6(1)(b) of Council Regulation No 139/2004, p. 1-74, 2020, parag. 474.

[10] Conforme observação de FERNANDES, Victor Oliveira. Direito da concorrência das plataformas digitais: entre abuso de poder econômico e inovação. 1ª ed. rev. e atual. São Paulo: Thomson Reuters Brasil, 2022, p. 195: "Nessa decisão, a

A CE fez questão de enfatizar aspectos que diferenciam uma das teorias de dano aventadas neste caso das teorias mais convencionais associadas a operações não-horizontais. Isso se deve ao fato de que, conforme destacado:

> "(819) (...) essa teoria não requer que as empresas fundidas restrinjam, de maneira direta, o acesso a insumos ou mercados consumidores para seus concorrentes já presentes ou em potencial. *O elemento-chave que qualifica tal comportamento como potencialmente anticompetitivo está, na verdade, relacionado à informação concorrencialmente sensível sobre os concorrentes da empresa verticalmente integrada adquirida por meio da integração vertical resultante da operação*. No entanto, esse comportamento também pode ter o potencial de impactar negativamente a concorrência, permitindo, por exemplo, que a empresa atuante ajuste os preços de forma menos competitiva em detrimento dos consumidores ou coloque seus concorrentes em uma posição de desvantagem competitiva." (ênfase adicionada).

A CE, assim, avaliou também a possibilidade de que, munidas de informações concorrencialmente sensíveis sobre os concorrentes da empresa verticalmente integrada, as partes possam ajustar os preços de maneira menos competitiva, adquirindo assim uma vantagem competitiva com características predatórias, o que potencialmente afetaria seus concorrentes, levando a uma possível deterioração da concorrência no mercado.

---

autoridade europeia observou que, apesar de as informações em questão serem de fato concorrencialmente sensíveis, as normas e disposições do GDPR europeu impediriam a Apple de utilizar esses dados dos consumidores coletados pelo Shazam em aplicativos de terceiros. (...) Mais recentemente, a Comissão Europeia parece ter adotado a mesma postura no caso Google/FitBit. Apesar de considerar que o uso dos dados coletados pelo FitBit não poderia ser utilizado de acordo com as regras de proteção de dados vigentes na Europa, do ponto de vista concorrencial especificamente, a combinação dos dados dessa empresa com os dados colhidos e processados pelo Google não seria capaz de gerar efeitos anticompetitivos não coordenados nos mercados de anúncios e de buscas online."

Destacadas as preocupações concorrenciais surgidas na análise da operação, passa-se a tratar dos remédios adotados pela CE e os potenciais efeitos da aprovação do DMA na concepção deles.

4. Remédios aplicados e o “efeito DMA”

Os remédios antitruste representam uma ferramenta essencial nas mãos das autoridades de concorrência para abordar preocupações relacionadas à concorrência decorrentes de operações, de modo a preservar a lógica econômica subjacente e as eficiências inerentes a essas operações. No entanto, em um cenário global, observa-se uma certa dose de ceticismo por parte das autoridades de defesa da concorrência em relação aos remédios comportamentais. As autoridades frequentemente optam por descartar essa abordagem, alegando que regularmente esses remédios não abordam totalmente as preocupações relacionadas à concorrência e tendem a ser menos eficazes quando comparados às medidas mais drásticas de desinvestimento.

A CE segue essa abordagem. Justamente por isso, é notável que em sua avaliação da aquisição da Fitbit, ela tenha optado por aceitar remédios não estruturais diante de suas preocupações com os possíveis efeitos sobre a concorrência decorrentes dessa operação.[11] Há críticas no sentido de que a CE falhou em aplicar as recomendações da Era Digital[12] de forma abrangente, optando por uma abordagem tradicional. Segundo esses autores, isso resultou na não consideração de possíveis impactos no ecossistema, especialmente no mercado de dispositivos vestíveis de pulso. Além disso, a análise dos aspectos relacionados aos dados teria sido incompleta já que a capacidade de combinar conjuntos de dados da Fitbit com conjuntos de dados diversos poderia conferir ao Google uma vantagem competitiva que outros não poderiam duplicar. Por fim, as soluções propostas pelo Google para resolver as preocupações levantadas pela CE seriam complexas e incomuns, deixando

---

[11] Ao contrário da CE, a ACCC, da Austrália, rejeitou as medidas do Google. Ambas as autoridades antitruste compartilham preocupações similares em relação aos remédios não estruturais e o Google ofereceu remédios semelhantes na UE e na Austrália, tendo as autoridades discordado da proposta de remédio predominantemente comportamental apresentada pelo Google.

[12] O relatório de 2019 sobre ‘Política de concorrência para a era digital’.

incertezas sobre sua eficácia.[13] A CE, contudo, fez questão de enfatizar aspectos que diferenciam a teoria do dano utilizada daquelas "mais tradicionais" inerentes a operações não-horizontais.[14]

A Comissão parece ter acreditado que as preocupações poderiam ser eliminadas na operação do Google/Fitbit, diferentemente da autoridade australiana, já que o Google passará a ter um dever de cumprimento de obrigações de caráter comportamental. A CE pode ter levado em consideração o DMA e ter introduzido uma nova abordagem para remédios comportamentais em mercados digitais. Para abordar as preocupações de concorrência da CE, foram negociados compromissos segmentados em três níveis (*Ads*, acesso de Web API e API Android), que terão duração de dez anos, com a possibilidade de extensão, e monitoramento por um trustee.[15]

Em relação aos anúncios (Ads), o Google não utilizará dados de saúde e condicionamento físico obtidos de dispositivos Fitbit dos usuários no EEE para suas atividades de publicidade online, mantendo uma estrita separação técnica desses dados. Isso assegura que esses dados sejam mantidos separadamente de qualquer outra informação utilizada para fins publicitários pelo Google. Adicionalmente, o Google garantirá que os usuários do EEE tenham a opção de consentir ou recusar o uso desses dados de saúde e condicionamento físico em suas contas Google ou Fitbit para outros serviços do Google, como Google Search, Google Maps, Google Assistant e YouTube.

---

[13] MODRALL, J. (2021, June 17). Google/Fitbit – The EU Commission Misses a Step. Kluwer Competition Law Blog.

[14] "(819) (...) esta não exige que as empresas fusionadas promovam, de maneira direta, o fechamento do acesso a insumos ou a mercados consumidores para seus rivais já em atuação ou potenciais. O elemento que qualifica uma conduta como potencialmente competitiva está, de fato, ligada à inteligência subjacente a tal conduta, ou seja, informação concorrencialmente sensível a respeito dos rivais da companhia verticalmente integrada adquirida por meio da integração vertical decorrente da operação. Entretanto, a conduta também pode ser suscetível de afetar a concorrência de maneira negativa, permitindo, por exemplo, que a empresa funcionada precifique de forma menos agressiva em detrimento dos consumidores ou coloque concorrentes em desvantagem competitiva."

[15] Vide: https://ec.europa.eu/commission/presscorner/detail/en/ip_20_2484

Quanto ao acesso à Web API, o Google manterá o acesso gratuito dos usuários aos seus próprios dados de saúde e condicionamento físico por meio da API da Web da Fitbit, condicionado ao consentimento do usuário. No que diz respeito à API Android, o Google continuará a oferecer licenças gratuitas das APIs públicas necessárias para a interoperabilidade entre dispositivos de pulso e smartphones Android a fabricantes originais de equipamentos Android (OEMs). Isso inclui funcionalidades essenciais, como a conexão Bluetooth com smartphones, acesso à câmera e GPS do smartphone. O Google também se compromete a manter essas funcionalidades e suas melhorias futuras como código aberto, disponíveis para concorrentes do Fitbit. Além disso, o Google fornecerá acesso completo às APIs do Android para fabricantes de dispositivos vestíveis, garantindo que não prejudicará a experiência do usuário com dispositivos de pulso de terceiros na Google Play Store, evitando práticas discriminatórias.

No artigo "*Google/Fitbit: The Starting Point for a Revolution in Merger Remedies in Digital Markets?*"[16], os autores refletem se o DMA pode ter tido um impacto significativo na forma como a CE avaliou a aquisição da Fitbit, abrindo a possibilidade de um novo paradigma para os remédios em operações de fusões e aquisições em mercados digitais. Uma questão intrigante que emerge é se as iniciativas regulatórias, como o DMA, podem exercer subjetivamente influência na tomada de decisão das autoridades antitrustes, mesmo antes de serem efetivamente promulgadas. Nesse contexto, também surge a especulação sobre se a CE poderá redirecionar seu foco em processos antitrustes envolvendo *gatekeepers*, com a entrada em vigor de obrigações do DMA para uma abordagem mais adequada.[17]

---

[16] FRANK, M.; FRANK, S. (2021). "Google/Fitbit: The Starting Point for a Revolution in Merger Remedies in Digital Markets?" European Competition Law Review, 42(6), 297-302.

[17] "Desde que, no que diz respeito à aquisição da Fitbit, o Google se comprometeu a não discriminar em favor de seus próprios serviços e a garantir a interoperabilidade com e o acesso à sua plataforma e dispositivos, oferecendo, portanto, remédios estruturados de maneira semelhante às proibições e obrigações estabelecidas pelo Digital Markets Act, havia poucos argumentos que a Comissão Europeia (CE) poderia ter invocado contra o Google. Uma vez que a CE aparentemente assume que as obrigações do Digital Markets Act são fundamentais para preservar a concorrência efetiva nos mercados digitais e para "colocar ordem no caos"*, a CE teria arriscado minar seu projeto de prestígio se tivesse considerado os remédios propostos pelo Google como ineficazes. Pode ser que, diante desse cenário,

O DMA tem como alvo empresas com posição consolidada no mercado, que exerçam uma forte influência econômica no mercado interno da UE, conectando uma ampla base de usuários a várias empresas. Os *gatekeepers* são, assim, obrigados a cumprir um conjunto de regras e obrigações, incluindo a proibição de favorecer seus próprios serviços, garantir a interoperabilidade com outras plataformas para terceiros e compartilhar dados gerados por interações entre usuários e empresas, sempre respeitando as regras de privacidade. Destaca-se, nesse contexto, que no âmbito da aquisição da Fitbit pela Google, o Google concordou em cumprir com obrigações estabelecidas no DMA, como não favorecer seus próprios serviços e garantir a interoperabilidade e o acesso à sua plataforma e dispositivos. Além disso, a Comissão aceitou soluções comportamentais e com um monitoramento contínuo, assim como previsto nos termos do DMA, o que pode reduzir a importância das preocupações da Comissão com relação ao monitoramento desse tipo de remédio, especialmente em operações que envolvam *gatekeepers*.

Chama a atenção, assim, que as mudanças significativas estabelecidas pelo DMA para os mercados digitais possam arrefecer as preocupações concorrenciais da CE na análise de operações e, além disso, no relaxamento do ceticismo em relação aos remédios comportamentais. Essa constatação ajuda a explicar as diferentes decisões tomadas no caso da fusão entre Google e Fitbit na Uniião Europeia e na Austrália, e podem abrir novas oportunidades para empresas sujeitas ao DMA no âmbito de análise de operações notificáveis. Na medida em que o DMA oferece medidas de execução mais rigorosas[18], é uma questão em aberto se a Comissão reduzirá seu foco em processos antitruste envolvendo *gatekeepers*.

Inspirado em artigo indicado ao prêmio da Concurrences, relacionado à possível influência do DMA na análise da CE, o trabalho passará à apresentação do Projeto de Lei n° 2.768/2022 e, em conclusão, fará duas breves observações prospectivas de eventuais impactos do PL

---

a CE tenha tido que declarar eficazes os compromissos assumidos pelo Google." FRANK, M.; FRANK, S. (2021). "Google/Fitbit: The Starting Point for a Revolution in Merger Remedies in Digital Markets?" European Competition Law Review, 42(6), 297-302, p. 301. (Tradução livre)

[18] Por exemplo, aplicação de multas significativas ou até mesmo a desagregação de empresas como último recurso.

na análise de operações como Google/Fitbit, assim como desenvolvido acima em relação ao DMA.

5. O Projeto de Lei N° 2.768/2022: breves notas

Muito se menciona o efeito *Brussel's*[19] relacionado ao impacto exercido pela burocracia europeia sobre legisladores e formuladores de políticas públicas em outras jurisdições. A tramitação do DMA foi acompanhada de perto em vários países, inspirando um projeto de lei (PL 2.768/2022) apresentado pelo deputado João Maia (PL/RN) ao Congresso brasileiro em 2022[20]. Esse projeto confere à Anatel a competência para regular o funcionamento e a operação de plataformas digitais, claramente inspirado na proposta Aico dos EUA[21] e no DMA da União Europeia, mencionados na justificativa do PL.

O projeto de lei concentra-se em plataformas digitais que possuem *"poder de controle de acesso essencial"*, definido estritamente com base em critérios quantitativos, como uma receita operacional anual igual ou superior a R$ 70 milhões no mercado brasileiro. Essas plataformas ficariam sujeitas a obrigações de transparência, tratamento igualitário e não discriminatório na prestação de serviços, entre outras medidas. O PL também prevê a possibilidade de a Anatel ordenar separações funcionais e contábeis das linhas de negócios das plataformas, conhecidas como "*break up*", além de adotar outras ações para mitigar possíveis abusos de poder econômico, como a portabilidade de dados e a interoperabilidade. Além disso, o PL estabelece penalidades por violações das obrigações, incluindo multas de até 2% do faturamento, suspensões temporárias ou a proibição das atividades das plataformas.

---

[19] Termo originado pela professora Anu Bradford, da Universidade de Columbia, autora do livro "O Efeito Bruxelas: Como a União Europeia governa o mundo" para descrever a influência das leis promulgadas pela União Europeia que ultrapassam as fronteiras do mercado europeu, moldando os modelos de negócios de empresas multinacionais.

[20] Disponível em: https://www.camara.leg.br/proposicoesWeb/prop_mostrarintegra?codteor=2214237&filename=Tramitacao-PL%202768/2022

[21O] projeto de lei S.2992, chamado de "American Innovation and Choice Online Act" ou "Aico", foi apresentado pela Senadora Amy Klobuchar, do estado de Minnesota, em outubro de 2021. Este projeto de lei está sendo discutido, até o momento, o projeto foi apenas apresentado e não avançou.

O PL 2.768/2022 inaugurou um debate legislativo no Brasil que já está em estágios mais avançados em outras jurisdições. Além dos critérios para designar as plataformas e das obrigações a elas impostas, falta uma reflexão substancial sobre a futura implementação da lei, que já é desafiadora na União Europeia e se mostra ainda mais complexa no Brasil. Por exemplo, falta clareza quanto à escolha institucional da Anatel como órgão regulador das plataformas digitais e sobre como a agência irá interagir com o Conselho Administrativo de Defesa Econômica (Cade) e com o Sistema Brasileiro de Defesa da Concorrência como um todo.

O documento de justificação apresentado com o projeto de lei[22] destaca o poder de mercado dessas empresas e as supostas práticas anticompetitivas. O documento menciona que essas empresas concentram grande parte do valor de mercado e influência na economia global, bem como menciona o "*self-preferencing*" e sua suposta influência negativa na concorrência e na evolução de concorrentes. O autor do PL faz referência a um relatório do Congresso Americano sobre concorrência e as grandes empresas de tecnologia,[23] que resultou na proposta do Aico, em 2022, ainda em debate no Congresso dos Estados Unidos. Além disso, é mencionado o DMA como uma referência para a regulação, mas menciona que a proposta brasileira envolveria uma regulação menos detalhada, focando na mitigação do controle de acesso essencial das plataformas digitais.

A proposta sugere expandir as atribuições da Anatel para regular plataformas digitais, com objetivos como promover a concorrência, a inovação e o acesso à informação, incentivar a interoperabilidade e a portabilidade de dados. Para identificar operadores de plataformas digitais com poder de controle de acesso essencial, são propostos critérios objetivos com base na receita operacional. O texto também destaca a importância de dotar a Anatel de recursos suficientes e a necessidade de se estabelecer sanções por descumprimento da lei, como advertência, multa proporcional ao faturamento, obrigação de fazer ou não fazer, suspensão temporária das atividades e proibição de exercício das atividades. A proposta enfatiza a necessidade de uma regulação responsiva,

---

[22] Disponível em: https://imagem.camara.gov.br/Imagem/d/pdf/DCD0020221126002000000.PDF#page=33

[23] Investigation of Competition in Digital Markets, publicado em julho de 2022.

em que a rigidez das sanções dependa do comportamento do agente regulado e a crescente preocupação em relação às chamadas *big techs*.

O Deputado João Maia cita que as condutas das *Big Techs* levaram a uma concentração de mercado significativa ao longo das últimas duas décadas nas *Big Techs* e, diante dessa situação, a proposta é expandir as atribuições da Anatel para regulamentar as plataformas digitais com base em objetivos específicos: (i) desenvolvimento econômico com concorrência justa; (ii) acesso à informação, conhecimento e cultura; (iii) fomento à inovação e adoção de novas tecnologias; (iv) incentivo à interoperabilidade; e (v) portabilidade de dados.

Ainda de acordo com o projeto, os operadores de plataformas digitais que detêm um controle essencial de acesso estarão sujeitos a obrigações genéricas como: (i) transparência e fornecimento de informações. (ii) tratamento isonômico. (iii) uso adequado de dados. (iv) não recusa de provisão de acesso. Destaca-se que, diferentemente do detalhamento das obrigações dos *gatekeepers* estabelecido nos 54 artigos do DMA e em suas 66 páginas, o PL 2.768/2022 possui apenas 17 artigos e não aprofunda quais seriam as obrigações específicas dos operadores de plataformas digitais que detêm um controle essencial de acesso para a realização dos objetivos citados no texto legal.

O autor do PL entende que seria apropriado introduzir uma regulamentação semelhante à adotada pela Comissão, embora de maneira menos minuciosa para que, segundo ele, haja respostas regulatórias mais ágeis do que as proporcionadas pela defesa da concorrência e, no entanto, evitem limitações excessivamente restritivas. Essas medidas visariam, segundo o texto, criar um ambiente mais justo e competitivo no cenário das plataformas digitais, promovendo concorrência e garantindo o acesso adequado à informação e inovação.

Feita a apresentação do PL, a reflexão sugerida pelo presente artigo envolve, em último momento, conjeturar em que medida o PL alteraria a análise de operações relacionadas a questões de dados, como Google/Fitbit. O PL brasileiro apresenta algumas semelhanças com a decisão da CE em relação à aquisição da Fitbit pelo Google, já que ambos se concentram em questões relacionadas aos dados, publicidade e interoperabilidade de dispositivos. No caso da aquisição da Fitbit pelo Google, a CE expressou preocupações com a capacidade do Google de usar dados de saúde e condicionamento físico para personalizar anúncios, criando barreiras à concorrência no mercado de publicidade. O PL brasileiro também aborda preocupações semelhantes de maneira genérica, buscando garantir o tratamento igualitário e não discriminatório no acesso a dados e serviços de plataformas digitais, como mencionado no trecho que estabelece obrigações de transparência e tratamento isonômico. Além disso, tanto a CE quanto o PL buscam promover a interoperabilidade de dispositivos.

Feita essa observação acerca dos encaminhamentos comuns do PL e da decisão da CE, o artigo propõe duas breves notas sobre o impacto imediato do PL na prática decisória do Cade. A primeira envolve reconhecer que, diferentemente da União Europeia, em que a proposta inicial do DMA foi feita pela Comissão Europeia, com forte participação do DG-Comp, no Brasil, o Cade não é o proponente do projeto e não há indicativos públicos de que tenha qualquer vínculo com aspectos de conteúdo do projeto. Além disso, a princípio, o Cade não será responsável pelo *enforcement* da lei, diferentemente da CE e, mais especificamente, do DG-Comp.[24]

Já no âmbito do regime de operações europeu, mesmo antes da aprovação do DMA, a operação Google/Fitbit pode significar mudanças substanciais na abordagem da CE em mercados digitais já que a CE parece já ter ponderado as implicações do texto inicial do DMA no contexto do controle de operações.[25] Enquanto os atuais casos de concorrência da CE no setor digital (como processos contra outros *gatekeepers*[26]) estão em curso, o DMA revelou novas oportunidades para elas na aprovação de operações por meio da inclusão de obrigações estabelecidas pelo DMA. Há espaço para especulação quanto a se, em controle de condutas, a CE diminuirá seu foco nas investigações contra as plataformas *gatekeepers*, considerando que pode agir com maior rigor com base nas medidas de execução do DMA.

A segunda envolve reconhecer que o Cade, nas investigações, operações e julgamentos das práticas anticoncorrenciais atribuídas em mercados digitais, demonstrou cautela na adoção de teorias do dano menos tradicionais, no contexto de investigações em mercados digitais,

---

[24] A Comissão Europeia é a única responsável pela aplicação do DMA. Uma equipe conjunta de DG Comp e DG Connect é encarregada da implementação e *enforcement* do DMA.

[25] FRANK, M.; FRANK, S. (2021). "Google/Fitbit: The Starting Point for a Revolution in Merger Remedies in Digital Markets?" European Competition Law Review, 42(6), 297-302.

[26] Apple e Amazon, por exemplo.

como as atribuídas ao Google, sem alterações significativas devido às características peculiares da economia digital.[27] Seguindo essa análise, ao avaliar um conjunto mais abrangente de casos decididos pelo Cade relacionados à economia digital, que envolvem atos de concentração e a repressão a condutas anticompetitivas, alguns autores observam que, na maioria dos casos analisados, não foram elaboradas novas teorias de dano para os mercados digitais.[28]

Embora o Cade tenha experiência institucional na defesa da concorrência e acompanhe a evolução da economia digital, a adoção de abordagens tradicionais ao avaliar casos de fusões e ações anticompetitivas, incluindo a delimitação de mercados relevantes e a identificação de sobreposições horizontais e verticais, revela que, em casos relacionados a plataformas digitais, não parece ter havido alteração de ferramentas analíticas e de parâmetros de decisão em mercados digitais.

---

[27] Neste sentido, destaca-se, por exemplo, as considerações do autor Victor Fernandes: "Partindo desses resultados, é possível afirmar que, dos três julgados examinados, em apenas um deles, no caso Google Shopping, o Cade desenvolveu uma análise minimamente consistente com os conceitos, as premissas e as metodologias de uma análise antitruste baseada em concorrência dinâmica. A despeito dessa conclusão, o uso de diversas referências à inovação nas decisões revelou que alguns conceitos ínsitos ao campo das teorias de concorrência dinâmica são utilizados de forma bastante atécnica e confusa, inclusive para eventual invocação de argumentos que flertam com propostas de imunização quase absoluta das práticas examinadas." FERNANDES, Victor Oliveira. Direito da concorrência das plataformas digitais: entre abuso de poder econômico e inovação. 1ª ed. rev. e atual. São Paulo: Thomson Reuters Brasil, 2022, p. 317-318.

[28] "Em suma, a análise jurisprudencial identificou, resumidamente, que as análises conduzidas pelo Cade, tanto em casos de atos de concentração como nos processos administrativos, adotam métricas e parâmetros tradicionais, como a delimitação de mercados relevantes e a identificação de sobreposições horizontais e verticais. (...) Como observado, poucos atos de concentração discutiram aspectos específicos de plataformas digitais. Na maioria dos processos administrativos, sobretudo nos casos envolvendo a plataforma Google, alguma consideração incipiente sobre elementos peculiares a plataformas digitais foi feita, sem que isso tenha, no entanto, sedimentado entendimentos jurisprudenciais de forma sistemática e intencional ou levado à condenação das empresas envolvidas. (...) Pode-se conjecturar em que medida a falta de ferramentas analíticas e de parâmetros de decisão apropriados - ou seja, a ausência de lentes ajustadas - pode ter levado a autoridade a não enxergar potenciais danos na análise de condutas e atos de concentração envolvendo mercados digitais." KIRA, B.; R. COUTINHO, D. Ajustando as lentes: novas teorias do dano para plataformas digitais. Revista de Defesa da Concorrência, Brasília, v. 9, n. 1, 2021.

O Brasil parece, assim, seguir um caminho diferente da Comissão Europeia nesse tema. As reflexões feitas a partir do caso Google-Fitbit para a União Europeia parecem não se aplicar à realidade brasileira antes da aprovação do PL ou de um projeto de lei que possa introduzir mudanças significativas nas abordagens do Cade em relação aos mercados digitais. A partir do envolvimento da CE na concepção e no *enforcement* do DMA, o caso Google/Fitbit parece indicar que a CE já poderá considerar as implicações deste em sua prática, enquanto o Cade, até o momento, não se envolve significativamente ente na elaboração de projetos de lei relacionados a mercado digitais e parece manter abordagens mais tradicionais em suas avaliações antitrustes. O Brasil pode estar em um ponto de partida diferente em mercados digitais e o campo segue aberto para especulações.

6. Conclusão

O artigo investigou como a autoridade antitruste europeia conduziu sua análise acerca da operação entre Google e Fitbit, evidenciando as preocupações concorrenciais e as soluções postas em prática pela gigante Google. Adicionalmente, identificou-se notáveis correspondências entre as resoluções adotadas pela Comissão no contexto deste caso e as obrigações estabelecidas para os *gatekeepers* conforme delineadas no DMA. Desse modo, delineou-se um paralelo acerca das implicações substanciais dessa análise emblemática sobre os eventuais desdobramentos imediatos do PL 2.768/2022 no âmbito da atuação do Cade em casos envolvendo os dinâmicos mercados digitais.

7. Referências bibliográficas

BOURREAU, M., CAFFARRA, C., CHEN, Z., CHOE, C., CRAWFORD, G. S., DUSO, T., & VERGÉ, T. (2020). "Google/Fitbit will monetise health data and harm consumers." Centre for Economic Policy Research.

CHEN, Z., CHOE, C., CONG, J., & MATSUSHIMA, N. (2022). "Data-driven mergers and personalization." The RAND Journal of Economics, 53(1), 3-31.

FERNANDES, Victor Oliveira. Direito da concorrência das plataformas digitais: entre abuso de poder econômico e inovação. 1ª ed. rev. e atual. São Paulo: Thomson Reuters Brasil, 2022.

FRANK, M.; FRANK, S. (2021). "Google/Fitbit: The Starting Point for a Revolution in Merger Remedies in Digital Markets?" European Competition Law Review, 42(6), 297-302.

KIRA, B.; R. COUTINHO, D. Ajustando as lentes: novas teorias do dano para plataformas digitais. Revista de Defesa da Concorrência, Brasília, v. 9, n. 1, 2021.

MODRALL, J. (2021, June 17). "Google/Fitbit – The EU Commission Misses a Step." Kluwer Competition Law Blog.

UNIÃO EUROPEIA. COMISSÃO EUROPEIA. Case M.9660 – Google/Fitbit.

VANDE WALLE, S. (2021). "The European Commission's Approval of Google / Fitbit – A Case Note and Comment." Concurrences Competition Law Review Nr. 3-2021 (section: Chroniques Concentrations), August 2021.

ANÁLISE DO CASO TESCO/BOOKER PELA CMA: OS EFEITOS COMPETITIVOS POR TRÁS DA CRIAÇÃO DO MAIOR GRUPO DO SETOR ALIMENTÍCIO DO REINO UNIDO

ANALYSIS OF THE TESCO/BOOKER DEAL BY THE CMA: THE COMPETITIVE EFFECTS BEHIND THE CREATION OF THE UK'S LEADING FOOD BUSINESS

Giuliana Gonçalves
Jéssica Gusman
Marcela Carvalho

Resumo: O presente artigo propõe-se a estudar os principais aspectos relacionados às conclusões da CMA acerca dos efeitos verticais[1] da operação envolvendo a aquisição da Booker, maior atacadista do ramo alimentar do Reino Unido, pela Tesco, maior varejista do mesmo ramo. O objetivo é entender o contexto da operação, e mapear e examinar os principais pontos de foco da análise da CMA que levaram à conclusão da autoridade pela aprovação sem restrições da operação. Para tanto, é realizado o estudo dos relatórios de análise do caso disponibilizados pela CMA; da legislação e guias emitidos pela autoridade; e de artigos e demais publicações associadas à operação. Como resultado, é apresentada uma análise detalhada do contexto da operação; das potenciais relações verticais identificadas pela CMA; das teorias do dano consideradas com o intuito de verificar eventual redução substancial da concorrência; dos métodos de análise empregados; e das eficiências e possíveis efeitos negativos observados pela autoridade.

Palavras-chave: CMA; Tesco; Booker; fusões verticais; setor alimentar.

Abstract: This article aims to present a study of the main elements considered by the CMA in its decision regarding the vertical effects of the transaction involving the acquisition of Booker, UK's largest grocery wholesaler, by Tesco, UK's largest grocery retailer. The objective is to understand the background of the transaction, and map and assess the key points of the CMA's review, considering the authority's decision to

[1] Considerando o escopo da publicação, eventuais análises e conclusões em relação aos limitados efeitos horizontais da operação não serão explorados neste artigo.

clear the merger without imposing any remedies. To this purpose, we study of the case reports provided by the CMA; the legislation and guides issued by the authority; and articles and other publications associated with the transaction. The present work provides a detailed analysis on the background of the transaction; the potential vertical relationships identified by the CMA; the theories of harm used to assess whether the transaction would result in a *substantial lessening of competition*; the framework for assessment; and the efficiencies and potential negative effects verified by the authority.

Key words: CMA; Tesco; Booker; vertical mergers; food business

1. Breve síntese do contexto da operação

As alterações dos padrões de consumo têm levado o varejo a repensar o clássico modelo de negócios, composto, essencialmente, por lojas físicas, e uma cadeia bastante tradicional de produção e distribuição. Em meio às transformações recentes no setor – vale dizer, já em curso antes da pandemia de Covid-19 -, destacam-se aquelas associadas ao ramo alimentar, incluindo a expansão do *ecommerce* e necessidade de adaptação às novas tecnologias; o *boom* dos *discounters* (ou "lojas/clubes de desconto") e "atacarejos"; a consolidação das lojas de proximidade ou conveniência, tendo em vista o crescente foco de parte da sociedade em compras pontuais e rápidas, ao invés de grandes compras mensais; e o aumento dos gastos com refeições fora de casa, sendo estes dois últimos fatores diretamente relacionados à rotina intensa e ao número cada vez maior de pessoas que moram sozinhas.[2]

No Reino Unido, a revolução do consumo de alimentos fez com que as principais varejistas britânicas passassem a sofrer, pelo menos na última década, maior rivalidade de pequenas lojas independentes de bairro, e começassem a perder espaço para *discounters* (principalmente os supermercados alemães Aldi e Lidl) e empresas de *ecommerce* (como a gigante Amazon), impulsionando a busca por inovações disruptivas e novos modelos de negócios.[3]

Foi nesse contexto que, em janeiro de 2017, a Tesco, maior varejista do ramo alimentar do Reino Unido à época, anunciou a aquisição

---

[2] RAND CORPORATION. **Food consumption in the UK**: Trends, attitudes and drivers. Trends, attitudes and drivers. 2020.

[3] DAVEY, James. *Aldi and Lidl dig deeper into Britain's grocery market*. 2018.

da Booker, maior atacadista do mesmo ramo, formando o maior grupo do setor alimentar da região, em um negócio avaliado em 3,7 bilhões de libras esterlinas. A operação foi amplamente noticiada pela mídia, e passou por detalhado escrutínio da autoridade de concorrência britânica, a *Competition & Markets Authority* ("CMA"),[4] a qual, após análise preliminar do caso ("Fase 1") e indícios de potenciais efeitos negativos, decidiu por conduzir investigação mais rigorosa ("Fase 2").

A despeito dos evidentes impactos na dinâmica competitiva do mercado britânico, e da expectativa geral, e em especial pelos demais *players*, de desinvestimentos e aplicação de remédios por parte da CMA, a operação foi aprovada sem restrições, em dezembro de 2017, incentivando uma série de transações e acordos igualmente relevantes no setor alimentar do Reino Unido nos anos seguintes (tais como Co-op/Nisa, Sainsbury's/Asda e Morrison's/McColls).

2. As potenciais relações verticais decorrentes da operação

A Tesco era a maior varejista do ramo alimentar do Reino Unido, operando mais de 3.000 lojas em toda a região, incluindo supermercados e lojas de conveniência. A Tesco também detinha a licença da marca "One Stop", e distribuía produtos exclusivamente para as suas franqueadas.

Já a Booker, a maior atacadista do ramo alimentar do Reino Unido, atuava essencialmente como distribuidora de produtos alimentícios e mercadorias relacionadas, abastecendo milhares de estabelecimentos independentes dos setores de varejo e *catering*, incluindo restaurantes, bares e lojas de *fast-food*. Dentre os referidos estabelecimentos, a Booker prestava serviços a aproximadamente 5.500 lojas pertencentes a quatro *symbol group brands*: Premier, Londis, Budgens e Family Shopper.[5] Além disso, a Booker detinha um número limitado de lojas próprias operadas sob a marca Budgens.

---

[4] As informações referentes à análise da CMA acerca da operação entre a Tesco e a Booker expostas no presente artigo foram extraídas do relatório final elaborado pela autoridade após a conclusão do caso ("Relatório Tesco Booker"). Para mais informações, vide: COMPETITION AND MARKETS AUTHORITY. *Tesco and Booker: A Report on the Anticipated Acquisition by Tesco PLC of Booker Group PLC.* 2017.

[5] *Symbol group brandss* são estruturas típicas do setor de varejo do Reino Unido, compostas por grupo de lojas independentes afiliadas a um atacadista, que usual-

Tendo em vista as atividades das partes, a CMA entendeu que a operação envolveria três etapas distintas da cadeia de suprimento de produtos alimentícios: os mercados de (a) comércio varejista, (b) distribuição atacadista e (c) fornecimento de produtos para o varejo e o atacado. Sob esse enfoque, a CMA verificou que os efeitos da operação seriam essencialmente verticais. Isso porque:

(i) A Booker atuaria no mercado (a) apenas através de *symbol group brands*, sem deter controle efetivo na gestão das lojas. Além disso, a Booker deteria apenas um número bastante limitado de lojas próprias, sem que quaisquer preocupações concorrenciais relacionadas tenham sido encontradas;

(ii) (A Tesco não atuaria no mercado (b), distribuindo produtos exclusivamente para as suas franqueadas "One Stop"; e

(iii) A análise em relação ao mercado (c) estaria relacionada especificamente à compra ("*procurement*") de mercadorias, uma vez que nenhuma das partes atuaria no fornecimento de produtos alimentícios, mas considerando que, dada a sua natureza, a operação poderia acarretar efeitos também nessa etapa da cadeia de suprimentos.

3. Teorias do dano consideradas no caso concreto

A análise da CMA em relação aos potenciais efeitos verticais da operação focou-se nas relações *wholesale to retail* (atacadista para varejista) e *retail to wholesale* (varejista para atacadista). Foram consideradas as seguintes teorias do dano, com o intuito de verificar se a operação poderia resultar em uma redução substancial da concorrência (*substantial lessening of competition*):[6]

---

mente se comprometem a adquirir uma quantidade mínima de produtos em troca de usar o nome do atacadista e ter acesso a descontos privilegiados, dentre outros benefícios.

[6] Ressalta-se que, em princípio, a CMA também havia aventado a hipótese de um fechamento total do mercado a montante, caso a Tesco parasse de contratar serviços de outros atacadistas além da Booker. Contudo, verificou-se que a Tesco adquiria a maior parte de seus produtos diretamente de fornecedores, sem a intermediação de atacadistas, e que a única empresa que prestava esses serviços para a Tesco estava em processo de falência quando da instrução do caso, logo a autoridade decidiu por não prosseguir com a análise dessa teoria do dano.

(i) *Aumento do poder de compra:* o aumento do poder de compra resultante da operação poderia resultar no enfraquecimento dos concorrentes do mercado de distribuição atacadista;

(ii) *Redução de incentivos à inovação:* a entidade resultante da fusão, na posição de compradora, teria acesso a informações privilegiadas sobre novos produtos, que poderiam ser usadas no desenvolvimento de produtos de marca própria, reduzindo os incentivos de seus fornecedores à inovação;

(iii) *Fechamento parcial*[7] *do mercado a jusante:* a entidade resultante da operação poderia aumentar os preços e/ou reduzir os custos de suas atividades no atacado (que afetariam a qualidade do serviço) em áreas onde as lojas abastecidas pela Booker estariam sob a área de influência das lojas da Tesco, com a expectativa de que a redução das vendas no atacado para outros varejistas seria compensada pelo aumento das vendas da Tesco;

(iv) *Fechamento parcial do mercado a montante:* a entidade resultante da operação poderia aumentar os preços e/ou reduzir os custos de suas atividades no varejo (que afetariam a qualidade do serviço) em áreas onde as lojas da Tesco estariam sob a área de influência das lojas abastecidas pela Booker, com a expectativa de que a redução das vendas no varejo seria compensada pelo aumento das vendas da Booker; e

(v) *Aumento do preço e/ou redução da qualidade*: a entidade resultante da operação poderia aumentar os preços e/ou reduzir os custos do varejo (que afetariam a qualidade do serviço) em áreas em que as lojas da Tesco estariam sob a área de influência das lojas abastecidas pela Booker, enfraquecendo a concorrência local.

Dito isso, todas as teorias do dano preliminarmente consideradas pela CMA e indicadas acima foram afastadas após a instrução da Fase 2.

[7] Um eventual fechamento de mercado (a jusante ou a montante) seria considerado parcial já que o resultado seria a elevação de custos ou redução de qualidade, e não o fechamento total.

Em relação à teoria (i), concluiu-se que a operação não resultaria no enfraquecimento dos concorrentes do mercado de distribuição atacadista, já que (a) os fornecedores detinham, em geral, elevado poder de barganha; (b) a participação da Booker no mercado atacadista era relativamente baixa (aproximadamente 18%); (c) a Booker sofria elevada pressão competitiva de seus concorrentes; e (d) além de preços, os atacadistas poderiam enfrentar eventual exercício do poder de compra de outras formas, e.g., a partir da diferenciação de seus mix de produtos e logística de fornecimento, conforme melhor detalhado no tópico sobre a análise das eficiências da operação.

Já em relação à teoria (ii), a CMA entendeu que as vendas de produtos de marca própria das partes eram bastante limitadas, razão pela qual não haveria efeitos significativos associados ao acesso da entidade resultante a informações privilegiadas de novos produtos de seus fornecedores.

No tocante às teorias (iii) e (iv), verificou-se que não haveria motivos para preocupações derivadas de um fechamento parcial do mercado a jusante, uma vez que (a) as participações de mercado seriam inferiores a 30% em nível nacional; (b) em nível local, a entidade resultante da fusão sofreria elevada pressão competitiva tanto mercado a montante quando no mercado a jusante; (c) os varejistas poderiam trocar de atacadista facilmente; e (d) haveria uma grande quantidade de lojas próximas das lojas abastecidas da Booker, o que impediria que a Tesco absorvesse parte significativa das vendas. Já sobre eventual fechamento parcial do mercado a montante, a CMA concluiu que essa teoria geraria menos preocupações concorrenciais, uma vez que as margens de lucro do atacado da Booker eram menores do que a margem da Tesco no varejo; além disso, a Booker não supriria totalmente a demanda dos seus clientes.

Por fim, em relação à teoria (v), constatou-se que, se a entidade resultante da fusão aumentasse seus preços no varejo ou cortasse custos que afetassem a qualidade de seu serviço de varejo, ela sofreria perdas ocasionadas pelo desvio das vendas para os demais varejistas, tendo em vista a concorrência acirrada do mercado.

4. Métodos de análise empregados pela CMA

A instrução do caso Tesco/Booker envolveu uma análise detalhada das partes envolvidas, posições no mercado, impactos da operação na concorrência e benefícios para os consumidores e outras partes interessadas.

Durante o curso da Fase 2 da instrução, a CMA encomendou uma pesquisa com mais de 400 varejistas independentes e *symbol group brands* abastecidos pela Booker com o fim de analisar as opções de atacadistas para esses varejistas. Além disso, a CMA analisou, exaustivamente, documentos internos e dados comerciais das partes envolvidas, bem como informações e dados recebidos de outros atacadistas, fornecedores e varejistas.

A condução do caso pela CMA também levou em consideração duas análises quantitativas que tiveram como foco (i) entender os efeitos das aberturas e fechamentos de lojas no nível de varejo nas vendas realizadas pela Booker para seus clientes varejistas (*entry-exit analysis*) e (ii) o incentivo para aumento de preços em regiões específicas (*vGuppi*).

De acordo com a CMA, a análise de entrada e saída (*entry-exit analysis*) foi utilizada como evidência da distância sobre a qual as lojas de conveniência abastecidas pela Booker competem por clientes. Nesse ponto, o teste buscou identificar se, em resposta às mudanças na concorrência varejista local que os clientes da Booker enfrentam, ocorreriam alterações nos volumes de compras que esses clientes fazem na Booker. A análise também buscou identificar quais concorrentes varejistas teriam um impacto significativo nas vendas da Booker.

As conclusões obtidas pela CMA com esse exercício econométrico foram de que (i) a entrada de uma loja Tesco reduziria as vendas feitas pela Booker a varejistas próximos em até uma milha (aprox. 400 metros) de distância, com efeitos mais fortes dentro do primeiro meio quilômetro; e (ii) a entrada de uma loja Tesco produz efeitos significativos entre as redes de varejo, uma vez que os dados demonstraram que a abertura de uma loja Tesco reduziria as vendas da Booker para varejistas localizados a uma distância menor que ¼ de milha de distância.

A CMA também aplicou o teste *vGuppi* (em inglês, *Gross Upwards Pricing Pressure Indices*), voltado a analisar o incentivo para aumento unilateral de preços em decorrência da fusão. A título de contextualização, o teste *vGuppi* é uma adaptação do teste *GUPPI*[8] desenvolvida por Serge Moresi e Steven Salop com aplicação para fusões verticais.[9]

[8] Em síntese, o teste *GUPPI* é uma técnica estabelecida para analisar os incentivos para aumento de preços após uma fusão horizontal.

[9] Para informações detalhadas sobre a origem e aplicação do teste *vGUPPI,* vide:

Tecnicamente, o *vGUPPI* busca refletir o aumento no custo de oportunidade de venda que a empresa enfrenta como resultado da fusão.[10] Mais especificamente, esse índice fornece uma estimativa dos incentivos de aumento de preço pela empresa fusionada a montante (*vGUPPIu*), incentivos de repasse do aumento dos preços dos insumos por parte dos concorrentes a jusante (*vGUPPIr*); e os incentivos de aumento de preço por parte da empresa fusionada a jusante (*vGUPPId*).[11]

O teste *vGUPPI* mede o valor percentual de vendas desviadas, equilibrando dois principais efeitos de preço resultantes de uma fusão, que são (i) a pressão para aumentar os preços após a perda de concorrência entre as empresas fusionadas, e (ii) a pressão para reduzir os preços à medida que as eficiências da fusão reduzem os custos incrementais.[12]

Assim como sua contraparte horizontal, o índice *vGUPPI* relevante para atestar a teoria de dano em fusões verticais deve ser comparado a um limiar tolerável. Em fusões horizontais, a CMA considera um limite de 5% como indicativo de um possível problema de concorrência. Após essa triagem inicial, a CMA segue a análise quanto à possibilidade de o aumento de preço ser compensada por fatores como eficiências, entrada, inovação ou reposicionamento de produtos.[13] Diferentemente do que é costumeiro nas análises de fusões horizontais, a CMA, nesse caso concreto, considerou como parâmetro que 10% seria um limite que indicaria possíveis problemas concorrenciais.

No caso Tesco/Booker, a CMA utilizou o teste *vGUPPI* para analisar os incentivos para aumento de preço nos seguintes cenários: (i) vertical – atacado para varejo; (ii) vertical – varejo para atacado; e (iii) efeitos horizontais.

MORESI, Serge; SALOP, Steven C. *VGUPPI: Scoring Unilateral Pricing Incentives in Vertical Mergers*. 2012.

[10] RBB ECONOMICS. *Seeing vertical mergers through a different lens? Implications from EssilorLuxottica/GrandVision.* 2022.

[11] ALMEIDA, Silvia Fagá de; LEITE, Anna Olimpia de Moura; TAKAHASHI, Gabriel Silva. *Novas perspectivas para a análise de fusões verticais: desafios na aplicação de remédios e utilização de métodos quantitativos.*

[12] ICN MERGERS WORKING GROUP. *ICN Vertical Mergers Survey Report*. 2018.

[13] FANTON, Ilaria. Mind the vGUPPI! A new approach to vertical mergers in local markets. 2018.

No primeiro cenário, o foco da análise foi no incentivo tido pela entidade resultante da fusão para aumentar preços de atacado (ou cortar custos que afetassem a qualidade do serviço) para lojas abastecidas por uma das partes envolvidas. No segundo cenário, a análise focou no incentivo tido pela entidade resultante da fusão para aumentar preços (ou cortar custos que afetassem a qualidade do serviço) nas lojas de propriedade de uma das partes que se sobrepunham a lojas abastecidas pela outra parte (mais frequentemente, lojas da Tesco que se sobrepõem a lojas abastecidas pela Booker). O último cenário focou no incentivo tido pela entidade resultante da fusão para aumentar os preços (ou cortar custos que afetassem a qualidade do serviço) em uma loja de propriedade de uma das partes envolvidas que se sobrepunha a lojas de propriedade da outra parte envolvida (lojas de propriedade da Booker que se sobrepunham a lojas de propriedade da Tesco, e vice-versa - ou seja, sobreposições horizontais).[14]

Em resumo, os resultados obtidos com o teste *vGuppi* permitiram que a CMA concluísse que as teorias do dano já indicadas e detalhadas no tópico 3 acima não seriam verificadas na operação. Por fim, a análise das sobreposições horizontais – em que foi aplicado o teste *GUPPI* – também não levantou preocupações concorrenciais, diante da elevada rivalidade presente nas áreas afetadas pela operação.

5. Eficiências da operação e seus possíveis efeitos negativos

Adicionalmente, a CMA investigou se as eficiências originadas da operação em discussão, a saber, (i) a harmonização dos termos de fornecimento[15], aproveitando-se as bases mais favoráveis de negociação com fornecedores e (ii) o aumento do poder de compra da entidade após a operação, poderiam ocasionar redução substancial da concorrência no mercado afetado.

De acordo com os principais argumentos trazidos pelos concorrentes durante a análise da operação, com maior poder de compra e

[14] As explicações detalhadas sobre a condução e metodologias adotadas para cada uma das análises podem ser encontradas no Apêndice C do Relatório Tesco Booker.

[15] Por harmonização dos termos de fornecimento, a CMA entendeu que seriam aqueles produtos adquiridos tanto pela Tesco como pela Booker em que um deles negociou melhores condições de fornecimento.

termos de negociação com fornecedores mais benéficos, a entidade resultante da fusão poderia, eventualmente, favorecer sua rede de varejo (Tesco) em detrimentos dos demais varejistas que compram produtos dos atacadistas (dentre eles, a Booker), e aumentar os preços de seus rivais, uma vez que, com base no seu poder de compra, obteriam melhores preços, enquanto que os fornecedores compensariam as suas perdas aumentando os preços dos demais concorrentes.

O *Merger Assessment Guidelines*[16] da CMA leciona que "*fusões não-horizontais podem resultar em eficiências como redução de preços ou uma melhor integração de produtos*"[17]. No caso em análise, em especial, defendeu-se que a operação poderia aumentar a competitividade da empresa originada pela fusão, tanto no mercado de atacado (Booker) como de varejo (Tesco), ao mudar seus incentivos e induzi-la a agir como concorrente mais fortes contra seus rivais[18].

Para confirmar essa tese, a CMA realizou teste de mercado durante a Fase 2 visando verificar se de fato a alegada eficiência poderia eventualmente reduzir substancialmente a concorrência e, consequentemente, ocasionar danos a dinâmica dos mercados afetados. Como premissa inicial, de acordo com a teoria do dano analisada (redução substancial da concorrência), a CMA entendeu que eventuais efeitos negativos advindos dessas eficiências exigiriam que toda e qualquer economia decorrente da fusão fosse repassada aos consumidores no curto prazo.

Ato contínuo, a CMA examinou se de fato a entidade resultante da fusão conseguiria negociar melhores termos de fornecimento, e se repassaria para os consumidores os benefícios obtidos, focando primordialmente em uma análise das economias advindas do *procurement* e distribuição/logística como resultado da operação, vez que esses são os custos operacionais mais prováveis de serem repassados para terceiros.

Nesse contexto, com base nas informações obtidas diretamente dos fornecedores, verificou-se que a negociação de melhores termos de

---

[16] COMPETITION AND MARKETS AUTHORITY. *Merger Assessment Guidelines*. 2021.

[17] Tradução livre de trecho do parágrafo 7.6 do *Merger Assessment Guideline* da CMA.

[18] A CMA classifica as eficiências como (i) eficiências que aumentam a rivalidade e (ii) que beneficiam os consumidores. Nesse sentido, vide parágrafo 8.3 do *Merger Assessment Guideline* da CMA.

fornecimento dependeria de uma variedade de fatores, tais como volume, variedade adquirida, logística e distribuição dos produtos, entre outros, vez que os preços são baseados em diversos critérios objetivos e dificilmente seria possível verificar de antemão as sinergias originadas, além de depender da habilidade de negociação das partes envolvidas.

Buscou-se também analisar a participação de mercado do Tesco (varejo) em relação a *procurement* para todas as categorias, constatando-se que sua participação era inferior a 30% (aproximadamente 24%) e, ainda, o incremento em sua participação em decorrência da operação seria baixo (cerca de 3,5%). Mesmo quando da análise segmentada das principais categorias de produtos (mantimentos, bebidas, congelados, entre outros), apenas em relação ao item tabaco as Partes possuíam uma participação significante, com incremento maior de 10%. Todavia, ao analisar as especificidades da indústria do tabaco, que possui grande poder de barganha diante de sua alta concentração, o CMA afastou qualquer preocupação concorrencial advinda da operação.

Concluiu-se, portanto, que a entidade resultante da fusão aproveitaria melhores termos de negociação com fornecedores em relação a alguns produtos, como efeito da harmonização dos termos já existentes da Tesco e da Booker. Todavia, o CMA entendeu que esse aproveitamento seria em proporções reduzidas, principalmente em vista do pequeno incremente de participação de mercado no setor de *procurement* originado pela operação, de tal forma que não haveria um aumento significativo do poder de compra da entidade. Por fim, pontuou que os benefícios advindos da harmonização de termos de fornecimento provavelmente seriam repassados, ainda que de forma parcial, aos consumidores, tornando a entidade originada da fusão uma concorrente mais efetiva.

Ao final, a análise do CMA apontou que a fusão não acarretaria qualquer redução substancial da concorrência, como resultado da harmonização dos termos de fornecimento ou aumento do poder de compra da entidade fusionada. E ainda, mesmo que a nova entidade resolvesse aumentar preços no longo prazo, afetando os demais varejistas, verificou-se que os concorrentes atacadistas teriam capacidade de rivalizar, mitigando eventuais efeitos negativos.

6. Síntese da análise da CMA

Ao examinar a operação, a CMA conclui pela inexistência de efeitos negativos aos mercados afetados oriundos das integrações verticais originadas da combinação das atividades comerciais da Tesco, maior varejista do ramo alimentar, e da Booker, por sua vez, a maior atacadista do mesmo ramo.

A análise considerou que a operação não seria capaz de ocasionar redução substancial da concorrência em nenhum dos mercados da cadeia de suprimentos afetado pela operação (comércio varejista, distribuição atacadista e fornecimento de produtos para o varejo e o atacado), principalmente porque: (i) os fornecedores continuariam a deter elevado poder de barganha frente à nova entidade resultante da operação; (ii) em que pese as empresas requerentes serem líderes em seus respectivos segmentos de atuação, as participações de mercado seriam inferiores a 30% em nível nacional e em nível local, e a entidade resultante da fusão sofreria elevada pressão competitiva tanto no mercado a montante quando no mercado a jusante; (iii) as vendas dos produtos de marca própria eram limitadas e não haveria grandes impactos decorrentes da troca de informação privilegiada sobre novos produtos e, por fim, (iv) no caso de um eventual aumento de preço ou redução da qualidade de seus produtos, a entidade resultante da fusão sofreria perdas decorrentes do desvio de demanda para os demais concorrentes.

Para alcançar essa conclusão, a CMA valeu-se de um exame detalhado do mercado e dos dados comerciais das partes envolvidas e de outros *players* (atacadistas, fornecedores e varejistas), além de basear-se em dois relatórios econômicos com foco em análise quantitativa dos mercados, a saber, *entry-exit analysis* (entender os efeitos de aberturas e fechamentos de lojas no nível de varejo) e o *vGuppi* (verificar o incentivo para aumento de preços em regiões específicas), sendo que ambos apontaram pela ausência de problemas concorrências decorrentes da operação.

Por fim, o CMA buscou verificar se as eficiências originadas pela fusão, qual seja, a harmonização dos termos de fornecimento, prevalecendo as melhores condições negociadas pelas empresas para a entidade resultante, e o aumento de seu poder de compra, poderiam ocasionar efeitos negativos nos mercados potencialmente impactados. Essa tese foi prontamente afastada, vez que se constatou que os termos de fornecimento são baseados em diversos critérios objetivos, e que a entidade resultante da fusão apenas aproveitaria parcialmente esse benefício. Adicionalmente, constatou-se que o incremento decorrente da fusão na participação de mercado no setor de *procurement* seria limitado e não conferiria à entidade posição diferenciada em relação a outros concorrentes.

7. Considerações finais

Quase cinco anos após a conclusão da análise da operação em referência, em 2022, a CMA encomendou um estudo sobre os impactos de quatro fusões verticais aprovadas pela autoridade em diferentes mercados.[19] Com relação à aquisição da Booker pela Tesco,[20] a consultoria contratada (E.CA Economics) concluiu que a aprovação sem restrições da operação pela CMA foi adequada, uma vez que os concorrentes, fornecedores e clientes consultados, incluindo os que originalmente haviam se posicionado contra a operação, não teriam levantado preocupações acerca de efeitos negativos sob a ótica concorrencial nos anos seguintes à sua consumação, indicando que o setor permanecia altamente competitivo nos diferentes elos da cadeia do setor alimentício do Reino Unido.

Apesar de concluída no final de 2017, a análise da operação entre a Tesco e a Booker pela CMA ainda pode ser considerada um caso paradigmático de fusões verticais para a comunidade antitruste, principalmente em razão do nível de detalhamento verificado e das inovações trazidas em relação ao uso do *vGuppi*.

Em relação às eficiências originadas pela operação, é interessante notar que a análise aplicada pela CMA deu um enfoque distinto daquele que costumamos verificar na análise tradicional utilizada pelo Cade. Ao examinar os efeitos positivos da operação, a saber (i) a harmonização dos termos de fornecimento e (ii) o aumento do poder de compra da entidade originada da fusão, a CMA buscou verificar se essas eficiências teriam o potencial de reduzir a concorrência e prejudicar os demais *players* do mercado (o que nos parece ser uma teoria do dano), ao invés de sopesar se referidas eficiências compensariam/superariam os possíveis efeitos deletérios, possibilitando a aprovação da operação.

No mesmo sentido, à luz do crescente protagonismo das fusões verticais no cenário econômico global, é possível prever que instrumentos analíticos como o teste *vGuppi* e outras abordagens quantitativas as-

---

[19] E.CA ECONOMICS. *Ex-post Evaluation of Vertical Mergers:* Report for the Competition and Markets Authority. Report for the Competition and Markets Authority. 2022.

[20] Outras operações verificadas envolveram a Tulip e a Easey, nos mercados de criação e processamento de carne de porco; a Heineken e a Punch, nos mercados de produção de cerveja e *pubs*; e a Mastercard e a Vocalink, nos mercados de serviços de pagamento e infraestrutura para tais serviços.

sumam um papel cada vez mais relevante nas análises das autoridades de concorrência.

Destarte, pelos pontos acima expostos, tudo indica que a análise do CMA foi acertada e abriu o caminho para que outras operações similares ocorressem no mercado alimentício britânico, fomentando a competitividade entre seus principais *players*.

8. Referências bibliográficas

ALMEIDA, Silvia Fagá de; LEITE, Anna Olimpia de Moura; TAKAHASHI, Gabriel Silva. *Novas perspectivas para a análise de fusões verticais: desafios na aplicação de remédios e utilização de métodos quantitativos.* 2019.

COMPETITION AND MARKETS AUTHORITY. *Merger Assessment Guidelines. 2021.*

COMPETITION AND MARKETS AUTHORITY. Tesco and Booker: *A Report on the Anticipated Acquisition by Tesco PLC of Booker Group PLC.* 2017.

COMPETITION AND MARKETS AUTHORITY. *Tesco/Booker merger provisionally cleared after in-depth review*. 2017.

CADE. *Guia para Análise de Atos de Concentração Horizon*tal. 2016.

CADE. *Guia V+: guia de análise de atos de concentração não horizontais. Guia de Análise de Atos de Concentração Não Horizontais*. 2023. Minuta julho/2023.

DAVEY, James. *Aldi and Lidl dig deeper into Britain's grocery market.* 2018.

E.CA ECONOMICS. *Ex-post Evaluation of Vertical Mergers*: Report for the Competition and Markets Authority. Report for the Competition and Markets Authority. 2022.

FANTON, Ilaria. *Mind the vGUPPI*! A new approach to vertical mergers in local markets. 2018.

FOSTER, David; GAYSFORD, Simon. *Retail therapy: competition watchdog breaks new ground in approving tesco-booker merger*. 2018.

FRESHFIELDS BRUCKHAUS DERINGER LLP. *Tesco-Booker: a new dynamic for the UK grocery sector.* N/A.

ICN MERGERS WORKING GROUP. ICN *Vertical Mergers Survey Report*. 2018.

MONAGHAN, Angela; WOOD, Zoe. *Tesco's £3.7bn takeover of Booker given green light.* 2017.

MORESI, Serge; SALOP, Steven C.. VGUPPI: *Scoring Unilateral Pricing Incentives in Vertical Mergers.* 2012.

RAND CORPORATION. *Food consumption in the UK*: Trends, attitudes and drivers. Trends, attitudes and drivers. 2020.

RBB ECONOMICS. *Seeing vertical mergers through a different lens?* Implications from EssilorLuxottica/GrandVision. 2022.

O CASO HEINEKEN/PUNCH E AS TEORIAS DE DANO VERTICAIS ANALISADAS PELA *COMPETITION AND MARKETS AUTHORITY:* CONSIDERAÇÕES SOBRE A CONCORRÊNCIA NO SETOR DE CERVEJA

THE HEINEKEN/PUNCH CASE AND THE VERTICAL THEORIES OF HARM ANALYZED BY THE COMPETITION AND MARKETS AUTHORITY: CONSIDERATIONS ABOUT COMPETITION IN THE BEER SECTOR

Joyce Midori Honda
Thales de Melo e Lemos
Lucas Longhitano

Resumo: O presente artigo examina as peculiaridades das fusões verticais, a partir da análise da decisão de aprovação, pela Competition and Markets Authority (CMA), da aquisição, pela Heineken UK Limited, da Punch Taverns Holdco (A) Limited, em 2017. Em especial, analisa-se as três teorias de dano verticais aventadas no caso, bem como a crítica realizada em um estudo *ex-post* contratado pela própria CMA. Em seguida, examina-se brevemente o histórico de análises do Cade envolvendo a mesma cadeia produtiva, ou cadeias produtivas análogas, traçando paralelos relevantes acerca dos métodos utilizados, principais pontos de atenção e potenciais aprimoramentos nas decisões.

Palavras-chave: Atos de Concentração; integrações verticais; Cade; CMA; setor de cerveja; teorias de dano; caso Heineken/Punch.

Abstract: This article examines peculiarities of vertical mergers through the analysis the clearance decision issued by the Competition and Markets Authority's on the acquisition, by Heineken UK Limited, of Punch Taverns Holdco (A) Limited, in 2017. In particular, it analyzes the three theories of vertical harm discussed in the case, as well as the critic provided in the ex-post study hired by CMA itself. Then, it briefly examines Cade's case law regarding this supply chain, or analogue supply chains, drawing relevant parallels on the methodologies applied, key points of concern and potential enhancements in the decisions.

Keywords: Merger Filings; vertical integration; Cade; CMA; beer sector; theories of harm; Heineken/Punch case.

1. Introdução

Integrações verticais têm sido alvo de maior atenção pela comunidade antitruste global nos últimos anos. A concepção influenciada pela Escola de Chicago, que sustenta que tais integrações são fundamentalmente pró-competitivas e raramente geram preocupações concorrenciais, está sendo revisitada por autoridades competentes em diversas jurisdições[1].

Tal ceticismo é motivado, entre outros motivos, por preocupações relacionadas a uma suposta falha de atuação regulatória, pela crescente complexidade das interações e organizações mercadológicas e pela criação de novas formas de consolidação e uso de poder de mercado[2], incluindoem nível complementar ou conglomeral[3].

Assim, é importante identificar as metodologias e procedimentos de análise que devem ser aplicados para avaliar os efeitos não-horizontais de uma operação, com foco nas teorias do dano que esses tipos de concentração podem suscitar.

O Conselho Administrativo de Defesa Econômica (Cade), no exercício de sua competência de realizar a análise prévia de atos de concentração, não está alheio às discussões. A título exemplificativo, faz-se referência à versão preliminar do "Guia V+", documento que visa consolidar as melhores práticas e procedimentos usualmente adotados pela autarquia na análise de efeitos não horizontais em atos de concentração[4].

Com o objetivo de contribuir com a discussão, o presente trabalho analisará o julgamento, pela Competition and Markets Autho-

---

[1] SALOP, Steven C. Invigorating Vertical Merger Enforcement. Yale Law Journal, 1962-1994 (2018). Vol. 127. Pp. 1962-1994

[2] Ibidem.

[3] De acordo com a OCDE, efeitos conglomerais ocorrem quando um ato de concentração tem efeitos sobre a concorrência, mas as empresas não estão no mesmo mercado relevante, nem na mesma cadeia de produção. Esse tipo de concentração pode gerar preocupações relacionadas, por exemplo, a estratégias de venda casada e/ou discriminação de preços. Ver: OCDE. Roundtable on Conglomerate Effects of Mergers. Background Note by the Secretariat. Junho, 2020.

[4] A versão preliminar do "Guia V+" está, no momento da elaboração do presente artigo, em fase de consulta pública. Após a conclusão da consulta pública (período de 20/07/2023 a 03/09/2023), o Guia V+ será enviado ao Tribunal do Cade para deliberação e decisão final.

rity (CMA), autoridade concorrencial do Reino Unido, da aquisição da Punch Taverns Holdco (A) Limited pela Heineken UK Limited, em 2017.

A escolha deste caso se justifica, visto que: (i) a operação envolve a cadeia produtiva da cerveja desde a fabricação até a comercialização em pubs para o consumidor final; (ii) o caso envolve cadeias produtivas que já foram ou estão sendo objeto de análises aprofundadas pelo Cade, ou que são análogas em seu funcionamento[5], o que permite a comparação entre as teorias de dano aventadas; (iii) a análise empreendida pela CMA, conforme explorado nas seções subsequentes, foi objeto de questionamentos, inclusive por desconsiderar certas teorias de dano sem maior aprofundamento; e, por fim, (iv) o caso foi objeto de estudo *ex-post* encomendado pela própria CMA[6], o que fornece subsídios adicionais ao presente trabalho.

Feita esta introdução, o presente artigo irá, primeiramente, apresentar breve panorama da análise da CMA no caso Heineken/Punch, com ênfase nas teorias de dano exploradas. Na sequência, será explorada a jurisprudência do Cade envolvendo o setor, para realizar uma análise comparativa das teorias de dano sob a perspectiva de cada autoridade. Por fim, são apresentadas as conclusões acerca da análise empreendida pela CMA.

2. O Caso "Heineken/Punch Taverns"

2.1. Descrição da operação

A operação em análise envolveu a aquisição, pela Heineken UK Limited, proprietária de várias marcas de cerveja e sidra, e atacadista de bebidas alcoólicas e não alcoólicas, da Punch Taverns Holdco (A) Limited, empresa operando, à época, 1.895 pubs em todo o Reino Unido.

À época da fusão, de acordo com informações publicamente disponíveis, a Heineken detinha participação de mercado entre 20 e 30% no setor de cervejas no Reino Unido, com leves varia-

[5] A esse respeito, ver, por exemplo: AC nº 08700.002432/2016-45. Requerentes: Ambev S/A e Brasil Kirin Bebidas Ltda. Aprovado sem restrições em 01/07/2016.

[6] E.CA Economics. "*Ex-post Evaluation of Vertical Mergers - Report for the Competition and Markets Authority*". 31 de março de 2022.

ções a depender do tipo de cerveja, ou sidra. A Heineken também era dona da Star Pubs & Bars Ltd, uma subsidiária que operava, à época, 1.047 pubs no Reino Unido.

A operação, portanto, envolveu sobreposição horizontal na operação de pubs, bem como integração vertical entre a fabricação e distribuição de cerveja pelo grupo Heineken e a operação de bares e restaurantes pela Punch.

A análise da CMA (*phase 1 inquiry*) sobre a operação foi aberta em 16 de fevereiro de 2017 e, em agosto do mesmo ano, a aquisição foi aprovada mediante o desinvestimento de 33 bares para remediar as preocupações horizontais em diversos mercados locais.

Apesar dos remédios aplicados, a CMA afastou as três teorias de dano verticais aventadas, ainda que reclamações significativas tenham sido suscitadas por parte dos agentes oficiados no decorrer da instrução. Conforme indicado na análise realizada posteriormente, esta operação tornou a Heineken o terceiro maior grupo de pubs da Grã-Bretanha, e estava inserida em um contexto maior de consolidação do setor[7].

2.2. Teorias de dano verticais

Primeiramente, a CMA adotou como mercado relevante a jusante, na dimensão produto, o funcionamento de bares, sem distinção por modalidade de operação ou propriedade, excluindo restaurantes e outros estabelecimentos licenciados. Na dimensão geográfica, analisou a concorrência em dimensão nacional e com base em áreas de captação (*catchment areas*). A montante, a CMA analisou apenas a fabricação de cerveja, segmentada entre os tipos de cerveja e sidra, para clientes *on-trade,* isto é, segmento de venda para clientes em pubs e bares.

Importante destacar que a cadeia de produção de cerveja, no Reino Unido, conta com certas particularidades. A primeira e mais re-

[7] Conforme exposto no estudo *ex-post* da CMA, "*The merger was part of an ongoing trend towards vertical integration and consolidation in the brewing industry. For instance, the acquisition of the growing craft brewer, Meantime, by SABMiller, in May 2015 (...). AB InBev bought the craft producer, Camden Town Brewery, in December 2015, and acquired SABMiller in October 2016. Carlsberg acquired the craft beer producer, London Fields Brewery, in July 2017, and Heineken bought a minority share (a 49% stake) in Brixton Brewery in November 2017.*"

levante, chamada de "*Beer Tie*"[8], faz com que a maior parte dos administradores de pubs sejam obrigados a comprar cerveja do fornecedor aprovado pela empresa que é proprietária do imóvel ou estabelecimento. Isso denota um grau adicional de vinculação e restrição vertical que poderia ser considerado na análise antitruste. Entretanto, os dados utilizados pela CMA na análise do caso não registram a fabricante à qual um bar está vinculado. Assim, para os autores do estudo *ex-post* encomendado pela própria CMA[9], referida autoridade também poderia ter se concentrado na participação de mercado efetivamente disponível para cervejarias independentes.

Ainda podem ser destacadas, quanto à indústria de cervejas britânica, certas tendências, tais como maior número de vendas no canal *off-trade* (por exemplo, em supermercados) 10, e recentes operações de consolidação horizontal e verticalização[11].

Feita esta contextualização, serão analisadas as três teorias de dano contempladas pela CMA, resumidas na tabela abaixo:

Tabela – Teorias de Dano investigadas pela CMA

Teoria de Dano	Explicação
1. "*Input foreclosure*" ou "fechamento do acesso a insumos"	Possibilidade de que a Heineken pudesse parar de fornecer produtos e/ou oferecer condições piores a pubs rivais, para atrair clientes para seus próprios pubs
2. "*Customer foreclosure*" ou "fechamento do acesso a consumidores"	Preocupação de que a Heineken pudesse limitar os volumes de cerveja ou cidra fornecidos por outras cervejarias nos pubs adquiridos da Punch

[8] Ver https://www.theguardian.com/business/2019/may/31/tied-up-pub-landlords--battle-law-that-was-meant-to-help-them. Acesso em 10/08/2023.

[9] E.CA Economics. "*Ex-post Evaluation of Vertical Mergers - Report for the Competition and Markets Authority*". 31 de março de 2022.

[10] A título de completude, o segmento "*off-trade*", conforme definido pelo CMA, diz respeito ao fornecimento de cervejas para supermercados e estabelecimentos não-licenciados (*off-licences*). Este segmento não foi afetado pela operação e não constituiu objeto de análise.

[11] Em 2021, Heineken, Carlsberg, Molson Coors e InBev representavam 64% do mercado de cervejeiro do Reino Unido (pág.44 do Estudo). Para a SIBA, organização de representação das cervejarias independentes, a maior preocupação das pequenas e médias fabricantes é o acesso aos pubs, que já integram redes de fabricantes multinacionais ou estão vinculados via *Beer Tie* .

3. Redução na variedade de produtos ofertados	Possibilidade da Heineken reduzir ou controlar a oferta de cerveja em certas áreas, diminuindo a variedade de cervejas oferecidas nos pubs Punch

Fonte: E.CA Economics. "Ex-post Evaluation of Vertical Mergers - Report for the Competition and Markets Authority"[12]. Elaboração da tabela pelos autores.

A primeira teoria de dano aventada não suscitou grandes preocupações: de fato, de acordo com o estudo *ex-post* preparado pela CMA, nenhuma das 1.200 partes oficiadas levantou preocupações neste sentido. Na verdade, as principais preocupações discutidas estariam associadas com a possibilidade de a Heineken forçar seus pubs a fornecerem apenas produtos Heineken (segunda teoria de dano), o que estaria em contradição direta com a primeira teoria.

Para averiguar a segunda teoria de dano, isto é, o risco de fechamento do canal de pubs para cervejarias concorrentes, a CMA calculou a participação de mercado da entidade combinada, com base no tamanho da rede consolidada de pubs (ou seja, Star Pubs e Punch) e concluiu que o *market share* nacional da Heineken, pós-operação, seria de apenas 10%.

Embora a participação de mercado seja, de fato, um dado importante para avaliar a capacidade ou incentivo da Heineken de se envolver em uma estratégia de exclusão de clientes, importante notar que os pubs podem não ser substitutos perfeitos, especialmente em tamanho e volume comercializado, conforme se verá adiante ao tratar de análises similares pelo Cade[13].

Tanto é assim que o próprio estudo *ex-post* preparado para a CMA sugeriu a adoção de uma *proxy* alternativa, entendida como mais adequada para cálculo de poder de mercado[14], a partir dos "volumes de cerveja consumida em pubs"[15].

---

[12] E.CA Economics. "*Ex-post Evaluation of Vertical Mergers – Report for the Competition and Markets Authority*". 31 de março de 2022.

[13] BRASIL. Conselho Administrativo de Defesa Econômica. Processo Administrativo nº 08012.003805/2004- 10. Representantes: Primo Schincariol Indústria de Cervejas e Refrigerantes S/A. Representados: Companhia de Bebidas das Américas – Ambev. Relator: Conselheiro Fernando Magalhães Furlan, 2009

[14] O estudo *ex-post* para a CMA admite a possibilidade de que a adoção de outras *proxies* não necessariamente implicaria na reprovação da Operação.

[15] De acordo com a *Society of Independent Brewers* ("SIBA"), e conforme averiguado pelos autores do estudo *ex-post*, pubs com baixo volume de cervejas não

De fato, embora os dados não sejam públicos, o referido estudo apresenta conclusões importantes: (i) apenas volumes limitados no segmento *on-trade* seriam contestáveis por cervejarias menores; (ii) a maioria das cervejas vendidas em pubs no Reino Unido está sujeita a algum tipo de restrição (seja via *Beer Tie* ou verticalização); e (iii) pubs que permaneceram independentes foram frequentemente identificados como pubs de baixo volume de venda, os quais não seriam interessantes ou selecionados pelos grandes fabricantes de cerveja.

Neste ponto, salutar a recomendação do estudo no sentido de que a CMA deveria ter considerado também as oportunidades de acesso ao mercado *downstream* por cervejarias menores e como tais oportunidades seriam afetadas após a fusão.

Já a terceira teoria de dano, de acordo com consumidores, fabricantes concorrentes e operadores de pubs, estaria intimamente relacionada ao racional da operação: suposta redução na oferta de marcas de fabricantes pequenos ou independentes. De fato, a CMA reconheceu o incentivo da Heineken para focar a oferta dos pubs em marcas da Heineken para as quais, na condição de fabricante, receberia uma margem maior.

Isto porque, em mercados com produtos diferenciados, reduzir as oportunidades de acesso a montante (ou seja, limitar o acesso de outros fabricantes de cerveja aos pubs Heineken) também impacta a oferta de produtos a jusante (i.e., a oferta de cervejas nos pubs) para o consumidor final e, portanto, limita as escolhas disponíveis ao consumidor.

Contudo, a CMA considerou que não haveria redução significativa na variedade de produtos ofertados aos consumidores, declarando que a Heineken teria uma ampla gama de cervejas, capaz de atender demandas diferentes. No entanto, a questão que poderia ter sido melhor investigada era se essa limitação de escolha ainda assim degradava a oferta ao cliente e se, a longo prazo, poderia levar à saída de cervejeiros independentes, seguida de um possível agravamento da redução na oferta. Além disso, conforme identificado no estudo *ex*-post, é possível que a análise pela CMA tenha realizado um pré-julgamento sobre a qualidade das marcas de cervejas detidas pela Heineken, considerando-

---

seriam sequer vistos por grandes fabricantes como a Heineken como dignos de serem "vinculados". Tal situação é, de certa forma, similar à situação investigada pelo Cade acerca do programa "Tô Contigo", onde a questão da "seleção" de PDVs específicos foi suscitada.

-as próximas das concorrentes, sendo que não houve a realização de teste empírico ou outro estudo que subsidiasse tal hipótese.

Ademais, a CMA concluiu que uma redução hipotética na oferta poderia, em tese, ter apenas um impacto relativamente limitado na concorrência à nível local. Por sua vez, o estudo *ex-post* preparado para a CMA critica tal análise, destacando que tal entendimento ignora aspectos importantes da diferenciação do produto, uma questão que estava no centro de muitas das reclamações dos players oficiados.

Ao fim, a conclusão do Estudo é contundente:

> "Na nossa opinião, a exclusão de clientes (ToH 2) através de uma redução de alcance (ToH 3) parece ter sido a razão para a fusão. A CMA parece ter conhecimento disso, mas acabou por deixá-lo de lado, entre outras coisas, por falta de sentido comercial e por falta de preocupação com a importância da gama de produtos. Dado o volume de reclamações de terceiros, a existência de documentos internos contemporâneos à disposição da CMA e o comportamento anterior da Heineken, consideramos que a conclusão da CMA não está suficientemente evidenciada."[16]

3. Análise comparativa: precedentes do Cade envolvendo o setor de cervejas

Apesar da limitação de escopo do presente trabalho, e de seu foco na análise da decisão da CMA, foi feita também uma análise dos precedentes do Cade envolvendo o setor de cerveja e outros setores análogos, o que demonstrou que a autoridade brasileira tem experiência com algumas das teses aventadas no caso Heineken/Punch.

---

[16] Tradução de "In our view, customer foreclosure (ToH 2) through a reduction of range (ToH 3) appears to have been the rationale for the merger. The CMA appears to have been aware of it, but ultimately set it aside, inter alia, for a lack of business sense and its lack of concern about the importance of product range. Given the volume of third-party complaints, existence of contemporaneous internal documents available to the CMA and Heineken's previous behaviour, we consider the CMA's conclusion to be insufficiently evidenced," in E.CA Economics. "*Ex-post Evaluation of Vertical Mergers - Report for the Competition and Markets Authority*". 31 de março de 2022.

Sendo assim, serão brevemente comparadas a análise da CMA e do Cade em relação à "Segunda Teoria de Dano", consistente no fechamento do acesso aos clientes (no caso, aos pubs ou "PDVs"), e à "Terceira Teoria de Dano", referente à redução na variedade de produtos ofertados aos consumidores finais no cenário pós-operação[17].

Em controle de estruturas[18], o precedente mais relevante é o Ato de Concentração[19] que analisou a celebração de um Contrato de Distribuição entre a Red Bull e a Ambev, por meio do qual a Ambev pretendia distribuir ou revender bebidas energéticas da Red Bull em determinados PDVs do território nacional.

As teorias de dano suscitadas naquele caso foram similares às teorias 1 e 2 do caso Heineken/Punch, isto é, *input foreclosure* e *customer foreclosure*. Também foram objeto de análise detalhada o valor da marca e a qualidade a montante, bem como o posicionamento de marketing no mercado a jusante. Outra particularidade é que se buscou avaliar o hipotético fechamento de acesso aos distribuidores de bebidas em geral (seja de energéticos, ou de quaisquer outras bebidas).

Por fim, a operação não envolveu uma efetiva fusão das partes, com disposições explícitas no contrato sobre a ausência de vínculos societários entre Ambev e Red Bull, que permaneceram como partes independentes e autônomas entre si – ou seja, seria possível argumentar que a operação em tela representou um vínculo bem menos significativo entre as partes do que o caso objeto do presente estudo. Ao final, a Superintendência-Geral do Cade aprovou a operação sem restrições, considerando que não havia riscos de fechamento de mercado dadas as baixas participações da Red Bull no mercado *upstream* (bebidas em

---

[17] Como a primeira teoria de dano analisada no caso Heineken/Punch, referente ao fechamento do acesso a insumos (cerveja), foi prontamente afastada pela CMA tendo em vista as participações de mercado moderadas da Heineken, a gama de produtos de cerveja e sidra disponíveis através de canais alternativos, e o teste de mercado realizado, a presente análise comparativa será focada nas duas outras teorias de dano identificadas naquele caso.

[18] Vide, referente a cervejas, os Atos de Concentração nº 08012.003509/2010-67, 08012.005881/2008-93, 08012.008015/2008-54, 08012.008706/2007-77 e 08012.003302/2007-97.

[19] BRASIL. Conselho Administrativo de Defesa Econômica. Ato de Concentração nº 08700.002074/2019-13. Representantes: Ambev S.A. e Red Bull do Brasil Ltda. Terceiro Interessado: Cervejaria Petrópolis S.A. Aprovação sem restrições em 16/09/2019.

geral) e que os concorrentes das partes já possuíam atividades de distribuição de seus próprios produtos (segmento *downstream*).

Outro ato de concentração relevante para o presente estudo foi a operação entre Ambev e Brasil Kirin[20], envolvendo os segmentos de cervejas e outras bebidas não alcóolicas carbonatadas e não carbonatadas. A operação em análise envolvia apenas a aquisição de capacidade produtiva, sendo que a avaliação se ateve à análise dessas capacidades produtivas, sob a ótica da oferta. Por conta dessa peculiaridade envolvendo a operação, foram examinados os *market shares* em termos de capacidade produtiva de cervejas, sendo considerados dados informados pelas empresas Ambev, Brasil Kirin, Petrópolis, Heineken/Kaiser e Coca-Cola para a região Sudeste.

Ainda, no precedente supracitado, a Autoridade exarou seu entendimento que o mercado de produção e envase de bebidas é um mercado com elevadas barreiras à entrada, envolvendo empecilhos relativos ao ativo de produção (planta), à consolidação de marca, à rede de distribuição, dentre outros. A análise verificou que a Brasil Kirin detinha capacidade ociosa significante para não haver efetiva transferência de *share* com a operação, sendo que para a Ambev, a aquisição da planta de Macacu representaria uma ligeira folga para o alto nível de ocupação de capacidade produtiva observada em suas plantas – o que foi caracterizado como ganho de eficiência produtiva.

Cumpre ressaltar que a experiência do Cade com o setor não está adstrita ao controle de estruturas[21], sendo possível extrair informações relevantes em precedentes de controle de conduta sobre as teorias de dano aventadas. Na ocasião do julgamento do programa "Tô

---

20 Ato de Concentração nº 08700.002432/2016-45. Requerentes: Ambev S/A e Brasil Kirin Bebidas Ltda. Operação aprovada sem restrições pelo Cade em 01/07/2016.

21 A esse respeito, ver Ato de Concentração nº 08700.008642/2014-85 (CERPA – Cervejaria Paraense S.A e AmBev S.A.). Operação aprovada sem restrições pelo Cade em 06.11.2014; Ato de Concentração nº 08700.000540/2015-01 (Ambev S.A. e PepsiCola Industrial da Amazônia Ltda.). Operação aprovada sem restrições pelo Cade em 09.06.2015; Ato de Concentração nº 08700.000882/2015-12 (Ambev S.A. e Whirlpool S.A.). Operação aprovada sem restrições pelo Cade em 02.03.2015; Ato de Concentração nº 08700.005953/2018-16 (Ambev S.A. e PepsiCola Industrial da Amazônia Ltda.). Operação aprovada sem restrições pelo Cade em 07.12.2018; e Ato de Concentração nº 08700.000882/2019-46 (HBSIS Soluções em Tecnologia da Informação Ltda. e Arosuco Aromas e Sucos Ltda.). Operação aprovada sem restrições pelo Cade em 21.02.2019.

Contigo"[22], por exemplo, o Cade analisou o fechamento de mercado a PDVs. Com base no referido programa, os estabelecimentos recebiam pontos de acordo com as quantidades de cervejas adquiridas da AmBev. A bonificação era então trocada por prêmios, como descontos nas compras de novos produtos. O Cade entendeu que a prática era prejudicial à concorrência e aos consumidores finais, ao resultar em uma espécie de exclusividade de fato, limitando a exposição e a venda de marcas concorrentes. Sendo assim, condenou a Ambev ao pagamento de multa no valor de aproximadamente R$ 353 milhões.

Uma divergência significativa da análise do Cade com a análise da CMA está no fato de que houve uma análise criteriosa da concorrência efetiva entre os diferentes PDVs. Neste sentido, o Cade percebeu que a Ambev não adotava a política supracitada de forma generalizada, mas sim escolhia criteriosamente os PDVs em face de sua importância estratégica e volume de vendas. No caso Heineken/Punch, como já visto, o cálculo de participação de mercado no segmento de pubs não levou em consideração algumas particularidades da dinâmica competitiva do mercado, o que poderia ter resultado em conclusões diferentes. Evidentemente, há que se considerar que a análise do Cade, ao contrário da análise da CMA, era *ex-post* por natureza (envolvendo uma conduta anticompetitiva).

Outro exemplo notável e recente da perspectiva do Cade sobre relações verticais no setor pode ser encontrado no Inquérito Administrativo instaurado em 2022, em resposta a uma denúncia da Heineken Brasil[23].

Neste caso, a Heineken alegou que a Ambev estaria, supostamente, abusando de sua posição dominante por meio de contratos de exclusividade com os canais frios (pontos de venda de cerveja gelada para consumo imediato no local, como bares e restaurantes). Tal abuso se daria pela imposição de exclusividade na venda de seus produtos por meio de diversos incentivos, incluindo pagamentos de luvas, descontos

---

[22] BRASIL. Conselho Administrativo de Defesa Econômica. Processo Administrativo nº 08012.003805/2004- 10. Representantes: Primo Schincariol Indústria de Cervejas e Refrigerantes S/A. Representados: Companhia de Bebidas das Américas – Ambev. Relator: Conselheiro Fernando Magalhães Furlan, 2009.

[23] BRASIL. Conselho Administrativo de Defesa Econômica. Processo Administrativo nº 08700.001992/2022-21. Representante: HNK BR Indústria de Bebidas Ltda. Representada: Ambev S.A.. Em fase de instrução na Superintendência-Geral do Cade.

não lineares e oferta de materiais. A referida prática, segundo alegado, resultaria no fechamento do acesso, por concorrentes da Ambev, a muitos PDVs considerados "*premium*".

A Ambev, por sua vez, argumentou que a celebração de contratos de exclusividade era uma prática comum no mercado de bebidas, tanto no Brasil, quanto internacionalmente. Alegou que essa abordagem gerava eficiências para a empresa, fortalecendo sua marca e permitindo aos PDVs investirem em melhorias para a experiência do consumidor.

Em setembro de 2022, o Cade concedeu medida preventiva que proibia a Ambev de firmar novos contratos de exclusividade com bares e restaurantes em 17 grandes cidades brasileiras até a Copa do Mundo do Catar. Curiosamente, a medida preventiva atingiu também a Heineken, que não poderia firmar contratos de exclusividade com bares e restaurantes nos mercados em que a empresa detinha mais de 20% de participação. No mês seguinte, o Tribunal aceitou parcialmente o recurso da Ambev tão somente para (i) excluir da medida os PDVs temporários, construídos especificamente para eventos; (ii) flexibilizar o monitoramento nas localidades com baixo índice de fechamento; (iii) delimitar as áreas objeto da restrição tendo efeitos até o final de 2022 para os PDVs inseridos na zona amarela e até a decisão do caso para os PDVs inseridos na zona vermelha (principalmente, Brasília, Rio de Janeiro e São Paulo).

Informações extraídas da versão pública da representação da Heineken também oferecem um panorama importante do funcionamento destes mercados no Brasil, inclusive no sentido de que a capacidade para rivalizar efetivamente depende, em larga medida, de estratégias para ampliar o número de PDVs em que os produtos se encontram disponíveis, especialmente os estratégicos para formação da marca. A indisponibilidade dos produtos em determinados PDVs seria danosa ao impedir a conquista de novos consumidores, além de frustrar a expectativa dos que já tenham preferência pela marca, deteriorando sua imagem.

Outra estratégia tida como fundamental consiste na exposição de produtos e iniciativas de merchandising em locais em que consumidores tenham acesso a uma experiência de consumo atrativa e que contribua para construção positiva da marca – o que está usualmente relacionado à experiência proporcionada pelo PDV (ambiente, localização, público etc.), e pelos produtos disponíveis para consumo (diversidade e qualidade de marcas).

Por fim, segundo a Superintendência-Geral do Cade, o mercado de distribuição se encontra altamente concentrado, contando com expressiva participação de mercado da Ambev[24].

Em outro caso, apesar de não relacionado ao setor de cervejas, o Cade também teve oportunidade de investigar o fechamento de acesso a pontos de venda. Trata-se de processo administrativo[25] envolvendo o setor de sorvetes e o oferecimento, aos PDVs, de descontos e bonificações em troca de exclusividade de vendas, de merchandising (exposição privilegiada) ou de uso dos refrigeradores. Aqui, novamente temos uma análise criteriosa da concorrência efetiva entre os diferentes PDVs e sua valoração pelos fornecedores do mercado a montante.

4. Conclusão

O presente artigo buscou apresentar breve análise do julgamento, pela CMA, da aquisição da Punch Taverns Holdco (A) Limited pela Heineken UK Limited, em 2017, com foco especial nas teorias de dano verticais discutidas. Ainda, foram exploradas as considerações suscitadas em estudo *ex-post* encomendado pela CMA[26] para avaliar a decisão e seus efeitos.

Além disso, realizou-se análise comparativa das teorias de dano exploradas e descartadas pelo Cade em casos envolvendo o setor de cerveja, ou outros similares em seu funcionamento[27].

---

[24] De acordo com a Nota Técnica nº 10/2022/CGAA11/SG/Cade, a posição dominante da Ambev é "inquestionável no mercado relevante de origem da prática, evidenciada pela sua participação de mercado superior a 40% em todos os mercados relevantes regionais e pelas elevadas barreiras à entrada do setor (binômio marca e rede de distribuição)".

[25] BRASIL. Conselho Administrativo de Defesa Econômica. Processo Administrativo nº 08012.007423/2006-27. Representantes: Della Vita Grande Rio Indústria e Comércio de Produtos Alimentícios Ltda. Della Vita Grande Rio Indústria e Comércio de Produtos Alimentícios Ltda). Relator: Conselheiro João Paulo de Resende, 2018.

[26] E.CA Economics. "*Ex-post Evaluation of Vertical Mergers - Report for the Competition and Markets Authority*". 31 de março de 2022.

[27] A esse respeito, ver, por exemplo: AC nº 08700.002432/2016-45. Requerentes: Ambev S/A e Brasil Kirin Bebidas Ltda. Aprovado sem restrições em 01/07/2016.

Em suma, foram identificados pontos em que a CMA poderia ter aprofundado sua análise, especialmente ao considerar as particularidades da cadeia de produção de cerveja no Reino Unido, que tem elementos restritivos verticais característicos, como o *Beer Tie*, assim como ao levar em conta as diferenças nos pubs afetados.

Além disso, o estudo *ex-post* contratado pela autoridade britânica indica que houve falha na análise dos incentivos exclusionários gerados pela operação, especialmente em face das diversas evidências e reclamações fornecidas por terceiros potencialmente prejudicados.

De modo geral, a jurisprudência do Cade envolvendo as mesmas cadeias produtivas, ou que são análogas em seu funcionamento, se aproxima da análise da CMA em relação às teorias de dano verticais, mas já incluem uma análise mais criteriosa sobre concorrência efetiva entre os diferentes PDVs.

Vale realçar que o estudo *ex-post* das fusões verticais encomendado pela CMA denota um movimento, ainda que tentativo, de revisão sistemática das teses julgadas por esta autoridade, o que é extremamente salutar para qualquer autoridade de defesa da concorrência. Isto permite um refinamento do *enforcement* ao comparar os efeitos econômicos aventados ou potenciais com os efeitos reais no mercado, além de fornecer subsídios para verificação de informações enganosas ou omitidas quando da análise original.

Por sua vez, ao analisar a experiência internacional com a análise de fusões verticais, o presente trabalho também espera fomentar e fornecer subsídios adicionais para que a autoridade concorrencial brasileira exerça suas prerrogativas de maneira cada vez mais assertiva, oferecendo maior segurança jurídica aos administrados e garantindo que os mercados permaneçam competitivos.

5. Referências bibliográficas

BRASIL. Conselho Administrativo de Defesa Econômica. Ato de Concentração nº 08700.002074/2019-13. Representantes: Ambev S.A. e Red Bull do Brasil Ltda. Terceiro Interessado: Cervejaria Petrópolis S.A. Aprovação sem restrições em 16/09/2019.

BRASIL. Conselho Administrativo de Defesa Econômica. Processo Administrativo nº 08012.003805/2004- 10. Representantes: Primo Schincariol Indústria de Cervejas e Refrigerantes S/A. Representados:

Companhia de Bebidas das Américas – Ambev. Relator: Conselheiro Fernando Magalhães Furlan, 2009.

BRASIL. Conselho Administrativo de Defesa Econômica. Processo Administrativo nº 08012.007423/2006-27. Representantes: Della Vita Grande Rio Indústria e Comércio de Produtos Alimentícios Ltda. Della Vita Grande Rio Indústria e Comércio de Produtos Alimentícios Ltda). Relator: Conselheiro João Paulo de Resende, 2018

BRASIL. Conselho Administrativo de Defesa Econômica. Processo Administrativo nº 08700.001992/2022-21. Representante: HNK BR Indústria de Bebidas Ltda. Representada: Ambev S.A.. Em fase de instrução na Superintendência-Geral do Cade.

E.CA Economics. "*Ex-post Evaluation of Vertical Mergers - Report for the Competition and Markets Authority*". 31 de março de 2022.

DAVIES, R. "*Tied up: pub landlords battle law that was meant to help them.*" *The Guardian.* Reino Unido, 31 de maio de 2019. SALOP, Steven C. Invigorating Vertical Merger Enforcement. Yale Law Journal, 1962-1994 (2018). Vol. 127. Pp. 1962-1994].

OCDE. Roundtable on Conglomerate Effects of Mergers. Background Note by the Secretariat. Junho, 2020.

DESEMBAÇANDO AS LENTES: INTEGRAÇÕES VERTICAIS NO CASO ESSILOR/LUXOTTICA

CLEANING UP THE GLASSES:
VERTICAL INTEGRATIONS IN ESSILOR/LUXOTTICA

Bruno Renzetti[1]

Resumo: O ato de concentração entre Essilor e Luxottica, aprovado pelo Cade em 2018, tornou-se um dos principais precedentes da autoridade sobre teorias do dano relacionadas a integrações verticais e efeitos conglomerais. Este artigo sumariza os argumentos utilizados pelo Cade para aprovar o ato de concentração sem restrições e afastar também os argumentos levantados pela terceira interessada em seu recurso. A conclusão propõe uma reflexão sobre a atuação do Cade mais incisiva em controle de condutas do que em controle de concentrações, mesmo quando há preocupações concorrenciais relevantes.

Palavras-Chave: Ato de Concentração; Controle de Estruturas; Integração Vertical; Efeitos de Portfolio; Efeitos conglomerais; Caso Essilor/Luxottica.

Abstract: The merger between Essilor and Luxottiva was cleared by Cade in 2018 and soon became a landmark case on theories of harm related to vertical integrations. This paper sumarizes the arguments employed by Cade to clear the merger and also to dismiss the allegations brought by an interested Third Party. The conclusion urges a reflection on Cade's more aggresive role when pursuing anticompetitive conducts than in merger control, even when there are relevant competitive concerns.

Keywords: Merger; Merger Control; Vertical Integration; Portfolio Effects; Conglomerate Effects; Essilor/Luxottica case.

1. Olhando mais de perto a operação entre Essilor e Luxottica

Meus primeiros óculos foram com nove anos de idade. Desde então, enxergo o mundo por trás de duas lentes e uma armação, que se

[1] *Disclaimer:* O autor não atuou, em nenhuma capacidade, no caso objeto de análise deste artigo.

tornaram praticamente uma extensão do meu corpo. Hoje, com cerca de -9.50 graus de miopia, as pessoas facilmente reconhecem a espessura das minhas lentes, ainda que eu invista um valor alto em lentes de alta qualidade que buscam evitar o efeito "fundo de garrafa".

Eu não estou sozinho nesta. Segundo dados coletados pelo IBGE e divulgados pela Associação Brasileira de Indústria Óptica ("Abióptica"), cerca de 100 milhões de brasileiros necessitam de alguma forma de correção visual. Todavia, 36,5 milhões de pessoas possuem acesso aos óculos. O problema é, de fato, mundial. Em um relatório[2] produzido pela Organização Mundial da Saúde em 2019, projetou-se que 2,6 bilhões de pessoas sofreriam com miopia em 2020, podendo chegar a 3,3 bilhões em 2030. A miopia alta – com no mínimo seis graus – está projetada em atingir mais de meio bilhão de pessoas mundialmente em 2030.

É global[3], portanto, a importância do mercado de lentes corretivas e óculos em geral. Em verdade, trata-se de mercado diretamente relacionado à saúde pública. Assim, o ato de concentração entre Essilor International ("Essilor") e Luxottica Group S.p.A. ("Luxottica"), grandes agentes econômicos de tais mercados, mereceu destacada atenção pelo Conselho Administrativo de Defesa Econômica ("Cade")[4].

A Essilor, uma companhia francesa, "atua em todas as fases do desenvolvimento de lentes oftalmológicas (corretivas), desde o design e fabricação até a venda no comércio atacadista, com foco particular em pesquisa e desenvolvimento (P&D)"[5]. A Essilor detém marcas conhecidas do mercado oftalmológico, tais como Varilux, Crizal, Transitions, Kodak, Eyezen e Xperio. A Luxottica, empresa italiana, também atua no design e fabricação de armações para óculos de grau e óculos de sol. No Brasil, possui uma fábrica em Campinas, estado de São Paulo, e atua no varejo de óculos solares e armações através das lojas físicas da Sunglass Hut.

---

[2] WORLD HEALTH ORGANIZATION. *World Report on Vision*, 2019.

[3] Prova disso é o fato de que a operação foi submetida a diversas jurisdições, a saber: Argentina, Austrália, Canadá, Chile, China, Colômbia, União Europeia, Índia, Israel, Japão, México, Marrocos, Nova Zelândia, Rússia, Singapura, África do Sul, Coreia do Sul, Taiwan, Turquia e Estados Unidos.

[4] Ato de Concentração nº 08700.004446/2017-84. Requerentes: Essilor International (Compagnie Générale d'Optique) S.A. e Luxottica Group S.p.A.

[5] Ato de Concentração nº 08700.004446/2017-84, Formulário de Notificação, p. 1

O ato de concentração proposta tratava de uma fusão total entre as duas Requerentes. No cenário pós-operação, uma empresa *holding* conjunta passaria a ser controladora de ambos os negócios. A *holding* teria uma administração comum, com diretores tanto da Essilor quanto da Luxottica. O racional econômico da operação, segundo o Formulário de Notificação apresentado pelas Requerentes, seria a possibilidade de combinar as especialidades complementares de cada uma delas, de forma que a entidade resultante passaria a estar presente em quase todos os setores da cadeia de valor para a saúde visual[6].

Ao mesmo tempo que os mercados que as Requerentes atuavam em mercados complementares, havia também grande sobreposição horizontal de algumas de suas atividades, além de integração vertical. Para melhor ilustrar o cenário pós-operação, as Requerentes forneceram, no próprio Formulário de Notificação, o diagrama abaixo.

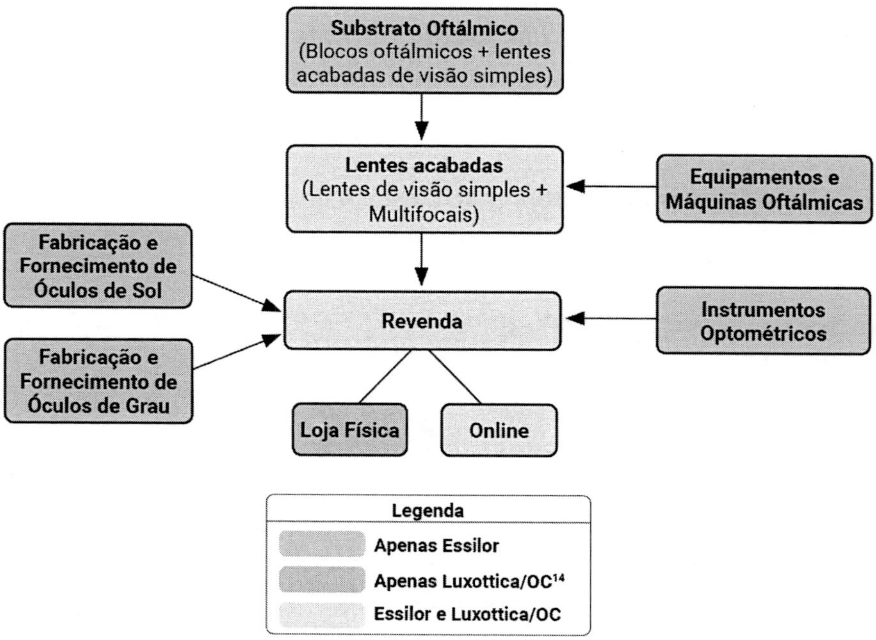

Considerando a intrincada relação horizontal e vertical no cenário pós-operação, o ato de concentração recebeu grande escrutínio pela

6 Ato de Concentração nº 08700.004446/2017-84, Formulário de Notificação, p. 42.

Superintendência-Geral. Processado pelo rito ordinário de atos de concentração, a SG conduziu extenso teste de mercado, com ao menos 46 ofícios enviados a clientes e concorrentes das Requerentes. Além disso, houve a habilitação da Carl Zeiss Vision Brasil Indústria Óptica Ltda. ("Zeiss") como terceiro interessado no feito.

Em fevereiro de 2017, a operação foi aprovada sem restrições pela Superintendência-Geral[7]. A Zeiss interpôs recurso à decisão, obrigando o Tribunal do Cade a se manifestar sobre a operação. Em sua análise, o Tribunal do Cade conheceu do recurso, mas o negou no mérito, mantendo a decisão de aprovação da Superintendência-Geral.

O que chama a atenção neste caso não é exatamente a decisão do Cade em si, mas a forma como a integração vertical foi analisada, particularmente no Parecer da Superintendência-Geral e no voto do Conselheiro Paulo Burnier, relator do caso no Tribunal. As próximas seções deste texto cuidarão exatamente de analisar como o Cade abordou as preocupações oriundas de integrações verticais.

2. Os mercados relevantes e integrações verticais

As conclusões da Superintendência-Geral quanto aos mercados relevantes afetados pela operação estão resumidas no quadro abaixo, retirado do próprio Parecer da SG:

Mercado	Essilor	Luxottica
Substratos oftálmicos	✓	X
Máquinas oftálmicas (surfaçagem, traramentos, corte/montagem)	✓ (todos tipos)	X
Lentes acabadas	✓	✓ (cativamente)
Armações de sol e de grau	✓ (cativamente)	✓
Instrumentos optométricos	✓	X
Varejo (físico e *online*)	✓ (apenas *online*)	✓ (físico e *online*)

Como se verifica, foram identificados seis mercados relevantes diferentes para a operação. Haveria, assim, no cenário pós-operação, ao menos cinco situações de integrações verticais: (1) entre os mercado de substratos oftálmicos (Essilor) e o mercado de lentes vendidas por

[7] Despacho SG nº 230/2018.

laboratórios óticos; (2) entre os mercados de máquinas de surfaçagem, de máquinas de tratamento e de máquinas de montagem comercial (Essilor) e os mercados de lentes vendidas por laboratórios óticos (em que Luxottica tem atuação cativa) e de varejo físico e online de produtos e serviços óticos (Luxottica); (3) Integração vertical entre o mercado de instrumentos optométricos (Essilor) e o mercado de varejo físico e online de produtos e serviços óticos (Luxottiva); (4) entre o mercado de fornecimento de óculos de sol e de armações para óculos de grau (Luxottica) e o mercado de varejo físico e online de produtos e serviços óticos (Essilor, no varejo online); e, (5) entre o mercado de lentes vendidas por laboratórios óticos (Essilor) e o mercado de varejo físico e online de produtos e serviços óticos (Luxottica).

2.1. Como a Superintendência-Geral enxergou as teorias do dano?

A Superintendência-Geral conduziu uma análise pormenorizada de cada um dos mercados acima mencionados. A principal teoria do dano apresentada dizia respeito à possibilidade de fechamento de mercado tanto *upstream* quanto *downstream*.

As preocupações da SG com fechamento de mercado se davam todas no mercado *upstream*. Isso ocorria devido à posição dominante que a Essilor gozava principalmente no varejo online e nos mercados de máquinas e substratos oftálmicos. Uma vez estabelecida a possibilidade de fechamento de mercado, SG passou então a analisar a probabilidade que tal conduta anticompetitiva ocorresse nos mercados em questão.

A SG não encontrou, em nenhum dos mercados analisados, probabilidade do exercício do poder de mercado com vistas a promover um fechamento para demais concorrentes das Requerentes. As conclusões da SG se lastrearam principalmente em uma análise sobre os custos necessários para impor o fechamento do mercado e os resultados financeiros esperados. Tratou-se de uma análise puramente baseada em incentivos econômicos para a perpetração de condutas anticompetitivas[8].

---

[8] "134. A respeito dos incentivos, mesmo que a Essilor tenha participações elevadas nos mercados *upstream,* faz-se necessário verificar se a adoção de práticas tendentes ao fechamento desses mercados (como discriminação de clientes ou recusa de venda) seria lucrativa para as partes. Para que haja incentivos à adoção dessas práticas exclusionárias, a perda financeira decorrente da implementação por parte da Essilor (em razão de descontos concedidos para os laboratórios e varejistas da Luxottica ou eventual recusa de fornecimento para laboratórios e varejistas con-

De acordo com o Parecer da SG, as integrações verticais e reforços de posições dominantes decorrentes da operação não alterariam o cenário competitivo dos mercados analisados.

Todavia, a SG fez uma ressalva importante. A SG apontou que durante a instrução processual foram recebidas diversas informações "a respeito de possíveis práticas discriminatórias que poderiam estar ocorrendo no mercado no que se refere à política comercial da Essilor no fornecimento de substratos para seus próprios laboratórios e em relação ao uso de seu portfólio de equipamentos e substratos/lentes para alavancar sua posição de mercado." Concluindo, ao final, que não foram encontradas evidências robustas que tais práticas pudessem estar em larga escala causando danos ao ambiente competitivo. E, que a avaliação específica de práticas pré-existentes à operação pode ser feita em procedimento específico por meio do controle de condutas.

3. Ajustando a visão sobre poder de portfolio

Além da identificação das integrações verticais mencionadas acima, a SG apontou que a operação resultaria em aumento do poder de portfolio da entidade resultante perante o varejo físico e online de produtos óticos. As preocupações aqui estariam tanto relacionadas a efeitos coordenados quanto a efeitos não-coordenados.

Quanto aos efeitos coordenados, a SG não identificou maiores preocupações, dado que as Requerentes seriam concorrentes em níveis diferentes da mesma cadeia de valor. Conforme mencionado no Parecer: "Uma das Requerentes ou atua o mercado da outra de maneira apenas cativa, ou não tem como foco de atuação o mercado em que existe a sobreposição horizontal."[9] Preocupações relativas à concorrência potencial entre as Requerentes também foram afastadas. Quanto aos efeitos não-coordenados, a SG identificou potenciais efeitos anticompetitivos relacionados à venda casada e prática de descontos condicionados pelas Requerentes envolvendo máquinas e substratos oftálmicos. Todavia, ao fim de sua análise, a SG não identificou evidências de que

---

correntes) deve ser compensada por maiores ganhos nos mercados à jusante." (Ato de Concentração nº 08700.004446/2017-84, Anexo ao Parecer nº 2/2018/CGAA2/SGA1/SG/Cade, §134).

[9] Ato de Concentração nº 08700.004446/2017-84, Anexo ao Parecer nº 2/2018/CGAA2/SGA1/SG/Cade, §180.

a Essilor estaria adotando tais práticas em larga escala e capazes de prejudicar o mercado.

A análise mais detalhada quanto ao poder de portfólio se deu na questão relativa ao varejo, pois seria exatamente sobre o mercado de varejo que a operação apresentaria nexo causal relativo ao abuso de poder de portfolio. A análise da SG seguiu o padrão capacidade-incentivo para verificar a probabilidade de as Requerentes abusarem do poder de portfólio, além dos potenciais efeitos negativos derivados da conduta.

Quanto à capacidade das Requerentes em adotarem a conduta anticompetitiva mencionada, a SG buscou verificar se a estrutura do mercado efetivamente permitiria a adoção de práticas exclusionárias, tal qual o abuso do poder de portfolio. Se a Requerente não tiver a capacidade de, unilateralmente, impor uma conduta ao mercado, não há o que se falar de incentivos para tanto. A análise termina no primeiro critério. Em sua análise, a SG afastou preocupações relacionadas a um potencial fechamento total do mercado, "porque o varejo se demonstrou, na instrução, resistente à concentração do seu portfolio em um único fornecedor, principalmente em razão da necessidade de mais de um fornecedor de lentes oftálmicas."[10] Além disso, a Luxottica não teria um poder de mercado profundamente solidificado.

Ainda que tenha afastado o primeiro ponto, a SG, para fins de completude, prosseguiu com sua análise sobre a existência de incentivos para as Requerentes praticarem o abuso de poder de portfolio. Com este objetivo, buscou avaliar se uma estratégia hipotética de venda conjunta de lentes e óculos/armações seria economicamente viável. Todavia, a SG não conseguiu obter dados acurados sobre as margens das Requerentes, de forma que a análise sobre os incentivos para abusar do poder de portfolio restou inconclusiva.

Ao final, a SG analisou a probabilidade de efeitos negativos como resultado da adoção de práticas tendentes ao fechamento de mercado. Com base nas respostas dos ofícios enviados aos concorrentes das Requerentes, a SG concluiu que os concorrentes seriam capazes de fornecer lentes e armações semelhantes aos das Requerentes, exercendo pressão competitiva e continuando a fomentar a inovação e concorrência.

A SG, portanto, concluiu pela baixa capacidade das Requerentes em abusar do poder de portfolio. Entendeu, ainda, que práticas relacio-

---

[10] Ato de Concentração nº 08700.004446/2017-84, Anexo ao Parecer nº 2/2018/CGAA2/SGA1/SG/Cade, §214.

nadas ao poder de portfolio poderiam resultar em efeitos positivos para o consumidor final. Assim, afastou preocupações relacionadas ao poder de portfolio e aprovou o ato de concentração sem condições.

4. O recurso da terceira interessada Carl Zeiss

A Zeiss, que havia se habilitado como terceira interessada e participado da instrução do ato de concentração, apresentou recurso contra a decisão da Superintendência-Geral. A Recorrente destacou a posição dominante das Requerentes em seus respectivos mercados de atuação, ressaltando os efeitos anticompetitivos que a operação teria em toda a cadeia de fornecimento de substratos e lentes oftálmicas, desde a fabricação até a venda no comércio atacadista.

Em suas razões, a Zeiss apontou que a própria SG encontrou, durante sua análise, preocupações concorrenciais relevantes. Entretanto, com base em uma suposta ausência de incentivos econômicos por parte das Requerentes em se engajarem em condutas anticompetitivas, a SG entendeu que as preocupações concorrenciais não se concretizariam. É exatamente contra este raciocínio que a Zeiss se insurgiu. A Recorrente caracterizou a análise da SG como "especulações" e *wishful thinking.*

Em resumo, a Zeiss argumentou que a SG, erroneamente, relativizou a participação de mercado da Essilor no mercado de substratos oftálmicos, pois, ainda que a Zeiss produza substratos e lentes oftálmicas de qualidade comparável, a Essilor detém entre 80-90% do mercado, tornando a competição muito difícil. A Zeiss também não concordou com a análise da SG no mercado de máquinas oftálmicas, a qual relevou, segundo a Zeiss, pontos importantes referentes aos descontos oferecidos pela Essilor para que laboratórios continuem como clientes[11]. O recurso também rebateu a falta de preocupação da SG com a expansão das atividades da Essilor no mercado de varejo.

---

[11] "No momento de adquirirem tais máquinas (especialmente as máquinas de surfaçagem, que são conhecidas como 'máquinas geradoras'), a Essilor condiciona a manutenção dos laboratórios aos programas Alliance e LAPA à compra das máquinas da Essilor, o que reforça sua posição dominante nesse mercado. Como já informado pela Zeiss, os laboratórios têm interesse em manterem sua participação nos programas Alliance e LAPA, pois recebem uma série de descontos e condições comerciais mais favoráveis para aquisição de lentes oftálmicas e máquinas da Essilor. Desse modo, os laboratórios possuem pouco ou nenhum incentivo para mudarem de fornecedor ou rescindirem os contratos com a Essilor." (Ato de Concen-

Utilizando trechos do próprio Parecer da SG, a Recorrente reforça preocupações com o cenário pós-operação e a integração de todos os pontos de acesso da indústria brasileira para a fabricação e distribuição de produtos óticos aos consumidores finais. A entidade resultante da operação deteria ou, ao menos, seria capaz de influenciar todos os níveis da cadeia produtiva. Não haveria agente econômico capaz de rivalizar.

Outro interessante ponto trazido pelo recurso foram as manifestações dos agentes econômicos oficiados e as preocupações levantadas por eles em suas respostas aos ofícios. De fato, conforme demonstrado pela Recorrente, existiam preocupações relevantes sobre estratégias comerciais agressivas das Requerentes, seu padrão de aquisição em série de concorrentes e o fato de que um novo entrante não seria capaz de rivalizar no cenário pós-operação.

Por fim, a Recorrente questionou os supostos efeitos positivos encontrados pela SG durante sua análise. De acordo com as razões das Requerentes, os possíveis efeitos positivos trazidos pela SG, capazes de contrabalancearem os efeitos negativos da operação, careciam de comprovação. Além disso, os exemplos seriam genéricos, não evidenciando qualquer benefício ao mercado oriundo diretamente da operação. Os benefícios não seriam específicos da operação, conforme preceitua o Guia para Análise de Atos de Concentração Horizontal publicado pelo Cade[12].

Frente à apresentação de recurso pela Zeiss, o ato de concentração foi levado para apreciação dos Conselheiros do Tribunal do Cade.

---

tração nº 08700.004446/2017-84, Recurso da Terceira Interessada Zeiss, p. 9-10)

[12] "No caso sob exame, as eficiências alegadas pelas Requerentes e reproduzidas no Parecer *são absolutamente especulativas e genéricas*. Por exemplo, como visto, a SG aponta que 'não é impossível' a concorrência por parte de fornecedores de lentes e de óculos de sol e armações para óculos de grau, o aumento do poder de portfólio 'pode' reduzir os custos de transação existentes no mercado, é 'possível' que a operação acabe por incentivar uma concorrência maior por parte de outros fornecedores, os consumidores 'podem' ser beneficiados por preços menores, etc. Tratam-se de argumentos que se baseiam em *premissas frágeis, especulativas e não comprovadas*, que *desconsideram*, a possibilidade da entidade resultante da Operação vir a adotar uma estratégia predatória e aceitar incorrer em perdas e prejuízos a curto prazo para eliminar concorrentes do mercado e obter lucros no longo prazo." (Ato de Concentração nº 08700.004446/2017-84, Recurso da Terceira Interessada Zeiss, p. 33, grifos no original)

5. A posição do Tribunal do Cade

O Conselheiro Paulo Burnier foi designado como relator do recurso da Zeiss no Tribunal do Cade. Em seu voto, Burnier analisou os três argumentos principais trazidos pela Recorrente: (1) reforço de posição dominante em mercados verticalmente integrados, (2) ampliação do poder de portfolio e incentivos para práticas discriminatórias; e, (3) ausência de comprovação de eficiências específicas à operação.

Sobre o primeiro argumento, Burnier apontou que as alegações relativas ao possível fechamento de mercado foram feitas de maneira "genéricas, sem qualquer fato ou documento novo capaz de sustentar tais alegações". Para Burnier, "a simples atuação conjunta das Requerentes nos mercados verticalmente integrados, por si só, não implica a confirmação de que Essilor/Luxottica teriam condições e incentivos de realizar fechamentos de mercado *upstream* ou *dowstream*." O Conselheiro-Relator, então, passou a analisar as cinco situações de integrações verticais analisadas pela SG. Ao final, corroborou a conclusão da Superintendência-Geral, não encontrando incentivos para o fechamento de mercado por parte das Requerentes[13].

Em relação ao poder de portfólio, Burnier partiu para uma análise relativa aos efeitos conglomerais da operação. Burnier reforçou sua visão sobre a cautela com a qual efeitos conglomerais devem ser analisados pelo Cade, até mesmo com certo ceticismo acerca das preocupações com efeitos anticompetitivos. Após suas considerações, Burnier reforçou a posição da SG sobre a ausência de preocupações concorrenciais advindas do alegado poder de portfólio no cenário pós-operação.

Por fim, Burnier analisou a alegada ausência de comprovação de eficiência da operação. O argumento principal de Burnier neste ponto dizia respeito às diferenças entre efeitos horizontais e não-horizontais de atos de concentração. De acordo com Burnier, ao contrário do que

[13] "50. Por todos esses motivos, a tese recursal de que a Operação resultaria em um fechamento dos pontos de acesso da indústria brasileira para a fabricação e distribuição de produtos óticos não prospera. Mesmo que as Requerentes passem a controlar diversos níveis da cadeia de produção, o perfil de atuação de Essilor e da Luxottica indica uma clara complementariedade que não gera incentivos de fechamento de mercado: a integração da Luxottica agrega pouquíssimo aumento da participação da Essilor nos mercados superiores da cadeia, ao passo que a participação desta empresa no varejo agrega pouquíssimo aumento da participação da Luxottica no nível de revenda." (Ato de Concentração nº 08700.004446/2017-84, Voto do Conselheiro-Relator Paulo Burnier, §50)

ocorre com atos de concentração horizontais, a análise de eficiências em concentrações verticais somente ocorre após a constatação de que o exercício de poder de mercado no cenário pós-operação seria capaz de gerar prejuízos à concorrência. Como este ponto não foi comprovado na análise, não haveria necessidade de comprovação de eficiências específicas da operação. Ao fim, Burnier negou provimento ao recurso, reestabelecendo o Despacho da Superintendência-Geral pela aprovação sem restrições.

Importante ressaltar que, embora tenha sido aprovado sem restrições, as Requerentes assumiram o compromisso de informarem ao Cade todas as eventuais futuras aquisições nos mercados afetados pela operação, ainda que não sejam de notificação obrigatória. Especificamente a este ponto, o Conselheiro João Paulo de Resende, em seu voto-vogal, mencionou que o compromisso poderia ter sido melhor desenhado e monitorado em sede de Acordo em Controle de Concentrações. De toda forma, Resende seguiu o voto de Burnier, aprovando sem restrições a operação.

6. Conclusão

O ato de concentração entre Essilor e Luxottica demandou uma análise bastante pormenorizada do Cade devido às diversas integrações verticais reforçadas ou decorrentes da operação. É, assim, marco na análise dos efeitos verticais de atos de concentração.

A principal teoria do dano investigada pela SG dizia respeito ao potencial de fechamento de mercado. Como visto, a conclusão foi de que haveria a possibilidade, mas não a probabilidade, de que a entidade pós-operação se engajasse em certas condutas anticompetitivas. Assim, tais preocupações foram afastadas.

Todavia, vale ressaltar o próprio Parecer da SG também traz menções a possíveis condutas anticompetitivas na forma de atuação das Requerentes nos mercados afetados, principalmente por práticas discriminatórias da Essilor em sua política de mercado. Todavia, tais preocupações não foram suficientes para afastar a aprovação sem restrições da operação.

O resultado desta operação parece demonstrar uma opção do Cade em não bloquear atos de concentração e, eventualmente, passar a controlar as condutas da entidade resultante no cenário pós-operação, caso venha a se constatar a prática de condutas anticompetitivas. Não há menção expressa a esta estratégia no Parecer da SG ou nos votos dos Conselheiros, mas é algo que se pode ler nas entrelinhas da argumentação do Cade. Parece haver uma importância maior ao risco que o bloqueio de um ato de concentração poderia causar, ainda que haja indícios de potenciais problemas anticompetitivos.

Há alguns problemas claros com essa estratégia. O principal deles parece ser o custo do Cade em monitorar as condutas nos mercados em análise ter acesso às informações necessárias. Nesse sentido, a sugestão do Conselheiro João Paulo de Resende em celebrar um ACC teria o condão de diminuir alguns desses custos e promover um acompanhamento *ex post* dos resultados do ato de concentração.

PARTE IV

AS FRONTEIRAS DO DEBATE

FUNDAMENTOS DA CONCORRÊNCIA EM PLATAFORMAS DIGITAIS DE MÚLTIPLOS LADOS: UMA REVISÃO

FUNDAMENTALS OF COMPETITION IN MULTI-SIDED DIGITAL PLATFORMS: A REVIEW

Adriana Hernandez Perez[1]

Resumo: As características do mercado digital, com seus poderosos efeitos de rede e amplos ganhos de escala e escopo, têm motivado uma reflexão sobre o controle atual de fusões em diferentes jurisdições. O objetivo deste artigo é discutir os fundamentos econômicos de plataformas de múltiplos lados a partir de uma criteriosa caracterização deste mercado e seu impacto sobre a intensidade da concorrência. A partir dos *insights* da literatura acadêmica, o artigo sugere alguns ajustes na análise antitruste de fusões envolvendo essas plataformas.

Palavras-chave: Antitruste, mercados de múltiplos lados, plataforma digital, efeitos de rede, inovação.

Abstract: The characteristics of the digital market, with its powerful network effects and broad gains in scale and scope, have prompted a reflection on the current mergers control in various jurisdictions. The aim of this article is to discuss the economic fundamentals of multi-sided platforms based on a careful characterization of the market in question and its impact on the intensity of competition. Drawing on insights from aCademic literature, the article suggests some adjustments in the antitrust analysis of mergers involving these platforms.

Keywords: Antitrust, multi-sided markets, digital platform, network effects, innovation.

1. Contexto

É inegável que o crescimento da economia digital trouxe enormes benefícios à sociedade. Todavia, nos últimos anos, a forte e crescente presença de empresas digitais no dia a dia das pessoas tem suscitado

[1] A autora agradece as contribuições e sugestões de Fabiana Tito e a revisão cuidadosa de Gabriel Caldini de versão anterior deste artigo. Todos os erros e omissões são responsabilidade da autora.

questionamentos sobre a extensão do poder dessas empresas sobre a privacidade, a liberdade de expressão e as esferas política e de mercado. Tais preocupações indicam — como já se tem observado — o caminho a ser trilhado, no qual as atividades dessas empresas passarão por um controle público mais rigoroso.[2]

Do ponto de vista da análise concorrencial, a pergunta fundamental é: *como levar em conta as especificidades da economia digital de modo fomentar uma concorrência justa e que promova as benéficas inovações neste mercado tão dinâmico?* O objetivo deste artigo é discutir os fundamentos econômicos de plataformas de múltiplos lados a partir de uma criteriosa caracterização desse mercado e seu impacto sobre a intensidade da concorrência. A partir dos *insights* da literatura acadêmica, o artigo sugere alguns ajustes na análise antitruste de fusões envolvendo essas plataformas.

Para tanto, o presente artigo está organizado em cinco seções, incluindo esta introdução. A segunda seção elenca sumariamente as características de plataformas de múltiplos lados. A terceira discute o impacto dessas características na dinâmica concorrencial desses mercados. A quarta seção discute algumas das principais implicações dessa dinâmica sobre a análise antitruste. Por fim, a quinta conclui.

2. O que são plataformas digitais de múltiplos lados?

Plataformas digitais de múltiplos lados apresentam características econômicas que, juntas, facilitam o domínio por parte de um único participante com elevado poder de mercado. Tais características são sumarizadas abaixo:[3]

(i) *Externalidades positivas de rede:* plataformas digitais apresentam fortes *externalidades positivas de rede*, em que o benefício decorrente de um usuário deter um produto aumenta à medida que o número de usuários cresce;

(ii) *Atuação em múltiplos lados de mercados*, em que um usuário é, ao mesmo tempo, um cliente e um produto (atrativo) *a ser vendido* em outro mercado. Assim, ter mais usuários de um lado atrai

---

[2] Argentesi et al. (2021) sugere que nestes mercados as autoridades antitruste teriam dado um peso maior ao risco de uma intervenção incorreta (erro tipo I) em relação ao risco de uma aprovação incorreta (erro tipo II).

[3] Crémer et al. (2019); Cade (2023).

usuários ao outro lado da plataforma, de forma que a demanda de um lado depende da participação do outro lado e vice-versa;

(iii) *Grandes economias de escala*: o custo unitário de se oferecer mais serviços reduz à medida que aumenta a base de usuários. Grandes economias de escopo também justificam os incentivos de plataformas em oferecer um ecossistema de produtos e serviços, em decorrência das complementaridades entre dois ou mais dos serviços, passando a atuar em múltiplos mercados interrelacionados. Ademais, os baixos custos de distribuição permitem um alcance global;

(iv) *Elevados custos de troca para que os usuários mudem de fornecedor*, o que favorece o uso de apenas uma plataforma pelos usuários (*single-homing*) e dificulta a entrada de novos *players*, em razão das elevadas barreiras impostas;

(v) *Produção, compilação e processamento profuso de dados,* com elevados retornos de escala, ao favorecer ampla personalização de serviços e preços;

(vi) Elevado ritmo de *inovação* no desenvolvimento de produtos, serviços e mercados, devido à dinamicidade e características do mercado.

3. Como plataformas de múltiplos lados concorrem?

Nesta seção, são discutidos aspectos da concorrência nestes mercados.

3.1. Concorrência pelo mercado e multi-homing

A formação de monopólios pode não ser intrinsecamente negativa do ponto de vista da eficiência econômica.[4] Quando os benefícios de consolidar mais usuários em uma única plataforma são significativos, o mercado pode atuar de maneira mais eficaz — em comparação com um cenário em que várias plataformas competem entre si. Diante disso, conforme em monopólios naturais, a teoria costuma sugerir intervenção estatal.

---

[4] A eficiência é um conceito econômico usado para avaliar o desempenho de mercados.

Algumas plataformas de múltiplos lados desempenham o papel de *locus* de milhões de decisões tomadas por seus usuários, que, muitas vezes, não consideram os impactos de suas escolhas no desempenho do mercado. Quando há efeitos de rede expressivos, em que o valor de uma plataforma para um usuário depende não só de suas próprias características, mas também da presença de outros usuários, o ato de simplesmente oferecer um preço melhor ou qualidade superior não garante, necessariamente, que a plataforma atraia muitos usuários.

Outro aspecto fundamental nesses mercados é que a plataforma, para se tornar economicamente sustentável, precisa de um número suficiente de participantes em todos os lados — a chamada 'massa crítica' de usuários —, de modo a gerar valor suficiente e atrair cada vez mais usuários. Após alcançar essa massa crítica, as externalidades positivas de rede facilitam a consolidação da plataforma no mercado. Caso contrário, ela se torna menos atraente e os membros existentes tendem a abandoná-la, e novos membros não se juntam, reforçando os efeitos negativos sobre a atratividade da plataforma.

Essa dificuldade de *coordenação entre os usuários* na escolha da melhor plataforma gera uma vantagem em favor da plataforma incumbente em relação a potenciais entrantes. Como resultado, a *competição se dá pelo mercado*, ou seja, a corrida se dá pelo 'bolo inteiro' e não por um pedaço dele. Isso incentiva os entrantes e incumbentes a concorrer mais agressivamente pelo mercado.

Em termos dinâmicos, é esperado que os entrantes tenham maior apetite para concorrer pelo mercado se o prêmio for o de se tornarem os incumbentes no mercado, usufruindo dos ganhos dessa posição dominante.[5] Por outro lado, essa concorrência pode se tornar menos intensa se os usuários fizerem *multi-homing*, ou seja, utilizarem várias plataformas simultaneamente, ou, ainda, se houver diferenciação entre plataformas. Quando a vantagem de ser incumbente é reduzida, a concorrência é menos agressiva.

Os custos de troca dos usuários também têm um impacto sobre a intensidade da concorrência pelo mercado. Por exemplo, quando os usuários têm custos de troca parecidos e elevados, os ganhos potenciais de se tornar incumbente aumentam, o que leva os entrantes a adotarem estratégias mais agressivas. No entanto, se os usuários têm custos de troca heterogêneos, ou seja, alguns com custos mais baixos que outros,

[5] Ver Stigler Committee on Digital Platforms (2019).

é provável que os entrantes percam mais rapidamente os usuários que entraram na plataforma na fase inicial, referidos como *early adopters*. Essa característica reduz os ganhos potenciais da plataforma ao concorrer por usuários e, como resultado, as suas estratégias ficam menos agressivas, competindo menos pelo mercado.[6]

3.2. *Os benefícios de rede gerados pelo usuário e os preços cobrados pela plataforma*

Outro ponto importante da análise econômica de plataformas de múltiplos lados é que os preços deixam de ser tão relevantes na medida em que são os efeitos de rede que determinam quantos benefícios um usuário aporta à rede.

Em mercados tradicionais, o preço negociado em equilíbrio resulta da interação entre as forças de oferta e demanda de um único mercado, ou seja, é definido de modo que o benefício da unidade adicional do bem ou serviço negociado se iguale ao seu custo social marginal de produção.

Em plataformas de múltiplos lados, os usuários são "algo" que as plataformas querem vender ao outro lado do mercado.[7] Por exemplo, o Google vende a atenção de seus usuários, que utilizam os diversos serviços oferecidos pela plataforma, a anunciantes que querem publicizar seus negócios. Ao concorrer por esses usuários, plataformas podem cobrar preços zero, ou mesmo negativos, a depender da magnitude de benefícios que aquele usuário, naquela ponta do mercado, aporta à plataforma. Voltando ao exemplo do Google, o preço cobrado dos usuários pelos serviços de busca é zero, mas estes são atrelados, por exemplo, a uma perda de privacidade, dado que a empresa coleta uma quantidade massiva de dados gerados pelo usuário na plataforma, um

---

[6] Isso ocorre especialmente em situações com grandes vantagens do *first mover*, em que há substanciais custos de troca. Nesse sentido, o primeiro a entrar em um mercado pode tomar o mercado (situação conhecida como *winner take all*, podendo se tornar significativo a ponto de deixar os entrantes sem condições de competir por um pedaço do mercado.

[7] Bandeiras de cartão de crédito "vendem" aos comerciantes o acesso que elas possuem aos consumidores. Neste caso, a concorrência por compradores é tamanha que essas plataformas criaram planos de acúmulo de pontos, que podem ser trocados por milhas de passagens aéreas, produtos e mesmo *cashbacks*.

insumo essencial para a customização de ofertas e geração de receita das plataformas

Como resultado, os grupos de usuários de uma mesma plataforma encontram-se em posições diferentes em termos de valores que eles "pagam" pelo serviço prestado: alguns recebem mais benefícios que outros, a depender do benefício que eles aportam. Em um contexto no qual as plataformas coletam uma quantidade monumental de dados, elas não apenas têm capacidade de implementar — continuamente — uma ampla política de personalização de preços e serviços entre usuários como podem, por exemplo, recomendar vendedores e compradores, a depender do seu modelo de negócios.

3.3. Externalidades de rede e desenvolvimento de um ecossistema

Do ponto de vista de negócios, a natureza do funcionamento das plataformas — em que há fortes incentivos a convencer um lado do mercado a 'entrar' na rede — pode incentivar a oferta de serviços que gerem valor ao serviço da plataforma.[8]

A plataforma de *e-commerce* MercadoLivre ilustra esta necessidade, porque oferece seu próprio serviço de entregas, cuja frota circula nas cidades com maior densidade de usuários. Além disso, a MercadoLivre oferece pontos de entrega, em que os usuários podem deixar seus produtos para que a outra parte o colete, aprimorando a segurança das transações realizadas através da plataforma.

De um modo geral, estratégias como essas permitem que as plataformas adicionem mais valor aos serviços prestados aos usuários ativos e potenciais e, com isso, alcancem a massa crítica necessária para ativar os efeitos de rede que se retroalimentam positivamente. Plataformas digitais que alcançaram tamanho planetário — como é o caso das GAFAM, ou seja, as empresas Google, Amazon, Facebook (atual Meta), Apple e Microsoft — aplicam essa estratégia, conforme ilustra a tabela abaixo.

---

[8] Este incentivo decorre do "problema do ovo e da galinha", caracterizado em Cailluad e Jullien (2003).

Tabela 1 – Alguns dos produtos e serviços oferecidos pelas empresas GAFAM

Produto/serviço	Amazon	Apple	Google	Facebook	Microsoft
Plataforma de anúncios	x		x	x	x
Inteligência artificial	x	x	x	x	x
Navegadores (browsers)	x	x	x		x
Serviços de nuvem	x		x		x
Assistentes digitais	x	x	x	x	x
eBooks	x	x	x		x
email e mensagens		x	x	x	
Jogos	x	x	x	x	x
Ferramentas de buscas genéricas			x		x
Serviços de entregas	x		x		
Mapas		x	x		x
Ferramentas de escritório		x	x		x
Sistemas operacionais	x	x	x		x
Smartphones	x	x	x		x
Redes sociais			x	x	
Ferramentas de buscas específicas	x	x	x	x	x
Streaming de vídeo	x		x	x	
Distribuição de vídeos e músicas	x	x	x		
Serviços de vídeo-conferência	x	x	x	x	x

Fonte: Toulouse School of Economics – Executive course lectures (2023).

Em evidência, algumas das atividades acumuladas por essas empresas foram desenvolvidas organicamente, ou seja, dentro da plataforma, como é o caso do serviço de buscas do Google e, posteriormente, o serviço de *e-mail* e mensagens. Outras atividades foram desenvolvidas a partir da aquisição de uma empresa menor, atuante em segmento relacionado (ou não) ao da plataforma e depois desenvolvido e expandido ao longo do tempo, conforme foi o caso da aquisição do Instagram, em 2012, e WhatsApp, em 2014, pelo Facebook/Meta.

Entre 2010 e 2020, segundo Jin et al (2023), aquisições como essas, envolvendo empresas que atuam diretamente com consumidores, foram destaque entre as empresas GAFAM quando comparadas a um conjunto de outras empresas líderes de tecnologia. Ademais, em relação a esse mesmo conjunto, as GAFAM costumam comprar empresas mais jovens e um número relativamente maior de companhias de tecnologia por empresa. Essas estatísticas reforçam os indícios de que os grandes *players* têm um apetite maior na aquisição de empresas e estão interessados — mais que a média — em empresas envolvidas diretamente com o consumidor.

Tabela 2 – Estatísticas das empresas líderes de aquisições

	GAFAM	Top 25 Tech [c]	Top 25 Private Equity [d]	Top 25 S&P [e]	Todas as demais
Número de aquisições	595	1.033	1.964	2.360	35.844
Média de aquisições por empresa do grupo	119	41,32	78,56	94,40	2,31
Percentual de aquisições em que o alvo era intensivo no uso de dados [a]	22,35%	25,60%	22,20%	24,15%	17,97%
Percentual de aquisições em que o alvo atuava diretamente com consumidores [b]	26,55%	8,37%	3,05%	3,18%	11,28%
Idade média das empresas	8,36	13,16	18,82	17,01	15,03

Fonte: Jin et al (2022). Notas: (a) empresas cuja descrição da atividade inclui as palavras "data", "statistics," "location based services", "AI", "social media" ou "e-commerce", segundo relatório da Standard&Poor's (S&P); (b) empresas cujo público alvo é o consumidor, segundo relatório da S&P; (c) o grupo de empresas nesta categoria corresponde às 25 líderes do *ranking* da Forbes Top 100 Digital Companies, excluídas as GAFAM, publicado em 2019; (d) este grupo corresponde às 25 maiores empresas de *private equity* classificadas pela Private Equity International, publicado em 2020; (e) grupo de 25 empresas que possuem o maior número de aquisições na base de dados da S&P, mas não aparecem em nenhum dos outros grupos.

De acordo com os autores, esse comportamento estaria em linha com a estratégia de oferecer mais valor aos seus usuários, em particular quando eles ainda estão céticos quanto ao valor da plataforma. Enquanto tal estratégia faria sentido quando a plataforma ainda é pequena e precisa efetivamente atrair usuários para alcançar sua massa crítica, é esperado que, uma vez que a plataforma tenha acesso a um usuário, ou seja, este esteja conectado à plataforma, ela tenha um incentivo para alavancar suas economias de escopo, expandindo suas atividades e serviços. Com efeito, plataformas costumam oferecer múltiplos serviços aos diferentes lados do mercado por ela mediado, criando um ecossistema onde o usuário realiza várias transações de uma vez só (*one-stop-shop*).

A depender do quão elevados são os custos de trocas dos usuários, bem como de seu comportamento no que diz respeito ao acesso a mais de uma plataforma (*multi-homing*), empresas que desenvolvem e expandem ao redor de si um ecossistema podem impor uma considerável barreira à entrada de novos *players*, fortalecendo sua posição dominante no mercado. Neste sentido, atos de concentração envolvendo plataformas digitais podem ter o propósito de levantar barreiras à entrada em determinado mercado.

Finalmente, não se pode descartar que determinadas fusões podem ter o propósito de adquirir novas fontes de informações — preferencialmente heterogêneas — acerca do comportamento dos usuários. Através dessas operações, o cruzamento de massas de dados é facilitado, o que pode conferir vantagem competitiva à nova entidade, que conseguiria *monetizar* melhor seus usuários.

3.4. Eliminação de concorrência futura e seus determinantes

Uma das principais teorias que investiga a motivação de empresas com posição dominante no mercado em comprar empresas de mercados relacionados envolve o incentivo a eliminar a concorrência efetiva ou potencial, as tais *killer acquisitions*, com o objetivo de preservar ou aumentar o poder de mercado.

As aquisições do Instagram, em 2012, e WhatsApp, em 2014, pelo Facebook/Meta são referidas como um exemplo de atos de concentração direcionados à eliminação de concorrência futura. A aquisição do Instagram foi particularmente emblemática, pois a transação envolveu o pagamento de um bilhão de dólares por uma empresa que empregava apenas treze funcionários à ocasião. Já a aquisição do WhatsApp, ocorrida em 2014, quando a empresa já havia atingido um tamanho importante no mercado, custou 19 bilhões de dólares ao Facebook/Meta.[9] Ambas as aquisições se confirmaram (*ex-post*) excelentes apostas do Facebook e fortaleceram a posição da empresa no mercado de anúncios digitais e redes sociais.

A partir do modelo proposto em Cabral (2021), é possível examinar os determinantes essenciais da decisão de uma empresa incumbente em um mercado ao ponderar se deve adquirir outra empresa que poderia representar uma ameaça potencial ao seu nicho de mercado no futuro. Esse modelo é descrito a seguir.

Suponha que o lucro da empresa incumbente em cenário de monopólio no mercado seja dado por π^M, e que, caso tenha que dividir o mercado com a entrante no futuro, seu lucro caia para π^D, tal que $\pi^M > \pi^D$. Suponha também que, se a incumbente decidir comprar a entrante, ambas as empresas iniciam um processo de negociação bilateral[10] de modo que o preço de equilíbrio negociado (endógeno) é dado por p. A figura abaixo apresenta o efeito do entrante sobre os ganhos do incumbente nesses dois cenários, quais sejam: (i) o entrante é uma ameaça ao incumbente; e (ii) o entrante não é uma ameaça. Esses cenários ocorrem, respectivamente, com as probabilidades λ e $1-\lambda$. Note que, sempre que o incumbente decide comprar o entrante, o pagamento p é subtraído de seus ganhos, e, em contrapartida, o entrante sempre ganha p. Ademais, se o entrante não se revelar uma ameaça, seus ganhos equivalem a $v > 0$.

Figura 1 – Ganhos do incumbente e do entrante

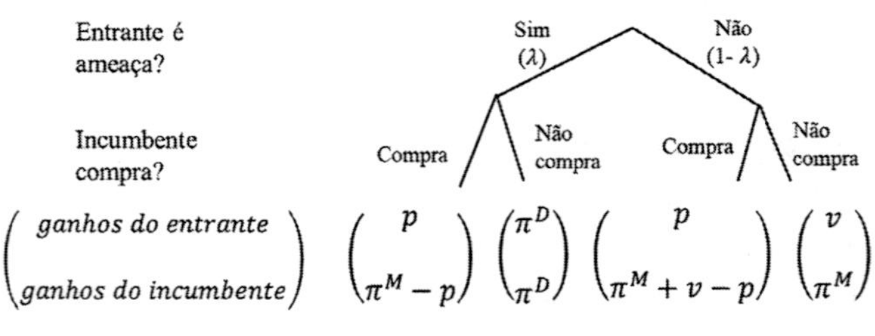

Fonte: Cabral (2021). Elaboração própria.

[9] Ver https://www.business-standard.com/article/international/mark-zuckerberg-bought-instagram-as-it-was-a-threat-to-facebook-120073000324_1.html e https://www.buzzfeednews.com/article/charliewarzel/why-facebook-bought-whatsapp Acessados em 10/08/2023.

[10] Tecnicamente, esta negociação seria *a la* Nash (*Nash bargaining*).

Considerando-se os dois cenários extremos, isto é, o caso em que o entrante é ameaça com certeza (λ=1) ou em que não é ameaça alguma (λ=0), o autor deriva o preço de compra negociado em equilíbrio sob hipóteses relativamente genéricas sobre a estrutura de mercado e a forma de negociação bilateral. No primeiro caso, o incumbente sempre tem incentivo a comprar o entrante, enquanto, no segundo caso, o incumbente decide ignorar o entrante e não o comprar.[11] O primeiro resultado decorre da comparação entre os ganhos de comprar ou não a entrante e do entrante de vender ou não seu negócio: *a incumbente tem mais a perder se a entrante domina parte do mercado do que a entrante tem a ganhar em conquistar essa parcela*, referido na literatura como *preemption effect*.[12]

Neste sentido, é possível argumentar que, em indústrias onde há elevada probabilidade de o entrante ameaçar os ganhos do incumbente, a empresa incumbente adotará uma estratégia "agressiva" de aquisição.[13] Como resultado, espera-se que a empresa líder no mercado (incumbente) consiga se manter nessa posição ao longo do tempo. Cabral parte dessas conclusões para discutir o papel da incerteza acerca da ameaça representada pelo entrante nas decisões de aquisição da incumbente. Segundo o pesquisador, do ponto de vista do antitruste, importa considerar que as indústrias são heterogêneas, e, por isso, é preciso analisar a aderência do modelo caso-a-caso.

Em 2020, a aquisição da Giphy pelo Facebook/Meta por 400 milhões de dólares trouxe preocupações sobre a eliminação de concorrente potencial. Segundo Facebook/Meta, a motivação da operação era integrar Giphy ao aplicativo do Instagram de modo que as pessoas pudessem se expressar da maneira mais aprimorada possível através da

---

[11] Não comprar, neste contexto, é a decisão ótima, em particular quando o processo de aquisição de qualquer empresa implica a contratação *onerosa* de terceiros (empresas de consultorias e escritórios de advocacia), que auxiliam na intermediação e efetivação desse tipo de operação.

[12] Para tanto, é necessário que , o que é um resultado teórico recorrente em modelos típicos de oligopólio.

[13] Mesmo empresas que atuam no setor podem ser ignorantes acerca da ameaça representada por um entrante no mercado. Este foi o caso da ferramenta de busca Yahoo, dominante no final dos anos 90 e início dos anos 2000, que teve a chance de comprar o Google em seu estágio inicial de desenvolvimento, mas decidiu ignorar o entrante. O resto é história. Ver https://www.wired.com/2007/02/yahoo-3/ Acessado em 11/08/2023.

plataforma, ou seja, seria uma fusão envolvendo serviços complementares que adicionariam valor à plataforma Instagram.

A autoridade antitruste inglesa, a *Competition Market Authority* (CMA), entendeu que a Giphy fornecia serviços que poderiam torná-la um competidor potencial do Instagram ou do Facebook e, em 2022, ordenou que Meta vendesse a Giphy.[14] Depreende-se dessa decisão que a CMA entendeu que havia elevada probabilidade de que a Giphy tivesse um grande potencial de crescimento no mercado.

Apesar da visão da autoridade antitruste, o Facebook/Meta enfrentou dificuldades em vender a empresa, tendo finalmente concretizado a venda no ano seguinte e com uma perda milionária.[15] A escassez de compradores efetivos interessados na Giphy durante esse período indicaria que a suposição do CMA não foi tão precisa quanto se imaginava e ilustra os desafios e riscos inerentes à previsão feita pelas autoridades antitrustes, especialmente em mercados caracterizados por incertezas.

3.5. Inovação e transferência de tecnologia

Integrações verticais podem facilitar o fluxo interno de insumos intangíveis, tais como habilidades gerenciais, *know-how* de vendas, propriedade intelectual e capital relacionado a pesquisa e desenvolvimento. A opção pela fusão ou aquisição é uma resposta, entre outros fatores, à dificuldade de se transacionar os direitos de uso da tecnologia através de um acordo ou contrato bilateral. Essa dificuldade depende do quão bem definidos são os direitos de propriedade sobre o uso da tecnologia em questão. [16]

A área biológica ou química, por exemplo, dispõe de um mercado robusto de comercialização de novas tecnologias, o que permite uma 'real' divisão de trabalho entre os agentes que desenvolvem novas

---

[14] Ver https://www.gov.uk/government/news/cma-orders-meta-to-sell-giphy Acessado em 11/08/2023.

[15] Ver https://www.theguardian.com//technology/2023/may/23/facebook-owner-meta-sells-giphy-shutterstock-gif-search Acessado em 11/08/2023.

[16] Se o uso da nova tecnologia é observável e verificável por terceiros, como cortes de justiça ou comissões de arbitragem, esses contratos são mais robustos a contestações *ex-post*.

tecnologias e aqueles que aplicam a tecnologia no desenvolvimento de novos produtos e serviços, e mesmo formação de parcerias.[17]

Em contraste, o mercado de inovações em software seria limitado pela complexidade de monitorar e verificar o uso dessas tecnologias.[18] Por isto, haveria escopo para que aquelas empresas que precisam, por exemplo, processar uma quantidade monumental de dados, adquiram empresas desenvolvedoras da tecnologia. A Tabela 2 reforça esse cenário, mostrando que as empresas mais ativas em aquisições tendem a adquirir companhias que fazem uso intensivo de dados em proporções similares.

4. O que ajustar na análise antitruste?

As principais preocupações em relação a fusões — reflexo da experiência de autoridades antitruste internacionais — envolvem a capacidade de essas empresas eliminarem sua concorrência futura, limitar inovação e abusar de sua posição dominante após a operação por meio da adoção de práticas como *self-preferencing, steering* bem como discriminação que levem ao fechamento (total ou parcial) de mercado.[19]

O ferramental antitruste é fundamental para o tratamento de condutas anticompetitivas, e esta seção não pretende exaurir todos os elementos que podem ser ajustados na análise antitruste envolvendo plataformas, mas trazer à luz alguns dos principais resultados teóricos desta literatura acadêmica crescente.

Definição do mercado relevante: tem o propósito de identificar e definir os limites da concorrência entre empresas e identificar os agentes econômicos que exercem pressão competitiva e influenciam as decisões estratégicas no mercado em análise. Segundo Cremer et al (2019), menor ênfase deve ser dada à definição do mercado e maior ênfase às teorias de dano e identificação de estratégias anticompetitivas. Jullien e Zantman (2020) e Franck e Peitz (2019) indicam que, nesses mercados, é importante ter uma abordagem multimercado (mais flexível, menos propensa a erros e que capture as diferentes possibilidades de substi-

[17] Ver Bessen e Meurer (2009).

[18] Outra justificativa para este perfil de aquisições pode ser pela busca de mão de obra especializada através da transação. Ver Kim, J. Daniel (2022) Gautier e Lamesch (2021).

[19] Ver OECD (2023).

tuição). Como plataformas oferecem múltiplos serviços para viabilizar o *one-stop shop*, é comum elas oferecerem um *bundling* de produtos/serviços. Em adição, a decisão do consumidor quanto ao *multihoming* e os padrões de substituição cruzada entre grupos são relevantes.

Como corolário, os autores defendem que a definição de mercado deve depender da conduta em análise. Quando há um nexo de mercados envolvidos, a intensidade da concorrência entre plataformas e as estratégias de envelopamento de uma plataforma por outra são relevantes na análise.

Poder de mercado: a avaliação do poder de mercado no contexto das plataformas multilaterais renovou a discussão sobre a utilização de mecanismos alternativos de demonstração de poder de mercado. A esse respeito, Franck e Peitz (2019) sugerem uma análise cuidadosa da lucratividade da plataforma, uma vez que os baixos lucros ou as perdas não parecem ser evidências de falta de poder de mercado. Ademais, a concorrência pelo mercado indica que barreiras à entrada deveriam estar no centro da análise. Os autores indicam que a ausência de novas entradas no mercado e a redução deliberada da qualidade dos serviços e benefícios de rede (positivos) em um lado da plataforma podem ser sinais de poder de mercado. Em relação à queda deliberada da qualidade, pode-se considerar a redução dos parâmetros de privacidade dos usuários.

É importante destacar que nem sempre o *multi-homing* pode ser associado à concorrência entre plataformas. É possível que sólidos monopólios estejam presentes mesmo quando usuários fazem *multi-homing*. Por exemplo, quando compradores têm um elevado custo ao entrar em uma plataforma, mas, por outro lado, vendedores têm custo zero (ver figura abaixo). Neste caso, cada plataforma teria "controle" sobre o acesso dos vendedores aos compradores que usam sua plataforma, o que aumentaria o poder de mercado da plataforma no lado dos vendedores e facilitaria a elevação de preços.

Figura 2 – Monopólios 'escondidos' quando usuários fazem *multi-homing*

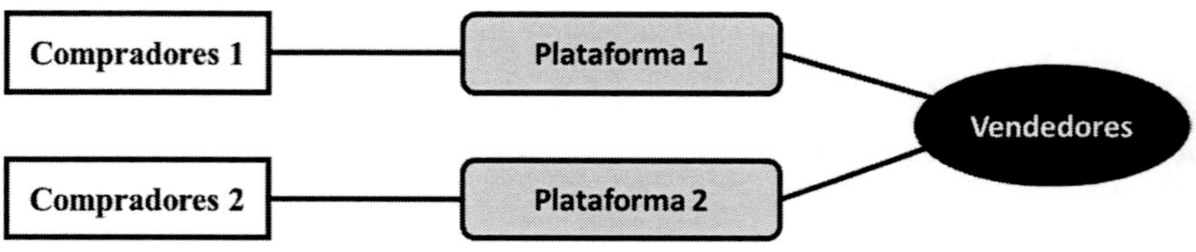

Análise de impacto de fusões verticais e conglomerais: é importante considerar o papel de ecossistemas no aumento dos custos dos usuários ao trocar de plataformas e na ampla concentração de dados dos usuários em um ente só. Se os custos de troca são muito elevados e homogêneos entre os agentes, a vantagem do incumbente em usufruir de posição dominante se amplifica. Neste cenário, a autoridade antitruste deve ficar atenta se a conduta, como aquisições em série, constitui uma forma de elevar (endogenamente) os custos de troca dos usuários.

Ademais, fusões que facilitem o cruzamento de massas de dados heterogêneos, individualizados, detalhados e únicos poderão também conferir uma vantagem competitiva significativa à nova empresa vis-à-vis empresas rivais e potenciais, traduzindo-se em elevação nas barreiras à entrada.

Uma vez alcançada uma posição dominante, espera-se que as empresas adotem estratégias que levem à manutenção ou expansão dessa posição no mercado. Aquisições e fusões seriam um subconjunto das estratégias possíveis para atingir tal objetivo. Assim, tendo em vista que, no antitruste, a análise de fusões não ocorre de forma isolada, mas em conjunto com a investigação de condutas (coordenadas ou unilaterais), a autoridade antitruste deve antecipar suas dificuldades na análise de casos de conduta no mercado digital. Se as dificuldades são grandes, ela poderia revisar o nível de rigor e cuidado com casos de fusões envolvendo esses negócios.

Inovação: a análise antitruste deve desenvolver uma metodologia mais precisa de enquadramento do que a observada naquelas operações que poderiam ser consideradas *preemptive acquisitions,* tendo em vista a preferência por "falsos negativos", ou seja, a tendência a, em caso de dúvida, não proibir operações que podem ser danosas à concorrência (erro tipo II) e relacionadas a uma intervenção incorreta (erro tipo I). Além de ter esses parâmetros claros, é importante considerar que a possibilidade de a entrante ser comprada por uma grande empresa constitui um grande incentivo — um verdadeiro prêmio — para que as empresas novas sejam inovadoras.

Finalmente, o papel das plataformas é bem semelhante ao de um "regulador", na medida em que ela define quem entra e quem sai da plataforma e influencia diretamente os preços e a qualidade dos produtos e serviços oferecidos. Neste papel, convém investigar se essas plataformas fomentam ou limitam a inovação, dado que maximizam seu próprio lucro de longo (ou curto) prazo. O acompanhamento cuidadoso do impacto da conduta de plataformas dominantes na inovação é fundamental.

Mais recursos: é inegável que a autoridade antitruste enfrenta uma importante assimetria de informação — maior que a usual — em casos envolvendo a economia digital. A análise prospectiva implica compreender as nuances do nexo de mercados envolvidos, bem como requer uma especialização significativa e recursos que, muitas vezes, não estão disponíveis. Por essa razão, a autoridade antitruste poderia elevar a taxa aplicada em casos complexos, especialmente aqueles relacionados a plataformas.

5. Conclusões

As decisões de uma empresa quanto a adquirir ou fusionar com outra empresa são resultado da ponderação de diversos fatores e têm sido objeto de extensa agenda de pesquisa econômica. O controle antitruste atenta-se, tipicamente, aos potenciais benefícios de uma fusão, mas considera se essas operações geram efeitos líquidos negativos do ponto de vista do bem-estar social (e do consumidor).

A pesquisa acadêmica vive um *boom* de artigos que investigam a concorrência na economia digital. Todavia, essa literatura ainda se encontra em um estágio inicial, no qual é limitado o conhecimento sobre como empresas gigantes de multiprodutos concorrem entre si. Há diferentes modelos de negócios, fortes interdependências entre produtos e usuários, grande incerteza tecnológica e sobre as preferências dos consumidores, enorme produção e tratamento de dados pessoais, além de um aparente aumento da concentração de informações entre poucos.

Finalmente, além da defesa da concorrência, existem vários outros objetivos sociais em debate, alguns conflitantes entre si. O dilema atual reside em como harmonizá-los, assegurando um desenvolvimento econômico e social balanceado, sem restringir a inovação e os avanços tecnológicos.

6. Referências bibliográficas

ARGENTESI et al. (2021), "Merger policy in digital markets: an ex post assessment", Journal of Competition Law & Economics.

BESSEN, J., & MEURER, M. J. (2009). Patent failure: How judges, bureaucrats, and lawyers put innovators at risk. Princeton University Press.

CABRAL, L. (2021). Merger policy in digital industries. *Information Economics and Policy*, *54*, 100866.

CAILLAUD, B., & JULLIEN, B. (2003). Chicken & egg: Competition among intermediation service providers. RAND journal of Economics, 309-328.

CRÉMER, Jacques, Yves-Alexandre de Montjoye, e Heike Schweitzer (2019) “Competition policy for the digital era.” Report for the European Commission.

FRANCK, J.U., e M. PEITZ. (2019). Market Definition and Market Power in a Platform Economy, CERRE Report

GAUTIER, A., & LAMESCH, J. (2021). Mergers in the digital economy. *Information Economics and Policy*, *54*, 100890.

JIN, Ginger Zhe, Mario Leccese, and Liad Wagman. “How do top acquirers compare in technology mergers? New evidence from an SP taxonomy.” International Journal of Industrial Organization (2022): 102891.

JULLIEN, Bruno, e Wilfried Sand-Zantman. (2021) “The economics of platforms: A theory guide for competition policy.” Information Economics and Policy 54: 100880

KIM, J. Daniel. (2022) “Startup acquisitions, relocation, and employee entrepreneurship.” Strategic Management Journal 43.11: 2189-2216.

MIAO, C.H. (2009). “Limited Compatibility in Two-Sided Markets”, The Review of Network Economics, Vol. 8(4), 346-364.

OECD (2023), Theories of Harm for Digital Mergers, OECD Competition Policy Roundtable Background Note.

STIGLER COMMITTEE ON DIGITAL PLATFORMS (2019), ‘Stigler Committee on Digital Platforms: Final Report’.

FUSÕES VERTICAIS E SUSTENTABILIDADE NO BRASIL: SUGESTÕES PARA UM PROBLEMA IMEDIATO

VERTICAL MERGERS AND SUSTAINABILITY IN BRAZIL: SUGGESTIONS FOR AN IMMEDIATE PROBLEM

Bernardo Gouthier Macedo
Vivian Fraga
João Paulo Salviano[1 - 2]

Resumo: Recentemente, as autoridades de concorrência em todo o mundo têm debatido questões relacionadas à sustentabilidade e ao meio ambiente no contexto de fusões e aquisições tanto horizontais quanto verticais. Essas deliberações não se restringem a casos específicos, abrangendo também previsões e orientações presentes em guias e documentos especializados. Neste artigo, é sustentada a perspectiva de uma avaliação de integrações verticais pelo Cade (Conselho Administrativo de Defesa da Concorrência) que leve em conta o aspecto da sustentabilidade dado esse contexto internacional. Para fundamentar essa posição, o artigo examina o histórico de atuação do Cade, as publicações de autoridades estrangeiras, transações específicas relacionadas ao tema de sustentabilidade e o esboço do Guia V+. A abordagem proposta pelo artigo alinha-se ao Guia V+ e reconhece a viabilidade de o Cade incorporar a dimensão de sustentabilidade em sua análise, especialmente na avaliação de eficiências, inclusive com espaço para certa inovação.

Palavras-chave: fusões verticais, sustentabilidade, teorias de dano, análise de eficiências, guias de fusões.

Abstract: Recently, competition authorities worldwide have been discussing issues related to sustainability and the environment in the context of both horizontal and vertical mergers and acquisitions. These deliberations are not confined to specific cases but also encompass forecasts and guidelines present in specialized guides and documents. In this article, the perspective of evaluating vertical integrations by the Cade (Administrative Council for Economic Defense) with consideration of sustainability is advocated, given this international context. To

[1] *Disclaimer*: os autores não atuaram diretamente nos casos discutidos no artigo.

[2] Os autores agradecem as muitas e valiosas contribuições de *João Carlos Nicolini de Morais*. Todos os erros e omissões são de responsabilidade dos autores.

substantiate this stance, the article examines the historical performance of Cade, publications from foreign authorities, specific transactions related to the sustainability theme, and the draft of Guide V+. The approach proposed in the article aligns with Guide V+ and acknowledges the feasibility of Cade incorporating the dimension of sustainability into its analysis, especially in efficiency assessment, including room for some innovation.

Keywords: vertical mergers, sustainability, theories of harm, efficiency analysis, merger guidelines.

1. Introdução

Em vista dos urgentes desafios globais impostos pelas mudanças climáticas, os objetivos de sustentabilidade têm recebido atenção significativa de algumas autoridades antitruste, sobretudo de autoridades europeias.

Reconhecendo essa necessidade, essas autoridades iniciaram um alinhamento entre os objetivos de sustentabilidade ambiental e os objetivos da política concorrencial: uma síntese que não deixe de incentivar inovação, investimento e almejar o bem-estar do consumidor.

O comitê de concorrência da OCDE discutiu em diversas ocasiões a intersecção e as preocupações relacionadas ao tema de sustentabilidade[3]. Nos últimos anos, as autoridades concorrenciais de diversos países europeus e a própria Comissão Europeia têm efetuado mudanças em seus guias horizontais e verticais de fusões com preocupações voltadas ao tema de sustentabilidade[4]. Trata-se, portanto, de um tema em voga no mundo.

---

[3] Nessas investigações, foram tratadas as seguintes questões: se (i) existem conflitos potenciais entre os objetivos da concorrência e as metas de sustentabilidade; (ii) como a lei concorrencial é aplicada nos casos que envolvem questões de sustentabilidade e como as autoridades de concorrência têm integrado essas considerações ao quadro analítico existente; e (iii) quais ferramentas estão disponíveis para as autoridades de concorrência e outros órgãos públicos abordarem efetivamente as preocupações de sustentabilidade enquanto cumprem seus papéis regulatórios. Trata-se, portanto, de investigações que detalham uma preocupação clara com o tema e transversal a diversas jurisdições.

[4] Em publicação recente do Conselheiro Victor Fernandes no site ProMarket, é possível verificar referências para essas mudanças e citações às publicações dos guias europeus. (FERNANDES, Victor Oliveira. Brazil's Cade Demonstrates

O Cade (Conselho Administrativo de Defesa Econômica), por sua vez, não tem manifestado objetivos similares na maior parte de suas publicações. Recentemente, o Cade abriu consulta pública relacionada à primeira versão de seu guia para fusões não-horizontais (o "Guia V+"), que não faz menção aos objetivos de sustentabilidade ambiental que constam em publicações do gênero em outras jurisdições[5]. Este artigo busca situar o Brasil no debate de sustentabilidade e concorrência, com o foco particular em integrações verticais, e apresentar sugestões sobre como inserir o tema na dinâmica brasileira da análise de fusões.

2. Limitações das competências do Sistema Brasileiro de Defesa da Concorrência

Um desafio histórico das autoridades antitruste, sempre que se deparam com a interseção entre concorrência e outra política pública, é encontrar o ponto de equilíbrio que levem em consideração, em suas decisões o contexto social e regulatório em que a autoridade se insere, sem exceder as atribuições típicas de uma autoridade antitruste.

O Sistema Brasileiro de Defesa da Concorrência (SBDC), no qual o Cade está inserido, foi instituído pela Lei 12.529/2011 (a "Lei Antitruste"). O Cade foi instituído como uma autarquia e sua atuação se dá tanto nos termos da legislação específica (tanto a Lei Antitruste como a regulamentação aplicável às autarquias[6]), que limita seus atos aos "limites definidos em lei"[7], como aos princípios gerais do Direito Administrativo.

How Antitrust Authorities Can Pursue Sustainability Goals. ProMarket: insights shaping the future of capitalism, Agosto, 2023.

[5] Não há uma única menção aos termos "sustentabilidade", "meio-ambiente" ou "mudança climática". Cade. Guia V+: Guia de análise de Ato de Concentração Não Horizontais. Minuta, julho 2023.

[6] Vide o Decreto-Lei nº 200/1967, artigo 5º, inciso I: "Autarquia - serviço autônomo, criado por lei, com personalidade jurídica, patrimônio e receita próprios, para executar atividades típicas da Administração Pública, que requeiram, para seu melhor funcionamento, gestão administrativa e financeira descentralizada".

[7] As autarquias devem ser criadas por lei específica, que definirão suas competências. A partir de sua criação, as autarquias terão "direito ao desempenho do serviço nos limites definidos em lei"; a "obrigação de desempenhar suas funções"; e, nesse contexto, "os atos de controle não podem ultrapassar os limites legais". Vide DI PIETRO, Maria Sylvia Zanella. Direito Administrativo. 30ª Ed. Rev., atual. e

No caso específico do SBDC, a Lei Antitruste estabelece que a missão do SBDC é a prevenção e a repressão às infrações contra a ordem econômica[8], levando em consideração as previsões constitucionais de livre concorrência e defesa dos consumidores. Ou seja, ao Cade cabe executar principalmente a política pública de defesa da concorrência. Nesse contexto, o Cade - enquanto autarquia federal instituída por lei - não possuiria a prerrogativa de abdicar de suas atribuições e nem de ultrapassá-las.

Existe uma clara diferença entre as atribuições do SBDC e algumas autoridades ao redor do mundo que têm se debruçado de forma mais enfática sobre como aplicar aspectos de sustentabilidade à sua prática de controle de estruturas, mais notadamente a Comissão Europeia.

Enquanto ao Cade cabe executar a política pública de defesa da concorrência, em jurisdições como a União Europeia – cujas iniciativas de sustentabilidade e concorrência são discutidas a seguir – as políticas de defesa da concorrência[9] são aplicadas por um departamento (a Direção-Geral da Concorrência) da Comissão Europeia[10], órgão ao qual também cabe não só a aplicação do direito europeu em geral[11], mas também contribuir para o desenvolvimento de todos os setores econômicos do mercado interno europeu[12]. A defesa da concorrência é apenas uma de suas atribuições dentre as demais políticas públicas.

Esse arranjo institucional cria menos obstáculos à compatibilização de objetivos diversos de tais políticas públicas. Ao publicar, em 2023, a minuta de *Guidelines*[13] para a análise de fusões horizontais, traz

---

ampl. – Rio de Janeiro: Forense, 2017. p. 584-587.

[8] Art. 1º da Lei 12.529/2011: "Esta Lei estrutura o Sistema Brasileiro de Defesa da Concorrência - SBDC e dispõe sobre a prevenção e a repressão às infrações contra a ordem econômica, orientada pelos ditames constitucionais de liberdade de iniciativa, livre concorrência, função social da propriedade, defesa dos consumidores e repressão ao abuso do poder econômico."

[9] Artigos 101 e 102 do Tratado Sobre o Funcionamento da União Europeia (TFUE).

[10] Artigo 105 do TFUE.

[11] Artigo 17 do Tratado da Uniao Europeia – "A Comissão promove o interesse geral da União e toma as iniciativas adequadas para esse efeito. [...] Controla a aplicação do direito da União".

[12] Artigo 26, parágrafo 3º do TFUE.

[13] COMISSÃO EUROPEIA. Guidelines on the applicability of Article 101 of the Treaty on the Functioning of the European Union to horizontal co-operation agreements.

um capítulo sobre sustentabilidade e normativos especiais que adota como premissas o Pacto Ecológico Europeu.

É questionável que o Cade poderia fazer o mesmo, ao expedir regulamentação que aplique normas externas à sua competência, porque o SBDC não dispõe de ferramental próprio para executar políticas públicas que não sejam a prevenção/repressão às infrações à ordem econômica. Essa configuração cria camadas de complexidade quando, pela natureza do caso que o Cade deve analisar, a política pública de defesa da concorrência precisa interagir com as demais.

Isso não quer dizer, entretanto, que o SBDC se furte de levar em consideração os impactos de suas decisões em outras esferas, como se vê a seguir.

2.1. Revisão da atuação do Cade: o SBDC está ciente do contexto de suas decisões e exerce sua jurisdição com cuidado

Historicamente, o SBDC e o Cade têm se mostrado alertas e abertos a impactos não-concorrência dos processos que chegam a ele; mas, ainda assim, tomam cuidado para manter sua atuação nos limites da política de concorrência. Há diversos exemplos nesse sentido.

Em 2011, o Sindicato dos Bancários e Financiários de São Paulo, Osasco e Região pediu[14] a revisão do ato de concentração dos bancos Itaú e Unibanco, sob a alegação de que a entidade combinada havia promovido demissões após a fusão. Em 2015, a Procuradoria Federal do Cade[15], cujo parecer foi adotado pelo Voto do Conselheiro-Relator Márcio de Oliveira Júnior[16] apontou que (i) não havia sido objeto de discussão no processo a necessidade da manutenção de postos de trabalho; (ii) que "*a lei antitruste não atribui ao Cade a missão de zelar pela manutenção dos níveis de emprego*"; e (iii) que a manutenção dos níveis de emprego não é um fator que "*necessariamente terá de ser considerado pelo Cade.*". O Cade não revisitou sua decisão no ato de concentração.

---

[14] Processo Administrativo nº 08700.002519/2012-99.

[15] Documento SEI nº 0043752.

[16] Documento SEI nº 0047977.

Em 2017, durante a análise da operação *AT&T/Time Warner*[17], uma associação terceira argumentou que o Cade não teria jurisdição para analisar a operação naquele caso porque sua consumação seria vedada por lei específica do setor[18], o que deveria impedir sua análise pelo Cade pela ótica concorrencial. A referida lei disciplinava o setor[19] e atribuía à Agência Nacional do Cinema (ANCINE) e Agência Nacional de Telecomunicações (ANATEL) - mas não ao Cade - competência para sua a aplicação e fiscalização.

Naquela ocasião, a Procuradoria-Federal Especializada junto ao Cade[20], pontuou que não caberia ao Cade decidir sobre a adequação da operação às normas regulatórias externas à competência do Conselho; o voto do Conselheiro Relator Gilvandro Vasconcelos apontou que fazê-lo seria uma "inflação de competência" do Cade (e uma violação a um dos princípios de Direito Administrativo, o princípio da legalidade).

O exemplo mais notável é a jurisprudência reiterada do Cade sobre ser possível a condenação de cobrança das taxas conhecidas como *Terminal Handling Charge 2 (THC2)* por operadores portuários de seus clientes, recintos alfandegários. Mesmo sendo a cobrança da taxa, em tese, autorizada pela autoridade que regula os transportes aquaviários (a ANTAQ), o Cade optou por exercer sua jurisdição proibindo a cobrança da taxa com base em seus efeitos anticompetitivos[21].

Esses casos são uma boa ilustração da posição que o Conselho tem adotado quando confrontado com este tipo de problema: por um lado, ser vigilante, atento e ciente do ambiente legislativo, social e regulatório que o Cade está inserido é importante. Por outro lado, o Cade

---

[17] Ato de Concentração nº 08700.001390/2017-14.

[18] Naquele caso, a terceira interessada alegava que o Artigo 5º da Lei 12.485/2011 vedava determinadas integrações verticais entre empresas atuantes em etapas diversas da cadeia de produção de TV a cabo. Vide Documento SEI nº 0047977.

[19] A operação envolvia o setor de serviço de acesso condicionado (popularmente conhecido como "TV a cabo").

[20] Documento SEI nº 0361599.

[21] O caso é representativo pela taxa ter sido discutida em diversos processos administrativos, antes e após a autorização da ANTAQ, com o Cade afirmando sua jurisprudência em proibir a cobrança. Vide, por exemplo, os Processos Administrativos 08012.007443/1999-17, 08012.003824/2002- e 08012.001518/2006-37, dentre outros.

tem entendido que a política pública que ele deve defender é a de defesa da concorrência, apenas.

Ou seja, o Cade não parece ter estado disposto a desviar de sua competência, mesmo quando existem políticas públicas legítimas e normas regulatórias válidas que possam ter interferência em aspectos das operações e condutas. Essa é uma tendência que tem se confirmado também nos casos nos quais aspectos ambientais ou de sustentabilidade estiveram diretamente envolvidos nas operações analisadas pelo Cade.

2.2. *O Cade e o tema de sustentabilidade: a tendência se mantém*

Uma revisão da jurisprudência do Cade relacionada ao tema de sustentabilidade ambiental e publicados em uma nota pela OCDE[22] também não mostra grande impacto do tema e reforça a cautela da autoridade em suas decisões[23]. Dois casos podem ser destacados, mas não houve nesses casos uma discussão analítica inovadora e que foge à cautela tradicional do Cade: o caso Vale/Ferrous, no qual a autoridade atrasou o rito de análise em virtude do desastre de Brumadinho e, provocada por terceiro interessado, optou por não levar considerações eminentemente ambientais em sua decisão[24]; e o caso mais antigo do "cartel de areia"[25], onde as partes, buscando atender padrões ambientais determinados pela Procuradoria do Estado do Paraná na extração de areia, compartilharam informações concorrencialmente sensíveis e padronizaram estratégias comerciais. Em nenhum desses casos o Cade sopesou com clareza ou deu ênfase aos efeitos em sustentabilidade ambiental em contraposição

---

[22] OCDE. Environmental Considerations in Competition Enforcement – Note by Brazil.

[23] Há casos em que assuntos de sustentabilidade tiveram impactos na decisão, como por exemplo o Ato de Concentração Vale/Ferrous (Ato de Concentração nº 08700.007101/2018-63). O Cade indicou, no documento enviado à OCDE (vide nota 24), que o processo de análise do ato de concentração foi atrasado "em alguns dias" até que fosse provado que a não havia relação entre o desastre de Brumadinho e os ativos envolvidos na Operação. Na decisão daquele caso, provocado por um terceiro interessado que havia trazido preocupações ambientais, o Conselho reforçou que sua decisão se restringia aos aspectos concorrenciais da operação.

[24] Vide o Ato de Concentração nº 08700.007101/2018-63.

[25] Vide o Processo Administrativo nº 08012.004430/2002-43.

a danos concorrenciais, reiterando a relutância da autoridade em incorporar mais tópicos de análise em seu processo decisório[26].

Na recente decisão do Tribunal do Cade sobre o Ato de Concentração *SustainIt/Cargill/Louis Dreyfus/ADM* (a "JV de Sustentabilidade")[27], é possível observar a relutância similar em certo grau. Nesse caso particular, o Tribunal teve a oportunidade de decidir sobre a legalidade de uma *joint venture* cujo objetivo era rastrear métricas de sustentabilidade nas cadeias de suprimentos alimentícios e agrícolas.

Após uma investigação da Superintendência-Geral e do Tribunal do Cade e o afastamento de uma conduta exclusionária por parte das Requerentes do caso JV Sustentabilidade, o Presidente do Cade, Alexandre Cordeiro, concluiu o seu voto entendendo que aquele não era "*um caso de sopesar concorrência e sustentabilidade*"[28], visto que a operação não apresentava problemas concorrenciais de toda forma.

O caso, porém, produziu uma discussão mais atualizada sobre o tema de sustentabilidade no Tribunal do Cade com os demais conselheiros. O conselheiro Victor Fernandes, em uma publicação do sítio ProMarket sobre a mesma decisão do Tribunal do Cade, definiu que o caso representaria um ponto de partida sobre como uma autoridade "agnóstica" [29]– termo utilizado pelo próprio conselheiro, fazendo referência a uma agência que "*passa longe de debates complexos sobre como avaliar os benefícios à sociedade na análise antitruste*" – deveria começar a estabelecer critérios preventivos para analisar transações desse tipo. O Conselheiro também reconhece o consenso crescente entre autoridades estrangeiras e acadêmicos de

---

[26] Deve-se ponderar que o Conselheiro Márcio de Oliveira Júnior mencionou a necessidade de harmonizar os benefícios ambientais com a lei concorrencial em voto de suspensão do Processo Administrativo para aquelas Representadas que haviam firmado um Termo de Cessação de Conduta. Contudo, em uma leitura atenta, o foco dessa harmonização era para que o Cade não entrasse em conflito com outras determinações judiciais e que estariam fora de sua alçada. (Cade. PA nº 08012.004430/2002-43. voto do conselheiro Márcio de Oliveira Júnior, 2015)

[27] Vide Ato de Concentração nº 08700.009905/2022-83.

[28] Vide Ato de Concentração nº 08700.009905/2022-83. Voto do Presidente Alexandre Cordeiro. Documento SEI nº 121494.

[29] Vide nota 3.

que certos tipos cooperação ou acordos podem beneficiar a sociedade sem prejudicar os objetivos concorrenciais[30].

O voto do Conselheiro-Relator Sérgio Ravagnani aponta que "*o comprometimento com objetivos sustentáveis não constitui uma isenção concorrencial para o cometimento de ilícitos anticompetitivos*"[31]. No caso da JV de Sustentabilidade, o conselheiro não deixou de mencionar riscos (e.g., *greenwashing*), mas reconheceu que jurisdições como a União Europeia e o Reino Unido já haviam desenvolvido guias com o entendimento de que, em determinadas situações, arranjos de trocas de informações eram necessários para atingir determinados objetivos de sustentabilidade e que poderiam não ser ilegais caso não estivessem diretamente relacionados a parâmetros sensíveis como preços e quantidades[32].

Logo, embora o caso não tenha sido aprovado em virtude dos efeitos do tema de sustentabilidade, há indícios de que há espaço para a introduzir alguns aspectos dos padrões de análise dos guias internacionais, não sendo inconsistente com a competência do Cade.

Como se vê, o SBDC não tem parecido estar disposto a conceder isenções antitruste ou mesmo flexibilizar sobremaneira seus padrões de análise quando aspectos de políticas públicas externas à concorrência entram em jogo na revisão de atos de concentração e condutas anticompetitivas.

Ainda assim, como se verá adiante, diversas autoridades ao redor do mundo têm experimentado com formas de incorporar aspectos de sustentabilidade às rotinas das autoridades de defesa da concorrência preservando seu papel de defesa econômica. Entende-se, também, que existem diversas formas de adotar as práticas internacionais atendendo às particularidades do sistema brasileiro.

---

[30] Idem. Tradução livre do original em inglês: "*this policy approach should steer clear of complex debates on how to assess societal benefits [...]*".

[31] Vide Ato de Concentração nº 08700.009905/2022-83. Voto do Conselheiro-Relator Sérgio Ravagnani. Documento SEI nº 1251141.

[32] Por exemplo, o voto do Conselheiro-Relator Sérgio Ravagnani menciona que "O Guia da União Europeia afirma que tais acordos, embora não sejam diferentes de outros acordos de cooperação horizontal entre concorrentes à luz do Artigo 101 do TFUE, não serão capazes de levantar preocupações concorrenciais caso não afetem negativamente parâmetros relacionados à concorrência, como preço, quantidade, qualidade, escolha ou inovação" (Cade, 2023, Voto do Conselheiro Sérgio Ravagnani, AC nº 08700.009905/2022-83).

3. Guias internacionais, sustentabilidade e integrações verticais: o que os guias e documentos publicados sobre o assunto explicam

As principais autoridades antitruste no mundo tem trazido diretrizes em seus guias sobre o tema de sustentabilidade – sendo, talvez, a única exceção a autoridade americana[33]. Destacam-se os posicionamentos das autoridades da União Europeia e Reino Unido.

A CMA (*Competition Markets Authority*) se destaca e pontua sobre situações em que há reconhecimento de eficiências no tema de sustentabilidade em diversos documentos publicados, trazendo especificidades ao tema de sustentabilidade.

No caso da Comissão Europeia, apesar do guia de fusões verticais não debater o tema e estar sem uma atualização[34], o *Vertical Agreements Guidelines* (Doravante, "VAG")[35] reconhece exemplos em que é possível analisar o tema de sustentabilidade, sobretudo em uma análise de eficiências. Outras autoridades antitruste no continente fizeram o mesmo, como a holandesa (*Netherlands Authority for Consumers and Markets*, "ACM"), que publicou documentos com discussões de quantificação e qualificação de eficiências no tema de sustentabilidade em acordos entre competidores, incluindo acordos de natureza vertical.

3.1. CMA (Reino Unido)

O *Merger Assessment Guidelines* da CMA[36] reflete uma posição mais atual de um guia que contempla fusões verticais ou não-horizontais. O guia não investiga em grande profundidade o tema de sustentabilidade, mas enfatiza que ele pode fazer parte de uma análise de efici-

---

[33] Não há menção aos termos "environment" ou "sustainability" na minuta do guia de fusões publicada, em conjunto entre o FTC (Federal Trade Comission) e o DOJ (Department of Justice) em julho de 2023. (US, FTC & DOJ. 2023 draft Merger Guidelines, 2023.

[34] O guidelines on the assessment of non-horizontal mergers foi publicado em 2008 e não foi atualizado ainda. (EU, European Commission. Guidelines on the assessment of non-horizontal mergers under the Council Regulation on the control of concentrations between undertakings, 2008.

[35] EU, Guidelines on vertical restraints, 2022.

[36] UK, Competition Markets Authority. Merger Assessment Guidelines (CMA129), 2021. Disponível em Merger Assessment Guidelines (CMA129).

ências com benefícios aos consumidores – por exemplo, pela redução de emissões de carbono[37].

O guia destaca que tais eficiências seriam da natureza de *relevant customer benefits*, ou seja, eficiências que beneficiam diretamente o consumidor de maneira mais abrangente (fora do mercado relevante, por exemplo) e não necessariamente aumentariam a rivalidade no mercado[38].

Por sua vez, o guia de acordos verticais da CMA ou *Vertical Agreements Block Exemption Order*[39] também destaca o exemplo de um acordo de seleção de distribuição pensando em atividades que reduzem impacto ambiental (e.g., *green bycicles*), enfatizando que há benefícios no tema de sustentabilidade. Porém, o *draft guidance on environmental sustainability agreements*[40], uma minuta do que será o guia para a análise de acordos com o tema de sustentabilidade, traz uma análise mais particularizada ao tema.

A minuta descreve um rito de análise específico, mas sem *safe harbors*: não há discriminação de critérios ou participações de mercado para avaliar isenções para os acordos. A minuta explicita as seguintes condições básicas para a aprovação de acordos com foco em sustentabilidade pela CMA: o acordo (i) deve contribuir para a obtenção de certos benefícios; (ii) o acordo ou quaisquer outras restrições devem ser indispensáveis para alcançar esses benefícios; (iii) os consumidores (que são passíveis de sofrer os efeitos anticompetitivos do acordo) devem receber uma "parte justa" desses benefícios; e (iv) para se beneficiar de isenção legal, o acordo não deve eliminar a concorrência em relação a uma parte substancial dos produtos em questão.

---

[37] "[...] Benefits to UK customers resulting from a merger, other than through improved competition in the market related to the SLC finding—for example, greater levels of innovation resulting from the combination of unique assets of the merger firms applying to products other than those where the firms compete, or reduced carbon emissions (to the extent firms do not normally compete on sustainability)". (Merger Assessment Guidelines, 2021, p. 65).

[38] Exceto nas situações em que empresas consideram o tema de sustentabilidade um fator competitivo no mercado, como a citação destaca.

[39] UK, Competition Markets Authority. Vertical Agreements Block Exemption Order, 2022.

[40] UK, Competition Markets Authority. Draft guidance on the application of the Chapter I prohibition in the Competition Act 1998 to environmental sustainability agreements, 2023.

No caso de acordos cujos benefícios estão claramente relacionados às mudanças climáticas, a CMA entende que o item "(iii)" possuiria uma tolerância diferente: os benefícios ou eficiências do acordo, que viriam sopesar um eventual efeito anticompetitivo, não precisam estar relacionados ao mercado relevante em análise[41].

A minuta reafirma de maneira mais explícita que eficiências que beneficiam consumidores no tema de sustentabilidade (especificamente, no tema de mudança climática) podem se estender além do mercado relevante passível de problemas concorrenciais. Não há só reconhecimento da natureza dessas eficiências para investigação concorrencial, como se permite uma visão abrangente do impacto dessas eficiências.

3.2. Comissão Europeia e outras autoridades europeias (Holanda)

O principal documento europeu recente e que toca no tema de acordos ou restrições verticais é o VAG da Comissão Europeia. O documento frisa que todos os acordos de natureza vertical são avaliados sob os mesmos critérios básicos da análise concorrencial. Os acordos que buscam objetivos de sustentabilidade podem estar isentos de escrutínio concorrencial, contanto que atendam a um conjunto de critérios específicos e que se aplicam a todos acordos verticais: o acordo afeta uma participação de mercado abaixo de 30% (nos elos a jusante ou a montante) e a inexistência restrições contratuais *hardcore*[42]

O VAG explicita o caso dos acordos em que há um "sistema seletivo de distribuição" na União Europeia e que podem estar associados ao tema de sustentabilidade: o caso em que o fornecedor se compromete a vender exclusivamente os bens ou serviços do contrato, diretamente ou indiretamente, somente para distribuidores selecionados com base em critérios específicos. O documento, porém, reitera que tais acordos

[41] Idem (vide pp. 25-26). O Guia esclarece que "in the case of climate change agreements [it is appropriate to] exempt such agreements if the 'fair share to consumers' condition can be satisfied taking into account the totality of the benefits to all UK consumers arising from the agreement, rather than apportioning these benefits between consumers within the market affected by the agreement and those in other markets".

[42] Em suma, são restrições tidas como ilícitos por objeto pela Comissão Europeia, o que incluem resale price maintenance (RPM), restrições territoriais sob o qual o produto é vendido, entre outras restrições. Uma lista detalhada está no Artigo 4 do documento Commision Regulation 2022/720.

"seletivos de distribuição" não estarão isentos de escrutínio concorrencial se por acaso ferirem os critérios de participação de mercado ou as restrições contratuais *hardcore*[43].

O documento também destaca outras situações em que há a possível presunção de eficiências derivadas de acordos sob o tema de sustentabilidade. Por exemplo, o documento frisa como acordos de *non-compete* podem solucionar um problema de *hold up* e viabilizar investimentos específicos em energia renovável: um investidor pode estar somente disposto a assumir o risco de um investimento em uma hidroelétrica sob a garantia de que terá uma relação vertical com um determinado nível de compradores, inibindo a presença de um concorrente que pudesse afetar a escala necessária para viabilizar o projeto.

O VAG, portanto, enfatiza um exemplo onde há um *trade off* entre sustentabilidade e uma potencial redução da concorrência: os benefícios em energia renovável podem superar os potenciais danos à concorrência. Há, portanto, o reconhecimento de eficiências no tema.

Outras autoridades nacionais, mas que compõem a União Europeia, também realizaram publicações sobre o tema de sustentabilidade, como as autoridades da Holanda e da Grécia[44], dentre outras. Especificamente no caso da Holanda, em seu *draft* sobre *Guidelines on Sustainability Agreements,* a ACM detalha algumas diretrizes para aplicar a legislação de concorrência a acordos entre empresas - acordos esses que podem contribuir de maneira mais eficaz para atingir objetivos públicos de sustentabilidade.

A avaliação de acordos que envolvem ganhos de sustentabilidade entre competidores pela ACM leva em conta quatro critérios cumulativos para serem permitidos, previstos na Lei de Concorrência da Holanda[45]. Nesse contexto, caso os acordos propostos entre as empresas

---

[43] Na pág. 69, o VAG reitera esse detalhe: "The combination of selective distribution with exclusive distribution in the same territory cannot benefit from the exemption provided by Article 2(1) of Regulation (EU) X,"(Vertical Agreement Guidelines, 2022, pág. 69). Ver nota 2 para mais informações sobre os critérios de isenção.

[44] NL. Netherlands Authority for Consumers and Markets. Markt (ACM) Guidelines (nd) Sustainability agreements. Opportunities within competition law. GR, Hellenic Competition Commission. Competition Law Sustainability.

[45] A análise da ACM leva em consideração o Dutch Competition Act e o Treaty on the Functioning of the European Union. Segundo o documento da ACM, são previstos são previstos os seguintes critérios: (i) os acordos oferecem ganhos de

restrinjam a concorrência de alguma forma, cabe a elas demonstrarem à autoridade que tais critérios ainda são cumpridos.

Os acordos que preveem ganhos de sustentabilidade muitas vezes envolvem a cadeia de fornecedores e restrições verticais (e.g. compra de fornecedores que extraem matéria-prima de maneira mais sustentável, melhores condições de pagamento para trabalhadores de trabalhos extrativos etc.). Ainda que reflitam em efeitos na dinâmica competitiva dos mercados em questão, a ACM prevê a avaliação de tais acordos levando em conta os benefícios que seriam gerados. Tais benefícios devem ser detalhados em quantidade e duração esperada dos efeitos, considerando ainda aqueles de longo prazo – típicos de muitos acordos de sustentabilidade –, ainda que a própria ACM reconheça que nem sempre os benefícios podem ser devidamente quantificáveis.

4. O tema de sustentabilidade em integrações verticais: como poderia ser integrado à análise do Cade

Apesar do Cade demonstrar estar plenamente ciente do contexto global de sinalizações de autoridades antitruste frente a transações que tenham o objetivo de promover a sustentabilidade, é importante ressaltar que a manifestação mais recente da autoridade ainda demonstra certa relutância em incorporar temas menos tradicionais à avaliação concorrencial, conforme a revisão deste artigo.

Entende-se, porém, que há formas de introduzir o tema sem alterações marcantes no escopo de análise do Cade, o que inclui a análise de integrações verticais e a análise proposta na minuta do Guia V+[46]. De acordo com o capítulo "II" do Guia V+, há cinco etapas para a análise concentrações verticais ou não-horizontais: (i) definição do mercado relevante; (ii) determinação da participação no mercado e aferição dos índices de concentração; (iii) análise do potencial lesivo à concorrên-

eficiência, incluindo benefícios de sustentabilidade; (ii) os usuários dos produtos em questão têm direito a uma parcela justa desses benefícios; (iii) a restrição da concorrência é necessária para colher os benefícios e não vai além do que é necessário e; (iv) a concorrência não é eliminada em relação a uma parte substancial dos produtos em questão – ver nota 34 para referência do documento da autoridade holandesa.

[46] Cade. Guia V+: guia de análise de atos de concentração não horizontais, 2023.

cia; (iv) análise dos benefícios líquidos ou sinergias da operação; (v) a aplicação de remédios, caso necessário.

A maioria das etapas, conforme os documentos revisados deste artigo, não possuem grande particularidade em relação ao tema de sustentabilidade: a maior parte dos documentos internacionais frisa como o tema se relaciona à análise de eficiências e não sugere que há uma particularidade analítica clara na definição do mercado relevante, na aferição de participações de mercado, em investigações do dano concorrencial ou na definição de remédios. Ainda que seja possível especificar preocupações que surjam no âmbito de uma operação que alegue eficiências no campo da sustentabilidade (e.g., *greenwashing*), não há *insights* adicionais para incorporar à análise típica de uma fusão ou integração vertical realizada por uma autoridade concorrencial[47].

Ademais, o tema de sustentabilidade é particularmente afeito às sinergias ou eficiências buscadas por integrações verticais, como se verá à frente. Mesmo dentro de uma visão mais "agnóstica", o Cade não estaria se estendendo além da sua competência ao incorporar o tema de sustentabilidade na análise de eficiências.

4.1. *Eficiências no contexto de sustentabilidade e integrações verticais*

Conforme as revisões destacadas neste trabalho, as eficiências ganham uma certa proeminência no tema de sustentabilidade. A maior parte dos guias e autoridades investigados neste trabalho aparentam dar ênfase aos benefícios de alternativas ambientalmente sustentáveis mesmo que existam danos potenciais à concorrência.

---

[47] Além do greenwashing não ser um dano concorrencial por si só, mas um ato que pode ludibriar uma autoridade concorrencial em relação à existência de efeitos benéficos de uma operação ("eficiências"), ele pode ser sanado meramente atendendo aos princípios básicos de uma análise de eficiências. Conforme o Guia V+, exige-se que eficiências sejam (i) prováveis; (ii) verificáveis. (iii) específicas da operação, (iv) tempestivas, e (v) resultem em benefícios que serão repassados em parcela relevante aos consumidores. Por exemplo, a verificação da condição (iii) (especificidade das eficiências à operação) poderia inibir o risco de greenwashing ao exigir que as Partes comprovem que as eficiências só poderiam ser obtidas através da operação e não de outra forma. Ou seja, que não se trata de uma mera alegação sem relação direta com a natureza da operação. (Ver nota 6 para acesso ao Guia V+).

No caso particular do Brasil, a lei concorrencial brasileira não parece ser um impedimento para que se aprecie eficiências no campo da sustentabilidade[48] e o Guia V+ descreve apenas o conjunto de recomendações tradicionais para a análise de eficiências, não havendo uma restrição clara para a análise e eficiências no mesmo tema[49].

Assim, há espaço para que o Cade estabeleça um debate sobre quais benefícios seriam passíveis de serem repassados ao consumidor no contexto do tema de sustentabilidade: uma análise que discuta não só a maneira que essas eficiências poderiam ser apropriadas, mas também os segmentos ou setores em que elas se tornam mais prováveis de serem reconhecidas[50]. Mas, de maneira geral, é possível afirmar que o tema de sustentabilidade possui uma relação próxima à análise de eficiências em integrações verticais. Inclusive, há teorias econômicas, tendências de mercado e evidências acadêmicas que sustentam essa relação.

De acordo com a teoria econômica de contratos incompletos, a existência de informações assimétricas entre cliente e fornecedor e a

---

[48] A lei 12.529/2011 traz autorização expressa para que o Cade autorize operações sujeitas a controle prévio, mesmo que tragam potenciais problemas concorrenciais, mediante a comprovação de eficiências. Em maior detalhe, essas eficiências seriam aquelas que (i) aumentem a produtividade ou a competitividade, (ii) melhorem a quantidade de bens e serviços, (iii) propiciem eficiência e o desenvolvimento tecnológico ou econômico, desde que sejam repassados aos consumidores "parte relevante dos benefícios decorrentes". (Art. 88, §6º, da Lei 12.529/2011).

[49] No caso do Guia V+, consolida-se a jurisprudência do Cade exigindo que eficiências sejam (i) prováveis; (ii) verificáveis. (iii) específicas da operação, (iv) tempestivas, e (v) resultem em benefícios que serão repassados em parcela relevante aos consumidores, conforme a própria lei. Essa é uma interpretação que decorre da jurisprudência do Cade, mas também reflete a prática internacional ao redor do mundo. Entretanto, a interpretação de todos esses efeitos, inclusive o significado de "parcela relevante", é estritamente jurisprudencial. A análise de eficiências é normalmente complexa por, na prática, ocorrer apenas em operações complexas. Em casos verticais, o próprio Departamento de Estudos Econômicos do Cade reconhece a dificuldade de sopesar e quantificar benefícios e potencial de dano da operação em fusões verticais (ver nota 6 para acesso ao link do Guia V+; vide parecer do DEE/Cade no Ato de Concentração nº 08700.003959/2022-35, Rede D'Or/SulAmérica).

[50] Conforme a revisão de seções anteriores, o VAG explica a natureza de algumas eficiências que a Comissão Europeia poderia aceitar (de impacto em mudanças climáticas ou em bem-estar animal). No caso dos guias da CMA, há clara distinção entre os benefícios que afetam a mudança climática e os que não possuem esse impacto, dando mais ênfase ao primeiro tipo de eficiência.

possibilidade de risco moral nessa transação (e.g., alegar informações imprecisas ou falsas sobre um produto) podem resultar em ineficiências nas operações entre duas empresas[51]. Assim, uma verticalização é mais eficiente quando se prova que é difícil de monitorar um fornecimento ou a qualidade de um serviço por meio apenas de um contrato.

Consultorias do ramo de Fusões e Aquisições orientam clientes a respeito da vantagem de integrações verticais com foco em sustentabilidade e os ganhos de monitoramento no produto[52], assim como a literatura acadêmica recente tem demonstrado os ganhos de estratégias de verticalização para obter melhoras no tema de sustentabilidade.

Há evidências, por exemplo, em relação a empresas que buscam adotar compromissos de natureza ESG (*Environmental, Social and Corporate Governance*). Algumas empresas que buscam seguir práticas ligadas a questões ambientais, sociais e de governança optam por integrar verticalmente suas atividades, ou seja, ampliam o seu monitoramento ao englobar diferentes etapas da cadeia produtiva[53]. Por outro lado, há também indícios de que algumas empresas buscam reduzir os custos ambientais (aumentando o seu impacto ambiental) ao terceirizar suas atividades[54].

Outros trabalhos em indústrias específicas também identificam o impacto positivo de integrações verticais. No setor de petróleo e gás, um trabalho estatístico identificou que quanto melhor performance da indústria, menor é a performance em temas de natureza ESG, mas que a integração vertical reduz ou atenua esse efeito[55]. Na indústria da moda,

---

[51] Ver o trabalho clássico de Williamson (1971) sobre o tema, considerando o problema de hold up que poderia surgir na relação entre uma mina carvão e uma usina de geração de energia. (Williamson, Oliver E. 1971. "The Vertical Integration of Production: Market Failure Considerations." American Economic Review, 61(2): 112–23).

[52] Conforme a empresa Strategy destaca em seu site,"Vertical integration gives companies more control in this respect. It also makes the origin and footprint of sourced goods more transparent, a benefit much valued by health-conscious and environmentally-aware consumers.".

[53] MURCIA, Maria Jose; PANWAR, Rajat; TARZIJAN, Jorge. Socially responsible firms outsource less. Business & Society, v. 60, n. 6, p. 1507-1545, 2021.

[54] DAI, Rui et al. Outsourcing climate change. European Corporate Governance Institute–Finance Working Paper, n. 723, 2021.

[55] ALI, Muhammad Kashif et al. Moderating effect of vertical integration on the relationship between sustainability and performance: evidence from oil and gas

um trabalho de natureza mais qualitativa identifica que maiores níveis de integração vertical na indústria da moda melhoram a performance em indicadores de sustentabilidade[56].

No caso de uma possível expansão da análise de eficiências para um escopo de maior abrangência, como os documentos publicados pela CMA sugerem ao considerar eficiências que possam impactar consumidores fora do mercado relevante, é importante frisar que o Cade contempla a possibilidade de análise de externalidades em seu Guia de Análise de Atos de Concentração Horizontal ("Guia H") na subseção de eficiências[57].

Externalidades são justamente impactos sobre terceiros e que não são internalizados em custos ou ganhos das firmas, o que abre a possibilidade para análise de temas relacionados à sustentabilidade. Afinal, a redução da poluição é o exemplo mais frequente de eliminação de externalidade negativa na literatura[58] e se estende para além do mercado relevante. Apesar do Guia V+ não possuir a mesma menção, não seria inconsistente considerar a existência de externalidade positivas (ou a eliminação de externalidades negativas) em uma análise de eficiências de uma integração vertical.

Nesse caso, entende-se que o Cade possui a autoridade e um espaço de discricionariedade para dar aplicabilidade ao ferramental de eficiências voltado ao tema de sustentabilidade, inclusive considerando os aspectos mais abrangentes trazidos por guias europeus.

---

energy sector. Future Business Journal, v. 9, n. 1, p. 53, 2023.

[56] ARCURI, Angelo; GIOLLI, Lorenzo. The relationship between upstream vertical integration and environmental sustainability in the luxury fashion industry. SN Business & Economics, v. 2, n. 7, p. 73, 2022.

[57] A subseção frisa claramente que "As eficiências específicas à concentração econômica horizontal podem se dar sob a [...] apropriação de externalidades positivas ou eliminação de externalidades negativas [...]" (Cade, Guia para Análise de Atos de Concentração Horizontal, pág. 47, 2016.

[58] Para uma discussão breve e dando uma explicação didática, ver a publicação de Helbling (2012). HELBLING, Thomas. Externalities: Prices Do Not Capture All Costs. International Monetary Fund, 2012.

5. Conclusões

Este artigo, após uma análise que envolveu a avaliação das fronteiras do SBDC, as decisões recentes do Cade no tema de sustentabilidade, uma revisão das orientações internacionais mais recentes e do esboço do Guia V+, além de outros documentos pertinentes, chega à conclusão de que há margem e viabilidade para que a autoridade brasileira adote certas abordagens alinhadas às tendências internacionais no que diz respeito à sustentabilidade, sem ultrapassar sua competência e sem conceder às isenções antitruste que até então foram evitadas.

A revisão reconhece que a análise de eficiências ou sinergias são o foco dos guias internacionais, onde são listados diversos exemplos em que se sopesa efeitos potencialmente anticompetitivos à introdução de produtos e tecnologias que resultam em eficiências voltadas ao tema de sustentabilidade. No caso particular da CMA do Reino Unido, considera-se até a análise de eficiências que se estendam além do mercado relevante.

No caso particular de integrações verticais, o tema de sustentabilidade possui uma relação mais estreita. Os ganhos em monitoramento e qualidade possuem racional teórico, são destacados por empresas no ramo de Fusões & Aquisições e em artigos acadêmicos. Mais do que isso, o tema de sustentabilidade também pode ser destacado por sua capacidade de produzir externalidades positivas, um tipo de eficiência já destacado pelo Cade no "Guia H".

Mesmo sob uma postura mais "agnóstica", não há inconsistência na introdução do tema de sustentabilidade na análise de eficiências de uma autoridade como o Cade. Um reconhecimento em materiais recentes, como o Guia V+, de que há possibilidade de apreciação dessas eficiências colocaria o Cade em maior sintonia com outras autoridades concorrenciais sem grandes inovações em suas competências.

6. Referências bibliográficas

ALI, Muhammad Kashif et al. Moderating effect of vertical integration on the relationship between sustainability and performance: evidence from oil and gas energy sector. Future Business Journal, v. 9, n. 1, p. 53, 2023.

ARCURI, Angelo; GIOLLI, Lorenzo. The relationship between upstream vertical integration and environmental sustainability in the luxury fashion industry. SN Business & Economics, v. 2, n. 7, p. 73, 2022.

CADE, Guia para Análise de Atos de Concentração Horizontal, 2016.

CADE. Guia V+: guia de análise de atos de concentração não horizontais (minuta), 2023.

DI PIETRO, Maria Sylvia Zanella. Direito Administrativo. 30ª Ed. Rev., atual. e ampl. – Rio de Janeiro: Forense, 2017.

EU, European Commission. COMMUNICATION FROM THE COMMISSION et al. Guidelines on the applicability of Article 101 of the Treaty on the Functioning of the European Union to horizontal co-operation agreements. Off J Eur Union, p. 1-72, 2011.

EU, European Commission. Commission Regulation (EU) 2022/720 of 10 May 2022 on the application of Article 101(3) of the Treaty on the Functioning of the European Union to categories of vertical agreements and concerted practices. Off J Eur Union, p. 1-10, 2022.

EU, European Commission. Guidelines on the assessment of non-horizontal mergers under the Council Regulation on the control of concentrations between undertakings, 2008.

EU. European Commission. Guidelines on vertical restraints, 2022.

FERNANDES, Victor Oliveira. Brazil's Cade Demonstrates How Antitrust Authorities Can Pursue Sustainability Goals. ProMarket: insights shaping the future of capitalism, Agosto, 2023.

HELBLING, Thomas. Externalities: Prices Do Not Capture All Costs. International Monetary Fund, 2012.

GR, Hellenic Competition Commission. Competition Law Sustainability, 2022.

MURCIA, Maria Jose; PANWAR, Rajat; TARZIJAN, Jorge. Socially responsible firms outsource less. Business & Society, v. 60, n. 6, p. 1507-1545, 2021.

NL, Netherlands Authority for Consumers and Markets. Markt (ACM) Guidelines (nd) Sustainability agreements. Opportunities within competition law. Disponível em Second draft version: Guidelines on Sustainability Agreements – Opportunities within competition law (acm.nl) acessado 30/08/2023; GR, Hellenic Competition Commission. Competition Law Sustainability. Disponível em Staff_Discussion_paper.pdf (epant.gr).

OCDE. Environmental Considerations in Competition Enforcement – Note by Brazil, 2021.

US. FTC & DOJ. 2023 draft Merger Guidelines, 2023.

UK. Competition Markets Authority. Draft guidance on the application of the Chapter I prohibition in the Competition Act 1998 to environmental sustainability agreements, 2023.

UK. Competition Markets Authority. Environmental sustainability and the UK competition and consumer regimes: CMA advice to the Government, 2022.

UK. Competition Markets Authority. Merger Assessment Guidelines (CMA129), 2021.

UK. Competition Markets Authority. Vertical Agreements Block Exemption Order, 2022.

WILLIAMSON, Oliver E. "The Vertical Integration of Production: Market Failure Considerations." American Economic Review, vol. 61, nº 2, p. 112–123, 1971.

KILLER ACQUISITIONS E COMPETIÇÃO EM MERCADOS INCIPIENTES NO CONTEXTO DE UMA FUSÃO VERTICAL: UMA ANÁLISE DO CASO MICROSOFT/ACTIVISION

KILLER ACQUISITIONS AND COMPETITION IN BURGEONING MARKETS: MICROSOFT/ACTIVISION MERGER ANALYSIS

Matheus Carvalho[1]

Resumo: O artigo pretende analisar alguns aspectos da Operação Microsoft/Activision, especificamente se a teoria das aquisições eliminatórias ("killer acquisitions") seria útil para endereçar preocupações antitruste. Adicionalmente, investiga se as autoridades de defesa da concorrência analisaram adequadamente, dadas as circunstâncias, a teoria de fechamento de mercado no segmento de subscrição de jogos eletrônicos em nuvem. A pesquisa, portanto, conduz uma análise qualitativa de uma operação transfronteiriça. Em relação à tese da "killer acquisition", a pesquisa conclui que a "reverse killer acquisition" seria mais adequada no contexto da aquisição. De todo modo, o estudo não encontrou evidência de dano ao consumidor a despeito do potencial de aplicação da teoria. No que diz respeito ao serviço de subscrição de jogos eletrônicos em nuvem, parece não existir consenso quanto ao fato de ele constituir um mercado relevante, sob a dimensão produto, autônomo. Como resultado, a discussão quanto à imposição de remédios de natureza comportamental, como condição para aprovar a fusão, parece ser desproporcional.

Palavras-chave: Direito Concorrencial, Fusões e aquisições, Aquisição eliminatória, Jogos em nuvem, Remédios Comportamentais, Caso Microsoft/Activision.

Abstract: The paper aims to discuss some aspects of Microsoft's proposed acquisition of Activision, specifically whether the "killer acquisition" theory could be useful in addressing antitrust concerns. Additionally, it investigates whether competition agencies properly analyzed, given the circumstances, the market foreclosure theory of harm in the cloud gaming subscription service. The research, therefore, performs a

[1] *Disclaimer:* O autor declara que a pesquisa foi desenvolvida de forma autônoma e independente, inexistindo conflito de interesse de ordem pessoal, profissional, acadêmica ou de qualquer outra natureza

qualitative analysis of this cross-border transaction. Regarding the "killer acquisition" theory, the research concludes that the "reverse killer acquisition" is more suitable in the merger context. However, the study found no evidence of consumer harm, despite the potential applicability of the latter theory. With respect to the cloud gaming subscription service, there seems to be no consensus on whether it constitutes a (autonomous) relevant product market. As a result, thus, the discussion about imposing behavioral remedies, as a condition of merger clearance, may be disproportionate.

Keywords: Competition law, Merger and acquisitions, Killer acquisition, Cloud gaming, Behavioral remedies, Microsoft/Activision case.

1. Introdução

Na atual sistemática teórica e prática do Direito Concorrencial, parece existir relativo consenso quanto à necessidade de um olhar mais crítico em relação a fusões verticais, isto é, um adensamento objetivo (toolkit) e subjetivo (animus) quanto ao design da operação sob análise a fim de mitigar os possíveis (ou prováveis) efeitos anticompetitivos de uma dada concentração.

Não por acaso, argumenta-se que é falacioso o argumento de que as fusões verticais seriam inerentemente pró-competitivas, visto que inexistiriam diferenças robustas o suficiente, entre concentrações horizontais e verticais, em termos de incentivos dos agentes para alterar ilicitamente a dinâmica de competição no cenário pós-operação:

> "The argument that vertical merger enforcement should be very light-handed has two parts. The first is the view that vertical mergers are somehow inherently less likely to harm competition than horizontal mergers because the latter result in the loss of a horizontal rival, which tends to lead to price increases. [...] But the claim that vertical mergers are inherently unlikely to raise horizontal concerns fails to recognize that all theories of harm from vertical mergers posit a horizontal interaction that is the ultimate source of harm. Vertical mergers create an inherent exclusionary incentive as well as the potential for coordinated effects similar to those that occur in horizontal mergers [...] enforcers should not presume that vertical mergers in oligopoly markets

> cannot harm competition. For the same reason, enforcers also should not set a higher evidentiary standard for finding anticompetitive harms from a vertical merger than it applies when reviewing horizontal deals[2]."

Por esses motivos, a despeito das prováveis eficiências associadas a este tipo de integração, como eliminação de dupla margem, ganhos de escala e/ou escopo decorrente do incremento no portfólio, sinergias em razão da complementariedade de produtos, dentre outros ganhos que podem ser repassados ao consumidor por meio de menores preços ou melhores serviços, as autoridades, nos dias atuais, tendem a analisar de modo mais criterioso as entrelinhas da concentração e os efeitos dela a montante e/ou a jusante.

Dessa forma, institutos como (i) killer acquisition e (ii) a dinâmica de competição em mercados ainda incipientes podem, em conjunto ou isoladamente, compor o arcabouço de análise quanto aos efeitos de um ato de concentração vertical por indicarem, a depender do contexto no qual se insere a operação, o quanto o mercado será afetado e qual a probabilidade de o ente fusionado atuar de maneira anticompetitiva.

É esse o contexto, portanto, no qual está inserido o presente estudo. Por meio de uma análise qualitativa, especificamente do caso Microsoft/Activision, apresenta-se, a título de contribuição para o estudo de fusões verticais, duas indagações: se (i) o instituto killer acquisition pode ser aplicável à discussão; e se (ii) a competição nascente no segmento de cloud gaming constitui uma métrica adequada de análise.

Para tanto, a técnica utilizada para o desenvolvimento da pesquisa, a fim de obter aos questionamentos suscitados, foi eminentemente bibliográfica, por meio da análise de livros, artigos científicos e de uma vertente específica da pesquisa bibliográfica, chamada de documental, consubstanciada na análise de leis e de precedentes (caso concreto retromencionado)[3].

---

[2] BAKER, Jonathan B. ROSE, Nancy L. SALOP, Steven C. SCOTT MORTON, Fiona. Five Principles for Vertical Merger Enforcement Policy.

[3] ADEODATO, João Maurício. Bases para uma metodologia da pesquisa em direito. *Revista da Faculdade de Direito de São Bernardo do Campo*, v. 4, 1998, 171-187.

2. Resumo da operação Microsoft/Activision

Em linhas gerais, o ato de concentração multijurisdicional que dá azo a este breve estudo reside na aquisição, pela Microsoft Corporation ("Microsoft"), empresa global de tecnologia, destacando-se, desde logo, sua atuação no desenvolvimento, publicação e distribuição de jogos eletrônicos, da Activision Blizzard Inc. ("Activision"), que também atua nos mercados retromencionados ("Operação").

Grosso modo, a atuação da Microsoft no ecossistema gaming compreende, como dito acima, o desenvolvimento in-house de jogos eletrônicos, conhecidos na indústria como títulos "first party" (Halo, Forza Horizon, Minecraft, Fallout e outras franquias), bem como permite o acesso de consumidores a centenas de outros jogos eletrônicos – títulos "third party" – por meio do Xbox Game Pass, mediante contraprestação mensal (similar aos atuais serviços de streaming, como Netflix ou Amazon Prime Video).

Além disso, na Microsoft foi desenvolvido e produzido o console Xbox, um entre o atual triunvirato do segmento (ao lado do Playstation, da Sony, e do Nintendo). Ainda, a Microsoft opera, por meio da subsidiária Azure, plataforma que fornece a infraestrutura necessária para utilização de serviços em nuvem.

A Activision, por sua vez, produz e publica, para múltiplas plataformas (PC, console e dispositivos móveis) jogos eletrônicos de altíssima qualidade, conhecidos na indústria como títulos "triple A ou AAA", tais como a franquia Call of Duty, Overwatch, Candy Crush, Crash Bandicoot, World of Warcraft dentre outros.

No que diz respeito ao aspecto concorrencial, a operação sob evidência gerou uma série de debates e controvérsias, sobretudo pelos efeitos verticais decorrentes da concentração. O objetivo deste capítulo é situar o leitor nas discussões levadas a cabo em quatro jurisdições: Brasil, Estados Unidos, União Europeia[4] e Reino Unido. Contudo, para fins metodológicos, o presente texto focará em uma das teorias do dano identificadas, qual seja, os efeitos verticais da concentração no serviço de jogos eletrônicos em nuvem.

---

[4] Apesar de haver um profundo debate quanto aos efeitos da Operação conduzido pela autoridade concorrencial do Reino Unido, o Competition and Markets Authority – CMA, até a presente data, ainda não houve um posicionamento definitivo da autoridade britânica. Por essa razão, o recorte adotado no presente trabalho foi o de apresentar, tão somente, as jurisdições em que a discussão foi encerrada.

2.1. Análise da Operação no Brasil

No âmbito do Conselho Administrativo de Defesa Econômica – Cade, os desdobramentos foram relativamente simples. De acordo com as Requerentes, com base no Contrato e Plano de Fusão celebrado pelas Partes, a Activision Blizzard iria se fundir à subsidiária da Microsoft Anchorage Merger Sub Inc. ("Anchorage"). Após a conclusão do negócio, a Anchorage deixaria de existir e a Activision Blizzard se tornaria uma subsidiária integral, diretamente detida pela Microsoft.

Na análise empreendida pela Superintendência-Geral do Cade (SG/Cade):

> "as empresas consultadas não manifestaram oposição quanto ao 'agrupamento' das atividades de desenvolvimento e publicação de jogos eletrônicos em um mesmo mercado relevante. Por outro lado, no que diz respeito a uma possível segmentação desse mercado por plataforma/hardware, não houve consenso. Enquanto alguns agentes entendem apropriada a separação do mercado pelo menos entre jogos para PC e consoles e jogos para dispositivos móveis, outros sugerem que o mercado deveria ser considerado em um contexto mais amplo, dado que todos os jogos, independentemente da plataforma, competiriam entre si pelo tempo/atenção/engajamento do consumidor.[5]"

A discussão sobre mercado relevante é importante, sobretudo na análise empregada por jurisdições fora do Brasil, as quais entenderam, conforme será pormenorizado, que um cenário mais abrangente não refletiria a real dinâmica de competição.

Na sequência, no que diz respeito ao serviço de subscrição e jogos em nuvem, a SG/Cade asseverou que, muito provavelmente, se concluída a transação, o catálogo da Activision não seria disponibilizado a plataformas concorrentes. Contudo, indagou se este fato, por si só, seria suficiente para justificar uma intervenção da autoridade antitruste.

---

[5] Brasil. Ministério da Justiça e Segurança Pública. Conselho Administrativo de Defesa Econômica. Ato de Concentração nº 08700.003361/2022-46 (Requerentes: Microsoft Corporation e Activision Blizzard, Inc.). Parecer nº 23/2022/CGAA3/SGA1/SG/Cade. SEI 1131445.

Ao final, concluiu que caso o modelo de streaming de jogos se popularize mundialmente, a aquisição da Activision pela Microsoft não seria um fator impeditivo ao desenvolvimento de concorrentes e à entrada de novas empresas no segmento, razão pela qual não seria razoável cogitar fechamento de mercado para plataformas de jogos eletrônicos por assinatura na hipótese de a Microsoft tornar o catálogo da Activision exclusivo.

2.2. *Análise da operação nos Estados Unidos*

Nos Estados Unidos, por sua vez, a conclusão da autoridade concorrencial americana diferiu daquela adotado no Brasil. Segundo o Federal Trade Commission – FTC[6], o segmento de "cloud gaming subscription service" constituiria um mercado relevante autônomo. Desse modo, a agência norte-americana concluiu que seria necessário avaliar os impactos concorrenciais da operação neste segmento.

Em suma, o FTC alega que o catálogo detido pela Activision é absolutamente relevante para qualquer console ou serviço de subscrição, dada a possibilidade de alavancar vendas e aumentar a base de usuários ativos na plataforma.

Nesse sentido, registrou, linhas gerais, que o acesso e disponibilização aos usuários, por parte de qualquer serviço de subscrição de jogos – principalmente no incipiente segmento de "cloud gaming" – de um catálogo que contenha títulos AAA é fundamental para que haja uma entrada completa e efetiva.

Nesse sentido, a Microsoft, na tentativa de manter posição dominante nesse segmento, teria os meios e os incentivos necessários para "degradar" ou impedir o acesso de plataformas concorrentes aos títulos da Activision, notadamente Call of Duty.

Por essas e outras razões, o FTC requereu que o Poder Judiciário impedisse temporariamente a aquisição da Activision, o que foi negado em duas instâncias.

2.3. *Análise da operação na União Europeia*

Tal qual o posicionamento da autoridade norte-americana, a European Commission concluiu que o ecossistema detido pela Microsoft

---

[6] FEDERAL TRADE COMMISSION. FTC Matter/File Number 2210077.

poderia implicar danos ao segmento de cloud gaming subscription (igualmente entendido como um mercado relevante autônomo).

A Operação, nesse contexto, foi aprovada mediante a celebração e o cumprimento de remédios comportamentais na EEA (European Economic Area). Nesse sentido, pelo prazo de 10 anos, a Microsoft comprometeu-se (i) a permitir que qualquer usuário que tenha licença de títulos da Activision possa executar o título no serviço de subscrição em nuvem de sua preferência e (ii) permitir que, gratuitamente, provedores concorrentes ao Game Pass possam deter títulos da Activision em seus respectivos catálogos.

Dessa forma, a European Commission concluiu que, em um futuro próximo, estaria garantida a possibilidade de acesso e de rivalidade efetiva no incipiente segmento de *cloud gaming.*

3. Killer Acquisition no contexto da operação Microsoft/ Activision: existe espaço para aplicação do instituto?

Teorias de dano relacionadas ao conceito de uma killer acquisition têm ganhado fôlego no Direito Concorrencial, sobretudo no que diz respeito ao controle de estruturas. A partir dos trabalhos de Cunningham e outros, estabeleceu-se, de início, o seguinte conceito:

> "This paper theoretically and empirically studies killer acquisitions [...] We model acquisitions that occur when the innovative target firm's project is still under development, and therefore further development is necessary and costly and the ultimate project success is uncertain. An incumbent acquirer has weaker incentives to continue development than an entrepreneur if the new project overlaps with (i.e., substitutes for) a product or project in the incumbent's portfolio[7]."

A tese, portanto, é a de que uma firma incumbente, no contexto de seu planejamento estratégico, adquire uma concorrente nascente não com a finalidade de dar continuidade ao projeto levado a cabo pela target, incrementando, consequentemente o portfólio da

---

7 CUNNINGHAM, Colleen. EDERER, Florian. MA, Song. Killer Acquisitions. *Journal of Political Economy,* Vol. 129, No. 3, pp. 649–702, March 2021

adquirente, mas visando a encerrar toda e qualquer atividade desenvolvida pela vendedora.

O risco de canibalização com produtos já ofertados pela compradora e o alto custo de manutenção do projeto podem servir como justificativas para tal decisão. A intenção de frear o crescimento de uma futura concorrente efetiva e diminuir a contestabilidade do mercado é, embora não admitida, tese igualmente viável.

Nesse caso, a doutrina especializada propõe o desenvolvimento de parâmetros para identificar se tal aquisição possui ou não caráter anticompetitivo. Em termos conceituais, fundamental observar se a adquirente possui ou não meios de desenvolver suas atividades autônoma e independentemente de financiamento externo. Em caso positivo, seria o caso de uma killer acquisition ou supressão parcial da competição:

> "In Section 2, which is grounded in Fumagalli, Motta and Tarantino (2020), we develop a simple reduced-form framework to address the possible anti- and pro-competitive effects of the acquisition of potential competitors. In our setting, a start-up can develop a project that succeeds with some probability. Whenever the start-up has the ability to pursue its project, the merger will be anti-competitive. The acquisition then becomes either a "killer acquisition" or an upgrade with suppressed competition. The merger can only be pro-competitive if the start-up would not be able to pursue its project absent the merger and if the incumbent will have an incentive to develop the project after acquiring the start-up[8]."

É possível, portanto, concluir que, em certos casos, a aquisição de uma concorrente nascente ou potencial pode apresentar contornos e/ou fins, intencionais ou não, anticompetitivos. A preocupação de algumas vozes da doutrina, no entanto, é o custo do erro de uma decisão que vetou uma concentração, ou aprovou-a condicionada ao cumprimento de remédios, com base nesse racional[9].

---

[8] MOTTA, Massimo. PEITZ, Martin. Big tech mergers. *Information Economics and Policy Volume 54, March 2021*, 100868. PII: S0167-6245(20)30011-1. DOI: Reference: IEPOL 100868.

[9] VERISSÍMO, Levi Borges de Oliveira. *KILLER ACQUISITIONS: Teoria das aquisições eliminatórias e proteção da inovação nos mercados digitais sob a ótica*

De todo modo, a despeito de vozes dissonantes e/ou receosas com a aplicação do instituto[10 - 11], a tese da aquisição eliminatória encontra respaldo teórico e prático, sobretudo em precedentes oriundos de agências estrangeiras de defesa da concorrência que trataram da eliminação da ameaça competitiva em segmentos econômicos permeados por forte inovação.

Outrossim, uma outra tese derivada do conceito retromencionado, particularmente importante para os fins do presente estudo, é o de "reverse killer acquisition", isto é, quando a adquirente representa uma ameaça ao agente incumbente, e não o contrário[12]. O pressuposto dessa hipótese é o de que, em um cenário contrafactual, na ausência da fusão, a firma incumbente cresceria organicamente no mercado de atuação da target, acirrando, por consequência, a competição no mercado:

> "Large digital platforms, in particular, have exceptional abilities to pursue organic expansion but also opportunities to "roll up" (willing) startups to "get there faster," "buying" instead of expending effort in rival in-

---

da defesa da concorrência. Dissertação (Mestrado em Direito). Programa de Pós-Graduação da Faculdade de Direito da Universidade de Brasília. Universidade de Brasília. Brasília/DF. 2021, p. 47.

10 A título de exemplo, foram analisadas quase 400 aquisições realizadas pelas empresas conhecidas pelo acrônimo GAFAM e concluiu-se que "The analysis above indicates that, even on a broad brush and likely over-inclusive approach, killer acquisitions in tech are likely rare. This is not meant to be dismissive: rare events with large negative welfare effects need to be guarded against. However, this observation raises the question of whether this should be the only, or even primary, theory of harm when looking at transactions where a large acquirer is buying a smaller player". In: LATHAM, Oliver. TECU, Isabel. BAGARIA, Nitika. *BEYOND KILLER ACQUISITIONS: Are There More Common Potential Competition Issues in Tech Deals and How Can These Be Assessed?* CPI Antitrust Chronicle, May 2020.

11 IVALDI, Marc. PETIT, Nicolas. ÜNEKBAŞ, Selçukhan. Killer Acquisitions: Evidence from EC Merger Cases in Digital Industries. *TSE Working Paper No. 13-1420.* March 2023.

12 A tese do "reverse killer acquisition" parte da premissa de que o adquirente/incumbente passa a competir em um dado mercado relevante não pelo desenvolvimento "in house" de produto ou serviço, mas através da aquisição de concorrentes atuais ou potenciais. O "reverse killer" estaria, justamente, na eliminação da divisão interna da adquirente responsável pela criação e/ou desenvolvimento de um produto ou serviço e utilização da estrutura da empresa-alvo.

> novation. Foregoing such effort is never good for consumers and society as a whole: while innovative effort is costly, it will often yield multiple providers and differentiated services, with socially desirable properties. The pivot towards "potential competition theories of harm" is significantly about these "buy vs. build" cases and their potential to represent "reverse" killer acquisitions that allow the incumbent to do away with its own innovation effort and reduce innovation overall relative to a "no deal" scenario[13]."

Conforme antecipado, a tese acima é interessante no contexto da Operação Microsoft/Activision. Isso porque, apesar de ser um dos maiores conglomerados do planeta, com recursos financeiros praticamente ilimitados, a Microsoft escolheu o crescimento inorgânico no segmento de desenvolvimento e publicação de jogos eletrônicos mediante sucessivas aquisições de outros agentes econômicos.

Atualmente, a Microsoft possui um portfólio de mais de 20 (vinte) estúdios que desenvolvem jogos eletrônicos de alta qualidade, muitos dos quais foram adquiridos (e não organicamente fomentados)[14]. Assim, ao invés de envidar os esforços necessários para desenvolver jogos eletrônicos AAA capazes de rivalizar com a franquia "Call of Duty[15]", o que implicaria, para tanto, tradeoffs significativos e não ne-

---

[13] CAFFARRA, Cristina. CRAWFORD, Gregory S. VALLETTI, Tommaso. *"HOW TECH ROLLS": Potential competition and "reverse" killer acquisitions.* CPI Antitrust Chronicle, May 2020.

[14] Por exemplo, em 2000, a Microsoft adquiriu a Rare, que desenvolveu a franquia "Sea of Thieves". Em 2014, houve a aquisição da Mojang Studios, responsável pelo desenvolvimento do "Minecraft". Ainda, recentemente, em 2020, adquiriu a ZeniMax Media, holding que abriga os estúdios Bethesda Game Studios, ZeniMax Online Studios, id Software, Arkane Studios, Machine Games, Tango Gameworks, Alpha Dog Games, e Roundhouse Studios, desenvolvedora, por meio das subsidiárias, de títulos como The Elder Scrolls, Fallout, Wolfenstein, Doom e Quake. Dados obtidos do portal: https://gamerant.com/microsoft-acquisition-activision-blizzard-bethesda-mojang-rare/. Acesso em 10.08.2023.

[15] É bastante comum que franquias de sucesso, principalmente no segmento AAA, possuam "concorrentes" (jogos produzidos por outros estúdios e com enredo e mecânica praticamente idênticos) efetivos, como (i) EA Sports FC (antigo FIFA) x eFootball (antigo PES), (ii) Battlefield x Call of Duty, (iii) Street Fighter x Mortal Kombat.

gligenciáveis, a Microsoft, em sua política estratégica, resolveu adquirir a Activision.

A despeito de a Microsoft já atuar no segmento de desenvolvimento e publicação de jogos eletrônicos, ou seja, não ser uma entrante, seria possível aplicar o conceito de "reverse killer acquisition" ao caso em tela, dada a escolha deliberada em crescer de maneira inorgânica mesmo possuindo o capital financeiro e intelectual para tanto? Caso a resposta seja positiva, qual o impacto em termos concorrenciais?

Quanto à primeira indagação, acredita-se que a resposta pode ser positiva, isto é, a Microsoft prefere adquirir companhia consolidadas e que já possuem jogos eletrônicos com ampla base de usuários (jogadores) ativos do que investir tempo e dinheiro em um projeto in-house sem a garantia de aceitação pelo público consumidor[16].

Por possuir uma estrutura verticalmente integrada, não seria problema desenvolver e dispor de estratégias de marketing e comercialização visando a despertar o interesse do consumidor final, intensificando a pressão competitiva no segmento de jogos eletrônicos AAA. Acontece que o fator tempo é crucial, sobretudo em mercados dinâmicos.

Assim, o intervalo necessário para (i) produzir, (ii) testar, (iii) comercializar e (iv) criar uma base rentável de usuários indica a falta de incentivos para que a Microsoft decida pelo crescimento orgânico.

Em se tratando de uma fusão vertical, cumpre salientar que a análise perpassa pelo trinômio capacidade, incentivos e efeito. Segundo a versão preliminar do Guia V+[17], é necessário observar, em primeiro lugar, se "existe capacidade de implementação de estratégias anticoncorrenciais por parte da empresa integrada?". Na sequência, questiona-se se "a integração gera alterações na estrutura de incentivos para a prática de estratégias anticoncorrenciais". Por fim, na hipótese de as perguntas anteriores serem positivas, analisa-se se "a implementação de

---

[16] Aqui, cumpre salientar, mais uma vez, que a Microsoft atua na produção, desenvolvimento e comercialização in-house de jogos eletrônicos AAA (ex: Halo, Forza, Age of Empires etc.). A questão, aparentemente, é que houve uma estagnação da Microsoft nesse segmento, isto é, a despeito das franquias AAA já existentes, não se conseguiu desenvolver novos blockbusters in-house.

[17] Trata-se do futuro Guia do Conselho Administrativo de Defesa Econômica – Cade para análise de atos de concentração não horizontais. Até a data de submissão do presente trabalho, a versão definitiva do referido Guia ainda não tinha sido publicada.

tais práticas gera impactos efetivos à concorrência, com prejuízos aos consumidores finais"[18].

Quanto aos dois primeiros requisitos, parece haver relativo consenso quanto à capacidade e ao incentivo de a Microsoft utilizar de estratégias de aquisição sucessiva para alterar a dinâmica de competição. A questão é se, no curto prazo, haveria efeito negativo em termos de bem-estar do consumidor. Aparentemente, não. De tudo quanto apresentado, tais estúdios passam a dispor de toda a estrutura do conglomerado Microsoft, aproveitando os ganhos de escala decorrentes da concentração, bem como de outras sinergias em razão do efeito conglomerado.

Até o presente momento, a pesquisa não identificou investigações em andamento quanto aos efeitos anticompetitivos dessas aquisições, pela Microsoft, no segmento de jogos eletrônicos AAA pela Microsoft. Desse modo, ao que tudo indica, o conglomerado Microsoft tem trazido mais jogos eletrônicos AAA em menor tempo, o que seria um critério de eficiência e não uma teoria do dano[19]. Outrossim, não seria possível supor que na ausência dessas aquisições, a Microsoft competiria com as adquiridas no mesmo nível de eficiência (vide Nota de Rodapé nº 17).

É preciso rememorar que aquisições gozam de uma presunção de legalidade e que, igualmente, inexiste regra que proíba agente superdominante ou oligopolista de adquirir outras empresas. É preciso analisar a particularidade concorrencial de cada aquisição, dado que aspectos meramente quantitativos (índices de concentração) não refletem o real comportamento do mercado[20].

Nesse sentido, apesar das dificuldades e desafios em diferenciar concentrações complementares de outras que possuem o condão de arrefecer a dinâmica de competição no mercado de atuação da target, o instituto da "killer acquisition" e a sua variante reversa podem e devem compor o ferramental à disposição da autoridade de defesa da concorrência.

---

[18] BRASIL. Ministério da Justiça e Segurança Pública. Conselho Administrativo de Defesa Econômica. *Guia V+ (versão preliminar).*

[19] YUN, John. M. Discriminatory Antitrust in the Realm of Potential and Nascent Competition. *CPI Antitrust Chronicle, No. 1 (2022),* February 2022.

[20] MARTY, Frédéric. WARIN, Thierry. *Visa Acquiring Plaid: A Tartan over a Killer Acquisition? Reflections on the risks of harming competition through the acquisition of startups within digital ecosystems.*

Contudo, até o presente momento, conclui-se que a ausência de entrada orgânica ou mitigação desses esforços por parte da incumbente não foi capaz de gerar prejuízos significativos, em comparação aos benefícios gerados ao consumidor.

4. Entre a cruz e a espada: breve reflexão acerca da abordagem concorrencial no segmento de jogos eletrônicos em nuvem

Nas jurisdições estrangeiras, o impacto da Operação Microsoft/Activision no incipiente segmento de serviço de subscrição de jogos eletrônicos em nuvem foi uma das questões mais discutidas no decorrer de todo o procedimento. Conforme dito em momento anterior, a Microsoft possui todo um ecossistema voltado ao universo de jogos eletrônicos, perpassando desde o desenvolvimento até a distribuição de títulos first e third party através da plataforma de subscrição conhecida como Microsoft Game Pass.

Na oferta do serviço de jogos eletrônicos por assinatura, atualmente, há dois níveis de planos. No primeiro, mais básico, o usuário adquire acesso ao catálogo e pode utilizar os serviços (acesso aos jogos) mediante o download no hardware (console ou PC). Na outra categoria, intitulada Xbox Game Pass Ultimate, uma parcela dos títulos do catálogo está disponível em nuvem, isto é, não há necessidade de alocação física do jogo eletrônico no disco rígido e nem o preenchimento dos requisitos mínimos e/ou recomendados nas especificações técnicas.

Nesses casos, em síntese, o usuário pode acessar o título através de um tablet, dispositivo móvel, PC menos potente e, até mesmo, de uma televisão, visto que todo o processamento do game é realizado em uma estrutura apartada do dispositivo físico, isto é, em servidores remotos. Nota-se, desde logo, o potencial transformador dessa tecnologia para o setor de jogos eletrônicos, dado que pode ampliar conectar usuários que não podem arcar com os custos de um console ou de um PC gamer e jogos eletrônicos de última geração.

No contexto da Operação Microsoft/Activision, a preocupação de algumas autoridades de defesa da concorrência era a de que a adquirente utilizasse dos títulos AAA, notadamente a franquia Call of Duty, para alavancar sua a participação de mercado, aparentemente já elevada, no segmento de cloud gaming.

Isso porque, segundo as agências, a saga Call of Duty, que possui milhões de fãs ao redor do mundo e, consequentemente, expressiva base de usuários, é tão importante no segmento que caso a Microsoft resolvesse torná-la exclusiva do seu serviço de subscrição, a consequência seria o absoluto desinteresse no serviço ofertado pelos concorrentes, como o Amazon Luna. Importante notar, que o FTC, CMA e a European Commission definiram o segmento de "serviço de subscrição de jogos em nuvem" como um mercado relevante autônomo, o que, para fins concorrenciais, é particularmente relevante.

Segundo as agências, o ecossistema que detém a Microsoft, somada à possibilidade de exclusividade nos títulos desenvolvidos pela Activision, implica uma vantagem inigualável sobre os provedores de serviços de jogos em nuvem atuais e potenciais, o que, em última análise, reduziria a competição em um mercado ainda em desenvolvimento.

A Microsoft, em contrapartida, alega que a possibilidade de acessar jogos em nuvem, isto é, independente de um compartimento físico, é mais um método de acesso ao jogo eletrônico do que um mercado relevante em si. Ademais, com base em elementos anexados aos autos do procedimento, alega que a Activision teria aversão ao segmento de jogos em nuvem, em razão da perda expressiva de receita, e que, em um cenário contrafactual no qual a concentração não ocorresse, os títulos da adquirida não seriam encontrados em nenhum serviço por assinatura. A Operação, portanto, teria caráter eminentemente pró-competitivo.

De tudo quanto exposto, a pergunta que se pretendeu responder foi a seguinte: a possibilidade de a Microsoft tornar a franquia Call of Duty, bem como qualquer outro título da Activision exclusiva do seu serviço de subscrição – o Game Pass – justifica a intervenção estatal e a imposição de remédios comportamentais para garantir o acesso de serviços de subscrição concorrentes (Amazon Luna, Nvidia Geforce NOW), atuais e futuros, a estes jogos eletrônicos[21]?

---

[21] Em outubro/2022, o CEO do segmento de jogos da Microsoft, Phil Spencer, apontou que, nos consoles, a assinatura do serviço de subscrição de jogos estava quase atingindo o máximo de consumidores/assinantes e que boa parte do crescimento do Game Pass poderia ser atribuída aos assinantes oriundos do PC. Na mesma matéria, há um dado de que as subscrições do Game Pass, no PC, cresceram mais de 150% nos últimos anos. Contudo, não há informação quanto à segmentação entre subscrição tradicional e a que permite acesso aos serviços em nuvem, objeto do presente estudo. A mera constatação de crescimento, portanto, é insuficiente para indicar a dominância da Microsoft no segmento.

A resposta para essa pergunta é extremamente difícil, mas tende a ser negativa. Isso porque o segmento de jogos eletrônicos em nuvem – independentemente de ser considerado um mercado relevante ou uma forma de acesso aos títulos – é incipiente, longe do período de maturação, cujo potencial competitivo não foi provado[22].

Ainda, necessário considerar que, para um futuro próximo, os dados não apontam uma mudança significativa na preferência do consumidor quanto à forma de consumo de jogos eletrônicos, isto é, continuará majoritariamente via dispositivo físico (PC ou console).

Apesar de inovador, o serviço de subscrição de jogos em nuvem ainda precisa passar por aprimoramento tecnológico, como (i) acesso à internet rápida e estável e (ii) redução da latência, e por maiores comprovações quanto à viabilidade comercial e aceitação do consumidor.

Há quem, de antemão, teça críticas ao ato de concentração sob análise, alegando que o modelo da aquisição foi formatado sob uma base claramente anticompetitiva e que seria dever das agências antitruste reprovar a Operação[23]. Contudo, há uma série de presunções (aumento de preço, sucessivas aquisições no futuro, impossibilidade de outros agentes conseguirem fornecer catálogo de jogos no serviço de subscrição de jogos eletrônicos em nuvem) que, até o momento, não podem ser tomadas como verdadeiras. Ademais, de todo modo, há todo um ferramental pelo qual a autoridade pode rever o tema no futuro.

Outrossim, apesar de serem cenários distintos, é comum que cada console (Xbox, Playstation ou Nintendo) tenham jogos exclusivos, que só podem ser acessados através daquele dispositivo físico, como Forza Horizon, God of War e Mario Kart, respectivamente. Dessa forma, ain-

---

[22] Na análise empregada pela União Europeia, indicou-se que o Game Pass, da Microsoft, responderia por 60% da receita global de serviço de subscrição de jogos eletrônicos em nuvem. No Reino Unido, o CMA apontou que a Microsoft teria entre 60%-70%, no Reino Unido, da infraestrutura global de serviço de subscrição em nuvem (o que incluiria o sistema operacional Windows, o console Xbox, a infraestrutura em nuvem Azure e a plataforma Game Pass). Contudo, a despeito do percentual, em todas as análises, o mercado específico de cloud gaming é apontado como incipiente e que ainda está em fase de crescimento. Dessa forma, as estimativas quanto ao real poder de mercado da Microsoft podem estar superestimadas (sobretudo se for considerada a tese de que cloud gaming é uma forma pela qual o usuário acessa o título, não um mercado autônomo)

[23] PALES, Eli. *Microsoft and Activision-Blizzard: Examining the Largest Tech Acquisition of All Time.*

da que a franquia Call of Duty seja extremamente relevante no cenário atual, ainda seria possível que concorrentes da Microsoft montassem um serviço com um catálogo viável.

Outro ponto que precisa constar na equação é a racionalidade econômica em utilizar Call of Duty para alavancar o serviço de subscrição em nuvem da Microsoft. Isso porque, segundo dados acidentalmente divulgados pela Sony, em 2021, mais de 1 milhão de usuários do Playstation jogaram – exclusivamente – o título da Activision e 6 milhões dispenderam 70% do seu tempo no console com a franquia[24]. São números impressionantes, os quais, como dito, devem ser levados em consideração na análise.[25]

Por último, ainda que todo o cenário idealizado pelas autoridades concorrenciais se concretizasse, seria possível investigar a questão em sede de conduta, analisando se a recusa de contratar, por parte da Microsoft, foi relevante ao ponto de fechar o acesso de concorrentes ao mercado. Interferir ex ante na Operação, afetando o racional estratégico da aquisição, em um cenário incerto e imprevisível, não parece ter sido a melhor escolha.

5. Conclusões

De tudo quanto exposto, nota-se que a Operação Microsoft/Activision é, sem sombra de dúvidas, uma das maiores no universo de jogos eletrônicos, ensejando profundos debates quanto aos seus efeitos e quanto às teorias de danos formuladas pelas autoridades de defesa da concorrência, sobretudo as estrangeiras.

Espera-se, também, uma revisitação ex-post do referido ato de concentração, a fim de identificar se o seu desfecho foi o mais eficiente e se, de fato, incrementou o bem-estar do consumidor vis-à-vis alguns cenários contrafactuais.

---

[24] Disponível em: https://www.dexerto.com/call-of-duty/leaked-playstation-intel-shocking-number-of-call-of-duty-players-only-play-cod-2193683/. Acesso em 17.09.2023.

[25] Durante a disputa judicial com o FTC, um e-mail interno da Microsoft indicou que, caso a adquirente torne Call of Duty exclusivo de sua plataforma e console – Windows e Xbox, respectivamente – seria necessário 2 milhões de assinantes por ano (além dos que já são esperados pela empresa) para compensar a perda de receita perdida com usuários do console da Sony, o Playstation.

No momento, os achados desse breve estudo indicam que (i) a tese de reverse *killer acquisition*, apesar de aplicável, não aparenta ter gerado prejuízos ao consumidor e (ii) dada a incerteza quanto ao desenvolvimento do segmento de *cloud gaming* – ou mesmo sua autonomia em termos de mercado relevante produto – parecem indicar que a intervenção ex ante, através de remédios comportamentais, mostrou-se excessiva.

6. Referências bibliográficas

ADEODATO, João Maurício. Bases para uma metodologia da pesquisa em direito. *Revista Da Faculdade De Direito De São Bernardo Do Campo*, **v.** 4, 1998, 171-187.

BAKER, Jonathan B. ROSE, Nancy L. SALOP, Steven C. SCOTT MORTON, Fiona. *Five Principles for Vertical Merger Enforcement Policy*.

BRASIL. MINISTÉRIO DA JUSTIÇA E SEGURANÇA PÚBLICA. CONSELHO ADMINISTRATIVO DE DEFESA ECONÔMICA. Ato de Concentração nº 08700.003361/2022-46 (Requerentes: Microsoft Corporation e Activision Blizzard, Inc.). Parecer nº 23/2022/CGAA3/SGA1/SG/Cade. SEI 1131445.

BRASIL. Ministério da Justiça e Segurança Pública. Conselho Administrativo de Defesa Econômica. *Guia V+ (versão preliminar).*

CAFFARRA, Cristina. CRAWFORD, Gregory S. VALLETTI, Tommaso. *"HOW TECH ROLLS": Potential competition and "reverse"* killer *acquisitions*. CPI Antitrust Chronicle, May 2020.

CUNNINGHAM, Colleen. EDERER, Florian. MA, Song. Killer Acquisitions. *Journal of Political Economy*, Vol. 129, No. 3, pp. 649–702, March 2021

FEDERAL TRADE COMMISSION. FTC Matter/File Number 2210077.

IVALDI, Marc. PETIT, Nicolas. ÜNEKBAŞ, Selçukhan. Killer Acquisitions: Evidence from EC Merger Cases in Digital Industries. *TSE Working Paper No. 13-1420*. March 2023.

LATHAM, Oliver. TECU, Isabel. BAGARIA, Nitika. *BEYOND KILLER ACQUISITIONS: Are There More Common Potential Competition*

Issues in Tech Deals and How Can These Be Assessed? CPI Antitrust Chronicle, May 2020.

MARTY, Frédéric. WARIN, Thierry. *Visa Acquiring Plaid: A Tartan over a Killer Acquisition? Reflections on the risks of harming competition through the acquisition of startups within digital ecosystems.*

MOTTA, Massimo. PEITZ, Martin. Big tech mergers. *Information Economics and Policy Volume 54, March 2021*, 100868. PII: S0167-6245(20)30011-1.

PALES, Eli. *Microsoft and Activision-Blizzard: Examining the Largest Tech Acquisition of All Time.*

VERISSÍMO, Levi Borges de Oliveira. *KILLER ACQUISITIONS: Teoria das aquisições eliminatórias e proteção da inovação nos mercados digitais sob a ótica da defesa da concorrência.* Dissertação (Mestrado em Direito). Programa de Pós-Graduação da Faculdade de Direito da Universidade de Brasília. Universidade de Brasília. Brasília/DF. 2021, p. 47.

YUN, John. M. Discriminatory Antitrust in the Realm of Potential and Nascent Competition. *CPI Antitrust Chronicle, No. 1 (2022),* February 2022.

POR UM CONCEITO DE INTEGRAÇÃO VERTICAL INSTITUCIONALMENTE ADEQUADO PARA O CONTROLE DE ESTRUTURAS

FOR AN INSTITUTIONALLY SUITABLE CONCEPT OF VERTICAL INTEGRATION FOR MERGER CONTROL REVIEW

Marcio Dias Soares
João Marcelo da Costa e Silva Lima
Raul Cabral

Resumo: A proposta do artigo será analisar o conceito de integração vertical adequado para o *enforcement* concorrencial em controle de concentrações, em comparação a outras formas de relação comercial entre empresas e grupos econômicos. Em especial, o artigo terá como objetivo analisar (i) o conceito técnico de integração vertical e seu tratamento pela jurisprudência do Cade, (ii) se, e sob qual ótica, relações comerciais de fornecimento que não se enquadram tecnicamente no conceito de integração vertical que parece prevalecer na jurisprudência do Cade merecem escrutínio concorrencial e (iii) as consequências práticas de uma interpretação extensiva do conceito de integração vertical.

Palavras-chave: integração vertical; relação vertical; *enforcement*; filtros de análise; concorrencia.

Abstract: The paper aims to analyze the concept of vertical integration that is suitable for the antitrust enforcement in relation to merger control review, in comparison to other types of business relationships among companies and economic groups. In particular, the paper aims to analyze (i) the technical concept of vertical integration and how Cade's jurisprudence has been handling it, (ii) whether and under what perspective commercial relationships that do not fit into the technical concept of vertical integration that seems to prevail in Cade's decisional practice should attract antitrust scrutiny, and (iii) the practical consequences of an extensive interpretation of the concept of vertical integration.

Keywords: vertical integration; vertical relationship; enforcement; analysis filters; competition.

1. Introdução

Sob o ponto de vista da organização industrial, a estratégia de verticalização – seja de forma orgânica, seja por meio de fusões e aquisições – resulta em uma agregação, por um determinado agente econômico, de duas ou mais etapas de uma mesma cadeia produtiva. De forma geral, a integração vertical pode ser de duas formas: (i) a montante (a partir da expansão de atuação da empresa para o elo nascente, de modo que ela passe a produzir aquilo que, até então, comprava de outros *players*); ou (ii) a jusante (a partir da expansão para o elo posterior à produção, de modo que a empresa passa a atuar no elo para o qual vendia seu produto ou serviço ou no elo de distribuidores). Há, ainda, casos em que a empresa controla toda a etapa de produção e distribuição, estando presente em todos os elos da cadeia de valor, desde os iniciais até a comercialização para consumidores finais.

A depender das empresas e dos setores econômicos envolvidos, a integração vertical pode impactar a dinâmica dos mercados, resultando não somente em uma vantagem competitiva relevante para a empresa verticalmente integrada, mas também no controle por uma determinada empresa sobre uma etapa da cadeia de valor (seja *upstream*, seja *downstream*) da qual seus concorrentes dependem. Por outro lado, determinados tipos de verticalização podem unir agentes econômicos que possuem relações verticais, sem, contudo, envolver elos uma mesma cadeia produtiva. Ou seja, a verticalização pode envolver um produto ou serviço que não integra a Cadeira produtiva em questão e do qual os concorrentes *não* dependem para atuar no mercado, constituindo meras relações comerciais de fornecimento entre agentes econômicos. Dito isso, quando uma relação vertical constitui uma "integração vertical", implicando possíveis consequências relevantes para fins da análise antitruste?

De modo geral, as análises verticais, sob o ponto de vista antitruste, têm como objetivo verificar se haverá possibilidade e incentivo para a adoção de estratégias de fechamento de mercado que resultem em prejuízos à concorrência, por meio de, por exemplo, discriminação a montante ou a jusante, aumento de custos de rivais a partir da criação de dificuldades ao acesso a determinado insumo ou a determinado canal de distribuição.[1] Isso porque, ao impedir

[1] Outra teoria de dano comumente analisada no contexto de integrações verticais é a facilitação de arranjos colusivos. Ver, a respeito, por exemplo: PEREIRA NETO,

que um concorrente acesse insumos essenciais para sua atividade ou clientes e canais de distribuição para seus produtos, a estratégia de fechamento de mercado dificultaria ou impediria, de forma artificial, a própria atuação dos concorrentes no mercado.

Nesse contexto, a proposta do presente artigo é discutir o conceito de integração vertical adequado para o *enforcement* concorrencial em controle de concentração, em comparação a outras formas de relação comercial entre empresas e grupos econômicos que podem resultar de atos de concentração. Em especial, o artigo terá como objetivo analisar, (i) o conceito técnico de integração vertical e seu tratamento na jurisprudência do Cade, (ii) se, e sob qual ótica, merecem escrutínio concorrencial relações comerciais de fornecimento que não se enquadram no conceito técnico de integração vertical de que precedentes mais recentes do Cade parece estar lançando mão e (iii) as consequências práticas de uma interpretação extensiva do conceito de integração vertical. Esses três temas estão refletidos na divisão de seções subsequentes deste artigo, que é composto também por esta introdução e pelas conclusões.

2. Os conceitos de integração vertical e relação vertical sob a ótica da jurisprudência do Cade

A Lei n. 12.529, de 30 de novembro de 2011, não menciona o conceito de "integração vertical" ou de "mercado verticalmente relacionado". Esses conceitos são utilizados na Resolução Cade n. 33/2022, que disciplina a notificação de atos de concentração ao Cade, para fins de (i) estabelecer critérios para os atos de concentração enquadráveis no processamento pelo rito sumário e (ii) estabelecer critérios para aquisições de participações minoritárias cuja notificação prévia ao Cade é

C. M. S.; CASAGRANDE, P. L. Direito Concorrencial. Doutrina, Jurisprudência e Legislação. São Paulo: Saraiva, 2016, p. 83. A minuta de Guia V+, que foi disponibilizado para consulta pública até 18 de setembro de 2023, também faz referência a essas teorias de dano, e menciona outras que são menos frequentemente consideradas pelo Cade em sua análise vertical de operações notificadas: (a) aumento de poder de barganha em negociações bilaterais; (b) acesso a informações concorrencialmente sensíveis de rivais pelo papel das empresas como fornecedor ou cliente; (c) menores incentivos à concorrência e ao investimento em inovação ou melhoria de produtos/serviços; (d) riscos concorrenciais potenciais e dinâmicos; (e) circunvenção de normas regulatórias ou acordos privados de longo prazo; (e) alterações em parâmetros concorrenciais não relacionados a preços; e (f) impedimento à interoperabilidade/multi-homing.

obrigatória.[2] Assim, a existência de *integração vertical* ou *mercados verticalmente relacionados* é relevante tanto para fins de análise de conhecimento de operações envolvendo aquisições de participação minoritária quanto para a definição do rito a que estará sujeita uma operação de notificação obrigatória.

Vê-se que a Resolução Cade n. 33/2022 estabelece a existência de "relação vertical" ou "integração vertical" é um filtro para captura de operações que dependerão da anuência prévia do Cade para que possam vir a ser concretizadas. Contudo, não há na lei ou na regulamentação do Cade qualquer definição clara do que se considera "integração vertical" ou "mercado verticalmente relacionado", ou mesmo a indicação de uma diferença entre os dois conceitos. Diante dessa lacuna, o conteúdo da *integração vertical* ou *relação vertical* tem sido construído, ao longo dos anos, pela própria prática decisória do Cade. As decisões do Cade constituem, nesse contexto, importantes diretrizes para empresas, na medida em que apontam as características necessárias para a caracterização da integração vertical ou relação vertical relevante. A seguir, são destacados alguns desses casos; esclarece-se que as menções explícitas a decisões do Cade a seguir são referências a pareceres da Superintendência-Geral do Cade que não foram objeto de recurso ou avocação – e que, por isso, constituem as razões de decidir finais da autarquia.

---

[2] Com relação ao primeiro filtro (item (i) acima), o art. 8º, inciso IV, da referida resolução determina que o rito sumário é aplicável em casos envolvendo "baixa participação de mercado com integração vertical", assim entendidas as "situações em que nenhuma das requerentes ou seu grupo econômico comprovadamente controlar parcela superior a 30% de quaisquer dos mercados relevantes verticalmente integrados". Ou seja, caso a participação de mercado detida por algum dos agentes envolvidos na operação em um dos elos da Cadeira verticalmente integrada seja superior a 30%, o ato de concentração deverá ser processado pelo rito ordinário, seguindo uma análise mais aprofundada e com maior duração. Já o conceito de *mercado verticalmente relacionado* é mencionado no art. 10 da Resolução Cade n. 33/2022, que prevê regras diferenciadas em relação à necessidade de notificação de aquisições de participação minoritária a depender da existência ou não de uma relação vertical entre os grupos econômicos envolvidos (filtro mencionado no item (ii) acima).

2.1. *Precedentes com interpretação mais restritiva sobre o conceito de integração vertical*

Na análise do Ato de Concentração n. 08700.003863/2019-71 (ODATA Brasil S.A./T-Systems do Brasil Ltda.), o Cade considerou uma possível relação vertical entre o *data center* que era objeto da operação e os serviços de geração e transmissão de energia elétrica, fornecimento e locação de equipamentos de energia temporária (geradores, climatizadores, bancos de carga, etc.) ofertados pelas empresas do grupo econômico da compradora. Contudo, o Cade concluiu que "por se tratar de serviços e produtos genéricos, comuns ao funcionamento da maior parte das empresas, e não de insumos específicos", não seria possível vislumbrar risco de suposta conduta ou estratégia de fechamento de mercado, e, consequentemente, uma análise vertical não seria necessária naquele caso específico.

Já no Ato de Concentração n. 08700.004053/2017-71 (Euro Ventures PTE Limited/ Mergermarket Topco Limited.), envolvendo a aquisição de aproximadamente 30% das ações ordinárias da Mergermarket Topco Limited pela Euro Ventures Pte Limited, destacou-se que uma ou mais empresas que faziam parte do grupo comprador poderiam ser potenciais consumidoras da informação comercial e serviços de análises oferecidos pela Mergermarket. Contudo, o parecer de aprovação acatou a argumentação apresentada pelas requerentes no sentido de que não havia integração vertical decorrente da operação, destacando que "todas as companhias e corporações, podem ser consideradas consumidoras de informações comerciais, inteligência comercial e serviços de análise, independente de seus setores de atividades" – que constituía o serviço ofertado pela Mergermarket – e que, do ponto de vista das empresas do portfólio do grupo comprador, "os serviços fornecidos pela Mergermarket são insignificantes, além de não serem necessários para o seu processo produtivo".

Diante disso, o Cade destacou que "mesmo considerando essa potencial relação de consumo", não haveria preocupação do ponto de vista vertical, já que os serviços prestados pela Mergermarket não poderiam ser considerados "insumos essenciais de suas atividades de negócios". No mesmo caso, considerou-se que algumas empresas do portfólio do grupo comprador poderiam ser potenciais fornecedores da Mergermarket, mas tal fornecimento não seria considerado uma "contribuição importante para o produto ou serviço da empresa ativa no mercado downstream", sendo meramente acessórios às atividades *downstream* e não integrando a cadeia de geração de valor.

Por fim, vale destacar que o Cade já analisou, no âmbito do Ato de Concentração n. 08700.003703/2020-66 (Magazine Luiza S.A./In Loco Tecnologia da Informação S.A.), a relação entre cliente e fornecedor de serviço de publicidade. Naquele caso, a In Loco Tecnologia da Informação S.A. oferecia serviços de anúncios contextualizados com base na geolocalização do consumidor e, à época da operação, o Magazine Luiza S.A. era cliente da Inloco em relação a esse serviço. As requerentes argumentaram que não havia integração, mas mera relação de cliente-fornecedor, já que o serviço da Inloco não correspondia a insumo essencial para as atividades do Magazine Luiza nem para qualquer outra empresa atuante no comércio varejista de bens duráveis. No parecer, a SG/Cade acatou a argumentação das requerentes, apontando que não haveria integração vertical, e que a relação entre Inloco e Magazine Luiza não geraria preocupações concorrenciais.

Com base em leitura desses casos (que são exemplificativos de uma tendência mais recente da jurisprudência do Cade de afunilar e especificar o conceito de integração vertical), há algumas características de relações verticais consideradas relevantes para fins de caracterização de "integrações verticais" ou de uma relação vertical que requeira um aprofundamento da análise concorrencial. Essas relações envolvem: *(i)* serviços e produtos específicos, ou seja, que não são genéricos ou comuns ao funcionamento da maior parte das empresas; *(ii)* serviços que sejam considerados como insumos essenciais para determinado mercado afetado pela operação; *(iii)* serviços que constituam uma "contribuição importante" para o produto ou serviço da empresa ativa no mercado *downstream*; *(iv)* serviços que não são acessórios às atividades *downstream* e que fazem parte da cadeia de geração de valor.

Por exclusão, estariam fora do âmbito de tal conceito e do raio de preocupação concorrencial as relações verticais envolvendo serviços acessórios, oferecidos a empresas de diferentes ramos e indústrias, e que são relevantes para o bom funcionamento de uma empresa sem, no entanto, ser essencial para a produção do produto oferecido por ou para a prestação do serviço que constitui a sua atividade. No entanto, na medida em que não há precisão e as decisões do Cade evoluem, o conceito adotado está sujeito à variação em termos de amplitude em diferentes decisões, tornando o filtro de análise, em determinados momentos, incerto.

2.2. *Precedentes com interpretação expansiva sobre o conceito de integração vertical*

Nesse sentido, é possível identificar, na jurisprudência do Cade, alguns casos em que a autoridade desviou da abordagem descrita acima, empregando uma interpretação mais expansiva sobre conceito de integração vertical para fins de controle preventivo.

Por exemplo, no contexto de um investimento do BNDESPar na Progen, prestadora de serviços de consultoria para projetos de engenharia (Ato de Concentração n. 08700.010283/2013-45), o Cade observou que, uma vez que empresas nas quais a BNDESPar investia já haviam requisitado os serviços da Progen ou eram potenciais clientes, havia integração vertical entre as atividades dos grupos econômicos das requerentes – mesmo se tratando de serviços genéricos, não específicos à cadeia produtiva das empresas investidas pelo BNDESPar.

Abordagem semelhante foi adotada mais recentemente pelo Cade ao decidir pela aprovação sem restrições da aquisição de 51% da ZUP pelo Itaú (Ato de Concentração n. 08700.005708/2019-90). Nesse caso, o Cade reconheceu argumentos das requerentes no sentido de que, embora o Itaú fosse cliente da ZUP, os serviços por ela prestados não corresponderiam a insumos essenciais para as suas atividades nem para qualquer empresa atuante no setor financeiro (seriam, sim, serviços genéricos e pulverizados). No entanto, mesmo o Cade tendo reconhecido o argumento das requerentes e notado que a ZUP não era um *player* importante para o setor financeiro, concluiu que operação resultava em integração vertical potencial.

Foi nessa mesma linha que o Cade analisou a aquisição das empresas Vivante pelo Grupo GPS (Ato de Concentração n. 08700.003976/2021-91). Naquela ocasião, as partes ressaltaram que, dada a natureza das atividades de gestão e prestação de serviços de recursos humanos, todas as empresas requerentes poderiam ser consideradas, teoricamente, verticalmente relacionadas, na medida em que podem, potencialmente, demandar esses serviços. As partes também alegaram que não haveria integração vertical entre as atividades de soluções energéticas dos alvos e as atividades do Grupo GPS de prestação de serviços de vigilância patrimonial, uma vez que tais serviços tinham escopo e clientes específicos (tais como shopping centers, indústrias, edifícios comerciais, data centers, hospitais e universidades). Não obstante, o Cade analisou este cenário de integração vertical e verificou que as participações das requerentes confirmavam a ausência de riscos de fechamento de mercado.

Por conta da abordagem adotada pelo Cade nesses casos, há situações em que determinadas empresas envolvidas em um ato de concentração possuem uma mera relação cliente-fornecedor (atual ou potencial), e, embora tal relação não se dê em uma mesma cadeia de valor, pode haver dúvidas sobre a forma como o Cade abordará o tema. Em outras palavras, é possível haver dúvida a respeito do enquadramento de tais relações comerciais – que, muitas vezes, são até mesmo relações de consumo – nos conceitos de "integração vertical" ou "mercados verticalmente relacionados" – e, consequentemente, ao enquadramento do caso no rito sumário (caso a participação de mercado seja superior a 30%) ou mesmo à necessidade de notificação (em casos de aquisições de participação minoritária, *joint ventures* e substituição de agende econômico).

3. Consequências práticas de uma interpretação extensiva do conceito de integração vertical

Por natureza, integrações verticais levantam problemas concorrenciais de forma menos frequente, o que condiz com os resultados da política antitruste brasileira, que tem tido, historicamente, uma postura menos intervencionista com relação a integrações verticais em atos de concentração. Em especial, nota-se que não houve casos reprovados pelo Cade que envolvessem exclusivamente integrações verticais. Além disso, a maioria dos casos em que foi necessária a imposição de remédios não envolvia apenas integrações verticais, mas também concentrações horizontais, e nos casos envolvendo apenas integrações verticais, os remédios aplicados foram, em geral, comportamentais[3] (que, como se sabe, são utilizados para situações menos problemáticas do ponto de vista concorrencial).

Nesse contexto, o reconhecimento explícito de um conceito mais restritivo "integração vertical" ou "relação vertical" (descrito acima) enquanto filtro de análise parece ser mais institucionalmen-

---

[3] Ver, por exemplo, Ato de Concentração n. 08700.004304/2022-84 (Grepar Participações Ltda e Petróleo Brasileiro S.A.) e Ato de Concentração n. 08700.002792/2016-47 (Banco Bradesco S.A., Banco do Brasil S.A., Banco Santander (Brasil) S.A., Caixa Econômica Federal e Itaú Unibanco S.A.).

te adequado. A partir de parâmetros objetivos a respeito do que se caracteriza "relação vertical" ou "integração vertical", pode-se, por consequência lógica, descartar as hipóteses que, embora relacionadas a relações comerciais cliente-fornecedor, não são relevantes para fins da análise antitruste. Por outro lado, a ausência de critério e métodos definidos para análise e filtro das relações que se enquadram como "relação vertical" ou "integração vertical" possui efeitos práticos importantes, tanto para o *enforcement* concorrencial em si, quanto para os próprios administrados.

Para o *enforcement* concorrencial, a ausência de critério e métodos objetivos pode levar a um alargamento do filtro das relações consideradas como "integração vertical". Esse alargamento pode levar a autoridade a dedicar esforços e tempo à análise de efeitos decorrentes de operações submetidas à anuência prévia que não têm, *a priori*, capacidade de gerar preocupações relacionadas a fechamento de mercado ou qualquer outra teoria do dano aplicável a casos verticais. O número crescente de atos de concentração submetidos ao Cade é um indicativo de que a alocação de esforços de forma eficiente é relevante para que a própria autoridade possa gerir de forma adequada os prazos legais de análise *vis-a-vis* a quantidade de casos a serem analisados. Nesse sentido, o estabelecimento de filtros claros é relevante do ponto de vista pragmático.

Além disso, o alargamento do filtro pode levantar questões relacionadas ao próprio objetivo da análise prévia para tais casos. É questionável a existência de benefício para o *enforcement* concorrencial decorrente da análise de uma relação cliente-fornecedor referente a um produto ou serviço não essencial para as empresas envolvidas ou seus concorrentes nos mercados envolvidos. Por exemplo, que tipo de estratégia anticompetitiva poderia ser adotada por uma empresa em relação a um insumo do qual seus concorrentes não dependem? Haveria algum sentido em se falar em fechamento de mercado, sendo que a negativa de acesso ao produto ou serviço em questão não poderia resultar no impedimento de atuação de concorrentes nos respectivos mercados? Se não, qual seria, então, o objetivo da análise de tal relação? Tais questionamentos levantam dúvidas sobre a teoria do dano e as ferramentas a serem utilizadas para a análise concorrencial de tais relações.

Para os administrados, pode haver incerteza e insegurança em relação (i) à necessidade de notificação de operações, quando envolvem aquisições de participação minoritária, e (ii) ao rito de análise que será aplicado pelo Cade, visto que, a depender das participações de mercado, a configuração ou não de uma integração vertical será determinante para o enquadramento no rito sumário ou ordinário e, portanto, para o prazo de análise aplicável ao caso. Sabe-se que o planejamento de operações societárias leva em consideração o tempo necessário para o seu fechamento, de modo que a estimativa de tempo de análise do Cade pode influenciar termos e condições, bem como a tomada de decisão dos agentes econômicos ainda no momento de formalização da operação. Nesse sentido, a incerteza sobre os parâmetros a serem utilizados pelo Cade para a análise de efeitos da operação, pode também dificultar a preparação e o planejamento das empresas para a submissão de atos de concentração.

Diante das características já utilizadas pelo Cade para indicar a necessidade de aprofundamento da análise vertical de operações ou da configuração de uma integração vertical, e considerando a teoria do dano relacionada ao fechamento de mercado, a referência a um "insumo essencial", já utilizada em decisões da autarquia, parece capturar de forma suficiente as relações verticais cuja análise prévia pelo Cade seria necessária. É evidente que o Cade possui a prerrogativa de solicitar informações adicionais e analisar potenciais efeitos concorrenciais para além da relação vertical, como é o caso, por exemplo, de efeitos conglomerais e relações complementares entre as atividades desempenhadas pelos grupos econômicos envolvidos. No entanto, para fins de *filtro* de aplicação dos critérios da Resolução n. 33/2022, é importante que haja critérios objetivos e claros, garantindo previsibilidade quanto à necessidade de notificação de operações ao Cade e ao rito processual a ser aplicado ao ato de concentração.

4. Considerações finais

Os conceitos de "integração vertical" ou de "mercados verticalmente relacionados" utilizados pela Resolução Cade n. 33/2022 estabelecem um filtro para a análise concorrencial de operações submetidas ao Cade, seja para definição de rito de processamento de atos de concentração, seja para análise de conhecimento de operações envolvendo aquisição de participações minoritárias. Diante da ausência de conceito específico, os critérios utilizados para a análise de "relações" e "integrações" verticais no âmbito do controle de estruturas foram, ao longo dos anos, sendo construídos com base na própria prática decisória do Cade.

Decisões do Cade já indicaram – ainda que não de forma sistematizada – algumas características das relações verticais relevantes para fins da análise antitruste, e, por exclusão, aquelas que não levantam preocupações. Algumas dessas características incluem: (i) serviços e produtos específicos, ou seja, que não são genéricos ou comuns ao funcionamento da maior parte das empresas; (ii) serviços que sejam considerados como insumos essenciais para determinada atividade; (iii) serviços que constituam uma "contribuição importante" para o produto ou serviço da empresa ativa no mercado *downstream*; (iv) serviços que não são acessórios às atividades *downstream* e que fazem parte da cadeia de geração de valor.

Escrevendo em 2023, e considerando as manifestações mais recentes da autoridade, esse conceito mais restritivo nos parece ser o que prevalece. De fato, em sua decisão de aprovação sem restrições referente a um investimento da Globo na Eletromidia (Ato de Concentração n. 08700.001944/2023-13), o Cade concluiu pela existência de relação vertical entre as partes justamente porque a relação comercial entre elas (a Globo enquanto anunciante nos canais da Eletromidia) envolvia o fornecimento de insumo essencial. Nessa mesma linha, o voto condutor do Conselheiro Sérgio Costa Ravagnani, relator do Ato de Concentração n. 08700.008322/2022-35 (referente a negócio entre a Telefônica e a Winity), destacou o seguinte: "O parecer da SG também destacou que os precedentes mais recentes do Cade que uma integração vertical verdadeira necessita de um insumo essencial – algo fundamental, não apenas complementar, para um produto ou serviço"[4] – e sua análise subsequente seguiu essa abordagem.[5]

Contudo, por conta da ausência de sistematização do tema e da existência de precedentes que empregam conceito mais expansivo de integração vertical, ainda não há clareza sobre se e como os agentes de mercado e o próprio Cade devem analisar relações verticais atuais ou potenciais que, embora não envolvam elos de uma mesma cadeia produtiva e não são essenciais do ponto de vista de concorrentes, constituem meras relações cliente-fornecedor ou relações de consumo, por envolverem a venda de produto ou serviço ao cliente final.

---

[4] BRASIL. Conselho Administrativo de Defesa Econômica. Ato de Concentração n. 08700.008322/2022-35. Winity II Telecom Ltda., Winity S.A. e Telefônica Brasil S.A. Voto do Conselheiro-Relator Sérgio Costa Ravagnani, parágrafo 24.

[5] Esclarece-se, para os devidos fins, que os autores atuaram em ambos os casos mencionados neste parágrafo.

O controle de estruturas, que é por natureza prospectivo e não tem como base evidências de dano no mercado concretas e verificáveis, versa sobre o que é potencialmente problemático: em especial, as concentrações horizontais, e determinados tipos de relação vertical e conglomeral. Considerando a teoria do dano aplicada a casos verticais, qual seja, a capacidade e os incentivos para fechamento de mercado (que pode se concretizar por meio de diferentes estratégias), a referência a um "insumo essencial" parece capturar de forma suficiente as relações verticais cuja análise prévia pelo Cade seria necessária.

É questionável se, no âmbito controle de estruturas, a autoridade antitruste deveria onerar empresas em decorrência de investigações e intervenções sobre relações comerciais que têm pouco ou nenhum potencial de suscitar preocupações. O controle de condutas da autoridade antitruste é capaz de capturar problemas concorrenciais decorrentes de outros tipos de relações verticais – e não depende de um filtro objetivo para esse fim –, o que é capaz de mitigar preocupações de comprometimento do *enforcement* em razão da delimitação mais restritiva para o filtro de relações verticais que devem ser capturadas pelo controle de estruturas. Além disso, o alargamento do conceito de "integração vertical" ou "relação vertical" para fins do controle de estruturas para abarcar aquelas relações cliente-fornecedor ou de consumo que não envolvem insumos essenciais ou uma mesma cadeia de valor tem potencial de resultar em consequências indesejadas tanto para a autoridade quanto para os administrados.

O Cade pode sempre solicitar informações adicionais e analisar potenciais efeitos concorrenciais para além da relação vertical, como é o caso, por exemplo, de efeitos conglomerais e relações complementares entre as atividades desempenhadas pelos grupos econômicos envolvidos. Contudo, enquanto filtro estabelecido pela Resolução n. 33/2022, o conceito de "integração vertical" e de "mercado verticalmente relacionado" deve buscar capturar operações que merecem a análise do Cade e podem, ainda que potencialmente, ter efeitos relevantes para a concorrência. Sendo um filtro, é recomendável que esteja baseado em critérios objetivos e previsíveis, além de apontar clareza quanto aquilo que se espera filtrar e ao que se pode deixar de fora. Relações verticais que não têm sequer o potencial de resultar em impactos concorrenciais e às quais não é aplicável qualquer teoria do dano poderiam – e deveriam – ficar de fora do filtro. Esse tipo de previsibilidade pode ser estabelecido institucionalmente, seja por regulamento, seja por meio de guias.

5. Referências bibliográficas

BRASIL. Lei nº 12.529, de 30 de novembro de 2011. Brasília, DF: Diário Oficial da União, 2011.

BRASIL. Conselho Administrativo de Defesa Econômica. Resolução Cade n° 33, de 14 de abril de 2022. Brasília, DF: Diário Oficial da União, 2022.

BRASIL. Conselho Administrativo de Defesa Econômica. Ato de Concentração n. 08700.010283/2013-45. Progen Projetos, Gerenciamento e Engenharia S.A. e BNDES Participações S.A. Data da decisão de aprovação da Superintendência-Geral do Cade: 18 de dezembro de 2013.

BRASIL. Conselho Administrativo de Defesa Econômica. Ato de Concentração n. 08700.002792/2016-47. Banco Bradesco S.A., Banco do Brasil S.A., Banco Santander (Brasil) S.A., Caixa Econômica Federal e Itaú Unibanco S.A. Aprovação condicionada à celebração do Acordo em Controle de Concentrações em 9 de novembro de 2016.

BRASIL. Conselho Administrativo de Defesa Econômica. Ato de Concentração n. 08700.004053/2017-71. Euro Ventures PTE Limited e Mergermarket Topco Limited. Data da decisão de aprovação da Superintendência-Geral do Cade: 14 de julho de 2017.

BRASIL. Conselho Administrativo de Defesa Econômica. Ato de Concentração n. 08700.003863/2019-71. ODATA Brasil S.A. e T-Systems do Brasil Ltda. Data da decisão de aprovação da Superintendência-Geral do Cade: 26 de agosto de 2019.

BRASIL. Conselho Administrativo de Defesa Econômica. Ato de Concentração n. 08700.005708/2019-90. Itaú Unibanco Holding S.A. e ZUP I.T. Serviços em Tecnologia e Inovação Ltda. Data da decisão de aprovação da Superintendência-Geral do Cade: 12 de dezembro de 2019.

BRASIL. Conselho Administrativo de Defesa Econômica. Ato de Concentração n. 08700.003703/2020-66. Magazine Luiza S.A. e In Loco Tecnologia da Informação S.A. Data da decisão de aprovação da Superintendência-Geral do Cade: 27 de agosto de 2020.

BRASIL. Conselho Administrativo de Defesa Econômica. Ato de Concentração n. 08700.004304/2022-84. Grepar Participações Ltda e Petróleo Brasileiro S.A. Aprovação condicionada à celebração do Acordo em Controle de Concentrações em 21 de junho de 2023.

BRASIL. Conselho Administrativo de Defesa Econômica. Ato de Concentração n. 08700.001944/2023-13. Globo Comunicação e Participações S.A. e Eletromidia S.A. Data da decisão de aprovação da Superintendência-Geral do Cade: 12 de julho de 2023.

BRASIL. Conselho Administrativo de Defesa Econômica. Ato de Concentração n. 08700.003976/2021-91. Top Service Serviços e Sistemas S.A. e Vivante S.A. Data da decisão de aprovação da Superintendência-Geral do Cade: 13 de agosto de 2023.

BRASIL. Conselho Administrativo de Defesa Econômica. Ato de Concentração n. 08700.008322/2022-35. Winity II Telecom Ltda., Winity S.A. e Telefônica Brasil S.A. Voto do Conselheiro-Relator Sérgio Costa Ravagnani, Data da decisão de aprovação do Tribunal do Cade: 13 de setembro de 2023.

PEREIRA NETO, C. M. S.; CASAGRANDE, P. L. Direito Concorrencial. Doutrina, Jurisprudência e Legislação. São Paulo: Saraiva, 2016, p. 83.

ANÁLISE DOS EFEITOS COMPETITIVOS DE OPERAÇÕES VERTICAIS; PRESUNÇÕES VS. REQUISITOS INFORMACIONAIS E UMA PROPOSTA DE COMPLEMENTAÇÃO DOS ANEXOS I E II DA RESOLUÇÃO CADE Nº 33/2022.

ASSESSING THE COMPETITIVE EFFECTS OF VERTICAL TRANSACTIONS; PRESUMPTIONS VS. INFORMATION REQUIREMENTS AND A PROPOSAL TO COMPLEMENT EXHIBITS I AND II OF CADE RESOLUTION 33/2022.

José Carlos Berardo

Resumo: O ensaio esboça uma proposta de complementação dos requisitos informacionais exigidos pelo Cade para o exame dos efeitos competitivos decorrentes de operações verticais, em função dos principais elementos demandados pela metodologia tradicional de análise destes efeitos.

Palavras-chaves: antitruste, formulários, metodologia, requisitos informacionais

Abstract: This essay outlines a proposal to complement the information requirements demanded by Cade for the assessment of the competitive effects resulting from vertical mergers, in the light of the main elements required by the conventional methodology used for the analysis of such effects.

Keywords: antitrust, forms, methodology, informational requirements

1. Introdução

Um aspecto pouco discutido, mas com grande impacto na análise dos efeitos competitivos de operações ditas "verticais", está relacionado aos requisitos informacionais exigidos para que seja possível fazer tal análise com algum nível de segurança quanto ao seu resultado. Tais requisitos informacionais, por sua vez, estão intimamente ligados às presunções (legais ou econômicas, implícitas ou explícitas, absolutas ou relativas) adotadas para a avaliação desses efeitos.

No caso das operações ditas verticais, aqui tratadas, *i.e.*, *grosso modo*, como aquelas operações societárias ou contratuais de longo prazo que envolvem a redução ou eliminação da independência e autonomia de empresas (ou de conjuntos de ativos) em níveis distintos da cadeia produtiva, parece ainda existir um consenso econômico e jurídico de que não se pode presumir a existência de efeitos anticompetitivos delas decorrentes em função de determinados patamares de concentração econômica[1]. É uma situação distinta do que se poderia aventar no caso das operações ditas horizontais[2] – *i.e.*, daquelas que envolvem empresas no mesmo nível da cadeia produtiva.

A ausência de uma presunção destas, no caso das operações verticais, implica que a autoridade de defesa da concorrência tem o dever de reunir um maior número de informações e dados para ser capaz de responder se uma dada concentração deve ou não ser proibida nos termos do art. 88, §§5º e 6º da Lei nº 12.529: serão proibidas as operações "*que impliquem eliminação da concorrência em parte substancial de mercado relevante, que possam criar ou reforçar uma posição dominante ou que possam resultar na dominação de mercado relevante de bens ou serviços*", a menos que estas sejam capazes de produzir ganhos

[1] Um exemplo clássico de operação vertical poderia ser a aquisição, por um grande fabricante, de um distribuidor. Com maior controle sobre a cadeia de suprimentos, a entidade resultante da operação poderia em tese favorecer seus próprios produtos, dificultando o acesso dos concorrentes aos canais de distribuição. Essa manobra poderia lhes garantir uma posição de estrangulamento no mercado, prejudicando os consumidores e impedindo a inovação.

[2] Sobre a existência explícita no Direito Brasileiro de uma presunção estrutural – à la *United States v. Philadelphia. National Bank, 374 U.S. 321 (1963)* – nos casos de concentrações horizontais, vide nossos comentários em BERARDO, J. C. *Retrovisor ou bola de cristal? O tema da prova na análise de concentrações empresariais pelo Cade*, Dissertação (Mestrado em Direito) — Fundação Getúlio Vargas, São Paulo, 2017, disponível em http://hdl.handle.net/10438/20614. Evidentemente a discussão está longe de ser pacífica, aqui ou no exterior, em termos jurídicos, principalmente porque a ciência econômica cada vez mais coloca em xeque certas premissas que sustentam a (simplória) máxima estrutural de "maior concentração, menor competição", mas é de se notar que, pelo menos juridicamente, a discussão está posta e, mais importante do que isso, está longe de ser resolvida. A respeito, por exemplo, os infindáveis debates sobre a proposta de reforma do Guia de Análise de Fusões norte-americano (de julho de 2023). Para mais sobre este tema, vale ainda a referência ao debate ocorrido no âmbito da Organização para Cooperação e Desenvolvimento Econômico (OCDE) intitulado "*Roundtable on Safe Harbours and Legal Presumptions in Competition Law*" (2017), cuja síntese pode ser encontrada em https://one.oecd.org/document/DAF/COMP/M(2017)2/ANN1/FINAL/en/pdf.

de "eficiência" que sejam compartilhados de forma relevante com os consumidores.

Trocando em miúdos: no caso das operações horizontais, segundo o Guia Para Análise de Atos de Concentração Horizontais, seria em tese suficiente, para que a autoridade decidisse pela proibição de uma operação, no limite, apenas a prova de uma variação elevada do índice de concentração em um mercado muito concentrado[3], cabendo à parte rebater essa presunção com base em argumentos do tipo ausência de barreiras à entrada e expansão, poder de barganha compensatório por parte dos clientes, ganhos de sinergias etc.

Já no caso das operações verticais, uma decisão de proibição necessita de muito mais do que a mera constatação de aspectos estruturais dos mercados envolvidos, mas sim uma avaliação pormenorizada da dinâmica competitiva tanto do mercado "de origem" como do mercado "alvo" da operação analisada.

Isso porque os efeitos anticompetitivos tipicamente associados às operações verticais não decorrem de uma "*eliminação da concorrência direta entre as empresas objeto da concentração no mesmo mercado relevante*" e "*por conseguinte, a principal fonte de efeitos anticoncorrenciais nas concentrações horizontais está ausente das concentrações verticais*" (cf. orientações europeias, §12).

Além disso, parece haver muito menos ceticismo em relação à probabilidade de operações verticais resultarem em ganhos de sinergia/eficiência do que há em relação às operações horizontais.

Como indicativo da maior complexidade da análise competitiva desse tipo de operação, vale recorrer ilustrativamente ao consenso externado pela OCDE em debate entre os pares, no já longínquo ano de 2007: "*Vertical mergers are presumed, on both theoretical and empirical grounds, to be efficiency enhancing, but that does not mean*

---

[3] O chamado *Guia Para Análise De Atos De Concentração Horizontal* (2016) do Cade, p. 25: "*(iv) Concentrações que geram* preocupações *em mercados altamente concentrados: operações que resultem em mercados com HHI acima de 2.500 pontos, e envolvam variação do índice entre 100 e 200 pontos ($100 \leq \Delta HHI \leq 200$) têm potencial de gerar preocupações concorrenciais, sugerindo uma análise mais detalhada. Operações que resultem em mercados com HHI acima de 2.500 pontos, e envolvam variação do índice acima de 200 pontos ($\Delta HHI > 200$)* **presumivelmente geram aumento de poder de poder de mercado**. *Essa presunção poderá ser refutada por evidências persuasivas em sentido contrário.*" (grifado)

they are always welfare enhancing or in the interests of downstream consumers".[4]

2. Metodologia consagrada de análise de Operações Verticais

Neste contexto, os efeitos anticompetitivos são usualmente analisados como decorrentes do aumento da probabilidade de exercício unilateral de poder de mercado e categorizados como sendo de dois tipos distintos:

(a) de "fechamento de mercado" (*market foreclosure*), seja à montante (em relação a insumos produtivos), seja à jusante (em relação a clientes), ou seja, de recusa de negociar insumos ou de atender clientes por completo, em sua vertente mais extrema, ou de aumento de custos dos rivais à montante ou à jusante, em sua vertente mais suave[5], ou

(b) de acesso à informação concorrencialmente sensível de competidores, conforme se observa da experiência internacional e da própria prática decisória do Cade.

Efeitos anticompetitivos decorrentes de operações verticais associados ao aumento da probabilidade de exercício *coordenado* de poder de mercado são também considerados relevantes, muito embora mais difíceis de verificar na prática, se levarmos em conta o posicionamento do Cade no passado, por exemplo[6].

O que se pretende a seguir é meramente delinear os principais passos da metodologia de análise consagrada para a avaliação destes efeitos de forma a se identificar que há uma eloquente ausência – naquelas informações que devem ser submetidas à apreciação do Cade

---

[4] OECD Policy Roundtables, *Vertical Mergers* (2007).

[5] Curioso apontar o uso da expressão *market foreclosure* no exterior para denominar este efeito anticompetitivo acabou se consagrando no Brasil como "fechamento de mercado" (em português lusitano, "encerramento de mercado"), quando a imagem mais próxima de seu efeito econômico é o da criação de pontos de estrangulamento ou gargalos na cadeia produtiva. Imagem, na nossa opinião, mais didaticamente ilustrativa do efeito negativo que se quer identificar e impedir com essa análise.

[6] Vide "*Base de dados de casos de Fusões Verticais analisados pelo Tribunal do Cade 2012-2022*", Versão 1.0, 2023. IBRAC.

nos termos da regulamentação – de requisitos que busquem dados e informações exatamente para subsidiar tal avaliação. Veja-se.

Em relação aos efeitos anticompetitivos do tipo "fechamento de mercado", em qualquer de suas vertentes, tem por primeiro passo – de acordo com o que se poderia classificar como a corrente mais tradicional, ortodoxa – para o exame desses efeitos anticompetitivos, a verificação da capacidade e dos incentivos *criados pela operação sob análise* para que a empresa resultante passe a agir desta forma.

De novo, recorrendo-se ao que parece ser entendimento pacífico decorrente da prática das autoridades de concorrência ao redor do mundo, cite-se: "*The analytical framework for assessing the likelihood of anticompetitive foreclosure (input or customer) involves an evaluation of (i) the integrating firm's ability to foreclose, (ii) the integrating firm's incentives to foreclose, and (iii) the effect of foreclosure on the downstream market*".[7]

O destaque da expressão "criados pela operação sob análise" acima é essencial para fins didáticos, pois mesmo na análise das operações verticais se verifica a necessidade de estabelecer – para fins de verificação da proibição do art. 88, §5º da Lei nº 12.529 – o *nexo de causalidade* entre operação examinada e seus efeitos.

Nunca é demais lembrar que o papel dado à autoridade antitruste – o Cade é órgão judicante (art. 3º da Lei), lembremos – é o de avaliar os efeitos de um dado ato de concentração, e não se colocar como regulador econômico-setorial, resolvendo falhas de mercado não associadas ao aumento do exercício da probabilidade de exercício de poder de mercado decorrente de um dado contrato entre os agentes privados.

Feito estes parênteses, segundo a literatura econômica especializada, a capacidade de adotar estratégias de fechamento de mercado

> é uma questão de saber se a empresa resultante da fusão controla um insumo que é suficientemente importante para os rivais no mercado à jusante, de modo que a falta de acesso a ele reduz sua capacidade de competir no mercado à jusante. Isso dependerá do custo desse insumo como uma proporção dos custos totais de produção do produto final – se o insumo for relativamente sem importância, ter que usar uma alternativa mais cara terá pouco efeito sobre a concorrência no mercado final. Se

---

[7] Cf. OECD, op. cit., p. 8.

> um insumo for essencial e não tiver alternativas, a desvantagem para os rivais no final da cadeia é absoluta.[8]

Os guias de análise de outras jurisdições ecoam esse elemento da análise, em termos até mais didáticos. As orientações norte-americanas de 2022, tornadas sem efeito, mas ainda assim didáticas no passo-a-passo da análise, assim definiam a capacidade neste contexto de fechamento de mercado:

> Ao alterar os termos pelos quais ela fornece um produto relacionado a um ou mais de seus rivais, a empresa resultante da fusão provavelmente seria capaz de fazer com que esses rivais (a) perdessem vendas significativas no mercado relevante (por exemplo, se forem forçados a sair do mercado; se forem impedidos inovar, entrar ou expandir, ou se não puderem financiar essas atividades; ou se tiverem incentivos para repassar custos mais altos por meio de preços mais altos) ou (b) competir de forma menos agressiva pelos clientes. Esse elemento não seria satisfeito e, por sua vez, uma fusão raramente justificaria um exame minucioso por seu potencial de levar ao fechamento de mercado ou aumentar os custos dos rivais, se os rivais pudessem prontamente direcionar suas compras a alternativas ao produto relacionado, incluindo o autoabastecimento, sem nenhum efeito significativo sobre o preço, a qualidade ou a disponibilidade de produtos ou serviços no mercado relevante.[9]

Importante, entretanto, apontar que a Comissão Europeia, em seu guia, destaca que a análise da capacidade de adotar estratégias de fechamento está não só ligada à relevância do insumo e de seus custos na etapa subsequente da cadeia produtiva, mas também, e talvez principalmente, ao nível de poder de mercado da empresa resultante da fusão no mercado à montante:

> 35. Para que o encerramento [fechamento/estrangulamento] de factores de produção constitua uma preocu-

---

[8] NIELS, Gunnar, JENKINS, Helen, and KAVANAGH, James. *Economics for Competition Lawyers*, OUP Catalogue, Oxford University Press, 2ª ed, (2016).

[9] US Department of Justice e Federal Trade Commission. *Vertical Merger Guidelines* (2020).

> pação em matéria de concorrência, a empresa integrada verticalmente resultante da concentração deve dispor de um grau suficiente de poder no mercado a montante. Só nestas circunstâncias é expectável que a empresa resultante da concentração possa exercer uma influência significativa sobre as condições concorrenciais no mercado a montante e dessa forma, possivelmente, sobre os preços e condições de fornecimento no mercado a jusante.
>
> 36.A entidade resultante da concentração só terá a capacidade de encerrar [fechar/estrangular] os factores de produção aos concorrentes a jusante se, ao reduzir o acesso aos seus próprios produtos ou serviços no mercado a montante, afectar de forma negativa a disponibilidade global de bens e serviços no mercado a jusante, em termos de preço ou qualidade. Esta situação pode ocorrer quando os restantes fornecedores a montante são menos eficientes, oferecem alternativas menos atraentes ou não dispõem de capacidade para aumentar a produção em resposta à limitação de oferta [...][10]

Esta parece ser a linha adotada pelo Cade em seus precedentes, até com mais ênfase neste elemento do que na relevância do insumo propriamente dito[11].

Isso posto, em paralelo ao exame da capacidade de adoção de estratégias de fechamento de mercado, é necessário também examinar os incentivos existentes, ou não, para tanto. A literatura especializada, novamente, é extremamente didática quanto a este passo de exame dos incentivos:

> Se a empresa resultante da fusão parar de vender seu produto [o insumo] à montante para os rivais, ela renunciará aos lucros sobre essas vendas que deixaram de ser feita, mas poderá obter lucros adicionais à jusante, pois os rivais terão mais dificuldade para competir sem o tal insumo. Isso depende de algum grau de

---

[10] Comissão Europeia. *Orientações para a apreciação das concentrações não horizontais nos termos do Regulamento do Conselho relativo ao controlo das concentrações de empresas* (2008).

[11] Vide "Base de dados de casos de Fusões Verticais analisados pelo Tribunal do Cade 2012-2022", Versão 1.0, 2023. IBRAC.

> concorrência imperfeita no mercado à jusante. Mesmo um monopolista no mercado à montante que compre uma empresa à jusante não desejará automaticamente excluir os rivais nesse mercado alvo, pois uma concorrência saudável aqui pode contribuir para a expansão das vendas, o que, por sua vez, expande a demanda pelo insumo e aumenta os lucros no mercado de origem. Dada alguma possibilidade de maior poder de precificação no mercado a jusante (por exemplo, se o mercado a jusante for caracterizado por economias de escala ou efeitos de rede), é o equilíbrio entre os lucros a montante e a jusante que determina o incentivo para o fechamento.[12]

Ou seja, trata-se de examinar se a estratégia anticompetitiva, se implementada, seria lucrativa e, presumindo-se a racionalidade dos agentes (por mais que esta premissa seja em si mesma já bastante controversa), mais ou menos provável de ser implementada.

O segundo passo da análise é, ao contrário, identificar potenciais ganhos de eficiência (reduções de custo) decorrentes da operação, sendo o terceiro passo, portanto, sopesar os possíveis prejuízos à concorrência decorrentes de uma alta probabilidade de adoção de estratégias de fechamento de mercado, se for o caso, *versus* as eficiências decorrentes da operação, a fim de identificar, se existente, a incidência de algum dos requisitos do §6º do art. 88 da Lei ao caso concreto.

Uma nota relacionada ao tema que, de certa forma, é recorrente e merece ser desde já pontuada no contexto desta proposta. A OCDE já havia registrado no passado que "ex post *enforcement, using monopolisation or abuse of dominance provisions is not always an effective substitute for* ex ante *vertical merger enforcement.*" Não é incomum que, diante da conclusão de que uma dada operação aumenta a probabilidade de exercício de poder de mercado, siga-se uma interpelação de que "ora, se houver abuso nesse sentido e efetivo fechamento de mercado, o controle de condutas dá conta de reprimir os ilícitos".

Ainda que se possa dizer que em determinadas circunstâncias pode sim a autoridade intervir *ex post*[13], socorrer-se desse tipo de ar-

---

[12] NIELS, Gunnar, JENKINS, Helen, and KAVANAGH, James. *op. cit.*

[13] A esse respeito, vide o trabalho PENEREIRO, Stephanie Vendemiatto. *Condutas anticompetitivas e a crescente concentração de mercado autorizada pelo*

gumentação é quase que invalidar, juridicamente, a própria existência do controle de estruturas, cuja ambição é justamente atuar de forma preventiva à criação de estruturas de mercado que induzam à limitação da concorrência.

3. Sugestões de complementação

Evidentemente que o objetivo deste artigo não é debater nem educar qualquer um a respeito da metodologia de análise acima descrita em breves linhas, mas simplesmente demonstrar, com esse breve delineamento, que os requisitos informacionais demandados pelo Cade para o exame de operações – cf. a atual redação do Anexo I ou II da Resolução Cade nº 33/2022 – não dão conta de reunir todas as informações necessárias para um exame, ainda que perfunctório, dos efeitos de operações ditas verticais.

Isso não quer dizer que não é possível utilizar das informações requisitadas nos tais anexos para se fazer a análise das operações verticais, mas apenas que uma revisão ou expansão desses requisitos para a análise desse tipo de operação poderia auxiliar, nem que apenas para fins didáticos, a identificação de casos potencialmente problemáticos.

Veja-se, a título de exemplo, que nenhum dos requisitos do Anexo I trata, por exemplo, de identificar a conformação da cadeia produtiva ou os custos relativos dos insumos (elementos essenciais para o exercício de exame da capacidade de implementação de estratégias de fechamento de mercado), muito menos especificar os ganhos de sinergias/eficiência da operação.

Para que a autoridade de concorrência avalie com eficácia essas estratégias de fechamento e outros impactos de operações verticais, parece imprescindível o acesso a um conjunto de informações razoavelmente precisas e minimamente granulares sobre outros temas não necessariamente abarcados pelo conjunto de informações requisitadas pela atual redação dos Anexo I e II da Resolução 33.

Uma forma talvez mais eficiente de coletar essas informações e dados passa, primeiro, pela exigência de apresentação de uma descrição pormenorizada sobre o nível de integração vertical e controle da entidade resultante da operação, com uma descrição das principais etapas

---

Cade. 2022. 475 f., il. Dissertação (Mestrado em Direito) — Universidade de Brasília, Brasília, 2022.

daquela cadeia produtiva, a identificação dos principais insumos (em termos de custos relativos), das redes de distribuição e acesso à demanda e, principalmente, de possíveis gargalos.

Tal acréscimo – possivelmente à Etapa V do Anexo I ou II da Res. 33 – poderia facilitar o fornecimento das demais informações necessárias e orientar a argumentação e a própria investigação da autoridade.

Naturalmente, para aqueles casos que demandarem análises mais profundas em função das participações de mercado dos agentes envolvidos (i.e., utilização do *safe harbor* de 30% para os casos de rito sumário[14]), a autoridade poderia determinar a apresentação de mais informações relacionadas ao acesso aos principais insumos naquela cadeia produtiva, identificando os suprimentos relevantes, suas fontes, respectivos grupos controladores e disponibilidade, inclusive com a descrição e análise econômica dos principais contratos relacionados ao fornecimento destes.

Também em relação aos efeitos verticais, a autoridade poderia beneficiar-se da apresentação *ab initio* pelas partes de informações sobre sua estratégia comercial de curto e longo prazo após a operação, por exemplo a partir de uma minuta/esboço da estratégia de negócios pós-operação, incluindo seus planos de posicionamento de produtos, preços e relacionamento com outros participantes do mercado, no contexto da discussão dos objetivos estratégicos e das justificativas/motivações das partes envolvidas na fusão, especialmente com relação às práticas competitivas.

Da mesma forma, como é requisito essencial para o exame dos potenciais efeitos anticompetitivos a questão dos incentivos possivelmente criados para a prática de condutas de fechamento de mercado, parece também que a autoridade poderia requisitar a apresentação de informações e dados de projeções financeiras das partes que levem em consideração as estratégias de precificação e previsões de receita pós-operação, com a análise de custos, margens de preços e expectativas de lucro, em conjunto de considerações sobre o contexto dessas projeções financeiras *vis-à-vis* a existência, ou não, de incentivos para se envolver em estratégias de fechamento de mercado.

---

[14] Veja, aqui, uma presunção criada a partir de precedentes do Cade provavelmente remetendo ao caso paradigma *Jefferson Parish Hospital District No. 2 v. Hyde.* 466 U.S. 2 (1984).

Outro ponto que poderia facilitar a identificação de casos problemáticos quanto aos seus aspectos verticais seria a exigência de que as partes apresentem sua visão de mercado sobre como os rivais podem ser, ou não, afetados pela operação vertical e quais suas possíveis respostas à operações, de forma a oferecer *insights* que possibilitem ou facilitem a compreensão sobre os impactos de como estratégias de fechamento de mercado poderiam, ou não, prejudicar ou desestimular a entrada ou a expansão de concorrentes ou relegá-los a fontes mais caras de insumos ou de acesso à demanda. Da mesma forma, essa mesma visão poderia contemplar os impactos da operação sobre os consumidores em última instância, considerando fatores como alterações de preço e qualidade, redução de opções disponíveis e potenciais prejuízos à inovação.

Neste contexto, a apresentação de informações acerca da existência de outros agentes verticalizados e seus comportamentos, assim como a análise de caso de outras operações no mesmo setor, nacional ou internacionalmente, e seus impactos, poderiam complementar essas visões apresentadas pelas partes da operação com relação aos impactos sobre rivais e consumidores.

Outro requisito informacional que facilitaria a identificação de casos problemáticos sob o ponto de vista concorrencial poderia envolver o exame, ainda que perfunctório, das sinergias pretendidas com a operação (eliminação de dupla margem, economias de escala e escopo, redução de custos de transação, otimização de plantas produtivas e logística etc.). Ainda que em grandes linhas, esclarecimentos oferecidos pelas Partes a este respeito poderiam respaldar uma decisão de arquivamento mais célere ou indicar os pontos de atenção para um aprofundamento da análise dos efeitos da operação.

Por fim, sugere-se também que as partes da operação sejam instadas a se manifestar sobre o tema do acesso a informações sensíveis de terceiros, detalhando o fluxo de dados entre concorrentes existente em decorrência da operação, se consistem em informações concorrencialmente sensíveis e, se for o caso, quais os mecanismos adotados para afastar preocupações quanto a este fluxo.

4. Conclusão

Do quanto aqui exposto brevemente, percebe-se um certo descasamento entre, de um lado, as exigências informacionais impostas pelo Cade por meio da regulamentação específica – os Anexos I e II da Resolução Cade nº 33/2022 – e, de outro, a metodologia consagrada de análise de efeitos competitivos de operações verticais, sendo certo que a última demanda dados e informações não contemplados pelas primeiras.

Nesse contexto, estas breves linhas se propuseram a articular um início de debate com a sugestão de alguns tópicos que poderiam ser adicionados à regulamentação vigente de forma a otimizar a análise dos efeitos de operações desse tipo, facilitando, ao mesmo tempo, que o Cade possa identificar casos problemáticos com maior facilidade, e que as partes tenham a oportunidade de, adequadamente, definir e apresentar seus argumentos de forma consistente com a forma de análise adotada pelo Cade. Em última instância, tais acréscimos de informação também tem caráter didático e adicionam transparência ao processo, revelando desde o início quais são os potenciais pontos de preocupação que serão alvo de análise. Além disso, tais questionamentos também poderiam ser ligeiramente modificados para dar conta do exame de efeitos ditos "conglomerais".

Com isso, espera-se ter contribuído para o debate e o avanço do controle de concentrações no país.

5. Referências bibliográficas

BERARDO, J. C. *Retrovisor ou bola de cristal? O tema da prova na análise de concentrações empresariais pelo Cade*, Dissertação (Mestrado em Direito) — Fundação Getúlio Vargas, São Paulo, 2017, disponível em http://hdl.handle.net/10438/20614.

CADE. *Guia Para Análise De Atos De Concentração Horizontal* (2016).

IBRAC. "*Base de dados de casos de Fusões Verticais analisados pelo Tribunal do Cade 2012-2022*", Versão 1.0, 2023.

NIELS, Gunnar, JENKINS, Helen, and KAVANAGH, James. *Economics for Competition Lawyers*, OUP Catalogue, Oxford University Press, 2ª ed, (2016).

COMISSÃO EUROPEIA. *Orientações para a apreciação das concentrações não horizontais nos termos do Regulamento do Conselho relativo ao controlo das concentrações de empresas* (2008), disponível em https://eur-lex.europa.eu/legal-content/PT/TXT/HTML/?uri=CELEX:52008XC1018(03) (acesso em 01.09.2023).

ORGANIZAÇÃO PARA COOPERAÇÃO E DESENVOLVIMENTO ECONÔMICO "*Roundtable on Safe Harbours and Legal Presumptions in Competition Law*" (2017),

__________, *Policy Roundtable on Vertical Mergers* (2007).

PENEREIRO, Stephanie Vendemiatto. *Condutas anticompetitivas e a crescente concentração de mercado autorizada pelo Cade*. 2022. 475 f., il. Dissertação (Mestrado em Direito) — Universidade de Brasília, Brasília, 2022.

US DEPARTMENT OF JUSTICE E FEDERAL TRADE COMMISSION. *Vertical Merger Guidelines* (2020).